U0922893

国学经典

[宋]朱熹　吕祖谦　编
查洪德　注译

近思录

中州古籍出版社
·郑州·

图书在版编目（CIP）数据

近思录 /（宋）朱熹，（宋）吕祖谦编；查洪德注译 . —郑州：中州古籍出版社，2008. 1（2022. 2 重印）
（国学经典）
ISBN 978-7-5348-2839-3

Ⅰ . ①近…　Ⅱ . ①朱… ②吕… ③查…　Ⅲ . ①理学－中国－南宋 ②近思录－注释 ③近思录－译文　Ⅳ. ① B244.7

中国版本图书馆 CIP 数据核字（2007）第 181335 号

JINSI LU
近思录

责任编辑　岳鸳鸯
责任校对　温向苏
装帧设计　张　胜
美术编辑　曾晶晶

出 版 社　中州古籍出版社（地址：郑州市郑东新区祥盛街 27 号 6 层
邮编：450016　电话：0371-65723280）
发行单位　河南省新华书店发行集团有限公司
承印单位　河南新华印刷集团有限公司
开　　本　640 mm × 960 mm　1/16
印　　张　29.5
字　　数　313 千字
印　　数　50 001—54 000 册
版　　次　2008 年 1 月第 2 版
印　　次　2022 年 2 月第 13 次印刷
定　　价　36.00 元

前 言

《近思录》，是南宋朱熹和吕祖谦编订的理学入门书和概论性著作。它选取北宋理学家周敦颐、程颢、程颐、张载 4 人语录 622 条，分类编辑而成，在中国旧时代文人中，影响极大，清人江永说它："凡义理根源，圣学体用，皆在此编。""盖自孔曾思孟而后，仅见此书。"尽管未必人人如刁包一样对它顶礼膜拜，但它确实是封建时代士子的必读书，特别是要了解所谓性理之学，就必须熟读《近思录》。

宋孝宗淳熙二年（1175），朱熹 46 岁，吕祖谦 39 岁。吕祖谦从浙江来到福建，与朱熹会晤。两人在寒泉精舍相与读周敦颐、张载、程颢、程颐的著作，深感 4 人之书广大宏博，初学者不易把握，为后学晚进计，他们编订了这本《近思录》。近思者，取孔子《论语·宪问》中"切问而近思"之义，意思是就眼前的问题思考，由近而及远，下学而上达，不废初阶，循序渐进。按朱熹的表述是："四子，六经之阶梯；《近思录》，四子之阶梯。"

其实，《近思录》的编订过程并不像人们知道的这么简单。从创始到成书，至少经历了 3 年时间，中间屡经反复，多次修订。初稿与定稿，相去甚远。淳熙二年会晤之后，次年又曾会晤，这次好像是朱熹至吕祖谦处。会谈的内容，即使不能肯定专为《近思录》，起码包括《近思录》。按笔者的考查，《近思录》创始于淳熙二年（1175），定稿在淳熙五年（1178）之后，根据就是《晦庵集》卷三十三所载朱熹给吕祖谦的三封有关《近思录》的信。按《四库全书总目·近思录》提要之说，这三封信分别写于乙未八月、丙申、戊戌，即淳熙二年、三年、五年。

《近思录》的流传，自初稿成后，即已开始，初以抄本流行。朱熹丙申《与吕伯恭》书中谈到："此本既往，无以应朋友之求假，但日望印本之出耳。"此后当由吕祖谦负责刊行。在朱熹去世以后，曾学于朱氏之门的叶采，致力于注解《近思录》，积 30 年之力而成《近思录集解》，于宋理宗淳熙八年成书，十二年，表奏于朝。叶采集解本，便是后人眼中的定本。

此后的 700 年中，《近思录》一直是一部影响很大的书，元、明、清之大儒，多熟读《近思录》，如《四库全书总目》提要所言："宋明诸儒，若何氏基、薛氏瑄、罗氏钦顺，莫不服膺是书。"其实元代诸儒，如金华一派；清代诸儒，如江永、张伯行、尹会一等，又何尝不服膺是书呢？

《近思录》影响之大，首先表现为刻本之多。其最初刻本，当在定稿之前。今见于《读书附志》、《直斋书录解题》、《宋史·艺文志》、《文献通考》著录的，均非叶采集解本。而《直斋书录解题》与朱熹《近思录序》，又大不相符，今引于下。《直斋书录解题》卷十云：

> 朱熹、吕祖谦取周、程之书关于大体而切于日用者六百十九条，取"切问而近思"之义，以教后学。

朱熹《近思录序》云：

> 相与读周子、程子、张子之书……因共摄取其关于大体而切于日用者，共六百二十二条。

两者不同有二：一是《直斋书录解题》言不及张载，也即说《近思录》所取为周敦颐与二程 3 人言论，朱熹序则并张载为 4 人。这一差别不可简单地指《直斋书录解题》为误。朱熹丙申《与吕伯恭》书中有催促吕祖谦刊印《近思录》的话，说：“横渠诸说，告早补定，即刊为佳。……但日望印本之出耳，千万早留意，幸甚。”将两者联系起来思考，可知《近思录》初稿不录张载语，并已流传。至于《直斋书录解题》著录是否初刊本（或抄本），则不得而知。以常理推断，吕氏作为中州文献旧家，居浙江为大族，在朱熹如此催促下，不会不很快刊印。但根据朱熹戊戌《与吕伯恭》书，《近思录》又作了修订。故可推断，《近思录》在定稿之前曾有刊本。再一是条数的差别。则既经反复增删，条数变动是自然的，已不必考究。只是与叶采同时的杨伯岩，也有一个《近思录》注本，其条目与叶本有异。今传《近思录》或作623条，多出的一条，在第五卷最后，即录自杨伯岩注本。

明清以来的刊本，多到不可历举。其中有影响的，如明正德十四年汪伟刊本（南监本），明稽古斋刊本，清正谊堂本，吕氏宝诰堂《朱子全书》本等。仅进入20世纪到30年代这短短的时期中，据我孤陋所知，就有近10种刊本。大型丛书如《四库全书》，收注本3种，存目1种，《四部备要》、《丛书集成初编》、《国学基本丛书》各收1种。在国外，如朝鲜等地，也有刊本。明正德间，就曾在朝鲜刊行，其奉训郎集贤校理知制教世子左司经臣金汶跋曰：“我殿下思欲广布是书，顾其旧本间有误字，乃命臣汶雠校，命铸字所模印颁赐。”这自然可以说明，《近思录》流传之广了。

《近思录》影响之大，又表现为注家之多。首先，《近思录》有朱熹自注，不过不是成书，而是在讲学或答问中，对《近思录》所录各条基本上都有解说，这些解说，保存在朱熹的《文集》、《或问》、《语类》中，成为程朱后学解说《近思录》的依据。最早的注本自然是上文谈到的叶采集解本和杨伯岩注解本。叶采集解，可以说是元明时期居统治地位的本子，此本曾正式表奏朝廷，叶采本人又曾亲承朱熹之绪论，且积 30 年之功成此一书，用功深矣。这些都是叶本取得统治地位的原因。直到清康熙年间茅星来著《近思录集注》时，仍然“坊间所行者，惟建安叶氏《集解》而已”（茅星来《近思录集注序》），不能不说是影响深远了。宋代又有朱熹的再传弟子何基所著《近思录发挥》，但其影响远不及何氏《中庸发挥》、《大学发挥》。其书著录见《千顷堂书目》卷十一及《宋史艺文志补》。元代（或说明人）则有周公恕《近思录分类集注》，《千顷堂书目》卷十一著录，云：“就叶采集解参错杂折之，非叶氏本书也。”此书遭到清人江永抨击，说：“近世周公恕，分出细目，移动本文，破碎纠纷，或漏落，或妄增，大失朱吕之意。”（江永《近思录集解凡例》）此书后来几乎失传，今仅有善本存国家图书馆等处，而在明清之间则极为流行。元明时尚有赵顺孙《近思录精义》（《千顷堂书目》）、戴亨《近思录补注》、黄绩《近思录义类》（明王圻《续文献通考》）。清人注本，有影响的有江永《近思录集解》、茅星来《近思录集注》、张伯行《近思录集解》，还有李文炤《近思录集解》（均见《清史稿·艺文志》三），其中影响最大的是江永集解本。江永之解，基本上采自朱熹之说，如《四库全书总目》所言：“凡朱子《文集》、《或问》、《语类》中其言有相发明者，悉行采入分注。或朱子之说有未备，始取叶采及他家之说以补之，间亦附以己意。引据颇为详洽。盖永邃于经学，究心古义，穿穴于典籍者深，虽以余力为此书，亦具有实征，与讲学之家空谈尊朱者异也。”江永本既出，其流行超过叶本，自成书至 20 世纪 30 年代，仅仅百余年中，刊本不下 10 种。《四库全书》、《四部备要》收入，《国学基本丛书》所收也是江本。1994 年，上海古籍出版社影印《诸子百家丛书》，其《近思录》即抽印《四库全书》中江本。江永集解本如此流行，首先是由于其注解准于朱熹，编次又恢复朱熹原貌。嘉庆十九年（1814）江西藩署刻本、《四部备要》本，都在书名上标出“朱子原订”字样，它适应了人们尊崇正统的心理。其次，江永虽是集他人之解，但不蔓不枝，恰切了当，深见功力。最后，是由于它简明而便于阅读。茅星来《近思录集注》、张伯行《近思录集解》也都功力极深，所以也颇为流行。茅星来本文字校勘极精，注释又以详明见长，名物训诂，考订援据，根源分明，尤为适于初学者。张伯行本重在解说疏通，深入而又浅出，义理隐微之处，一经点掇，则明白晓畅。阐释义理，是其所长。两书分别被收入《四库全书》和《丛书集成初编》中。注家如此之多，可以看出《近思录》的影响。而就《近思录》中有关问题加以讨论发挥的，有宋陈埴《近思杂问》（载其《木钟集》卷十）等。

《近思录》影响之大，还表现为续书之多。宋代就有蔡模《近思续录》（姚际恒《好古堂书目》），元代有柳贯《近思录广辑》（见宋濂《浦阳物记》卷下），明代有郭儒《续近思录》、江□□《续近思录》（均见《千顷堂书目》）；清代则有汪佑《五子近思录》，施璜为作《五子近思录发明》，江阴何氏有《续近思录》（均见《增订四库简明目录标注》）；郑光羲《续近思录》，刘源渌《近思续录》，张伯行《广近思录》、《续近思录》（均见《清史稿·艺文志》三），尹嘉铨《近思录三编四编》、《近思录辑要》（见《禁书总目》）等。其中以张伯行《续近思录》影响最大，其次为《五子近思录》。有关续书问题，此处不拟详述，仅想借此说明《近思录》影响之大。

《近思录》在旧中国何以能久盛不衰呢？当然最基本、最显见的原因是，它是一部宋代理学的基本读物、入门读物、概论性读物。这些特性，是中国学术史上许多基本的、重要的著作所共有的。避开共性的东西，探寻《近思录》个性特点，则其久盛的原因，可从以下几方面来认识。

第一，总括濂、洛、关、闽之学，集中体现其精华，为学者提供一个入学门径。周敦颐（濂）、张载（关）、二程（洛），生当北宋盛时，上承宋初三先生之学，以儒家伦理思想为核心，糅合释、道而三教归一，创立了理学，至南宋朱熹（闽），始集大成，建立了完整的理学体系。周、张、二程的宇宙生成论、万物化生论、人性论，以及处己治人等学说，散存于他们的著作中。初学者面对如此浩繁的著作，必将茫然而不知何自而入。正如朱熹《近思录序》所说："读周子、程子、张子之书，叹其广大宏博，若无津涯，而惧夫初学者不知所入也，因共掇其关于大体而切于日用者，以为此编。"使"有志于学者"，"诚得此而玩心焉，亦足以得其门而入矣"。这是编者的初衷，实际证明他们确实实现了这一初衷。这一编纂目的之所以能很好实现，首先是这部书确实体现了周、张、二程思想的精要，博中取约，而约中又反映了其思想全貌。其次是它不仅反映了濂（周敦颐）、洛（二程）、关（张载）学，更是闽（朱熹）学的集中体现。《近思录》中的周、张、二程之学，原是朱熹眼中的周、张、二程之学。茅星来《近思录集注·后序》中有这样一个形象的比喻："马、郑、贾、孔之说经，譬则百货之所聚也。程、朱诸先生之说经，譬则操权度以平百货之长短轻重也。"我们借用这一比喻，那么也可以说，《近思录》中周、张、二程之语，犹如百货。而朱熹的选择与解说，便是对这百货的权度。这就使得《近思录》成了宋代濂、洛、关、闽之学全面、集中、简明、概括的表述。如果濂、洛、关、闽之学是一座富丽的宫殿，《近思录》便是足以窥见这一宫殿全貌的门，有了《近思录》，便可"得其门而入"。

第二，全书构成了一个完整的逻辑体系，各章之间，逻辑关系分明，使读者有脉络可寻，弥补了理学著作散焉而难举的缺陷。宋代理学家认为文章害道，于是不为辞章，只以语录传道。语录随事问答，自难有一个严密的逻辑结构。朱熹有一段论为学门径的话说：

> 六经、《语》、《孟》皆当读，但须知缓急。《大学》、《语》、《孟》，最是圣贤为人切要处，然《语》、《孟》随事问答，难见

要领，惟《大学》是说古人为学之大方，体统都具。玩味此书，知得古人为学所向，读《语》、《孟》便易入。

《论语》、《孟子》的这一缺陷，也同样地存在于周、张、二程的著作中。《近思录》的编纂，恰好弥补了这一缺陷。为理学建立一个看得见的逻辑体系，可以说是编者编辑此书时刻意追求的目的之一。这从朱熹给吕祖谦的信中可明确看出。其乙未八月信中说：

《近思录》近令抄作册子，亦自可观。但向时嫌其太高，去却数段（如太极及明道论性之类），今看得似不可无。如以颜子论为首章，却非专论道体，自合入于第二卷（作第二段）。又事亲居家事，直在第九卷，亦似太缓，今欲别作一卷，令在出处之前，乃得其序。

戊戌信中说：

《近思录》数段已补入逐篇之末，今已上呈，恐未有安，即望见教。即欲移入第六卷者，可否？亦望早垂喻也。

此处所谓“序”，即逻辑顺序，亦即各卷之间甚至一卷之中的逻辑关系。由两信可知，编者对其逻辑关系是多么的认真，简直达到了殚精竭虑的程度。后世阅读和研究《近思录》的，也深明于此。今存叶采集解本、茅星来集注本卷前小序，都着意阐发各卷之间甚至卷中各部分之间的逻辑关系。如叶采集解本卷三小序：“卷三致知：此卷论致知。知之至而后有以行之。自首段至二十二段，总论致知之方。然致知莫大于读书，二十三段至三十三段总论读书之法，三十四段以后，乃分论读书之法，而以书之先后为序。始于《大学》，使知为学之规模次序；而后继之以《论》、《孟》、《诗》、《书》；义理充足于中，则可探大本一原之妙，故继之以《中庸》；达乎本原，则可以穷神知化，故继之以《易》；理之明，义之精，而达乎造化之蕴，则可以识圣人之大用，故继之以《春秋》，明乎《春秋》之用，则可推以观史，而辨其是非得失之致矣。《横渠易说》以下，则仍语录之序，而《周官》之义，因以具焉。”可见其逻辑关系安排之严密。更为重要的是，《近思录》中体现的逻辑体系，不仅是此一书的逻辑体系，也是濂、洛、关、闽之学的逻辑体系。这就使得程朱后学，不能不把这部书放到极重要的位置上去。

第三，它是理学甚至是整个儒学深造的阶梯。按朱熹的说法是：“四子，六经之阶梯；《近思录》，四子之阶梯。”而前人有直将《近思录》上接六经的，说“学者能读《近思录》，方可以治经”（茅星来集注本附说）。《近思录》不仅可以使学者入圣学之门，而且还是一个导人步步达于高深的阶梯；不仅具有一个理学理论的逻辑结构，而且还有一个从易到难、由低到高的逻辑顺序。请看吕祖谦《近思录序》（或称作题词）：

> 《近思录》既成，或疑首卷阴阳变化性命之说，大抵非始学者之事。祖谦窃尝与闻次缉之意，后出晚进，于义理之本原，虽未容骤语，苟茫然不识其梗概，则亦何所底止？列之篇端，特使知其名义，有所向望而已。至于余卷所载讲学之方、日用躬行之实，具有科级。循是而进，自卑升高，自近及远，庶几不失纂集之旨。若乃厌卑近而骛高远，躐等陵节，流于空虚，迄无所依据，则岂所谓“近思”者耶？览者宜详之。

按吕氏之说，《近思录》当从第二卷读起，最后返回来读第一卷，这就是它的“科级”。而到通得第一卷，明于“阴阳变化性命之说”，对于理学，已可谓知其高者远者了。叶采《近思录集解序》也称，此书“规模之大而进修有序，纲领之要而节目详明，体用兼备，本末殚举”。“盖时有远近，言有详约不同，学者必自近而详者，推求远且约者，斯可矣。”

尽管从孔孟到二程，他们的原著本身没有也不曾考虑过难易顺序问题，但他们的教学理论与读书理论，却都十分强调循序渐进，学不躐等。《近思录》有“关于大体”者，有“切于日用”者，由下学而至于上达，阶梯分明，很好地体现了这一理论。这里有两点应该特别指明：其一，他们强调循序渐进，实是强调下学功夫，要求学者就切身日用处下功夫，不废初阶，不陵节以进，不可“厌卑近而骛高远”。所以《近思录》于读书之法、齐家之道、出处之义、处事之方等，谆谆不倦，正是此义。其二，这种对下学功夫的强调，乃是针对言性命之学者空疏之病而发。赵氏《近思录跋》就曾说，学者读《近思录》，“不惑其途路，则千里虽远，行无不至矣”。“不然，徒高远其言，诡异其行，俾世之人咸共指目曰：‘道学云云者’，则甚非朱吕所以为书之意也。”《四库全书总目》则以为吕祖谦《近思录序》：“其言著明深切，尤足药连篇牍，动谈未有天地以前者矣。”就这点说，《近思录》又是一剂疗治道学千年空疏顽症的良药。甚至在今天，对于阔论传统文化的人，仍不失针砭之义。

此外，《近思录》采取类辑的方式，也适应理学家提倡的自我体会的学习方法。程朱治学，反对解说，强调学者的内心体认。如《二程遗书》卷十八载：学者问仁，程颐说：“此在诸公自思之，将圣贤所言仁处类聚观之，体认出来。”又卷十五载程颐语：“说书必非古意，转使人薄。学者须是潜心积虑，优游涵养，使之自得。”《近思录》将同一问题不同人之说，同一人不同时之说，类聚一处，各说或互相发明，或互相补充，或同中有异，或似异而同，便于读者自己“体认”。所以朱熹说：

> 《近思录》文字，初乍看也是难，有时前面恁地说，后面又不是恁地。这里说得如此，那里又却不如此。仔细看来看去，却中间有个路脉。推导得四五十条，又却只是一个道理。

这就是读《近思录》而自我体认的过程。这种注重内心体认的学习方法，是由理学认识论决定的，也适宜于学习理学学说。即使今人学习古代文化，也应采取这种方法。这也是《近思录》长期流行的原因之一。

《近思录》还具有重要的文献价值。《近思录》所取之书，如张载《横渠文集》、《论语说》、《孟子说》、《礼记说》均已散佚，《文集》惟存《文集抄》一卷，一些文字，今仅见于《近思录》。即使今日尚存的书，如《二程遗书》、《二程外书》，《近思录》中所录，也有多条不见今本。

这次整理，以江永集解本为底本，文字校勘，主要参校茅星来集注本，也参考了叶采本与张伯行本，随校随改，未出校记。注释重在指明语言出处或理论渊源，有义理难明者指明义理。有关义理阐释，尽可能借助朱熹、叶采、茅星来、江永、张伯行等旧解，旧解无法借助则自加解说。翻译不是字句对译，以明理为准。此本共623条，多出的一条，乃前人录自杨伯岩本，即第五卷最后一条。卷六原有“饿死事极小，失节事极大”一条，清代张伯行删去，换成了“今人多不知父母之爱”一条，今从张伯行本，为保持旧貌，将“饿死事极小”一条录入注文。每条都查出具体出处注于条下，前人注错出处的则改正，今本不见的则于注中指明。为读者阅读和研究方便，书后附录了有关研究资料。所有这些工作，有谬误或不当处，幸望读者教正。

目录

卷一　道体

1.1　濂溪先生曰[①]：无极而太极[②]。太极动而生阳，动极而静；静而生阴，静极复动。一动一静，互为其根。[③]分阴分阳，两仪立焉。[④]阳变阴合，而生水、火、木、金、土。[⑤]五气顺布，四时行焉。[⑥]五行，一[⑦]阴阳也；阴阳，一太极也；太极，本无极也。五行之生也，各一其性。[⑧]无极之真，二五之精，妙合而凝，乾道成男，坤道成女。[⑨]二气交感，化生万物，万物生生而变化无穷焉。惟人也，得其秀而最灵。[⑩]形既生矣，神发知矣，五性感动而善恶分，万事出矣。[⑪]圣人定之以中正仁义（本注：圣人之道，仁义中正而已）而主静（本注：无欲故静），立人极焉。[⑫]故圣人与“天地合其德，日月合其明，四时合其序，鬼神合其吉凶”。[⑬]君子修之吉，小人悖之凶。故曰：“立天之道，曰阴与阳；立地之道，曰柔与刚；立人之道，曰仁与义。”[⑭]又曰：“原始反终，故知死生之说。”[⑮]大哉易也，斯其至矣！

——周敦颐《周元公集》卷一《太极图说》

[注释]

①濂溪先生：即周敦颐，字茂叔，宋代理学奠基人。居于道州营道（今湖南道县），有濂溪，周敦颐用以名其在庐山之书堂，故学者称濂溪先生。他提出的太极、理、气、性、命等，成为理学哲学的基本范畴。按此条为周敦颐

《太极图·易说》全文，又名《太极图说》。《太极图》为周敦颐所绘，他利用道士修炼之图，改造为表现其天地生成、万物化生观念的图式。《太极图说》是对《太极图》的解说。其说认为有形有象的二气五行，都出于原始的、绝对实体的“太极”，而太极就是无形无象的“无极”，由它产生出阴阳、五行和宇宙间万事万物。此篇反映了周氏的宇宙生成论、万物化生论、人性论。此图与文载周敦颐《周元公集》卷一。朱熹作《太极图解》加以发挥，其说遂成为理学的理论基础，而此文也就成为宋代理论最重要的典籍之一。现存《太极图说》是经朱熹整理的。历代学者多有解说，而至今研究者仍认为“文字简约，意思含混”，不易把握。②无极而太极：无极概念源于《老子》，第二十八章云：“知其白，守其黑，为天下式。为天下式，常德不忒，复归于无极。”无极指无形无象的宇宙原始状态。太极：语本《周易·系辞上》：“易有太极，是生两仪。”何谓太极，以及太极与无极的关系，前人有不同解说，此处涉及首句文字之异同。按一般认为此句原作“自无极而为太极”，则是太极本于无极，无极生太极。无极为无，太极为有，则如老子“有生于无”，无极为世界本源，太极以及阴阳、天地、五行、万物俱为无极派生。朱熹认为此句当做“无极而太极”，则太极本即无极，“非太极之外复有无极”，太极即是宇宙的本源和中心。无极而又太极者，意谓太极是理，总天地万物之理便是太极，无极表示理之无形无迹。③根：根基。互为其根，是说一动和一静，循环往复，互为起点，相互依存。根非本原之义，阴、阳都以太极为本，而不能互为根本。④两仪：天地。按《周易·系辞上》之说：“易有太极，是生两仪。”“夫乾，其静也专，其动也直，是以大生焉；夫坤，其静也翕，其动也辟，是以广生焉。广大配天地，变通配四时……”太极的动静分出阴阳，也即乾坤，乾之静专动直生大，坤之静翕动辟生广。与广大对应的就是天地。周敦颐这里将天地之生成看做太极动静的结果。⑤阳变阴合：是说阳气变动，阴气便与之配合。阴阳一变一合，生成水火木金土五行。按《周易·系辞上》云：“易有太极，是生两仪。两仪生四象，四象生八卦。”四象即春夏秋冬四季，八卦即是天、地、风、雷、水、火、山、泽八种自然现象。周敦颐则将五行之说引入。五行即金、木、水、火、土，古人认为是构成世界的五种物质元素。《尚书·洪范》：“五行：一曰水，二曰火，三曰木，四曰金，五曰土。”《孔子家语·五帝》："天有五行，水、火、金、木、土，分时化育，以成万物。"⑥五气：五行之气。按：五行在地为质，在天为气。顺布：流布。水、火、木、金、土五行之气流布，推动了春、夏、秋、冬四季的运行。⑦一：归一，归本之义。⑧各一其性：五行不仅是五种物质，每一种物质还各具一种独特的素质和特性。朱熹解："五行之生，随其气质而所禀不同，所谓'各一其性也。'"《尚书·洪范》："水曰润下，火曰炎上，木曰曲直，金曰从革，土爰稼穑。润下作咸，炎上作苦，曲直作酸，从革作辛，稼穑作甘。"分别为"五行之性"与"五行之味"。明曹端《通书述解》卷上云："五常仁义礼智信，五行之性也。"⑨真：本真。精：精微。真、精，都是指最微妙精粹的东西。二五：二气与五行，即阴阳和水火木金土。这几句言人之生成。朱熹解："真以理言，无妄之谓也；精以气言，不二之名也。妙合者，无极、二、五，本混融而无间也。凝者，聚也，气聚而成形也。"乾：《易》卦名，象征天，阳性。坤：卦名，象征地，阴性。⑩交感：交互感应。《周易·咸卦·彖辞》："天地感而万物化生，圣人感人心而天下和平。观其所感而天地万物之情可见矣。"《尚书·泰誓上》："惟天地，万物父母；惟人，万物之灵。"秀：指天地阴阳之秀气。⑪知：智。五性，五行之性。五性感动：五行之性感外物而动。《礼记·乐记》："人生而静，天之性也。"性感于外物而生情。按照儒家的说法，性本善，情则有善有不善，所以说"五性感动而善恶分"。朱熹解："此言众人具动静之理而常失之于动也。盖人物之生，莫不有太极之道焉。然阴阳五行，气质交运，而人之所禀，独得其秀，故以心为最灵。而有以不失其性之全，所谓天地之心，而人之极也。然形生于阴，神发于阳，五行之性，感物而动，而阳善阴恶，又以类分，而五性之殊，散为万事。盖二气、五行，化生万物，其在人者又如此。自非圣人，全体太极，有以定之，则欲动情胜，利害相攻，人极不立，而违禽兽不远矣。"这是周敦颐的人性论。⑫无欲故静：语本《老子》："无欲故静，天下将自定。"人极：指做人的最高标准。极，准则。⑬圣人与"天地合其德"：《周易·乾卦·文言》关于大人之描述："夫大人者，与天地合其德，与日月合其明，与四时合其序，与鬼神合其吉凶。先天而天弗违，后天而奉天时。天且弗违，而况于人乎？况于鬼神乎？"⑭《周易·说卦》："昔者圣人之作《易》也，将以顺性命之理。是以立天之道，曰阴与阳；立地之道，曰柔与刚；立人之道，曰仁与义。”按：《说卦》言圣人之作《易》，“观变于阴阳而立卦，发挥于刚柔而生爻，和顺于道德而理于义”。⑮《周易·系辞上》：“《易》与天地准，故能弥纶天地之道。仰以观于天文，俯以察于地理，是故知幽明之故；原始反终，故知死生之说；精气为物，游魂为变，是故知鬼神之情状。”原始反终：推求本始，反观终极。

［译文］

周敦颐说：无极即是太极。太极动而生阳，动到极处归于静；静生阴，静到极处又复动。一动和一静，互为起点。太极动静分出阴阳，形成了天地。阴阳变化配合，而生成水、火、木、金、土五行。五行之气流布，推动了春、夏、秋、冬四季的运行。五行归一于阴阳；阴阳归一于太极；太极本于无极。五行的生成，各随其气质禀性。无极的本真，阴阳五行之精微，神妙交合而凝聚成形，象征天的乾成为男，象征地的坤形成女。乾坤阴阳二气交相感应，化育生成万物，万物生生不息而变化无穷。其中只有人类，禀赋了天地的秀气而成为万物之灵。形体已经形成了，神智也感发而有了心智，其中的五行之气感于外物而动呈现出了善恶，于是引出了错综纷杂的万事。面对这纷繁的万事善恶，圣人使自己定止于中正仁义（本注：所谓的圣人之道，也就是守持仁义中正而已），而其心主于“静”（本注：没有欲望所以就静），这样就树立起了做人的最高标准。符合这一标准的圣人，就如《周易》上说，其德性与天地相合，其光明与日月等同，其进退之序与四季相符，其奖善惩恶与鬼神所降吉凶同一。君子修养中正仁义所以就吉，小人违背中正仁义所以就凶。故《周易》上说：“建立天的法则，称作阴和阳；建立地的法则，称作刚和柔；建立人的法则，称作仁和义。”又说：“追溯万物的开始，回顾万物的终了，就可以明白死生的道理。”伟大啊易，这真是至高无上的了。

1.2　诚无为，几善恶。[①]德：爱曰仁，宜曰义，理曰礼，通曰智，守曰信。[②]性焉安焉[③]之谓圣，复焉执焉[④]之谓贤，发微不可见，充周不可穷之谓神。[⑤]　　——周敦颐《通书·诚几德》

［注释］

①此条为周敦颐语。按《近思录》体例，凡一条冠以某某先生曰，以下与此为同一人语者，不另标明。诚：周敦颐所谓“诚”，指“无欲故静”的境界。周敦颐以“诚”为做圣人之最高精神境界，“诚者，圣人之本”（《通书·诚上》）。“诚”之概念，来自《孟子》和《中庸》。《孟子·离娄上》：“诚者天之道也；思诚者，人之道也。”诚为最高的道德规范。《中庸》：“诚者，天之道也；诚之者，人之道也。诚者，不勉而中，不思而得，从容中道，圣人也。”几善恶：语本《周易·系辞下》：“几者，动之微，吉之先见者也。”②周敦颐认为德即“仁义礼智信”。所谓“五常”，也即所谓“五行之性”。宋熊节《性理群书句解》卷十七熊刚大注：“道之有得于身谓之德，于爱则谓之仁，处事得其宜谓之义，万物各得其理谓之礼，周乎万事而通达则谓之智，凡事固守而不易则谓之信。即五行之性也。”③性焉安焉：朱熹解：“性者独得于天，安者本全于己。圣者，大而化之之称。此不待学问勉强，而诚无不立，几无不明，德无不备者。”独得于天谓之“性”，不待学问勉强而德与诚自然全于其身谓之“安”，即所谓“不思而得，不勉而中”。④复焉执焉：回复本有之诚，谓之“复”；守持不失之，谓之“执”。贤人需要努力恢复自己本然之善之诚，并且守持不失，这就与圣人之不思而得、不勉而中差一等。⑤发微：朱熹解：“发，动也；微，幽也。”充周：使诚扩充而周遍。神：指圣人之德神妙而不可测。周敦颐以“诚、神、几”为圣人之德性。《通书·圣章》云：“寂然不动者，诚也；感而遂通者，神也；动而未形，有无之间者，几也。诚精故明，神应故妙，几微故幽。诚、神、几，曰圣人。”

［译文］

诚的本性是虚静无为，念头一动就有善恶。德之体有五用：爱人叫仁，合宜为义，顺理称礼，通达是智，守持为信。安于诚之本性天生而诚的是圣人，恢复诚的本性而又守持不失的是贤人，诚之意念发动而微妙而不可见，扩充诚使之周遍而不可穷是圣人神秘莫测的妙用。

1.3　伊川先生曰[①]：“喜怒哀乐之未发，谓之中。”[②]中也者，言“寂然不动”者也，故曰：“天下之大本。”“发而皆中节谓之和”。和也者，言“感而遂通”者也。[③]故曰：“天下之达道。”[④]

——《二程文集》卷九《答吕大临论中书》

［注释］

①伊川先生：程颐，字正叔，号伊川，学者称伊川先生。洛阳人，与兄程颢同学于周敦颐，并称“二程”，相对于其兄称“小程”，为理学创始人之一。此条当据《答吕大临论中书》摘编而成。今本《二程文集》卷九《答吕大临论中书》题下注：“此书其全不可复见，今只据吕氏所录到者编之。”“中”是传统儒学和理学的一个重要概念，认为人之喜怒哀乐没有被激发出来的时候，处于不喜不怒、无哀无乐、不偏不倚的心境，是谓“中”。②《礼记·中庸》云：“喜怒哀乐之未发，谓之中；发而皆中节，谓之和。中也者，天下之大本也；和也者，天下之达道也。”③《周易·系辞上》：“易，无思也，无为也，寂然不动，感而遂通天下之故。”④本条是以《周易》之“寂然不动”、“感而遂通”解释《中庸》之所谓“已发”、“未发”。朱熹解：“喜怒哀乐，情也；其未发，则性也。无所偏倚，故谓之中；发皆中节，情之正也。无所乖戾，故谓之和。大本者，天命之性，天下之理皆由此出，道之体也。达道者，循性之谓，天下古今之所共由，道之用也。”

［译文］

程颐说：人之喜怒哀乐没有表现出来时，称作中。中的意思，就是《周易》上说的无思无为时的无声无息无动无为寂然不动，所以说中是“天下之大本”。喜怒哀乐表现出来全都适度，叫做和。和的意思，就是《周易》上说的感应而能贯通天下，所以说和是“天下之达道”。

1.4　心一也，有指体而言者（本注：寂然不动是也），有

指用而言者（本注：感而遂通天下之故是也），惟观其所见何如耳。[①] ——《二程文集》卷九《答吕大临论中书》

［注释］

①体：指事物之本体、本质。用：指表象或功用。“寂然不动”，“感而遂通天下之故”出《周易·系辞上》，见（1.3）注。本条说：“心”的概念从语言表达上是一样的，但它有时指本体而言，有时指功用而言。“寂然不动”，如说喜怒哀乐之未发，即性，性即理，在理学理论体系中具有本体论的意义。“感而遂通”，则是已发，则是情感、意识、精神类的概念。参考（1.39）。此处对“心”的解释，大致同于张载“心统性情”之义，见（1.50）。

［译文］

心的概念只有一个，有时指它的本体而言（无思无为寂然不动时就是），有时指它的表象功用而言（感物而动于是贯通天下之理就是），只看你看到的是心之本体还是心之功用了。

1.5 乾，天也。天者，乾之形体；乾者，天之性情。乾，健也，健而无息谓之乾。[①]夫天，专言之则道也，“天且弗违”是也。[②]分而言之，则以形体谓之天，以主宰谓之帝，以功用谓之鬼神，以妙用谓之神，以性情谓之乾。[③] ——《程氏易传·乾传》

［注释］

①本条是程颐《易传·乾传》解释《周易·乾卦》：“天行健，君子以自强不息”一句的解说。程颐说：乾、天、健是几个相关的概念。②专言：与下文“分而言之”对，即不分形体、功用等等总而言之。“天且弗违”出《周易·乾卦·文言》，见（1.1）注⑬。天与人与鬼神都不违背的，是“道”。③朱熹解：“鬼神之神，此神字说得粗。如《系辞》言‘神也者，妙万物而为言’，此所谓‘妙用谓之神’也。言‘知鬼神之情状’，此所谓‘功用谓之鬼神’也。”参考（1.2）注⑦。朱熹又说：“功用言其气也，妙用言其理也。功用是有迹底，妙用是无迹底。”

[译文]

乾，象征天。天，是乾的形体；乾，是天的性情。乾的意思是健，健而不息就称作乾。天的含义，只提到天时是就总体而言指道，“上天尚且不违背”就是指的这个道。分开来说，就形体说称作天，就作为主宰者说称它为帝，就其运行四时化生万物等功用说称作鬼神，就其不可测的妙用说称神，就其性情说称它为刚健的乾。

1.6 四德之元，犹五常之仁。①偏言则一事，专言则包四者。②

——《程氏易传·乾传》

[注释]

①四德：《周易·乾卦》：“乾：元、亨、利、贞。”是为乾之四德。元有大与始之意，亨是通，利是祥和，贞是正与固。五常：即仁、义、礼、智、信，见汉董仲舒《举贤良对策》。本条阐释乾之四德元、亨、利、贞的关系，拿五常中的仁与义、礼、智、信的关系作比较，“元”和“亨、利、贞”并举时，它只表示“元”(大与始)，如果只说“元”，它就包含了“亨、利、贞”之意。②《朱子语类》卷二十五载朱熹答人问：“问：仁如何包四者？曰：《易》便说得好：‘元者善之长。’义、礼、智莫非善，这个却是善之长。又曰：义、礼、智，无仁则死矣，何处更讨义、礼、智来?”

[译文]

《乾》卦元、亨、利、贞四德中的元，地位就像仁、义、礼、智、信五常中的仁。偏指一义时就指“元”一项意义，如果只说元，它就包含了元、亨、利、贞四者。

1.7 天所赋为命，物所受为性。① ——《程氏易传·乾传》

[注释]

①此为对《周易·乾卦》用九彖辞的解说，其辞有云：“乾道变化，各正性命，保合太和，乃利贞。”

［译文］

所谓性、命，其实是一回事：就上天所赋予万物的角度说称命，就万物所禀受的角度说称性。

1.8 鬼神者，造化之迹也。[1] ——《程氏易传·乾传》

［注释］

①造化：造化者，或称造物者。迹：形迹，显现于外有形可见者。朱熹云："如日月星辰风雷，皆造化之迹。天地之间，只是此一气耳，来者为神，往者为鬼。"又云："造化之妙，不可得而见，于其气之往来屈伸者足以见之。微鬼神，则造化无迹矣。"天地之造物，神妙而无迹可求，只能从气的往来屈伸来观察其迹：气来聚而成物，来为"伸"，伸者神也；气归则物败灭，"归"者鬼也。

［译文］

鬼神，是那不可见的神妙的造化者表现出的迹象。

1.9 《剥》之为卦，诸阳消剥已尽，独有上九一爻尚存，如硕大之果不见食，将有复生之理。上九亦变，则纯阴矣。[1]然阳无可尽之理，变于上则生于下，无间可容息也。[2]圣人发明此理，以见阳与君子之道不可亡也。或曰：剥尽则为纯《坤》，岂复有阳乎？曰：以卦配月，则《坤》当十月。以气消息言，则阳剥为《坤》，阳来为《复》，阳未尝尽也。[3]《剥》尽于上，则《复》生于下矣。故十月谓之阳月，恐疑其无阳也。[4]阴亦然。圣人不言耳。 ——《程氏易传·剥传》

［注释］

①此条为对《周易·剥卦》上九爻辞的解说，其辞云："硕果不食，君子得舆，小人剥庐。"按《剥》卦之体为䷖，下五爻为阴（称六），独上一爻为阳（称九）。这一卦，由纯阳的《乾》（䷀）卦自下而上渐次阳消阴长而来。进一步，上九爻再变成阴（上六），就成了纯阴的《坤》（䷁）卦。依《易》

理，消于上则复于下，最下一爻进而变成阳（初九），则演变为《复》（䷗）卦了。《易》中，阳象征君子，阴象征小人。此条就此讲阳与君子之道不可亡之理。不见食：不被剥食。②息：一息。阴阳之变以气论，故言间不容息。朱熹解“阳无可尽”云：《剥》九月，《坤》十月，《复》十一月。《坤》纯阴，阳气阙了三十日。但《复》之一阳不是顿然而生，才立冬便萌，一分一分积累到复处，方成一阳。③消息：卦变方式之一。一个卦体中，凡阳爻去而阴爻来，称“消”，阴爻去而阳爻来，称“息”。《周易》有十二消息卦，依阴阳消息的次序排列为复、临、泰、大壮、夬、乾、姤、遁、否、观、剥、坤。从《复》到《乾》，阳爻逐渐增加，从下往上增长，阴爻逐渐减少，为阳息阴消。从《姤》到《坤》，阴爻逐渐增加，从下往上增长，阳爻逐渐减少，为阴息阳消。这几句说：按二气消息变化说，《剥》卦上九一阳剥去为《坤》，《坤》卦一阳爻来于下（最下一爻变为阳）就成《复》，阳气未尝消尽。参考（1.33）、（3.56）注。④剥：剥落，侵蚀。由《乾》到《剥》，是阳爻渐为剥落。阳月：汉董仲舒《雨雹对》：“十月，阴虽用事，而阴不孤立。此月纯阴，疑于无阳，故谓之阳月。”

［译文］

《剥》这一卦，是由《乾》卦渐次剥落而来，到《剥》卦，各阳爻消剥已尽，独有上九一阳爻尚存，其卦象，就像一个硕大的果子放在上面而没有被吃掉，将有阳气复生之理。如果上九爻也变成阴爻上六，那就成了纯阴的《坤》卦了。但是阳气没有能完全消亡的道理，上九变于上那么初九就会生于下，其中没有可容一息的间隙。圣人发明这一道理，以显示阳和君子之道是不可消亡的。有人说：阳爻剥尽了，就成了纯阴的《坤》卦，难道还有阳吗？回答是：以卦来配月份，那么《坤》卦正当十月。按二气消息说，那么《剥》卦上九一阳剥去为《坤》，《坤》卦一阳爻来于下（最下一爻变为阳）就成《复》，阳气未尝消尽。《剥》卦阳尽于上时，《复》卦阳就生于下了。所以《坤》卦相配的十月称作阳月，是担心人们怀疑《坤》卦无阳啊。阴也是这样。只是圣人没有说明罢了。

1.10　一阳复于下，乃天地生物之心也。[①]先儒皆以静为见天地之心，盖不知动之端乃天地之心也。[②]非知道者，孰能识之？

——《程氏易传·复传》

［注释］

①此条为对《周易·复卦》彖辞的解说，彖辞云："复其见天地之心乎！"儒家认为，天地以生物（生长发育万物）为心。朱熹解："十月积阴，阳气收敛，天地生物之心固未尝息，但无端倪可见。一阳既复，则生意发动，乃始复见其端绪也。"②动之端乃天地之心：《复》（䷗）卦由《坤》（䷁）阳息阴消而来，十月为《坤》（䷁），乃纯阴之卦，至《复》（䷗），始一阳动于下。初九爻为一阳之始，阳为动；下卦为《震》，震为动，初九为《震》之下，故称"动之端"。按朱熹解："凡生物都从这里起，岂不是天地之心？"

［译文］

《复》卦在纯阴的《坤》卦之后一阳复生于下，这显示了天地生物之心。前代儒者都认为太极凝然不动的静时见天地之心，是因为不知道动而未动之初才见天地之心。不是深明大道的人，谁能认识到这一层呢？

1.11　仁者天下之公，善之本也。[①]　——《程氏易传·复传》

［注释］

①此为对《周易·复卦》六二爻彖辞的解说。其辞曰："休复之吉，以下仁也。"休复，休止既往之非而复归于善道。下仁，下顺仁德之君子。叶采解："仁者以天地万物为一体，故曰'天下之公'。四端万善，皆统乎仁，故曰：'善之本。'"按：善端者，恻隐之心为仁之端，羞恶之心为义之端，辞让之心为礼之端，是非之心为智之端。世间万善皆由此四端而成，而仁义礼智又统于仁。四端之说，见《孟子·公孙丑上》。

［译文］

仁是天下之大公，是一切善的根本。

1.12　有感必有应。[①]凡有动皆为感，感则必有应，所应复为感，所感复有应，所以不已也。[②]感通之理[③]，知道者默而观之可也。

——《程氏易传·咸传》

［注释］

①此条为对《周易·咸卦》九四爻辞的解说。按《周易·咸卦》之《彖》辞说："咸，感也，柔上而刚下，二气相应而相与，止而说（悦）。"如此《咸》卦之咸，就是感的意思。其九四爻辞云："憧憧往来，朋从尔思。"而《周易·系辞下》解此两句有云："天下何思何虑？日往则月来，月往则日来，日月相推而明生焉；寒往则暑来，暑往则寒来，寒暑相推而岁成焉。往者屈也，来则信（即伸）也，屈信相感而利生焉。"程颐由此生发解说。《咸》（䷞）卦艮下兑上，艮为少男，兑为少女，为感应。②朱熹云：因这一件事又生出一件事，便是感与应。因第二件事又生出第三件事，第二件事又是感，第三件事又是应。③按《咸》卦辞云："咸，亨，利，贞，取女吉。"亨者，通也。程颐解：物之相感，则有亨通之理。君臣能相感，则君臣之道通；上下能相感，则上下之道通；以至父子、夫妇、亲戚、朋友，皆情意相感，则和顺而亨通。

［译文］

凡有感就必然有应。凡有动都成为感，凡感所动之处必有应，所应而动又成为感，所感之处又有应，因此感与应连续下去而无止息。因感而通的道理，明白大道的人去默默地观察好了。

1.13　天下之理，终而复始，所以恒而不穷。恒非一定之谓也，一定则不能恒矣。惟随时变易，乃恒道也。天地常久之道，天下常久之理，非知道者孰能识之？[①]　——《程氏易传·恒传》

［注释］

①《周易·恒卦》彖辞云："恒，久也。"又云："天地之道，恒久而不已也。利有攸往，终则有始也。日月得天地而久照，四时变化而能久成，圣人久于其道而天下化成。观其所恒，而天地万物之情可见矣。"本条讲"恒"的

辩证法：恒并非固定不变，不变不能恒久。

［译文］

天下的运动规律，是终而复始，所以能恒久而不穷。恒并不是定于一处的意思，定于一而不变就不能恒久。只有随时变易，才是恒久之道。天地常久之道，天下常久之理，非明于道的人谁能了解呢？

1.14　人性本善，有不可革者，何也？曰：语其性，则皆善也；语其才，则有下愚之不移。[①]所谓下愚有二焉：自暴也，自弃也。[②]人苟以善自治，则无不可移者。虽昏愚之至，皆可以渐磨而进。惟自暴者拒之以不信，自弃者绝之以不为，虽圣人与居[③]，不能化而入也。仲尼之所谓下愚也。然天下自暴自弃者，非必皆昏愚也，往往强戾而才力有过人者，商辛[④]是也。圣人以其自绝于善，谓之下愚。然考其归，则诚愚也。既曰下愚，其能革面，何也？曰：心虽绝于善道，其畏威而寡罪，则与人同也。[⑤]惟其有与人同，所以知其非性之罪也。　——《程氏易传·革传》

［注释］

①此条为《周易·革卦》上六爻辞之解。《革》卦九五云“大人虎变”；上六云：“君子豹变，小人革面。”因而涉及人性论问题。按《论语·阳货》载孔子云：“唯上智与下愚不移。”而《孟子·告子上》则载孟子云：“人之性善也，犹水之就下也，人无有不善，水无有不下。”而《易》又有“小人革面”之说。孔、孟、《易》之人性论是否矛盾？此条解答这一问题。宋理学家将人性分为“天命之性”与“气质之性”，“性”指天命之性，或称义理之性，“才”是气质之性，或称材质。天命之性无不善，气质之性则有善有不善。详见（1.40）解。革为革除、改变义。不可革者：不可变易的人，即不可变而向善的小人，孔子所谓“下愚之不移”者。②《孟子·离娄上》：“自暴者，不可与有言也；自弃者，不可与有为也。”自暴，谓自我戕害；自弃，言自我抛弃，也即放弃向善。孟子说：“言非礼义，谓之自暴也；吾身不能居仁由

义，谓之自弃也。”③圣人与居：和圣人居住在一起。④商辛：殷纣，号帝辛。⑤革：变易。面：指其外表。这里解释《周易·革卦》之“小人革面”与孔子所谓“下愚之不移”是否矛盾：他们内心虽拒绝向善，但由于害怕君威而少犯罪过，那就表现得与一般人一样了。又按《革》卦上六象辞说：“小人革面，顺以从君也。”程传：“虽不移之小人，则亦不敢肆其恶，革易其外，以顺从君上之教令，是革面矣。”

［译文］

人性原本是善的，但又说有些不善的小人是不可变易的，这是怎么说呢？回答是：要说人天生的本性，那么都是善的；要说人的材质，那就有下等昏愚而不能改变的了。所谓的“下愚”有两种：一种是自我戕害的称作自暴，一种是自己放弃上进称为自弃。人只要以善自我修治，那就没有不可改变的。即使是昏愚到了极点，也都可以渐渐磨砺而渐进的。只有自暴者以不诚信而拒不向善，自弃者以不去做而弃绝向善，即使和圣人住在一起，也不能教化他使他接受善心。这样的人就是孔子说的“下愚”的人。但是天下自暴自弃的人，并非都昏愚，往往强梁乖戾并且才力有过人之处，像殷纣就是这样的人。因为这样的人自绝于善，所以圣人称他们为下愚。然而考察一下他们的结局，那确确实实是昏愚的。已经称他们是下愚了，而他们又能革面，这又是怎么说呢？回答是：他们内心虽拒绝向善，但他们害怕君威而少犯罪过，那就表现得与一般人一样了。正因为他们有与人相同的一面，所以就可以说明他们之愚恶不是本性之罪了。

1.15 在物为理，处物为义。[①] ——《程氏易传·艮传》

［注释］

①《周易·艮卦》彖辞云：“艮，止也。时止则止，时行则行。”程传：“止之道，唯其时。行止动静不以时则妄，不失其时，则顺理而合义。”本条因“顺理而合义”一语，阐释“理”与“义”之区别。处：区处，处理；筹

划安排。朱熹解：“理不外乎事物之间是非可否。处之得宜，所谓义也。”

[译文]

“理”和“义”是同一概念的两种表述：就作为事物本身的法则说称作“理”，按照此“理”处置事物得其宜则称“义”。

1.16 动静无端，阴阳无始，非知道者孰能识之？[①]

——《程氏经说·易说》

[注释]

①此为对《周易·系辞上》“一阴一阳之谓道”等的解说。端、始：开端、开始。理学家认为，宇宙之本源乃一太极。太极动而生阳，静而生阴，动极而静，静极复动。动静阴阳，互为其根，故无始无端。参考（1.1）及注。

[译文]

太极一动一静，如此循环，没有开端；一阴一阳，二气相交，也没有开始。如此微妙难明，不是明白大道的人谁能理解呢？

1.17 仁者天下之正理，失正理则无序而不和。[①]

——《程氏经说·论语解》

[注释]

①《论语·八佾》：“人而不仁，如礼何？人而不仁，如乐何？”此条是其解说。按《礼记·乐记》：“乐者天地之和也，礼者天地之序也。”乐使上下和谐，礼使尊卑有别，尊卑有别就是“序”，即秩序。和谐与秩序也是相依存的，无序也就会失去和谐。

[译文]

仁是天下的正理，失去这个正理那就会使天下没有尊卑之序，无序也就不会和谐。

1.18 明道先生曰：天地生物，各无不足之理。常思天下君

臣父子兄弟夫妇，有多少不尽分处？[①] ——《二程遗书》卷一

［注释］

①明道先生：程颢，字伯淳，学者称明道先生。洛阳人，与弟程颐同学于周敦颐，并称“二程”，相对于其弟则称“大程”，为宋代理学重要奠基人。此条叶采解：“分者，天理当然之则。天之生物，理无亏欠。而人之处物，每不尽理。”张伯行解：“分者，职所当为；理者，性分所固有。”尽分：尽其职分所当为。

［译文］

程颢说：天地化生万物，各种事物无一不赋予其足份的天理。但我常想天下君臣、父子、兄弟、夫妇之间处事，有多少不能尽其职分的地方呀！

1.19 “忠信所以进德”，“终日乾乾”[①]，君子当终日“对越在天”[②]也。盖“上天之载，无声无臭”，其体则谓之易，其理则谓之道，其用则谓之神，其命于人则谓之性，率性则谓之道，修道则谓之教。[③]孟子去其中又发挥出浩然之气，可谓尽矣。[④]故说神“如在其上，如在其左右”，大小大事，而只曰：“诚之不可掩如此夫！”[⑤]彻上彻下，不过如此。[⑥]“形而上为道，形而下为器”，须著如此说。[⑦]器亦道，道亦器[⑧]，但得道在，不系今与后，己与人。[⑨]

——《二程遗书》卷一

［注释］

①语出《周易·乾卦》，其九三爻辞曰：“君子终日乾乾，夕惕若，厉无咎。”乾乾：努力不懈。君子终日不懈进取，晚上还要保持戒惧。《文言》曰：“君子所以进德修业，忠信，所以进德也。”君子要增进道德，营修功业。通过讲求忠信来增进道德。②对越在天：语出《诗经·周颂·清庙》，言周人在宗庙里祭祀文王，“济济多士，秉文之德，对越在天”。对，配。越，于。这些众多之士，都秉承着文王的德教，他们的道德都不愧对天上的文王之灵。③《诗经·大雅·文王》：“上天之载，无声无臭。仪刑文王，万邦作孚。”上

天之载即上天之事。郑玄笺："天之道难知也，耳不闻声音，鼻不闻香臭。仪法文王之事，则天下咸信而顺之。"《礼记·中庸》："天命之谓性，率性之谓道，修道之谓教。"④《孟子·公孙丑上》："我知言，我善养吾浩然之气。""其为气也，至大至刚，以直养而无害，则塞于天地之间。其为气也，配义与道，无是馁也。是集义所生也，非义袭而取之也。"这种至大至刚之气，是由于正义的经常积累所产生的，不是偶然的正义行为所能取得的。养气说成为后世儒学重要的命题。人有性有气，人的德行气禀也必须从性和气两个方面才能说明，"论性不论气，不备"（见2.30），故这里说孟子补充了"浩然之气"说后，忠信进德之论才完备。⑤《礼记·中庸》："子曰：鬼神之为德，其盛矣乎？视之而弗见，听之而弗闻，体物而不可遗。使天下之人，齐明盛服以承祭祀，洋洋乎如在其上，如在其左右。"齐明盛服，斋戒沐浴，静心洁身，穿上庄重的礼服。齐，斋。祭祀时"洋洋乎如在其上，如在其左右"，即孔子"祭如在，祭神如神在"（《论语·八佾》）意。大小大：宋时俗语，何等，多么。此处大小大事，即不管多么大的事。《礼记·中庸》言鬼神之德："夫微之显，诚之不可掩如此夫！"鬼神就情状说是隐微的，而其功德却是显著的，其诚信是如此地不可掩蔽呀！⑥彻上彻下：指上而天地鬼神，下而人事万物。朱熹解云："此只是解'终日乾乾'，故说此一段。从'上天之载'说起，虽是无声无臭，其阖辟变化之体则谓之易，然所以能阖辟变化之理则谓之道，其功用著见处则谓之神。此皆就天上说。及说到性、道、教，是就人身上说。上下说得如此仔细，都说了，可谓尽矣。故说'神如在'。又皆是此理显著之迹。看甚事都离这个事不得，上而天地鬼神，下而万事万物，都不出此，故曰：'彻上彻下，不过如此。'"⑦《周易·系辞上》："形而上者谓之道，形而下者谓之器。"形而上形而下是宋代理学讨论的一个重要问题。形即形质，形体。张载说："形而上者是无形体者，故形而上者谓之道也；形而下者是有形体者，故形而下者谓之器。无形迹者即道也，如大德敦化是也；有形迹者即器也，见于事实即礼义是也。"（《横渠易说·系辞上》）朱熹解："道是道理，事事物物皆有个道理；器是形迹，事事物物亦皆有个形迹。有道须有器，有器须有道，物必有则。"（《朱子语类》卷七十五）⑧朱熹云："有此器则有此理，有此理则有此器，未尝相离。却不是于形器之外别有所谓理。"⑨这几句讲道无所不合，说明道的普遍存在和普遍适用性。

［译文］

《周易》上说："忠信所以进德。"又说"君子终日乾乾"。君子应当一天到晚使自己的德行与上天之德相配。上天之事，虽然没有声响气味，但就其本体说称作易，就其运行之理说称作道，就其妙用说称作神，就其赋予人的一分说称作性，顺着这本性去行事就称作道，修养身心以明此道就称作教。孟子又在心性修养中发挥出"浩然之气"的说法，如此一来可以说是说得很完整了。所以说到神的时候就说："就像在我的上边，就像在我的左右。"不论什么样的事，体现着神的精爽，就只说："神的至诚的德行不可掩藏以至于如此呀。"上而天地鬼神，下而人事万物，都不过如此。抽象而超越形体之上的事理、规则称作道，具体有形可见的东西称作器，理论上须得这么分开来说。但事实上器也就是道，道也就是器，二者是不可分割的。只要有道在，便不拘今日与以后，也不拘自身与他人，都能无所不合。

1.20　医书言手足痿痹为不仁，此言最善名状。①仁者以天地万物为一体，莫非己也。认得为己，何所不至？若不有诸己，自不与己相干。②如手足不仁，气已不贯，皆不属己。故"博施济众"，乃圣之功用。仁至难言，故止曰："己欲立而立人，己欲达而达人。③能近取譬④，可谓仁之方也已。"欲令如是观仁，可以得仁之体。

——《二程遗书》卷二上

［注释］

①《内经·痹论篇》："皮肤不营，故为不仁。"唐王冰注："不仁者，皮顽不知有无也。"又《痿论篇》云："脾气热则胃干而渴，肌肉不仁，发为肉痿。"王冰注："脾与胃以膜相连，脾气热则胃液渗泄，故干而且渴也。脾主肌肉，今热薄于内，故肌肉不仁而发为肉痿。"茅星来解："痿与痹分为二，

程子概举而兼言之。又专属手足，亦约略言之耳。”名状：形容，描述。②茅星来引元人陈栎语：“仁者之心视人、物即己身也，体认得人、物皆为己，则此心之仁，周流贯通，何所不至？不然则私意间隔，与人、物自不相连属矣。”③博施济众：《论语·雍也》：“子贡曰：‘如有博施于民，而能济众，何如？可谓仁乎？’子曰：‘何事于仁，必也圣乎？尧舜其犹病诸！夫仁者，己欲立而立人，己欲达而达人。能近取譬，可谓仁之方也已。’”广泛地给人民以好处，又能帮助大家生活得好那就不仅是仁，一定是圣德了。仁是自己要站得住也让别人站得住，自己要行得通也让别人行得通。④能近取譬：能够就眼下的事实选择例子一步步去做。

［译文］

医书上称人的手足筋肉痿缩枯死为不仁，这话是对不仁的最好形容。仁德的人把天地万物看做一体，没有一物不属于自身。把万物看做自身，还有什么仁爱之事做不到呢？如果不属于自身，自然与自己无关。就像手足不仁之病，气脉已经是不贯通了，就都不属于自身的一部分了。所以孔子说“博施济众”，乃是圣德之功用。仁是最难说明的，所以孔子只说：“己欲立而立人，己欲达而达人。能够就眼下的事实选例一步步去做，就可以说是行仁的方法了。”如果能让人们这样去认识仁，就可以了解仁的大体了。

1.21　“生之谓性。”[①]性即气，气即性，“生”之谓也。[②]人生气禀，理有善恶，然不是性中元有此两物相对而生也。[③]有自幼而善，有自幼而恶（本注：后稷之克岐克嶷，子越椒始生，人知其必灭若敖氏之类），是气禀有然也。[④]善固性也，然恶亦不可不谓之性也。[⑤]盖“生之谓性”、“人生而静”以上不容说，才说性时，便已不是性也。[⑥]凡人说性，只是说“继之者善”也，孟子言人性善是也。夫所谓“继之者善”也者，犹水流而就下也。[⑦]皆水也，有流而至海，终无所污，此何烦人力之为也？有流而未远，固已渐浊；有出而甚远，方有所浊。有浊之多者，有浊之少者。清浊虽不同，然不可以浊者不为水也。如此，则人不可以不加澄治之功。故用力敏勇则疾清，用力缓怠则迟清。及其清也，则却只是元初水也。亦不是将清来换却浊，亦不是取出浊来置在一隅也。水之清，则性善之谓也。⑧故不是善与恶在性中为两物相对，各自出来。此理，天命也。顺而循之，则道也。循此而修之，各得其分，则教也。自“天命”以至于“教”，我无加损焉。此舜“有天下而不与焉”者也。⑨

——《二程遗书》卷一

［注释］

①《孟子·告子上》所载告子之语，意谓人天生的自然资质叫做性，它无所谓善恶。按儒家的人性论，孟子提出性善论，认为人性都是善的。宋代理学家则提出人性有“义理之性”或称“天地之性”，又有“气质之性”。认为“义理之性”是纯善的，而“气质之性”，由于人的气质之禀各有清浊，故有善有不善。此条阐述人性，即以此为理论基础。告子“生之谓性”为性无善恶说，所谓“性犹湍水也，决诸东方则东流，决诸西方则西流。人性之无分于善不善也，犹水之无分于东西也”。是为孟子所批判的。程颢借告子之语加以发挥，则在于说明气禀之性有善有不善。此所谓“性”，指气质之性。②程颢认为，告子所说的性，不是人天生纯善的义理之性，而是可善可恶的气质之性。朱熹解：“天之付与万物者谓之命，物之禀受于天者谓之性。然天命流行，必二气五行交感凝聚然后能生物也。性、命，形而上者也；气则形而下者也。形而上者，一理浑然，无有不善；形而下者，则纷纭杂糅，善恶有所分矣。”又说：“此章内‘性’字，有指堕在气质中者而言，有指其本原至善者而言。”“性即气”之性，“指堕在气质中者而言”，即气质之性；此处的气，指人生禀赋之气，气有清浊，故性有善恶。从这一意义上说，性便是气，气便是性（人性中禀气而成之成分）。叶采则说：“人之有生，气聚成形，理亦具焉，是谓之性。性与气本不相离也，故曰性即气，气即性。”说人是由气凝聚而成其形体的，当然人就有气质之性，在气聚而成形的同时，“理”也就禀赋

于人而成为其义理之性。没有“气”聚而成形，就不会有理的禀赋，也没有义理之性，“性与气本不相离”，所以从这一角度说“性即气，气即性”。③这句中的“性”，乃合义理之性与气质之性而言。朱熹解：“以其气之或纯或驳，而善恶分焉，故非性中本有二物相对也。”又说：此“理”字“只当做合字看”，可解作应该、应当，也即“照常理说应当如此”之意。叶采解：“气禀杂糅，善恶由分，此亦理之所有。然原是性之本则善而已，非性中原有善恶二者并生也。”④这几句是在孟子人性本善的理论前提下，解释人为什么有生而恶者。“自幼而善”者与孟子性善论没有矛盾，如何解释“自幼而恶”者呢?程颢说是“气禀有然”，也即说此非“天命使然”，气禀之恶不能否定天命之善，于是也就不会和性善论发生矛盾。克岐克嶷：语出《诗经·生民》，言后稷始生，“诞实匍匐，克岐克嶷”，说他刚会爬的时候，就很聪明很乖巧。岐、嶷，《毛传》：“岐，知意也。嶷，识也。”子越椒：斗椒。《左传》宣公四年：“初，楚司马子良生子越椒。子文曰：‘必杀之！是子也，熊虎之状而豺虎之声，弗杀，必灭若敖氏矣。’”春秋楚先祖熊鬻出自子芈姓，其后楚子熊鄂生熊仪，名若敖，子孙以若敖为氏。若敖氏常执楚政。若敖氏子文为楚令尹，若敖氏之子良生子子越椒，子文预言子越椒长大必为若敖氏之祸，后来若敖氏果然因子越椒叛楚而被灭全族。⑤叶采解：“原天命赋予之初，固有善而无恶。及气禀拘滞之后，则其恶者谓非性之本然则可，谓之非性则不可。性一也，所指之地不同耳。”⑥这几句为天命之“性”廓清界限。人生而静：出自《礼记·乐记》：“人生而静，天之性也；感于物而动，性之欲也。”程颢认为：“生之谓性”的“性”、“人生而静”的“静”，都只能就未生之时而言，但未生之时又无所谓“性”，无所谓“静”，但一到生时，这本善的纯然天命之性，也就“堕在气质中”，不是纯然天命之性了。这句的“性”字指“本原至善者而言”。同样道理，“人生而静”，但一生时就“感于物而动”，没有真正的“静”了。⑦这一节回到孟子的性善论。“凡人说性，只是说‘继之者善’也……”此一语提示，“继之者善”之性与“生之谓性”是在不同的意义上讨论性的，因此“性”的概念也就不同。《周易》所谓“继之者善”，不是说的气质之性，而是孟子说的本善之性。《周易·系辞上》：“一阴一阳之谓道。继之者善也，成之者性也。”意思是说：一阴一阳交互作用这一天的法则就称作“道”，继承这一天的法则就是“善”，使这一法则体现在人的身上就是天赋的人性。《周易》说的“继承之者善”，就像孟子说的“人性之善，犹水之就下”一样。《孟子·告子上》载孟子反驳告子“性犹湍水也……”之论，说：“水信无分于东西，无分于上下乎？人性之善也，犹水之就下也。人无有不善，水无有不下。”⑧从“皆水也”至“则性善之谓也”，承孟子以水喻性再作比喻：孟子以水之就下喻人性之无不善，此处以水之清浊喻性之善与不善：原初之水是纯清的，以喻人天命之性之纯善。水出地而流，受污染而浊，污染有人受气成形之时禀气之浊，有出生后后天习染之污。其“有流而至海，终无所污”，则禀气纯清，后天也未受污染，其他则所受污染程度不同。“清浊虽不同”，但都是人性。“澄治之功”就是恢复本善之功，即周敦颐“复焉执焉”之意（见1.2），故云“及其清也，则却只是元初水”。澄治之法为学，学以“变化气质”（参考2.100）。⑨《礼记·中庸》：“天命之谓性，率性之谓道，修道之谓教。”上天所给予人的禀赋叫做性，遵循天命而行就是道，修明此道就是教。“我无加损焉”，即：天命——性——道——教这样一个序列中，是不能人为地加入什么，也不能人为地减去什么的（澄治之功在“教”，是此序列完结之处）。《论语·泰伯》：子曰：“巍巍乎，舜禹之有天下也而不与焉！”程颢引以作比：此“无加损”，就如舜虽然居有天下却不加干预一样。

［译文］

告子说：“天生具有的资质叫做性。”性就是气禀，气禀就是性，这就是告子说的“生”（天生具有）的意思。人初生时禀受的气，从道理说应是有善有恶，但不是人的本性中有善恶两个东西相对而产生而存在。有的人自幼就善，有的人自幼就恶（就如后稷生下来就聪明懂理，子越椒一生下来，人们就知道他必定使若敖氏灭亡之类），这是气禀不同使然的。善固然是人性，但是恶也不能不称作性。这“生之谓性”、“人生而静”以前的事说不得，才说“生之谓性”，他已不是初生之时了，才说“人生而静”，他已感于物而动了，于是就不再是初生时、未动时之性了。大凡人说到性时，只是说“继承天的法则的就是善”，孟子言人性善就是就这种意义说的。《周易》说的“继承天的法则为善”，就像孟子说的“人性之善，犹如流水趋向低下之处”一样。同样都是水，有的一直流到大海，终究也没有污染，这哪里还需要人力去澄清呢？有的流得还不远，就已经逐渐混浊了；有的流得很远了，才有些混浊。有混浊得严重的，有混浊得较轻些的。清浊虽然不同，然而不可因其混浊而不称其为水。如此，那就不能不用人力加以澄清了。所以用力勤而勇猛的就很快变清，用力缓迟怠惰的就慢慢澄清。等到水变清了，那却还是原来的水。也不是拿清水来换去了浊水，也不是取出浊水放到一边去了。水的清，是性善的比喻。所以并不是善与恶在本性中为两个东西相对，各自表现出来。这个理，就是天命。顺着这天命遵从这天命，就是道。循着天命加以修治，以得到天命赋予各人那一份，便是教。《中庸》上说的从“天命”到“教化”这一整个过程，我既不附加上些什么也不减损去些什么。这就像舜虽然居有天下却不加干预一样啊。

1.22 观天地生物气象（本注：周茂叔看）。[①]

——《二程遗书》卷六

[注释]

①《周易·系辞》云：“天地之大德曰生。”观天地生长发育万物之气象，体天地之仁德。周茂叔：周敦颐字茂叔。叶采解：“造化流行，发育万物，溥博周遍，生理条达，观之使人良心油然而生。”

[译文]

观察那天地生长万物的景象（本注：周敦颐在那里观看）。

1.23 万物之生意最可观。此“元者善之长也”，斯所谓仁也。[①]

——《二程遗书》卷十一

[注释]

①元：指《周易·乾卦》“元、亨、利、贞”之元。元、亨、利、贞，乾之四德，四德俱善，而元居首，故云善之长。此又如仁、义、礼、智四善中之仁，居于长而统其他三善。参见（1.6）及注。“元者善之长也”，见《周易·乾·文言》。朱熹解：“物之初生，淳粹未散，最好看。及干叶茂盛，便不好看。”程颢由物之初生最可观，联想到“元、亨、利、贞”之“元”（有初始之意，居四善德之首而包其他三德，故《乾卦·文言》说“元者善之长也”）和仁、义、礼、智四善之首的仁，仁也统其他三善。

[译文]

世上万物初生时的形态最为好看。这就是《乾卦·文言》“元者善之长也”一句话的含义。这也就如仁、义、礼、智四善之首的仁。

1.24　满腔子是恻隐之心。[①]　　——《二程遗书》卷三

[注释]

①腔子：身躯，当时洛阳俗语。《孟子·公孙丑上》：“恻隐之心，仁之端也。”发挥恻隐之心就成为仁。朱熹《朱子语类》卷五十三：“或问‘满腔子是恻隐之心’。曰：‘此身躯壳谓之腔子。’”就一身说，恻隐之意，充满躯体。扩而充之，“则天地万物，本一体也，无往而非恻隐之心矣（叶采解）。”

[译文]

浑身上下充满了同情他人之心。

1.25　天地自然之理，无独必有对，皆自然而然，非有安排也。每中夜以思，不知手之舞之，足之蹈之也。[①]

——《二程遗书》卷十一

[注释]

①朱熹解：“东西、上下、寒暑、昼夜、生死，皆是相反而相对，天地间物，未尝无相对者。”有问：“对是物也，理安得有对？”曰：“如高下、小大、

清浊之类，皆是有高必有下，有大必有小，皆是理必当如此。”他发现了这一普遍性的规律，激动得手舞足蹈。安排：不任随自然而施以心思人力、加以人为干预之意。

［译文］

天地及自然中的理，没有一种是孤立的，都一定有对应，全都是自然而然，并非谁有意安排。每每半夜想到这些，叫人不由激动得手舞足蹈。

1.26　中者“天下之大本”。天地之间，亭亭当当，直上直下之正理。①出则不是，惟“敬而无失”最尽。②

——《二程遗书》卷十一

［注释］

①《礼记·中庸》：“喜怒哀乐之未发谓之中，发而皆中节谓之和。中也者，天下之大本也；和也者，天下之达道也。”亭亭当当，直上直下：俗语，不偏不倚，即“中”的意思。这几句是用当时俗语解释“天下之大本”之意。所谓天下之大本，即“天地之间，亭亭当当，直上直下之正理”。朱熹解：“亭亭当当、直上直下，皆是形容‘中’之在我，其体段如此。”②出：即发。所谓“不是”，即不是“中”。未发之谓中，已发便“不是”中。敬而无失：见《论语·颜渊》：“司马牛忧曰：‘人皆有兄弟，我独亡。’子夏曰：‘商闻之矣，死生有命，富贵在天。君子敬而无失，与人恭而有礼，四海之内皆兄弟也。’”程颢认为，此“中”是很难解说的，如何保持“中”，他认为，子夏所说的“敬而无失”能最大限度地接近“中”。《二程遗书》卷二上载其语：“‘敬而无失’便是‘喜怒哀乐未发之谓中’也。敬不可谓之中，但‘敬而无失’即所以‘中’也。”

［译文］

“中”是天下大的根本，是天地之间不偏不倚、直上直下的正理。人的喜怒哀乐之情一表现出来就不是中了，只有谨慎地约束自己的感情而不失去中道，才是最大限度地接近中。

1.27　伊川先生曰：公则一，私则万殊。人心不同如面，只是私心[①]。

——《二程遗书》卷十五

［注释］

①《二程遗书》所载原文中间尚有“至当归一，精义无二”两句，可助理解。人心不同如面：出《左传》襄公三十一年，子产语。

［译文］

程颐说：公心都是一样的，私心则形形色色。人心不同各如其面，原因只是各自怀着各自的私心。

1.28　凡物有本末，不可分本末为两段事。[①]洒扫应对是其然，必有所以然。[②]

——《二程遗书》卷十五

［注释］

①《论语·子张》：“子游曰：‘子夏之门人小子，当洒扫应对进退则可矣，抑末也，本之则无，如之何？’”此条是对这一问题的阐发。按子游所说，末是具体行事之末节，本则指学问根基。到程颐这里，则洒扫应对之事为末，而洒扫应对之理为本。理只能于事见之，故不能分为两段（截然分开）。

②所以然：即其理。程颐又说：“圣人之道，更无精粗，从‘洒扫应对’至‘精义入神’，通贯只一理。虽洒扫应对，只看所以然者如何。”参考（6.11）。

［译文］

一切事物都有根本和末节，但不能把根本和末节截然分成两回事。教育子弟要让他们进行洒水扫地之类道德实践，学会回答尊长的问话，这是应该如此，但一定还有为什么如此的道理。

1.29　杨子拔一毛不为，墨子又摩顶放踵为之，此皆是不得中。至如“子莫执中”，欲执此二者之中，不知怎么执得？[①]识得则事事物物上皆天然有个中在那上，不待人安排也。安排著便不中矣。[②]

——《二程遗书》卷十七

［注释］

①杨子：杨朱，又称阳子居、阳生，战国初魏人，主张“全性葆真，不以物累形”，即不受外物之诱惑，一意于保全个人之天性与生命。墨子：墨翟，春秋鲁人，或说宋人，先秦时著名思想家，墨家学派创始人。战国时儒家视杨墨为异端。《孟子·尽心上》：“孟子曰：杨子取为我，拔一毛而利天下，不为也。墨子兼爱，摩顶放踵利天下，为之。子莫执中。执中为近之。执中无权，犹执一也。所恶执中者，为其贼道也，举一废百也。”子莫，战国鲁国之贤人。按孟子之说，子莫是执中而不懂得变通，不变通，则时推事移，所执便不是中而仅仅是其中的一点了。执于一点而丢弃其余，“举一废百”，自然是错误的。叶采解：“杨墨各守一偏，固皆失其中。子莫，鲁之贤人也，惩二者之偏，欲于二者之间而取中。夫中者随时而在，不能随时以权其宜，而胶于一定之中，则所执者亦偏矣。”②朱熹《晦庵集》卷四十《答何叔京》说：“程子谓子莫执中，比杨墨为近，而中则不可执也。当知子莫执中，与舜禹汤之执中不同，则知此说矣。盖圣人义精仁熟，非有意于执中而自然无过不及，故有执中之名，而实未尝有所执也。以其无时不中，故又曰‘时中’。若学未至，理未明，而徒欲求夫所谓中者而执之，则所谓中者，果何形状而可执也？殆愈执而愈失矣。子莫是也。”

［译文］

杨子拔一根毫毛而有利于天下都不肯干，墨子又摩秃头顶，走破脚跟，只要有利于天下，什么都干，他们都没有把握中道。至于说子莫要掌握适中，他要在杨子和墨子两者之间掌握适中，不知怎样能掌握得了？真的认识了中，那么事事物物上，都天然有一个中在上边，不需人去给它安排一个中。如果人为安排，安排着这中的时候，时推事移，它已经不是中了。

1.30　问：时中如何？[①] 曰：“中”字最难识，须是默识心通。且试言一厅，则中央为中；一家，则厅中非中，而堂为中；言一国，则堂非中，而国之中为中。推此类可见矣。如三过其门不入，在禹、稷之世为中，若居陋巷，则非中也。居陋巷，在颜子时为中，若三过其门不入，则非中也。[②]

——《二程遗书》卷十八

［注释］

①《礼记·中庸》："君子之中庸也，君子而时中。"时中，即时时刻刻合于中。时移事迁，中也随时而异，故时中不易。按《二程遗书》卷十八原文为：季明问："君子时中，莫是随时否？"曰："是也，'中'字最难识……"

②《孟子·离娄下》："禹、稷当平世，三过其门而不入，孔子贤之。颜子当乱世，居于陋巷，一箪食，一瓢饮，人不堪其忧，颜子不改其乐，孔子贤之。孟子曰：禹、稷、颜回同道……禹、稷、颜子，易地则皆然。"程颐之意，是说清平之世有为于世为中，昏乱之世独处求志为中。

［译文］

有人问：怎样做到时中？程颐回答说："中"字最难理解，须要默默理会贯通于心。且打个比方，如说一个厅，那么厅的中央是中；如果是说一家，那厅的中央就不再是中，而堂为中；如果说一国，那堂也不再是中，而国家的中心是中。由此类推就可以认识时中了。例如三过家门而不入，在禹、稷那样的清平时代是中，如果隐居在简陋的巷子里，就不是中了。隐居在陋巷中，在颜回那样的昏乱时代是中，如果他想忙忙碌碌建功立业，就不是中了。

1.31　无妄之谓诚，不欺其次矣。（本注：李邦直云："不欺之谓诚。"便以不欺为诚。徐仲车云："不息之谓诚。"《中庸》言"至诚无息"，非以无息解诚也。或以问先生，先生曰云云。）[①]

——《二程遗书》卷六

［注释］

①"诚"是传统儒学和宋代理学一个非常重要的观念，但何谓诚，宋以前人没有恰当的解说。以"无妄"解诚，本于《易》，《无妄》为《易》卦名。《程氏易传·无妄传》云："无妄者，至诚也。至诚者，天之道也。天之

化育万物，生生不穷，各正其性命，乃无妄也。人能合无妄之道，则所谓与天地合其德也。”以“无妄”解诚，是程颐的贡献，元代胡炳文说：“诚未易言，存诚未易能。汉儒无有能识此字者。宋李邦直以为不欺，徐仲车以为不息。子程子始曰‘无妄’，子朱子又加以‘真实’二字，诚之说始定。”（《云峰集》卷二《存诚堂记》）李邦直：李清臣，字邦直，宋哲宗时为中书侍郎。以不欺释诚，据《礼记·大学》：“所谓诚其意者，毋自欺也。”徐仲车：徐积，因聋不仕，后谥节孝处士。其以“不息”释诚，据《中庸》：“故至诚不息，不息则久，久则征，征则悠远，悠远则博厚，博厚则高明。”但他是误读，《中庸》“非以无息解诚也”，不息是不止义，非以释诚。不欺其次矣：朱熹解：“无妄者自然之诚，不欺是着力去做底，故曰‘其次’。”

［译文］

无妄就称作诚，其次诚的意思才是不欺（李清臣说：“不欺就称作诚。”于是就以不欺为诚。徐积说：“不息之谓诚。”《中庸》上有“至诚无息”的话，但那不是用“无息”解释“至诚”。有人去问程颐，程颐说了上面这两句话）。

1.32　冲漠无朕，万象森然已具，未应不是先，已应不是后。①如百尺之木，自根本至枝叶，皆是一贯。②不可道上面一段事，无形无兆，却待人旋安排引入来教入涂辙③。既是涂辙，却只是一个涂辙④。

——《二程遗书》卷十五

［注释］

①冲漠：虚寂。朕：朕迹。冲漠无朕：空寂无形，指世界万物产生之前的虚寂状态。万象森然已具：是说万物之理已经具备了。森然：众多貌。这一节是程颐对周敦颐《太极图说》的理解，朱熹说：“此一段只是说‘无极而太极’。”（《朱子语类》卷九十五）程颐认为，理在事先，理存在于宇宙产生之前，是世界万物之本原。未有此事此物，先有此理，如未有君臣、父子之前，先有君臣、父子之理。只是待有此事此物时，此理便与之相应。按时间说，理未应物之时固然在先，理已应物之时固然在后。但已应时之理即未应时之理，

理还是那个理，故无先无后。②此以树为喻，理为根本，事为枝叶。树虽有根本、枝叶之不同，但根本与枝叶一体而不可分，以喻理与事之一贯不可分。如君臣之理与君臣之事（君臣关系）即通体一贯而不可分。参考（1.28）“不可分本末为两段事”。③涂辙：即所由之路。“上面一段事”指理未应事之前，此“事”字非“事物”或“事务”之义，可解作情状、状态。理学家认为，先天存在的理不是虚无，理是实理，是一种客观存在。④一个涂辙：如君臣之理即君臣之事，君臣之事即君臣之理。事与理不可分，故称一个涂辙。朱熹回答弟子问此句之意：“恐是记者欠了字，亦晓不得。”

[译文]

在世界万物形成之前的无形无迹的虚寂状态中，万事万物之理早已具备了，理是恒久的，理只是那个理，未与物应时之理无所谓先，已与物应时之理也无所谓后。它就像一棵百尺高的大树，从根本到枝叶，都是贯通的，不能说世界万物产生以前，它既无形迹也无征兆，直到事物出现了，才等着人临时安排个路子把理引进来。既然是个路子，则只是这同样一个路子。

1.33 近取诸身，百理皆具。[①]屈伸往来之义，只于鼻息之间见之。[②]屈伸往来只是理，不必将既屈之气，复为方伸之气。[③]生生之理，自然不息。如《复》卦言“七日来复”，其间元不断续。阳已复生，物极必返。[④]其理须如此。有生便有死，有始便有终。

——《二程遗书》卷十五

[注释]

①《周易·系辞下》：“古者包牺氏之王天下也，仰则观象于天，俯则观法于地，观鸟兽之文与地之宜。近取诸身，远取诸物。于是始作八卦，以通神明之德，以类万物之情。”古人认识世界，近处取法于自己的身体。②此条为批评张载“形溃反原”之说而发。张载的哲学本体论为气本论，认为世界万物都由气凝结而成。气本无形，是为太虚。太虚之气分而为阴阳。气相感相应，聚而为形质，成为物。气去而形散，复为无形的气。气之屈即气之去，气

之伸即气之来。气之来则物禀气而生（伸、长），物之溃则气复去而返于太虚。“形溃反原”见张载《正蒙·乾称下》：“阴阳之气，散则万殊，人莫知其一也；合则混然，人不见其殊也。形殊为物，形溃反原。反原者，其游魂为变，与所谓变者对。‘聚散存亡’为文，非如萤雀之化，指前后身而为说也。”（按此言聚散存亡的变化，不同于佛教的轮回说）萤雀之化：《礼记·月令》：“季夏之月，腐草化萤。”《逸周书》：“季秋，雀入大水化为蛤。”另参考（1.47）③张载认为，人有生死，物有始终，但气是永恒的。程颐反对此说，认为气是生生不已的，永恒不变的是理而非气。《朱子语类》卷九十五记朱熹答弟子问：“问：屈伸往来，气也。程子云‘只是理’，何也？曰：其所以屈伸往来者，是理必如此。‘一阴一阳之谓道’，阴阳，气也；其所以一阴一阳循环而不已者，乃道也。”按道即理。④“七日来复”是其卦辞。按《复》卦之前为《坤》卦，《坤》卦之前为《剥》卦。由消息卦说，《乾》卦纯阳，由一阴始生于下的《姤》卦（䷫），到仅余上九一阳爻的《剥》卦（䷖），阳渐次剥落，至《坤》（䷁）而为纯阴卦，再至《复》（䷗）而一阳复生于下。自《姤》至《复》，前后经过七爻。按一月一爻则从五月到十一月，按一日一爻则共七日，七日而一阳复至，故曰“七日来复”。其间阴阳消长，并未间断，所以说“元不断续”。《坤》卦虽为纯阴，而其中已蕴含阳气，故对应《坤》卦之十月称“阳月”。《坤》为阴之极，至《复》则一阳复生，是“物极必返”。参考（1.9）注③。

［译文］

认识事理如果取法于自身，则人的一身体现具备了所有的理。只就气的屈伸往来说，只在这人的呼吸中就能见到。屈伸往来不过是屈伸往来之理，不一定把已经从物体上消散而回归太虚的气，又看做刚刚来禀赋于物的气。生生不已之理，自然是永无止息的。如《复》卦说：“七日来复。”这七日之中气的屈伸原本没有间断。就《周易》的消息卦看，纯阳的《乾》剥落直到纯阴的《坤》，到《复》卦阳气已经复生，这是物极必反。其中的道理应当如此。所以有生就有死，有始就有终。

1.34 明道先生曰：天地之间，只有一个感与应而已，更有甚事？[1]

——《二程遗书》卷十五

[注释]

①程颢这里将世间万物的关系概括为感和应的关系。朱熹解："阴阳之变化，万物之生成，情伪之相通，事为之终始，一为感则一为应，循环相代，所以不已也。"明湛若水说："感应之道广矣哉！其观于天地鬼神之屈伸也，日月之弦望也，昼夜之相代也，寒暑之往来也。其于物也亦然：鹤鸣而子和，钟动而谷应也。其于人也亦然：人心之寂感也，动静之无端也，闻言而沛然也，至诚之动物也。是故一感应而天下之道备矣。"（《格物通》卷八）

[译文]

程颢说：天地之间，事事物物的关系可以概括为一个感和应的关系，除此之外还有什么呢？

1.35 问仁，伊川先生曰：此在诸公自思之，将圣贤所言仁处类聚观之，体认出来。孟子曰："恻隐之心，仁也。"后人遂以爱为仁。爱自是情，仁自是性，岂可专以爱为仁？孟子言："恻隐之心，仁之端也。"[1]既曰"仁之端"，则不可便谓之仁。退之言："博爱之谓仁。"[2]非也。仁者固博爱，然便以博爱为仁，则不可。

——《二程遗书》卷十八

[注释]

①孟子之言，分别见《孟子·告子上》、《孟子·公孙丑上》。爱自是情，仁自是性：是说仁属于"性"的范畴，爱则属于"情"的范畴。《礼记·乐记》："人生而静，天之性也。"人先天与生俱来的禀赋为"性"，《荀子·正名》说"性之好、恶、喜、怒、哀、乐谓之情"。朱熹："性之所感于物而动则谓之情。"（《晦庵集》卷六十四《答徐景光》）②退之：唐代韩愈，字退之，文章家、学者。其《原道》说："博爱之谓仁，行而宜之之谓义，由是而之焉之谓道。"

[译文]

有人问什么是仁，程颐回答说：这要诸位自己去思考，把圣贤谈到仁的话分类集结了来看，体会出来。孟子说："同情他人之心是仁。"后人于是认为爱就是仁。爱属于情感，仁自是本性，怎么能简单地把爱当做仁？孟子说："同情之心，是仁的萌芽。"既然说是"仁的萌芽"，不能就称作仁。韩愈说："博爱叫作仁。"这是不对的。仁者固然博爱，但用博爱来解释仁，则不可。

1.36 问仁与心何异？曰：心譬如谷种，生之性便是仁，阳气发处乃情耳。[①]

——《二程遗书》卷十八

[注释]

①此条为改编而成，《二程遗书》所载原文为："问：'仁与心何异？'曰：'心是所主处，仁是就事言。'曰：'若是，则仁是心之用否？'曰：'固是，若说仁者心之用则不可。心譬如身，四端如四支。四支固是身所用，只可谓身之四支。四端固具于心，然亦未可便谓之心之用。'或曰：'譬如五谷之种，必待阳气而生。'曰：'非是。阳气发处却是情也。心譬如谷种，生之性便是仁也。'"四端即《孟子·公孙丑上》所言"恻隐之心，仁之端也；羞恶之心，义之端也；辞让之心，礼之端也；是非之心，智之端也"。

[译文]

有人问：仁和心这两个概念有什么不同？程颐回答说：打个比方说，心就好比一粒谷种，它所包含的生长的本性就是仁，这本性遇阳气而发动时就变成情（也就是爱）了。

1.37 义训宜，礼训别，智训知，仁当何训？说者谓训觉、训人，皆非也。[①]当合孔孟言仁处，大概研穷之，二三岁得之，未晚也。

——《二程遗书》卷二十四

[注释]

①江永解："《中庸》以'人'训'仁'，犹之以'宜'训'义'，古人

训字，多用谐声。苟识得大意，则'人'字未尝不可以训。要之'仁'字之义，朱子'心之德，爱之理'二言尽之矣。"按《礼记·中庸》云："仁者人也，亲亲为大；义者宜也，尊贤为大。"按宜为合宜，别为区分（上下尊卑），知为见识。

[译文]

义解释为合宜，礼解释作区分，智解释为见识，仁应当如何解释？讲解的人说解释为觉，解释为人，都不对。应该把孔子、孟子谈论仁的话收集来结合着看，从大处深入研究，两三年能得出结论，也不算晚。

1.38 性即理也。①天下之理，原其所自，未有不善。"喜怒哀乐未发"，何尝不善？"发而中节"，则无往而不善。②凡言善恶，皆先善而后恶；言吉凶，皆先吉而后凶；言是非，皆先是而后非。(本注：《易传》曰：成而后有败，败非先成者也。得而后有失，非得何以有失。)③ ——《二程遗书》卷二十二上

[注释]

①此条也是编辑而成。按《二程遗书》原文，此为答弟子问"性如何"之语："问：'性如何？'曰：'性即理也。所谓理，性是也。天下之理，原其所自，未有不善……"先以"理"解"性"，接着以"性"解"理"。因为要以"性"解"理"，性本善，所以下文阐释"理无不善"。朱熹解："在心唤作性，在事唤作理。"②程颐以性解理，则理之本原只能从"性"上考察，所以引《礼记·中庸》"喜怒哀乐之未发谓之中，发而皆中节谓之和"。未发之中为性，已发之和为情。而未发之中、已发之和，均无不善。③此注出自程颐《程氏易传·大有》之《彖》传："元者物之先也，物之先岂有不善者乎？事成而后有败，败非先成者也；兴而后有衰，衰固后于兴也；得而后有失，非得则何以有失也？"

[译文]

性也就是理。天下的道理，考察一下它们的来源，没有不善的。

喜怒哀乐之情没有表现出来时，哪有什么不善？表现出来如果全都适度，则表现在任何地方都没有不善的。大凡人说善恶，都是先说善后说恶；说吉凶，都是先说吉后说凶；说是非，都是先说是后说非。(注：在《易传》中他还说到成败、得失：成就了以后才会有失败，败不会在成的前边；得到以后才会有失去，不有得哪会有失?)

1.39　问：心有善恶否？曰：在天为命，在义为理，在人为性，主于身为心，其实一也。[①]心本善，发于思虑，则有善有不善。若既发，则可谓之情，不可谓之心。譬如水，只可谓之水。至如流而为派，或行于东，或行于西，却谓之流也。

——《二程遗书》卷十八

[注释]

①理学家关于“心”的概念有多种：有心理学意义上作为思维器官的心，有作为道德本体的心，有精神、意识的心。这里程颐所谓心，是具有哲学本体论意义的概念。(1.4) 条说：“心一也，有指体而言者（本注：寂然不动是也)，有指用而言者（本注：感而遂通天下之故是也）”。此即指其体而言者。明张九韶《理学类编》卷七载程颐之说：“心也，性也，天也，一理也。自理而言谓之天，自禀受而言谓之性，自存诸人而言谓之心。”

[译文]

有人问：心有善恶吗？程颐回答说：命、理、性、心这些概念，体现在天的本然称为命，体现为义的当然叫做理，体现在人的身上称作性，就主宰人身说称为心，其实都是一回事。心原本是善的，表现为思虑，就有善有不善了。如果已经表现出来，那就只能称作情，而不能称作心了。比如水，只能称作水。至于流而成为水道，或流向东，或流向西，却称作流了。

1.40　性出于天，才出于气。[①]气清则才清，气浊则才浊。[②]

才则有善有不善，性则无不善。　　　——《二程遗书》卷十九

［注释］

①理学家所说的“才”，或称材质，即所谓气质之性，与之对应的“性”，则是天地之性，或称天命之性、义理之性。关于才、性关系，孟子认为，才与性一，性无不善，才也无不善。“若夫为不善，非才之罪也”，“不能尽才者也”（《孟子·告子上》）。才指人的材质，性为人的本性。张载则认为性有天地之性与气质之性。天地之性无不善。人禀气而生，气有清浊，所禀之气清则善，所禀之气浊则不善。张载又称气质之性为才。程颐同意这一说法，本条就是对这一说法的阐发。“性出于天”，限定了“性”是上天所赋予人的天命之性，“才出于气”指明“才”指人禀气而生时所受之性，即气质之性。②《二程遗书》卷十九原文此处尚有“譬犹木焉，曲直者性也，可以为栋梁，可以为榱桷者，才也”几句。

［译文］

人的本性出于天赋，材质则得之于气禀。所禀之气清则才清，所禀之气浊则才浊。材质有善有不善，天性则没有不善的。

1.41　性者自然完具，信只是有此者也。故四端不言信。[①]

——《二程遗书》卷九

［注释］

①此条见《二程遗书》卷九“仁者公也”条后小字注，朱熹《孟子精义》卷十一有引。按《近思录》体例，此条承上当为程颐语，而据朱熹《孟子精义》所引，则为程颢语。南宋真德秀《西山读书记》卷五所录上下文较完整，有利于理解程氏之意：“仁、义、礼、智、信五者，性也。仁者全体，四者四肢。仁，体也；义，宜也；礼，别也；智，知也；信，实也。仁者公也，人此者也；义者宜也，权量轻重之极；礼者别也，定分；信者，有此者也。万物皆有性，此五常，性也。若夫恻隐之类，皆情也。凡动者谓之情。性者自然完具，信只是有此，故四端不言信。”此处解释儒家学说中“仁、义、礼、智”四善端（四端）与“仁、义、礼、智、信”所谓五常之不一致处。《孟子·公孙丑上》：“恻隐之心，仁之端也；羞恶之心，义之端也；辞让之

心，礼之端也；是非之心，智之端也。”此为“四端”。儒家又以仁、义、礼、智、信为五行或五常，见汉董仲舒《举贤良对策》。与五常相较，孟子“四端”没有说到信。完具：完备。朱熹说：“信是个真实无妄底道理，如仁、义、礼、智皆真实而无妄，故信字更不须说。”

[译文]

性的意思就说明它本身仁、义、礼、智都自然完备，信的意思仅仅是确有这些而已，所以孟子谈四善端而没有说到信。

1.42　心，生道也。①有是心，斯具是形以生。②恻隐之心，人之生道也。③

——《二程遗书》卷二十一下

[注释]

①本条为程颐语。朱熹认为此四字“只恐有阙文。此四字说不尽”。生道：生物的道理，即天地生物（生长发育万物）之心。人禀赋天地生物之心而生，人之恻隐之心便体现了天地生物之心。②《朱子语类》卷五十三载朱熹语：“仁者天地生物之心，得之最先而兼统四者，所谓‘元者善之长也’。”“人先得那生底道理，所谓‘心，生道也，有是心斯具是形以生也’。”参考（1.6）、（1.23）及注。③按此条前两个“心”字，均指天地之心，最后一“心”字才指人之心。

[译文]

心，体现了天地生物之意。有了这个天地生物之心，人才具备了形体而生成。而人的恻隐之心，则是人的生物之心。

1.43　横渠先生曰①：气坱然太虚②，升降飞扬③，未尝止息。此虚实动静之机，阴阳刚柔之始。④浮而上者阳之清，降而下者阴之浊。其感遇聚结，为风雨，为霜雪，万品之流形，山川之融结。⑤糟粕煨烬，无非教也。⑥

——张载《正蒙·太和》

[注释]

①横渠先生：张载，字子厚，居凤翔郿县横渠镇，学者称横渠先生。理

学创始人之一，讲学关中，故称其学派为关学。二程以理为宇宙本体，张载则以气为宇宙本体，故称其学为气学。本条实为对《周易·系辞下》“天地絪缊，万物化醇；男女构精，万物化生”的解说，见其《横渠易说》卷三，是张载的万物生成论。故可与（1.1）参读。②气：张载的气本论认为，世界万物是由气凝结而成的。这本原之气称为太和。太和之气分而为阴阳。纷纷乱乱的气游于空中，相感相遇而形成万事万物。坱（yǎng）然：茫茫无边的样子。太虚：气尚未形成事物时无形无容的状态。③升者为阳气清气，降者为阴气浊气。飞扬：指空中纷纷扰扰的游气。④机：机微，或写作几，与始同义。实者动者为阳，虚者静者为阴。此两句是说太和之气分判为阴阳刚柔之始。按张载之说，作为宇宙本体的太虚是气的无形和清虚的状态，所谓“太虚无形，气之本体”，其絪缊未分，称为太和。及至升降飞扬，就开始了虚实、动静、阴阳、刚柔的分化，此分化之气为游气。万物都是由游气凝结而成。⑤流形：流布成形，《周易·乾卦》：“云行雨施，品物流形。”疏：“言乾能用天地之德，使云气流行，雨泽施布，故品类之物，流布成形。”融结：融化与凝结。晋孙绰《游天台山赋》：“融而为川渎，结而为山阜。”⑥煨烬：灰烬。糟粕煨烬：是说形成山川万物的，都不过是太和之气的糟粕灰烬。无非教也，朱熹解：“示人以理。”按所谓教，即以理示人。天地之所以以太和之气之糟粕灰烬凝聚为山川万物，是山川万物都体现着理，而人则通过山川万物认识理。

[译文]

张载说：气茫然无边，而又无形无容，在空中升降飞扬，从来不曾停止。当它升降飞扬时，也就开始了虚实、动静、阴阳、刚柔的分化。浮而上升的是阳气清气，降而下沉的是阴气浊气。气与气相感相遇而凝结，成为风雨，成为山川，万类品物流布而成形，融而为河流，结而为山丘。这些都不过是太和之气的糟粕灰烬，都无非是天地借之以向人们展示天地之理的。

1.44　游气纷扰，合而成质，生人物之万殊；①其阴阳两端，循环不已者，立天地之大义。②　　——张载《正蒙·太和》

［注释］

①游气：游离之气，指太虚之气散开时的状态。朱熹解：“游，流行之意。纷扰，参错不齐也。”按张载之说，太和分为阴阳之气，其散出而纷乱的气，称作游气，世上万物由游气感遇凝结而成。②阴阳两端，循环不已：如昼夜循环，日月运行，寒暑往来。朱熹解：“阴阳循环如磨，游气纷扰如磨中出者。《易》曰：‘阴阳相摩，八卦相荡。鼓之以雷霆，润之以风雨。日月运行，一寒一暑。’此阴阳之循环也。‘乾道成男，坤道成女’，此游气之纷扰也。”而这阴阳循环，日月运行，一寒一暑，即天地之大义。大义：此处义即理，正道，大道理。《周易·家人·彖》：“女正位乎内，男正位乎外。男女正，天地之大义也。”

［译文］

游离之气纷纷乱乱，聚合而成为形质，生成了千差万别的人和物；那阴阳二气循环不已，建立了天地之间大的方面。

1.45　天体物不遗，犹仁体事而无不在也。[①]“礼仪三百，威仪三千”，无一物而非仁也。[②]“昊天曰明，及尔出王；昊天曰旦，及尔游衍。”[③]无一物之不体也。　　——张载《正蒙·天道》

［注释］

①《礼记·中庸》：“子曰：‘鬼神之为德，其盛矣乎？视之而弗见，听之而弗闻，体物而不可遗。’”注：“体，犹生也。可，犹所也。不有所遗，言万物无不以鬼神之气生也。”体事：朱熹解：“谓事事是仁做出来。”天体物不遗，是说天是一切物之本体，同时万物也都具备天理。仁体事而无所不在，即仁心做成了所有的事，仁在所有的事上体现出来，无处不在。②《礼记·中庸》：“优优大哉！礼仪三百，威仪三千，待其人然后行。”礼仪，行礼的仪式。礼仪三百指《周礼》一书所记三百六十官的各种礼仪，三百是举其成数而言。威仪，礼仪的细节，具体行事之礼。威仪三千指《仪礼》一书所记三千事之礼。③语出《诗经·大雅·板》。昊天：上天。王：同往。旦：即明。游衍：游逛。

［译文］

一切的物都是由上天生成的，就像所有的事都是由仁心做成的。“礼仪三百，威仪三千”，没有一物不是仁的体现。“上天的眼睛最明亮，和你一同共来往；上天的眼睛最明亮，和你一起同游逛。”没有一事不体现着仁心。

1.46　鬼神者，二气之良能也。[①]　——张载《正蒙·神化》

[注释]

①张载以气解鬼神。物之生灭变化，在于气之往来屈伸。气来而物禀气以生，是伸，称作神；气往而形体溃散，气反归于太虚，以其归，故称鬼。良能：自然具备的功能。《孟子·尽心上》：“人之所不学而能者，其良能也。”朱熹注：“屈伸往来，是二气自然能如此。”张载认为，气之屈伸往来，是阴阳之气自身具有的功能。二程不同意此说，认为屈伸往来者是气，而之所以能屈伸往来，是由于气有屈伸往来之理，理是气之屈伸往来的所以然。参考(1.33)。

[译文]

鬼神造物的神妙功用，是阴阳二气天然具备的良能。

1.47　物之初生，气日至而滋息。物生既盛，气日反而游散。[①]至之谓神，以其伸也；反之谓鬼，以其归也。[②]

——张载《正蒙·动物》

[注释]

①朱熹解：“造化之妙，不可得而见。然气之往来屈伸者，足以见之。微鬼神，则造化无迹矣。横渠‘物之初生’一章，尤说得分晓。”本条所表达的，也是张载“形溃反原”说之意，参考（1.33）注②。②张载认为，神取“伸”之意，鬼取“归”之意。

[译文]

事物初生之时，所禀之气一天天来聚，它就一天天滋长生息。及至极盛时，气一天天离散而去返归太虚。气来称作神，因为它使事物伸展生长；气之返回称作鬼，因为它回归了。

1.48 性者万物之一源[1]，非有我之得私也[2]。惟大人为能尽其道。[3]是故立必俱立，知必周知，爱必兼爱，成不独成。[4]彼自蔽塞而不知顺吾性者，则亦未如之何矣。[5]

——张载《正蒙·诚明》

[注释]

①张载所谓的性有二：一为太和之气所固有的性，是天地之性。一为因人而殊的性，是气质之性。这里指天地之性。②朱熹解："所谓性者，人物所同得。非惟己有是，而人亦有是；非惟人有是，物亦有是。"③大人：《周易·乾卦·文言》："夫大人者，与天地合其德，与日月合其明，与四时合其序，与鬼神合其吉凶。"此大人即圣人。尽其道：懂得万物与我同此一性的道理。尽其道也即尽其性，充分发挥上天所赋予的善的本性。尽其性则能"民吾同胞，物吾与也"，就能"立必俱立，知必周知，爱必兼爱，成不独成"。④叶采解："己有所立必与夫人以俱立，己有所知必使夫人以周知，爱必兼爱使人皆得所爱也，成不独成，使人皆有所成也。"⑤张载认为，凡一切人与物莫不具有此天地之性，但人有智愚善不善，是由于此性被蔽塞而不能开通。参考（1.51）。顺吾性：即《礼记·中庸》所谓"率性"，遵循着天性而行。

[译文]

天地本原之性是万物之性的同一根源，不是一人所能独有的。只有德行崇高的大人懂得万物与我同一性的道理，视自身与万物为一体。所以他要立身一定让众人都能立身，他的智慧要遍及于一切事物，他的爱一定是广泛地爱一切人与物，他不追求一己成就而使人都有所成就。虽然如此，对那些自己蔽塞了天性而不知道顺着天性发展的人，也是拿他没有办法。

1.49 一故神[1]。譬之人身，四体皆一物，故触之而无不觉，不待心至此而后觉也。此所谓"感而遂通"，"不行而至，不疾而速"也。[2]

——《横渠易说》卷三《系辞上》

[注释]

①此条是对《周易·系辞上》关于“神”的解说。《系辞上》云：“《易》无思也，无为也，寂然不动，感而遂通天下之故，非天下之至神，其孰能与于此？夫《易》，圣人之所以极深而研几也。唯深也，故能通天下之志；唯几也，故能成天下之务；唯神也，故不疾而速，不行而至。”“阴阳不测之谓神”。又《周易·说卦传》：“神也者，妙万物而为言者也。”张载借助《周易》“神”的概念，建立自己关于事物发展变化的“神化”理论。一故神：张载有“一物两体”说：“一物两体，气也”。一物，即一元之气，是为宇宙万物的本体，两，即气所包含的阴阳对立的两面。“一物两体，气也。一故神（自注：两在故不测），两故化（自注：推行于一）。”一物两体，即存在于统一体中对立的两个方面。由于矛盾双方存在于统一体中，所以其变化神妙不测；由于统一体中存在着对立的两个方面，才推动着统一体的变化。②由于四肢同为一体，所以不管何处，触之即觉，这就是“感而遂通”，其感觉到达之神速莫测，“不行而至，不疾而速”，这就是“神”。

[译文]

天地万物本为一体，所以才有神妙不测的神奇。这可以用人身来作比，四肢都是一体，所以碰到任何一个地方都能感觉到，不用等到心想到那个地方而后才感觉得到。这就是《周易》上说的“感而遂通”，“不行而至，不疾而速”的意思啊。

1.50 心统性情者也。①

——张载《性理拾遗》

[注释]

①张载关于心的概念，不指器官而言，是本性与知觉的结合。《正蒙·太和》：“合性与知觉，有心之名。”张载“心统性情”说为朱熹继承，《朱子语类》卷五：“性是未动，情是已动，心包已动未动。”

[译文]

“心”包含了未与物接寂然不动的“性”和感于物而动的“情”。

1.51　凡物莫不有是性。[①]由通、蔽、开、塞，所以有人物之别；[②]由蔽有薄厚，故有知愚之别。[③]塞者牢不可开。厚者[④]可以开，而开之也难；薄者开之也易。开则达于天道[⑤]，与圣人一[⑥]。

——张载《性理拾遗》

[注释]

①此处“是性”指天地之性。(1.48) 言“性者万物之一源”，故“凡物莫不有是性”。②天性通者、开者为人，塞者为物。③朱熹说：“此段不如吕与叔分别得分晓。吕曰：蔽有浅深，故为昏、明；蔽有开塞，故为人、物。”吕大临字与叔，初从张载学，后师事二程，成为程门四大弟子之一。④厚者：蔽之厚者。⑤天道：张载所谓天道，有时近于自然运行规律，“天道，四时行，百物生”(《正蒙·天道》) 有时则指性与理义。“所谓性，即天道也”(《正蒙·乾称》)，“理义即是天道也。《易》言理于义一也，求是即为理义。言理义不如且言求是易晓。”“天道即性也。故思知人，不可不知天；能知天，斯知人矣。知人与穷理尽性以至于命同意”(《横渠易说》卷三)。此处达于天道即穷理尽性以至于命。⑥朱熹云：“此似欠了生知之圣。”按开而达于天道者，是学而至于圣人，“与圣人一”，此圣人即生知之圣。

[译文]

大凡世间万物无不具有天地本善之性。由于此性或通透、或蒙蔽、或开畅、或闭塞之种种不同，所以有了人和物的区别。又由于这本善之性被蒙蔽的薄厚不同，所以又有聪明与愚暗的差别。那些天性完全被堵塞着的，坚牢不可开启；蒙蔽得厚的可以开启，但开启起来很困难；蒙蔽得薄的开启就容易。而一旦开启了就与天道相通，这人也就和圣人一样了。

卷二　为学大要

2.1　濂溪先生曰：圣希天，贤希圣，士希贤。[1]伊尹，颜渊，大贤也。伊尹耻其君不为尧舜，一夫不得其所，若挞于市；[2]颜渊不迁怒，不贰过，三月不违仁。[3]志伊尹之所志，学颜子之所学，过则圣，及则贤，不及则亦不失于令名。[4]

——周敦颐《通书·志学》

［注释］

①天：指天人。《庄子·天下》："不离于宗，是谓之天人。"希：仰慕，由仰慕而效法、追求。②事见《尚书·说命下》，记伊尹云："予弗克俾厥后惟尧舜，其心愧耻，若挞于市。"一夫不获，则曰："时予之辜"。意思是说：我不能使我的君主成为尧舜那样的圣君，心中感到惭愧羞耻，感到像在闹市被鞭挞一样。天下有一个男人没有得到合适的安置，就说：这是我的罪过。伊尹：商汤时贤臣。③《论语·雍也》载孔子曰："有颜回者好学，不迁怒，不贰过。不幸短命死矣。"不迁怒，不把对甲的怒气迁移（发泄）到乙（别的人和事）上。颜渊：名颜回，孔子弟子。④志伊尹之所志，学颜子之所学：伊尹和颜回是周敦颐在儒家先贤中标举出的两种类型的人格榜样，即伊尹是儒家致君泽民的榜样，颜回是人格修养的典范。

［译文］

周敦颐说：圣明的人希望自己成为天人，贤能的人希望自己成为圣人，普通的士人希望自己成为贤人。伊尹，颜回，是大贤人呀。伊尹以不能使自己的君主成为尧舜那样的圣君为耻，天下有一个男人没有得到合适的安置，他就感到像在闹市被鞭挞一样耻辱；颜回不把怒气转移到别人身上，同一过错不会犯第二次，他的心长时间不离开仁德。如果一个人把伊尹的志向作为自己的志向（使其君为尧舜），学习颜回所学的东西（在体圣人之道中追求圣人的精神境界），若超过他们就成为圣人，赶上了他们就成了贤人，即使赶不上也能得到美名。

2.2 圣人之道入乎耳，存乎心，蕴之为德行，行之为事业。彼以文辞而已者，陋矣。[①] ——周敦颐《通书·陋》

[注释]

①朱熹解："欲人真知道德之重，而不溺于文辞之陋也。"蕴之为德行，行之为事业：明曹端《通书述解》卷下："畜之于中则为吾之德行焉，发之于外则为吾之事业焉。"

[译文]

圣人的学说从耳朵里听进去，记在心中，蕴含于自身则成为德行，实行起来则成为事业。那些认为学习圣人之道仅仅是学习圣人之文辞而已的人，太浅陋了。

2.3 或问："圣人之门，其徒三千，独称颜子为好学。[①]夫《诗》《书》六艺[②]，三千弟子非不习而通也，然则颜子所独好者何学也？"伊川先生曰："学以至圣人之道也。""圣人可学而至欤？"曰："然。""学之道何如？"曰："天地储精，得五行之秀者为人。[③]其本也真而静，其未发也五性具焉，曰仁、义、礼、智、信。[④]形既生矣，外物触其形而动其中矣。其中动而七情出焉，曰喜、怒、哀、惧、爱、恶、欲。[⑤]情既炽而益荡，其性凿矣。[⑥]是故觉者约其情使合于中，正其心，养其性。

愚者则不知制之，纵其情而至于邪僻，梏其性而亡之。[7]然学之道，必先明诸心，知所往，然后力行以求至，所谓自明而诚也。[8]诚之之道，在乎信道笃；信道笃，则行之果；行之果，则守之固。仁义忠信不离乎心，造次必于是，颠沛必于是，出处语默必于是。[9]久而弗失，则居之安。动容周旋中礼[10]，而邪僻之心无自生矣。故颜子所事，则曰：'非礼勿视，非礼勿听，非礼勿言，非礼勿动。'[11]仲尼称之，则曰：'得一善，则拳拳服膺而弗失之矣。'又曰：'不迁怒，不贰过。''有不善未尝不知，知之未尝复行也'[12]，此其好之笃、学之之道也。然圣人则不思而得，不勉而中。颜子则必思而后得，必勉而后中。其与圣人相去一息。所未至者，守之也，非化之也。[13]以其好学之心，假之以年[14]，则不日而化矣。后人不达，以谓圣本生知，非学可至。而为学之道遂失。不求诸己而求诸外[15]，以博闻强记、巧文丽辞为工，荣华其言，鲜有至于道者。则今之学，与颜子所好异矣。"　　——《二程文集》卷八《颜子所好何学论》

［注释］

①《论语·雍也》："哀公问：弟子孰为好学？孔子对曰：有颜回者好学，不迁怒，不贰过。不幸短命死矣，今也则亡，未闻好学者也。"本条乃据程颐《颜子所好何学论》一文改编而成，有较大删节。文集题下注："先生始冠，游太学，胡安定以是试诸生，得此论，大惊异之，即请相见，遂以先生为学职。"胡安定，即胡瑗，字翼之，宋泰州海陵（今江苏泰州）人，世居陕西安定堡，学者称安定先生。官至太常博士，与孙复、石介并称"宋初三先生"，为理学之先驱。②《诗》《书》六艺：孔子教学的主要内容。六艺：或指礼、乐、射、御、书、数六种技艺，见《周礼·地官·保氏》，孔子以之教其弟子，《论语·述而》记孔子云："志于道，据于德，依于仁，游于艺。"艺即六艺。或指《易》、《书》、《诗》、《礼》（三礼）、《乐》、《春秋》六经。③五行：中国古人认为，金、木、水、火、土五种物质是构成世界万物的元

素，称作五行。《国语·郑语》："先王以土与金、木、水、火杂，以成万物。"人为万物之灵，禀五行之秀气而生。战国时又以仁、义、礼、智、信五常为五行。参看（1.1）及注。④真而静：朱熹解："真便是不杂无人伪，静便是未感。"五常又称五性，见《白虎通》卷三《情性》："五性者何？谓仁、义、礼、智、信也。"⑤古人认为，"人生而静，天之性也；感于物而动，性之欲也。物至知知，然后好恶形焉"（《礼记·乐记》），于是情生焉。人有七情，即"喜、怒、哀、惧、爱、恶、欲"（《礼记·礼运》）。⑥凿：凿伤。情感达到炽烈的地步以后，人心就更加摇荡，人的本性就被凿伤了。⑦邪僻：乖谬不正。梏：手铐，戴上手铐，引申作限制，束缚。⑧这几句是对自明而诚学习过程的解说。《礼记·中庸》："自诚明，谓之性；自明诚，谓之教。"诚，诚实无欺，真实无妄。明，光明，明白。"诚者，天之道；诚之者，人之道。"天生而诚的是圣人，由诚自然就明。通过努力实现诚（诚之）而达到诚的是贤人，是通过学习而达到诚的，他们必先明理而后能诚，即"自明诚"，也即自明而诚。⑨《论语·里仁》："君子无终食之间违仁，造次必于是，颠沛必于是。"造次：仓猝，匆忙，仓猝匆忙之中。颠沛：困顿挫折。出处语默：《周易·系辞上》："君子之道，或出或处，或默或语。"⑩《孟子·尽心下》："动容周旋中礼者，盛德之至也。"动容周旋：动作，容貌，身体的运转。《礼记·射仪》："进退周旋必中礼。"⑪《论语·颜渊》载颜回问仁，孔子以此四句对。颜回说："回虽不敏，请事斯语矣。"事，从事，实行，实践。⑫《礼记·中庸》："子曰：回之为人也，择乎中庸。得一善，则拳拳服膺而弗失之也。"《周易·系辞下》："子曰：颜氏之子，其殆庶几乎？有不善未尝不知之，知之未尝复行之也。"这些都是孔子称赞颜回的话。⑬颜回之学，学以至于圣人，是颜回之追求，但尚未成为圣人。这段说颜回之贤与圣人的区别。《礼记·中庸》："诚者，不勉而中，不思而得，从容中道，圣人也。"无须思虑心中自然明白，不用努力自然从容中道，这是天生而诚的圣人。颜回尚需要"学"与"勉"。《孟子·尽心下》："充实而有光辉之谓大，大而化之之谓圣。"守之：守持其善与诚而不失之。化之：与之融而为一，自然拥有善与诚。守之为贤，化之则达到了圣的境界。⑭假之以年：让他多活几年。假，借。颜回不幸早死。⑮求诸己：《孟子·尽心上》："万物皆备于我矣，反身而诚，乐莫大焉。强恕而行，求仁莫近焉。”求诸外：向外界寻求身外的学问，这里指学习辞章之学等。

［译文］

有人问：孔子的门下，有弟子三千，孔子只称赞颜回为好学。想那《诗》、《书》、《易》、《礼》、《乐》、《春秋》，三千弟子并非不曾学习并贯通，如此说来颜回他所独自喜好的又是什么学问呢？程颐回答说：是通过学习达到圣人的境地成为圣人啊。又问：圣人也可以通过学习达到吗？回答说：是的。又问：怎样学习呢？回答说：天地间储存着精气，禀赋了五行之秀气而生的是人。人的天性是真而静的，当未表现为情感时，本性中具备了仁、义、礼、智、信所有的善性。当人的形体形成以后，外物刺激人的形体而感动了人的内心。内心感动，七情也就产生了，所谓七情就是喜、怒、哀、惧、爱、恶、欲。情感达到炽烈的地步以后，人心就更加摇荡，人的本性就被凿伤了。所以明智的人约束自己的情感使之合于中，以正其心，以养其性。愚暗的人却不懂得要约束它，放纵自己的情感以至于走向邪僻，束缚了纯善的本性而使之丧失。但为学的方法，一定要先做到内心明白，知道进取的方向，然后努力实行以求到达目的，这就是前人所说的由明到诚呀。使自己达到诚的方法，在于信圣人之道的笃诚；信道笃诚，实行时就果决；实行得果决，守持得就牢固。仁义、忠信不离开自己的内心，匆忙仓促中也一定牢记仁义忠信，困顿挫折中也不忘仁义忠信，出而用世、退而隐居，以及说话时、缄默时，都刻刻不忘仁义忠信。长久保持而不丢失，就会使自己安稳地置身于仁义忠信之中。到了自己的举止容仪、行为动作全部符合礼的要求了，那么邪僻之心就无由产生了。所以颜回要实践的，就称作：“非礼勿视，非礼勿听，非礼勿言，非礼勿动。”孔子称赞颜回，则说他“学到了一种善行，就谨慎地奉持着放到自己心上而不让它丢失”。又说他“不把怒气迁移到别人身上，同样的错误不犯两次”，“有了不好的行为没有认识不到的，认识到以后没有再去做的”。这就是他爱好圣人之道的笃诚，并从而学习的方法呀。但是圣人则是无须思虑心中自然明白，不用努力自然从容中道。颜回却一定要经过思考才能有收获，一定要经过努力，才能做到适中。他离成为圣人还有一息之差。他所没能达到圣人境界的，是只能谨守圣人之道，还没有达到化的地步。以他的好学之心，让他多活几年，则不久就会达到化境了。后人不明白，认为圣人本是生而知之的，不是通过学习所能做到的，为学之道于是就丧失了。今天的人们学习不是求得自我修养的提高，而是去读些他人的东西，认为博闻强记、巧文丽辞是学问之工，把言辞修饰得繁富华丽，这样的人少有能学得圣人之道的。那么今日的学问，与颜回所喜爱的学问是不同了。

2.4　横渠先生问于明道先生曰[①]：定性未能不动，犹累于外物，[②]何如？明道先生曰：所谓定者，动亦定，静亦定。无将迎，无内外。[③]苟以外物为外，牵己而从之，是以己性为有内外也。且以性为随物于外，则当其在外时，何者为在内？是有意于绝外诱，而不知性之无内外也。既以内外为二本，则又乌可遽语定哉？[④]夫天地之常，以其心普万物而无心；圣人之常，以其情顺万事而无情。故君子之学，莫若扩然而大公，物来而顺应。《易》曰：“贞吉，悔亡。憧憧往来，朋从尔思。”[⑤]苟规规于外诱之除，将见灭于东而生于西也。非惟日之不足，顾其端无穷，不可得而除也。人之情各有所蔽，故不能适道，大率患在于自私而用智。自私则不能以有为为应迹，用智则不能以明觉为自然。今以恶外物之心，而求照无物之地，是反鉴而索照也。[⑥]《易》曰：“艮其背，不获其身；行其庭，不见其人。”[⑦]孟子亦曰：“所恶于智者，为其凿也。”[⑧]与其非外而是内，不若内外之两忘也。两忘则澄然无事矣。[9]无事则定，定则明，明则尚何应物之为累哉！圣人之喜，以物之当喜；圣人之怒，以物之当怒。是圣人之喜怒不系于心而系于物[10]也。是则圣人岂不应于物哉？乌得以从外者为非，而更求在内者为是也？今以自私用智之喜怒，而视圣人喜怒之正为何如哉？夫人之情，易发而难制者，惟怒为甚。第能于怒时遽忘其怒，而观理之是非，亦可见外诱之不足恶，而于道亦思过半[11]矣。——《二程文集》卷二《答横渠张子厚先生书》

［注释］

①本条乃改编程颢《答横渠张子厚先生书》一文而成，文字略有出入，删去了最后一节。程朱学派称此文为《定性书》。所谓定性即定心，使心不动。《朱子语类》卷九十五："定性字说得诧异，此性字是个心字意。"定性，即达到物我两忘的境界，要求人做到物我不分，内外两忘，应顺万物而不动情，心不动于物而内欲不萌。其论实出自老庄。②《礼记·乐记》："人生而静，天之性也；感于物而动，性之欲也。"张载理解的定性，是使心常保持"寂然不动"的状态，但却无法排除外物之感，心也就不能不动，以此为"累"。叶采解："此章就'犹累于外物'一句反复辨明。"③真德秀说："愚谓定性者，理定于中而事不能惑也。理定于中，静时固定，动时亦未尝不定也。不随物而往，不先物而动，故曰'无将迎'。理自内出而周于事，事自外来而应以理，理即事，事即理，故曰'无内外'。"（《西山读书记》卷二）《庄子·应帝王》："至人之用心若镜，不将不迎，应而不藏，故能胜物而不伤。"成玄英解："将，送。物有去来而镜无迎送，来者即照，必不隐藏。"无将迎即任顺自然。按程颢之所谓无将迎，无内外，实即庄子"两忘以化其道"（《庄子·大宗师》）。达到寂然不动、澄然无事、淡然无为之境地。叶采解："盖万物不同而无理外之物，万理不同而无性外之理。凡天下之物、理，酬酢万端，皆吾性之所具也。所谓定性者，非一定而不应也。发而中节，动亦定也；敬而无失，静亦定也。"④按二程之说，"性即理也"，"在天为命，在义为理，在人为性，主于身为心，其实一也"（见1.38、1.39），这些不同的概念，就其实质说，都是一回事。既然天下无性外之物，由此逻辑推之，世间一

切事物都不在性（心）外。这一节要说明的是：不能将内心和外物分而为二。这是定性的前提。以内外为二本：即以内在的性（心）为一本原，外在的物为一本原，那就是两者互不管摄，为互相孤立的两个东西。当互相感应时，就不能和谐一致，而有彼此的纷乱，就不可称作定。⑤“夫天地之常”几句说：天地之所以恒常不变，是因为天地之心遍及万物而无其独有之心；圣人之所以无所不适，是因为圣人之情顺应万事而无一己之情。扩然而大公：推广自身而成为大公，达到与天地同其体的境界。参考（2.89）之论。茅星来解：“‘扩然大公’二句，乃一书（按指此《定性书》）之纲领也。”引文为《周易·咸卦》九四爻辞。憧憧：往来之貌。其《彖》辞曰：“咸，感也。”程颐《易传》解云：“四在中而居上，当心之位，故为感之主。而言感之道，贞正则吉而悔亡，感不正则以有悔也。”“贞者，虚中无我之谓也。”“若往来憧憧然，用其私心以感物，则思之所及者有所感而动，所不及者不能感也，是其朋类则从其思也，以有系之私心，既主于一隅一事，岂能廓然无所不通乎?”此即阐明心普万物而无心，情顺万事而无情之意。二程之意，乃推广自我而为大公，则忘记了物我、内外的界限，便能做到无私、无心，也就是物我一体。参考（1.48）。⑥张伯行解：“人情见理不明，而各有所蔽”，“大率所患在于自挟一己之私，而欲用其察察之小智。自私则出而应物，凡有所为，皆欲以己御物，不肯应乎事物之当然之迹”。“用智则当其存主于中，自负明觉，皆是机心用事，而不能任其本体自然之哲。”迹：事物的形迹，其概念源于庄子。反鉴而索照：西晋夏侯湛《抵疑》：“子不嫌仆德之不劭而疑其位之到，是犹反镜而索照，登木而下钓。”反，反面。用镜子的反面去照物。⑦见《周易·艮卦》辞。《彖》辞曰：“艮，止也。”程颐《易传》解释说：“人之所以不能安其得，动于欲也，欲牵于前而求其止，不可得也。故艮之道当艮其背，所见者在前而背乃背之，是所不见也。止于所不见，则无欲以乱其心而止乃安。不获其身，不见其身也，谓无我也。无我则止矣。”“行其庭不见其人，庭除之间至近也，在背则虽近不见，谓不交于物也。外物不接，内欲不萌，如是而止，乃得止也。”此是阐述无欲无私方能止。止，即定心，定性。按其说实本《老子》“不见可欲，使心不乱”。⑧《孟子·离娄下》：“天下之言性也，则故而已矣。故者，以利为本。所恶于智者，为其凿也。”杨伯峻译：“天下的讨论人性，只要推求其所以然就行了。推求其所以然，基础在于顺其自然之理。我们厌恶使用聪明，就是因为聪明容易陷于穿凿附会。”凿：穿凿，牵强，不顺从物之天然之性。⑨《庄子·大宗师》：“与其誉尧而非桀也，不如两忘而化其道。”内外之两忘：泯没内心与外物的区别，达到物我混一之境。澄然无事：即淡漠无为。近于庄子的坐忘境界。这几句说：与其否定外物肯定内心，不如内外两忘的好。内外两忘就能做到澄然无事。⑩不系于心而系于物：不取决于他的内心而取决于他遇到的事物。圣人之心本无喜怒。参考（5.27）及注。⑪思过半：《周易·系辞下》：“知者观其彖辞，则思过半矣。”这里是说，对于道，已经大体了解其意蕴了。

［译文］

张载问程颢说：要定性但还做不到内心不动，因为内心仍然受到外物的影响，怎么办呢？程颢回答说：所谓定性，心动也定，心静也定。不分心应外物或外物入心，也根本没有了内心与外物的分别。如果把外物作为外，牵引着你的内心跟随着外物，这是把你的心分成了内和外。况且如果认为你的心会随物在外，那么当它应物在外时，什么是在内的呢？这是有意于拒绝外物的诱惑，却不知道心性本来并不分内外。既然把内外当做两个东西，那又怎么能够就说定性呢？天地之所以恒常不变，是因为天地之心遍及万物而无其特有的心；圣人之所以无所不适，是因为圣人之情顺应万事而无一己之情。所以君子要通过学习朝着圣人的方向努力，最好不过的就是推广自身而成为大公，万物之来都能顺应。《周易》上说：“虚己就吉，就没有了悔吝。如果心思不定地走来走去，就只有少数的朋辈会顺从你的思路。”如果一门心思地想如何消除外物的诱惑，你将会看到东边的诱惑刚消除，西边的诱惑又出现了。不仅没有那么多时间去消除，而且外物多得无穷无尽，诱惑也就无穷无尽，也没办法消除。人的性情都被这样那样蔽塞着，所以都不能到达圣人之道，被蔽塞的原因大多是由于自私和用智。自私就不能把自己的作为统一于顺应外物当然的形迹，用智就不能以明觉符合于本体之自然。现在你是想用一颗厌恶外物的心，和一个空无一物的世界相观照，这就像把镜子翻过去用不明的镜背去照。《周易》上说："人的背部静止了，全身都静止了。就像人的内心宁静了，达到了忘我的境地，就会忘掉了自我的存在。外界的一切刺激，都不会触动你的内心。即使走在庭院中，也不会看见那里的人。"孟子也说："之所以讨厌智巧，是因为智巧破坏自然。"与其否定外物肯定内心，不如内外两忘的好。内外两忘就能做到澄然无事。澄然无事就能定，心定就心明，心明了当应物时还会受什么连累呢？圣人的欣悦，是因为遇到的事物应该喜悦；圣人的愤怒，是因为遇到的事物应该愤怒。这就是说圣人的喜怒不取决于他的内心而取决于他遇到的事物。那么能说圣人之心不与外物相应吗？怎么能说心与外物相应为非，而又寻找不接外物的内在之心才认为是对呢？现在拿你自私用智的喜怒，与圣人正当的喜怒相比又怎么样呢？人的感情，最容易表现出来却难以抑制的，要数愤怒了。只要能在愤怒的时候，立刻忘掉愤怒，而冷静地分析理的是非，那就会发现外物的诱惑不值得讨厌，这样对于圣人之道，大致也就把握得差不多了。

2.5　伊川先生答朱长文书曰[①]：圣贤之言，不得已也。盖有是言，则是理明；无是言，则天下之理有阙焉。如彼耒耜陶冶之器，一不制，则生人之道有不足矣。[②]圣贤之言，虽欲已，得乎？然其包涵尽天下之理，亦甚约也。后之人始执卷，则以文章为先。平生所为，动多于圣人。然有之无所补，无之靡所阙，乃无用之赘言也。不止赘而已，既不得其要，则离真失正，反害于道必矣。[③]来书所谓欲使后人见其不忘乎善，此乃世人之私心也。夫子"疾没世而名不称焉"者，疾没身无善可称云尔，非谓疾无名也。[④]名者可以厉中人。君子所存，非所汲汲。[⑤]

——《二程文集》卷九《答朱长文书》

［注释］

①朱长文：字伯原，号乐圃，苏州人。著书不仕，名动京师，召为秘书省正字兼编修。此条为摘编程颐《答朱长文书》一文而成，文集题下注："或云明道先生之文。"二程反对文采，以为文章害道，对宋代影响很大，与宋末文弊有直接关系。②耒耜陶冶之器：概指农耕、制陶、冶炼等工具。耒，木制翻土农具。耜，耒下铲土的部件，一说，耒、耜为独立的两种翻土农具。生人：养育人。汉董仲舒《春秋繁露·身之养重于义》："天之生人也，使之生义与利。"生人之道：养育生民之手段，实指生民日用之具。③二程之作文害道说，认为作文之所以害道，原因有二：其一为占用精力，玩物丧志，妨碍学道，见(2.57)。其二即本条所言：所论之理似是而非，不得要领，流于谬误，反害于道。这是针对宋人好为文章、好议论、好为不切世用之高论之弊而发。元初许衡说："宋文章近理者多，然得实理者亦少。世所谓弥近理而大乱真。"所以害道。④《论语·卫灵公》："子曰：君子疾没世而名不称焉。"程颐认为，"名不称"是没有什么善行可以称道，不是说没有名声或名气。⑤《论语·雍也》："子曰：中人以上可以语上也，中人以下不可以语上也。"后世发展为性三品说，将人性分为上、中、下。中人之性，可善可不善。这几句说：名这东西可以用来激励中等的人向善。但君子的存心，并不汲汲于此。

［译文］

程颐回复朱长文的信说：古代圣贤的言论，是他们不得已才说出来的。因为有他这句话，天下人就明白了这个理；没有这句话，那么天下的道理就有欠缺。这就像种地的耒耜制陶的陶具铸器的冶具等器具一样，有一种没有制作出来，天下生民的需要就有一方面不能满足。圣贤之言即使他想不说，能够吗？但即使他们说了那些包涵尽天下之理的话，说得也很简约。后代的人刚刚开始学读书，就把写文章放在前边。一个人平生写的文章，动不动就比圣人的还多。但这些文章有的对天下也没有什么补益，没有它也没有什么欠缺，都是些无用的多余的话。还不仅仅是无用多余而已，既然说得不得要领，就会离真失正，反而有害于圣人之道是肯定的了。来信中说到多写文章是想让后人知道自己不忘善道，这也是世人的私心。孔子说的“疾没世而名不称”的话，意思是说痛恨到老死也没有什么善行可称道的，不是说痛恨自己没有名声。名这东西可以用来激励中等的人向善。但君子的存心，并不汲汲于此。

2.6　内积忠信，所以进德也；择言笃志，所以居业也。[1]知至至之，致知也。求知所至而后至之，知之在先，故可与几。[2]所谓“始条理者知之事也”。知终终之，力行也。既知所终，则力进而终之，守之在后，故可与存义，所谓“终条理者圣之事也”。[3]此学之始终也。

——《程氏易传·乾传》

［注释］

①《周易·乾·文言》：“九三曰君子终日乾乾，夕惕若，无咎，何谓也？子曰：君子进德修业。忠信，所以进德也；修辞立其诚，所以居业也。知至至之，可与几也；知终终之，可与存义也。是故居上位而不骄，在下位而不忧，故乾乾因其时而惕，虽危无咎矣。”此条是程颐对以上文字的解说。进德，进修德行。居业，保有德业。这四句是程颐对“忠信，所以进德也；修辞立其诚，所以居业也”的理解。他将“忠信”之意丰富为内部忠信的积累，而将“修辞立其诚”解释为“择言笃志”，即选择恰当的言辞，确立至诚的心志，这并非《周易》之原意。参考（2.16）及注。②知至至之：知至，是认识上的事，即知道时机到来了。至之，是行动的事，意思是说立即就去做。知终终之：即知道该结束的时候就结束。几：几微，征兆。与几即把握住几微。③《孟子·万章下》：“孔子，圣之时者也。孔子谓之集大成。集大成也者，金声而玉振之也。金声也者，始条理也；玉振之也者，终条理也。始条理者，智之事也；终条理者，圣之事也。”此处以奏乐作比，开头敲镈钟，是节奏条理的开始；用玉磬结束，是节奏条理的终结。条理的开始在于智，条理的终结在于圣。

［译文］

内部忠信的积累，是进修自己德行的方法；选择恰当的言辞，确立至诚的心志，是保有德业的根基。知道应该开始的时候及时开始。力求弄清应该开始去做的时候而后开始去做，是知在行之先，所以可以说是把握了几微。这就是孟子说的“条理的开始在于智”的意思。知道该结束的时候就结束，这是努力实行的事。已经知道该怎样结束了，就努力推进而结束它，守持所得到的东西在这过程之后，所以可以保持义，这就是孟子说的“条理的结束是圣人之事”的意思。这就是为学的开头和终结。

2.7 君子主敬以直其内，守义以方其外。敬立而内直，义形而外方。[①]义形于外，非在外也。[②]敬、义既立，其德盛矣，不期大而大矣。[③]德不孤也，无所用而不周，无所施而不利[④]，孰为疑乎？

——《程氏易传·坤传》

［注释］

①《周易·坤卦》六二爻辞云：“六二，直、方、大，不习无不利。”《文言》曰：“直其正也，方其义也。君子敬以直内，义以方外，敬义立而德不孤。‘直、方、大，不习无不利’，则不疑其所行也。”此条是程颐对以上文字的解说。②《孟子·告子上》载告子之论：“仁，内也，非外也；义，外也，非内也。”孟子问：“何以谓仁内义外也？”其“义外”之说遭到了孟子的反驳。③按《周易·坤卦》六二爻辞之“直、方、大”，本为对坤所象征的大地特征的表述，这里引申以论德行修养：敬则“直”，义以“方”，内外夹持，德行崇盛，不用着意追求“大”就自然“大”了。④《论语·里仁》：“德不孤，必有邻。”原意是说，按照方以类聚、人以群分的规律，有德的人肯定和有德的人居住在一起，不会孤身一人而居。《周易》引此语，朱熹说：“此在《坤》六二之爻，论六二之德。圣人本意，谓人占得此爻，若直、方、大，则不习而无不利。夫子（指程颐）遂从而解之，以‘敬’解‘直’，以‘义’解‘方’，又须敬、义皆立，然后德不孤。将‘不孤’来解‘大’字。”其意说，德之“大”尚须同时具备“敬”和“义”。周：适合，适用。

［译文］

君子以敬慎的态度，使内心正直；坚守正义的准则，作为外在的行为规范。敬慎的态度确立了内心就正直，正义表现出来就成为外在的行为规范。正义表现在外，但它不是外在的东西。敬和义一旦确立，人的德行就非常崇高了，不需要有意去追求大，自然也就大了。德行是不会孤立的，只要建立了敬和义的品德和精神，那么用到哪里全都适用，在哪里施行都无所不利，谁还会怀疑呢？

2.8　动以天为无妄，动以人欲则妄矣。[①]《无妄》之义大矣哉！虽无邪心，苟不合正理，则妄也，乃邪心也。既已无妄，不宜有往，往则妄也。[②]故《无妄》之《彖》曰："其匪正有眚，不利有攸往。"

——《程氏易传·无妄传》

［注释］

①本条乃摘编《程氏易传·无妄》而成，个别文字与原文有出入。按《无妄》(☰☳)之卦，震下乾上，震是动，乾是天，所以说"动以天为无妄"。妄与诚相反，是虚伪之意。无妄，即不虚伪，也就是说依照道理，自然应当如此。震下而乾上，震为动、乾为健，如此动而健的形象，非常吉利，所以《无妄》有"元、亨、利、贞"《乾》卦所具有的四德。但如此的吉利，其先决条件是"动以天"，如果不依顺天的法则而动，则属不正，即动的动机不纯正，那就要有弊害，所以《彖》辞说"匪正有眚，不利有攸往"。匪，非。眚，弊害。攸，所。动机不正就动不得，一动就有灾害。程颐认为这不合于天的不正的动机就是人欲。人欲即与天理之公相对的人欲之私。②既已"无妄"，为何还会"匪正有眚"？这段加以解说：心虽非出于邪妄，而见理不明，所为或乖于正理，是即妄也，即邪心也。故"无妄"而有"匪正"之"眚"(叶采解)。

［译文］

依照天的法则行动就是无妄，为人欲的驱使而动就成为妄了。《无妄》的含义太伟大了！即使是你没有邪心，但如果你动得不合正理，那也是妄，也就是邪心。既然已经达到无妄了，就不应该再前进，前进就是妄了。所以《无妄》的《象》辞说："其匪正有眚，不利有攸往。"

2.9 人之蕴蓄，由学而大，在多闻前古圣贤之言与行[①]。考迹以观其用，察言以求其心，识而得之，以蓄成其德。

——《程氏易传·大畜传》

[注释]

①《周易·大畜》卦（䷙），乾下艮上，乾为天，艮为山，为止。所以畜为止畜，又为畜聚。取天在山中之象，则为蕴畜。《象》辞曰："天在山中，大畜，君子以多识前言往行，以畜其德。"此条是程颐对此《象》辞的解说。

[译文]

人的品德学识的积蓄，通过学习而丰富，学习的方法，在于多了解古代圣贤的言论与行事。就行的方面说，考察圣贤的行事从而认识他们如此行事的功用；就言的方面说，考察他们的言论从而推求他们的用心。理解了这些使之成为自己的收获，如此积累而养成自己的德行。

2.10 《咸》之《象》曰："君子以虚受人。"[①]《程氏易传》曰：中无私主，则无感不通。以量而容之，择合而受之，非圣人有感必通之道也。[②]其九四曰："贞吉，悔亡，憧憧往来，朋从尔思。"[③]传曰：感者人之动也，故《咸》皆就人身取象。四当心位而不言"咸其心"，感乃心也。[④]感之道无所不通，有所私系，则害于感通，所谓"悔"也。[⑤]圣人感天下之心，如寒暑雨旸，无不通无不应者，亦贞而已矣。贞者虚中无我之谓也。[⑥]若往来憧憧然，用其私心以感物，则思之所及者有能感而动，所不及者不能感也。以有系之私心，既主于一隅一事，岂能廓然[⑦]无

所不通乎？ ——《程氏易传·咸传》

［注释］

①此条据《程氏易传·咸传》之《象》传及九四爻传改编而成。按《咸》卦（䷞）艮下兑上，艮为山，兑为泽，泽在山上，山受泽中的水。其《象》辞曰："山上有泽，咸，君子以虚受人。"君子应该效法山受泽水的精神，虚心地接受他人。②《彖》辞曰："咸，感也。柔上而刚下，二气感应以相与。"咸的意思就是感。宋代理学家认为，世间万物之间的关系就是一个感与应而已，见（1.34）。《周易·系辞上》云："易无思也，无为也，寂然不动，感而遂通天下之故。"程颐以"虚中无我"解释《咸》卦之贞，与"虚己以受人"合。无我即无私，所以有"中无私主，则无感不通"的话。朱熹解："人能克去己私，则心无私主，而物来能应，有感必通也。'以量'，谓随我量之大小以容之；'择合'，谓择其见之合于我者而受之。皆谓不虚也。"③《咸》卦九四爻辞，解见（2.4）注⑤。④《咸》卦都就人身取象。首先下艮为少男，上兑为少女，已从人身取象。然后其六爻，初六曰"咸其拇"，六二曰"咸其腓"，九三曰"咸其股"，九四未指明，九五曰"咸其脢"，上六曰"咸其辅颊舌"。⑤有所私系：受到狭隘的偏私之心的牵制和局限。私心影响了感通，心所不通，这就是九四爻辞所说的"悔"。⑥叶采解："圣人之感天下，如寒暑雨旸，周遍公溥，无所私系，故无不通应。"程颐认为圣人之感天下无不通无不应的原因，就是"贞"。这是他对九四爻辞"贞吉"的理解。按"贞"字之义，前人没有解作"虚中无我"，程颐创为此解。虚中，虚怀若谷。无我，无私。虚中无我，即扩然而大公。⑦廓然：也作扩然，即推广一己为大公，使一心能包容万物。

［译文］

《周易·咸卦》的《象》辞说："君子应该虚怀若谷以接纳他人。"程颐《程氏易传》解释说：内心没有私念主宰，那就能与所有的人沟通。如果按一己有限的心量容纳他人，就只能选择那些与自己合得来的才接纳，那就不是圣人有感必通之道了。《咸》卦的九四爻辞说："虚中无私就吉利，就没有了悔吝。如果心神不定地走来走去，就只有少数朋辈能顺从你的思路。"程颐解释说：感是人的行为，所以《咸》卦全就人的身体取象。九四爻处在相当于人心的位置，爻辞上却没有“咸其心”这样的话，是因为“感”本来就是心的活动。按感应的道理说所感之处是无不通的，但如果有私心牵掣着，就会妨害感通，这就是悔吝。圣人之心感天下之人心而无不通，就像大自然中的寒暑阴晴有感必通必应。之所以无不通无不应，也是因为圣人能虚己无私。“贞吉，悔亡”的贞，就是虚己无私的意思。如果怀着私心走来走去心神不定，用你的私心去感他人，那么你思虑所及的人就能受感而动，你的思虑所不及的就不能感了。用受牵掣限制的私心去感，你之所感就指向了某一角落某一事物，怎么还能扩然大公使一切人和物无不与你沟通呢？

2.11　君子之遇艰阻，必思自省于身，有失而致之乎？有所未善则改之，无歉于心则加勉，乃自修其德也。[1]

——《程氏易传·蹇传》

[注释]

①此条是摘编《程氏易传·蹇·象传》文字而成。《蹇卦》之《彖》辞说：“蹇，难也，险在前也。”《象》辞说：“山上有水，蹇，君子以反身修德。”山上有水，是就蹇卦卦象言。《蹇》卦（䷦）艮下坎上，艮为山，坎为水。此条即是其《象》辞的解说。上文还有以下几句话，有助于理解：“山之峻阻，上复有水，坎水为险陷之象。上下险阻，故为蹇也。君子观蹇难之象，而以反身修德。”朱熹《四书集注》之《论语·学而》“吾日三省吾身”章概括此意为“有则改之，无则加勉”。

[译文]

君子遇到艰难险阻的时候，一定要思考反省自身，是由于自己有过失而招致了艰难吗？如果自己有做得不好的就改正，如果无愧于心就更加自勉，这样来自我修养品德。

2.12　非明则动无所之，非动则明无所用。[①]

——《程氏易传·丰传》

［注释］

①此条为摘录《程氏易传·丰卦》初九爻辞解说中的两句话，其下有“相资而成用”一句。《丰卦·彖》云：“丰，大也，明以动故丰。”程颐这里实是讲哲学上的知行关系。

［译文］

心中不明白而盲目行动就不知道该向何处走，没有行动而仅仅是心里清楚则没有什么用处。

2.13　习，重习也。[①]时复思绎，浃洽于中，则说也。[②]以善及人，而信从者众，故可乐也。虽乐于及人，“不见是而无闷”[③]，乃所谓君子。

——《程氏经说·论语解》

［注释］

①此条是程颐对《论语·学而》中“学而时习之”一章的解说。“习，重习也”以下为解“学而时习之，不亦说乎?”“以善及人”以下为解“有朋自远方来，不亦乐乎?”“虽乐于及人”以下为解“人不知而不愠，不亦君子乎?”他以“信从者众”解“有朋自远方来”，显然非孔子本意。②思绎：思考寻绎。绎，寻绎，理出事物的头绪，引申为解析。浃洽：贯通。③《周易·乾·文言》：“遯世无闷，不见是而无闷。乐则行之，忧则违之。”不见是：不被肯定，不被称道。无闷：没有苦恼。

［译文］

习，是一遍遍学习。时时思考寻绎，心中透彻理解，就会喜悦。由于自己的善行能够影响别人，并且相信从而学习的人又多，所以值得快乐呀。虽然以能影响他人为乐，但不被他人肯定也不愤懑，就是孔子所谓的君子。

2.14　“古之学者为己”，欲得之于己也；“今之学者为

人"，欲见知于人也。[①] ——朱熹《论语精义》卷七下引

［注释］

①《论语·宪问》："子曰：古之学者为己，今之学者为人。"此条出处，原注出《程氏经说》，检今本无此条。

［译文］

"古代的学者学习是为了自身修养"，意思是说想要通过学习使自己有所收获；"今天的学者学习是为了给别人看"，意思是说他学习的目的是想被人了解。

2.15 伊川先生谓方道辅曰[①]：圣人之道，坦如大路，学者病不得其门耳。得其门，无远之不到也。求入其门不由经乎？今之治经者亦众矣，然而买椟还珠[②]之蔽，人人皆是。经所以载道也。诵其言辞，解其训诂，而不及道，乃无用之糟粕耳。[③]觊足下由经以求道，勉之又勉，异日见卓尔有立于前，然后不知手之舞足之蹈，不加勉而不能自止也。 ——程颐《手帖》

［注释］

①方元寀，字道辅，莆田人。与程颐游，书问往来，至数十纸。此条即程颐与方氏手帖。全文不存，今朱熹《晦庵集》卷八十一有《跋伊川与方道辅帖》，卷八十二有《书伊川先生与方道辅帖后》。朱熹曾以此帖示学者，曰："他只恁平铺，无紧要说出来，只是要移易他一两字也不得，要改动他一句也不得。"此条别无出处，《二程文集·遗文》录自《近思录》，题作《与方元寀手帖》。②买椟还珠：《韩非子·外储说左上》："楚人有卖其珠于郑者，为木兰之柜，薰以桂椒，缀以珠玉，饰以玫瑰，辑以羽翠。郑人买其椟而还其珠。"后比喻舍本逐末，取舍不当。此处指学者得经之言辞训诂而遗其道。③无用之糟粕，出自《庄子·天道》："桓公读书于堂上，轮扁斲轮于堂下。释椎凿而上，问桓公曰：'敢问公之所读者，为何言邪？'公曰：'圣人之言也。'曰：'圣人在乎？'公曰：'已死矣。'曰：'然则君之所读者，古人之糟粕已夫。'"

［译文］

程颐对方元寀说：圣人的学说，平易得就像大路一样，学习的人学不好问题在于不得其门而入。如果能入门，再深远的道理也能学到。要寻求入门，不通过学习经书行吗？今天研读经书的人也够多了，但是像买椟还珠那样的糊涂，人人都有。经书是借以记载圣人之道的。如果你诵读了经书的文辞，理解了字句含义，却没有学到其中表现的大道，那你所学的，都是无用的糟粕。我看足下通过读圣人经书来研求圣人之道，勤奋努力又勤奋努力，日后见圣人之道，卓然有立于目前，而后会高兴得手舞足蹈，不想继续努力也无法停下来了。

2.16 明道先生曰："修辞立其诚。"[①]不可不子细理会。言能修省言辞，便是要立诚。若只是修饰言辞为心，只是为伪也。[②]若修其言辞，正为立己之诚意，乃是体当自家"敬以直内，义以方外"之实事。[③]道之浩浩，何处下手？惟立诚才有可居之处。有可居之处，则可以修业也。[④]终日乾乾，大小大事，[⑤]却只是"忠信所以进德"为实下手处；[⑥]"修辞立其诚"，为实修业处。[⑦]

——《二程遗书》卷一

［注释］

①见《周易·乾·文言》。此条是程颢答苏昞（字季明）之问。原文云："苏季明尝以治经为传道居业之实，居常讲习，只是空言无益，质诸两先生。伯淳先生曰"云云。朱熹解释说：苏昞"祖张载修辞之说，以立言传后为修辞，是为居业。明道与说：《易》上修辞不恁地，修辞只是如'非礼勿言'。若修其言辞，正为立己之诚意"。"修省言辞，便是要立得这忠信。若口不择言，逢事便说，则忠信亦被汩没动荡，立不住了。"（2.6）条则云"择言笃志，所以居业也"。按修辞一词，本义为修饰言辞，进一步有写作文章之义，如唐白居易《得乙与丁俱应拔萃互有相非未知孰是》："勤苦修辞，乙不能也；吹嘘附势，丁亦耻之。"但二程认为，修辞之义是选择符合礼义要求的言辞以

有利于建立诚信，进修自己的德行。②修省：修身反省，修习省察。程颢这里强调，修辞之义是修省言辞而非修饰言辞。修省言辞可以立诚，而修饰言辞以求把话说得漂亮动听，则是作伪。③体当自家：宋元俗语，言斟酌言辞使之贴合自己的意思。“敬以直内，义以方外”，见《周易·坤·文言》，敬慎以使内心正直，正义表现在外以为行为规范。参考（2.7）及注。④这几句说：圣人之道无穷无尽，从何处入手去学习呢？只有确立诚实的心志才有立足之处，有了立足之处，就可以修习德业了。⑤《周易·乾卦》九三爻辞：“君子终日乾乾，夕惕若，厉无咎。”乾乾：即健健，努力不懈的意思。大小大：宋俗语，重大。⑥《周易·乾·文言》解其九三爻辞曰：“君子进德修业，忠信所以进德也，修辞立其诚，所以居业也。”参考（2.6）及注。⑦为实修业处：为实实在在的修习德业着力之处。

［译文］

程颢说：“修辞立其诚。”这话不可不仔细体会。这说的是修省自己的言辞，就是要确立诚实的心志。如果心里只想修饰自己的言辞，那只是作假。如果修省自己的言辞，正是为了建立自己的诚意，是使语言贴切真实地表达自己的心意，是敬慎以使自己“敬慎以使内心正直，正义表现在外以为行为规范”方面的实事。圣人之道无穷无尽，从何处入手去学习呢？只有确立诚实的心志才有立足之处，有了立足之处，就可以修习德业了。一天到晚努力不懈，这是非常重要的事，只是“以讲求忠信来提高自己的品德”才是学道实实在在的入手处；“修省言辞确立诚信”，是实实在在的修习德业呀。

2.17　伊川先生曰：志道恳切，固是诚意。若迫切不中理，则反为不诚。①盖实理中自有缓急，不容如是之迫。观天地化乃可知。②

——《二程遗书》卷二上

［注释］

①此条讲循序渐进之理。朱熹引申说：“升高自下，陟遐自迩。能不遗寸

晷，而不计近功，则终有必至矣。”②观天地化：观察天地化生万物的循序而进。意思是说，人之学也应像天地之化生万物一样，循序而进，不可急迫。

［译文］

程颐说：有志于学道并且态度恳切，固然是诚意。但如果心情迫切到不合理的地步，反倒成了不诚。因为理中自有个缓急，不容人如此过分急迫。你看一看天地化生万物的循序而进就可以明白了。

2.18　孟子才高，学之无可依据。学者当学颜子，入圣人为近，有用力处。[①]

又曰：学者要学得不错，须是学颜子（本注：有准的）。[②]

——《二程遗书》卷二上、卷三

［注释］

①此条实为程颢语。本书不注，承上则成程颐语。叶采解：“孟子天资超迈，故难学；颜子天资纯粹，而功夫缜密，进德有序，故学者有用力处。”②错：指错误地领会了意思。准的：目标，用力处。

［译文］

程颢说：孟子才气高，话说得粗略，要去学时究竟要怎样理解没有个依据。学习的人应该学颜回，要走向圣人学颜回为近，有个实际用力的地方（有路可循）。

又说：学道的人要想学习中不出差错，应该学颜回（本注：有一定的目标）。

2.19　明道先生曰：且省外事，但明乎善，惟进诚心，其文章虽不中，不远矣。[①]所守不约，泛滥无功。[②]

——《二程遗书》卷二上

［注释］

①朱熹说：“这段是吕与叔自关中来，初见二程时说话。盖横渠多教人礼文、制度之事，他学者用心不近里，故以此说教之。”横渠即张载，吕与叔即

吕大临。二程主静，认为“性静者可以为学”（《二程外书》卷一），静中内心自我观照、体认。又反对文章，认为“文章害道”，作文伤气。这里所谓外事，指学习文章和礼文、制度之类。近里，见（2.43）条“鞭辟近里”解。②《孟子·离娄下》：“博学而详说之，将以反说约也。”约，简约，精要。这句是说，学者应该领会圣学之精髓，守持其精神实质。

[译文]

程颢告诉吕大临说：你且省去外在的文章和知识学习，只要内心体认明白了什么是善，只要增进自己的志诚之心，即使文章写得不合法度，你离道也不远。如果内心守持不集中，学习就宽泛杂乱而没有功效。

2.20　学者识得仁体，实有诸己，只要义理栽培。[①]如求经义，皆栽培之意。

——《二程遗书》卷二上

[注释]

①朱熹解：“识得与实有须做两句看，识得是知之，实有是得之。”识得是认识上的事，得之是修养上的事。仁体：可做仁之全体、仁之本体解。但“仁”是什么，孔子和二程多有某一具体方面意义的阐发，而没有一个完整的解说。他要求学者“识得仁体”，也是让学者去体会。茅星来解：“至公无私之谓仁，而其体则天地万物，周流无间。学者于此识得，则于天理之流行充塞，无少欠缺者，自有以洞然于心目之间矣。”

[译文]

学道的人要懂得仁的基本意思，并且实际使自己具备仁，只要用义理培养自己。例如寻求经书之含义，都是培养的意思。

2.21　昔受学于周茂叔，每令寻颜子、仲尼乐处，所乐何事？[①]

——《二程遗书》卷二上

[注释]

①《论语·雍也》：“子曰：贤哉，回也！一箪食，一瓢饮，在陋巷，人

不堪其忧，回也不改其乐。”颜子、仲尼之乐指此。“孔颜乐处”成为理学家探讨的一个重要问题。周敦颐《通书·颜子》说：“颜子一箪食，一瓢饮，在陋巷，人不堪其忧，而不改其乐。夫富贵，人所爱也。颜子不爱不求，而乐乎贫者，独何心哉？天地间有至贵至富可爱可求而异乎彼者，见其大而忘其小焉尔。见其大则心泰，心泰则无不足，无不足则富贵贫贱，处之一也。处之一则能化而齐。故颜子亚圣。”富贵为世俗之乐，“至贵至富可爱可求而异乎彼者”，是异于世俗之乐的高尚的精神满足。显然，在周敦颐的观念里，这种至高境界的精神快乐和富贵贫贱没有关系，所以，颜子之乐并非乐贫。《二程外书》卷七载：“鲜于侁问伊川曰：‘颜子何以能不改其乐？’正叔曰：‘颜子所乐者何事？’侁对曰：‘乐道而已。’伊川曰：‘使颜子而乐道，不为颜子矣。’”就程颐的理解，也不是乐道。朱熹说：“程子之言，引而不发，盖欲学者深思而自得之，今亦不敢妄为之说，学者但当从事于博文约礼之诲，以至于欲罢不能以竭其才，则庶几乎有得之矣。”“人之所以不乐者，有私意耳。克己之私则乐矣。”颜子所乐，是一种超越世俗观念、超越感性对象的，在体道和对圣人境界的追求中体验的精神快乐。

［译文］

过去我跟从周敦颐学习，常常让我寻思颜回、孔子的乐处，他们所乐的是什么呢？

2.22　所见所期，不可不远大，然行之亦须量力而有渐。志大心劳，力小任重，恐终败事。[①]　——《二程遗书》卷二上

［注释］

①朱熹解：“学者之志，固不可不以远大自期，然苟悦其高而忽于近，慕于大而略于细，则无渐次经由之实，而徒有悬想跂望之劳，亦终不能以自达矣。”学应循序渐进，量力而行，否则欲速而不达。

［译文］

学道的人的眼光和对自己的希望，不能不远大，但实行起来也须要量力而行并有个渐进的过程。如果志向太大使心力劳瘁，力量太小而任务过重，只怕最终会坏事。

2.23　朋友讲习，更莫如相观而善工夫多。[1]

——《二程遗书》卷二上

［注释］

①《礼记·学记》："相观而善之谓摩。"《周易·兑卦》："丽泽兑，君子以朋友讲习。"讲习只是明道，不如观摩日熏月染得益为深。

［译文］

同学们在一起讲论研习，不如互相观察别人的长处而汲取之更见功效。

2.24　须是大其心使开阔。譬如为九层之台，须大做脚始得。[1]

——《二程遗书》卷二上

［注释］

①朱熹解："心只是放宽平便大，不要先有一私意隔碍便大。心大则自然不急迫。"大其心：即扩然而大公，使其心能包容万物。参考（2.4）注⑤。大做脚：即打一个很大的根基。

［译文］

为学需要把心放平使心胸开阔。这就像要建九层高的楼台，需要打一个大的根基才行。

2.25　明道先生曰：自"舜发于畎亩之中"，至"百里奚举于市"[1]，若要熟，也须从这里过[2]。

——《二程遗书》卷三

［注释］

①《孟子·告子下》："舜发于畎亩之中，傅说举于版筑之间，胶鬲举于鱼盐之中，管夷吾举于士，孙叔敖举于海，百里奚举于市。故天将降大任于斯人也，必先苦其心志，劳其筋骨……"相传舜曾耕于历山，傅说是武丁时贤相，武丁夜梦得圣人，求之，时筑于傅险（傅岩），得之，举以为相。胶鬲，纣臣。其举于鱼盐之中，事不见史载。管夷吾，即管仲，士为狱官。管仲为士

事见《左传》庄公九年。孙叔敖，楚令尹，本是期思（今河南固始东北）之鄙人，地处流至大海的淮河支流之滨，或即据此说其举于海。百里奚，秦穆公相。举于市，或指穆公用五张羊皮将他从楚赎回事，但不恰切。这段话所举都是有为的人曾历艰难的事例。②要成就德行需要经历贫困艰难。朱熹解："只是要事事经历。"《孟子·告子上》："孟子曰：五谷者，种之美者也。苟为不熟，不如荑稗。夫仁，亦在乎熟而已矣。"

[译文]

程颢说：《孟子》书中从"舜发于畎亩之中"至"百里奚举于市"一段话，人如果要想德性成熟，也需要从这样的贫困艰难中经过。

2.26　参也竟以鲁得之。[①]　　——《二程遗书》卷三

[注释]

①《论语·先进》："柴也愚，参也鲁。"参即曾参，鲁是迟钝。朱熹解："曾子鲁钝难晓，只是不肯放过，直捱到透彻了方住，不似别人只略绰见得些小便休一样。"

[译文]

曾参竟然由于迟钝而得道。

2.27　明道先生以记诵博识为玩物丧志。（本注：时以经语录作一册。郑毂云：尝见显道先生云："某从洛中学时，录古人善行，别作一册，洛中见之，云是玩物丧志。盖言心中不宜容丝发事。"[①]）　　——《二程遗书》卷三

[注释]

①显道先生：谢良佐，二程著名弟子。郑毂：字致远，建安人，谢良佐弟子。洛中：代指程颢。程颢重视静中体悟，省心明道。记诵博识不利于静中体悟明心见性，故为玩物丧志。此条可与（2.19）参读。

[译文]

程颢把记诵博识看做是玩物丧志。（本注：当时谢良佐把经书

上的一些话抄录成一册。郑毂说：我曾听谢先生说：“我跟从程先生学习时，把古人的善行抄录了一册，程先生见了，说这是玩物丧志。意思是说为学要静到心中不宜有丝发一样细小的外事。”）

2.28　礼乐只在进反之间，便得性情之正。[①]

——《二程遗书》卷三拾遗

［注释］

①此条为程颢语，讲礼乐陶冶性情之作用。《礼记·乐记》：“礼主其减，乐主其盈。礼减而进，以进为文；乐盈而反，以反为文。礼减而不进则销，乐盈而不反则放。”减，减损，这里是逊让收敛之意。盈，丰盈，丰满。进，勉力前行。反，反躬自制。朱熹说：“减是退让、撙节、收敛底意思，是礼之体本如此。进者力行之谓。盈是和说（悦）、舒散、快满底意思，是乐之体如此。反者退敛之谓。礼主其减，却欲进一步向前着力去做；乐主其盈，却须退敛节制收拾归里。如此则礼减而却进，乐盈而却反，所以为得情性之正也。”（《朱子语类》卷九十五）如此才得中和，不骄不吝，得性情之正。

［译文］

礼、乐只在退让者力进、丰盈者退敛这中间，便能培养人的性情之正。

2.29　父子君臣，天下之定理，无所逃于天地之间。[①]安得天分，不有私心，则行一不义，杀一不辜，有所不为。[②]有分毫私，便不是王者事。

——《二程遗书》卷五

［注释］

①此以下几条为程颐语。《庄子·人间世》：“仲尼曰：天下有大戒二，其一命也，其一义也。子之爱亲，命也，不可解于心；臣之事君，义也，无适而非君也，无所逃于天地之间。是之谓大戒。”②天分：即天理。《孟子·公孙丑上》：“行一不义，杀一不辜而得天下，皆不为也。”此讲王者之事。

［译文］

父父子子，君君臣臣，这是天下的定理，人不可能逃避到天地之外去。人要安于天分，不存有私心，那么即使做一件不义的事，杀一个无辜的人就得到天下，也不去做。有一分一毫的私心，便不是王者应行的事。

2.30　论性不论气，不备；论气不论性，不明。二之则不是。[1]

——《二程遗书》卷六

［注释］

①此条是讲人性论。此处的“性”，即本然之性，称天地之性，天命之性，是无不善的。此处的“气”，即气质之性。人禀气而生，气有清浊，故气质之性有善有不善。人都禀赋有天地之性，应是无不善。人之所以有不善，是由于天地之性被蔽塞。“论性”，则指出了人性之善共同的一面。“论气”，则指出了人性差异的一面。但天理之性于气质之性见之，二者又不能分割，是个别与一般的关系。论人性，缺少任何一方面都不完整。天命之性与气质之性共同构成人性，不可分割，故“二之则不是”。朱熹解：“论性不论气，则无以见生质之异；论气不论性，则无以见义理之同。”又说：“本然之性，只是至善。然不以气质而论之，则不知其有昏明、开塞、刚柔、强弱，故有所不备。徒论气质之性而不自本原言之，则虽知有昏明、开塞、刚柔、强弱之不同，而不知至善之性未尝有异，故其论有所不明。须是合‘性’与‘气’观之然后尽。”此条可与（1.21）、（1.40）参读。

［译文］

只论人的天性而不论气禀，知同而不知异，就不完备；只论气禀而不论天性，丢掉了人性共同的方面，就说不明白。把两者分割开来是不对的。

2.31　论学便要明理，论治便须识体。[1]

——《二程遗书》卷五

[注释]

①体：指治体，又称治道，即治国平天下之基本纲领，如本书卷八所论。古人以治体与治法相对，正心、诚意、齐家、伦常大法、格君之非之类称作治体，礼法刑政制度之类具体治国方法称作治法。治法则如本书卷九所论。论学：理为本，言语记诵为末。论治：体为本，制度礼法为末。叶采解："论学而不明理，则徒事乎词章记诵之末，未为知学也；论治而不识其体，则徒讲乎制度文为之末，未为知治也。"

[译文]

讲论学问就应该明达义理，研究治国就应该懂得为治之根本。

2.32　曾点、漆雕开已见大意，故圣人与之。[①]

——《二程遗书》卷六

[注释]

①《论语·先进》载子路、曾皙、冉有、公西华等侍坐，孔子命各言其志，子路、冉有、公西华说过后，孔子问曾皙（即曾点），点曰："莫（暮）春者，春服既成，冠者五六人，童子六七人，浴乎沂，风乎舞雩，咏而归。"夫子喟然叹曰："吾与点也。"与，赞赏，赞扬。又《论语·公冶长》："子使漆雕开仕，对曰：'吾斯之未能信。'子说（悦）。"漆雕开的意思是说："我对这个还没有信心。"（杨树达解）程颐认为，曾点、漆雕开已经认识了圣人之道基本的东西。究竟如何"已见大意"，程颐没有明言，后人猜测纷纷。

[译文]

曾点、漆雕开已经认识了圣人之道基本的东西，所以圣人赞扬他们。

2.33　根本须是先培壅[①]，然后可立趋向也。趋向既正，所造浅深，则由其勉与不勉也。

——《二程遗书》卷六

[注释]

①朱熹解："此即弟子入孝出弟，行谨言信，爱众亲仁，行有余力，则以学文之意。盖须先从实上培壅一根本，然后学文做工夫去也。""涵养持敬，

便是栽培”。按《论语·子曰》记孔子论学云：“弟子入则孝，出则弟，谨而信，泛爱众，而亲仁。行有余力，则以学文。”

[译文]

为学应该先培植根本，打好根基，然后可以确立方向。方向确立正确了，至于造诣深浅，就看他努力不努力了。

2.34 敬、义夹持直上，达天德自此。[①]

——《二程遗书》卷五

[注释]

①此条《近思录》作程颐语，《朱子语类》作程颢语。《周易·坤·文言》：“敬以直内，义以方外。”此处敬、义二字，即使内直、使外方，内外夹持，不使倾斜。参考（2.7）、（2.16）。天德：见《周易·乾·象》：“用九，天德。”此指天刚健之德。《礼记·中庸》说：“唯天下至诚为能经纶天下之大经，立天下之大本，知天地之化育，夫焉有所倚？肫肫其仁，渊渊其渊，浩浩其天。苟不固聪明圣知达天德者，其孰能知之。”郑玄注：“唯圣人乃能知圣人也。”到二程，则以天德为天赋之德，不为人欲污蔽完整的天赋之德。程颢说：“圣贤喻天德，盖谓自家元是天然完全自足之物。”（《二程遗书》卷一）“天德云者，谓所受于天者未尝不全也。苟无污坏，则直行之耳；或有污坏则敬以复之耳。其不必治而修则不治而修，义也；其必治而修则治而修，亦义也。其全天德一也。”（《二程粹言》卷下）

[译文]

内直、外方夹持着，使人径直向上，以致上达天德，都由此而进。

2.35 懈意一生，便是自弃自暴。[①] ——《二程遗书》卷六

[注释]

①自弃自暴：语出《孟子·离娄上》。按程颐之说，“自暴者拒之以不信，自弃者绝之以不为”，自暴指以不诚信而拒绝向善，自弃指以不去做而弃绝向善。详见（1.14）及注。此言为学不可懈怠。

［译文］

懈怠的意思一产生，就是自暴自弃。

2. 36　不学便老而衰[①]。　　　　——《二程遗书》卷七

［注释］

①人老气衰，唯学以明理，以理养气，如此则虽老而气不衰。元人姚燧说："年有少、壮、老之不侔，气有明、昏、惫之殊致。故为善于少壮之日则易，而自立于衰暮之节则难。惟学则一而已矣。"（《牧庵集》卷三《卢威仲文集序》）又《程氏粹言》卷一云："学而不自得，则至老而益衰。"

［译文］

人如果不学习，到了老年就会气衰。

2. 37　人之学不进，只是不勇。[①]　　——《二程遗书》卷十四

［注释］

①此条为程颢语。《程氏粹言》卷一："学者自治，极于刚则守道愈固，勇于进则迁善愈速。"

［译文］

人的学问没有进益，只是因为他用力不勇猛。

2. 38　学者为气所胜、习所夺，只可责志。[①]

——《二程遗书》卷十五

［注释］

①以下几条为程颐语。《孟子·公孙丑上》："夫志，气之帅也。""志壹则动气，气壹则动志也。"气：血气。习：习俗。叶采云："立志不大不刚，则义理不足以胜其气质之固蔽，不足以移其习俗之缠绕。故曰'只可责志'。"

［译文］

学道的人其志学之心被他固有的气质战胜，或者被固有的习俗所缠绕，这只能责怪他立志不坚。

2.39　内重则可以胜外之轻，得深则可以见诱之小。[①]

——《二程遗书》卷六

［注释］

①叶采解：“义理重则外物轻，造理深则嗜欲微。”

［译文］

内心义理修养得深重了就可以战胜外物，外物相对就显得轻了，义理造诣深了外物诱惑力就显得小了。

2.40　董仲舒谓：“正其义，不谋其利；明其道，不计其功。”孙思邈曰：“胆欲大而心欲小；智欲圆而行欲方。”[①]可以为法矣。

——《二程遗书》卷九

［注释］

①董仲舒：西汉今文经学大师，广川（今河北枣强东）人，建议汉武帝“罢黜百家，独尊儒术”。引文见《汉书·董仲舒传》。孙思邈：唐代著名道士，医药学家，京兆华原人。其说见《新唐书·孙思邈传》。

［译文］

董仲舒说：“搞正确义与不义，而不去图谋私利；修明圣人之道，而不计较功效。”孙思邈说：“胆要大而心要小，心智应该圆融而行为应该端方。”这可以作为我们为人的法式。

2.41　大抵学不言而自得者，乃自得也。有安排布置者，皆非自得也。[①]

——《二程遗书》卷十一

［注释］

①《孟子·离娄下》：“君子深造之以道，欲其自得之也。”自得谓品行的自行提高，道理的有会于心而自有所得。江永按：“不言自得者，用力之久，浃洽于中，熟而悦者也。安排布置，勉强而已，安能自得？”参考（3.24）、（4.14）注。凡不任随自然而加以主观意愿，均为安排布置，如设定目标、规划日程、着意作为等。

［译文］

大抵学习不说自得而品行自行提高的，是确有自得。凡有一番安排布置要如何做的，都不是自得。

2.42 视听、思虑、动作，皆天也，人但于其中，要识得真与妄尔。[①]

——《二程遗书》卷十一

［注释］

①此条很难解释，既然“皆天也”如何又有“真与妄”，前人之解也少有通达者，朱熹解：“‘皆天也’，言视听、思虑、动作，皆是天理，其顺发出来，无非当然之理，即所谓‘真’。其‘妄’者，却是反乎天理者也。虽是妄，亦无非天理，只是发得不当地头。譬如一草木，合在山上，此是本分。今却移在水中，其为草木，固无以异，只是那地头不是。恰如善固性也，恶亦不可不谓之性之意。”（《朱子语类》卷九十五）姑作参考。

［译文］

一切视听、思虑、动作，都是从天性中发出的，人只是要在这中间，辨别得是天理的真实表现还是虚妄表现罢了。

2.43 明道先生曰：学只要鞭辟近里，著己而已。[①]故“切问而近思”，则“仁在其中矣”。[②]“言忠信，行笃敬，虽蛮貊之邦行之矣。言不忠信，行不笃敬，虽州里行乎哉？立则见其参于前也，在舆则见其倚于衡也，夫然后行。”[③]只此是学。质美者明得尽，渣滓便浑化，却与天地同体。其次惟庄敬持养。及其至，则一也。[④]

——《二程遗书》卷十一

［注释］

①鞭辟近里：朱熹解：“此是洛中语，大约是要鞭督向里去。”此所谓“里”，即于内心修省而明善，要求省却外事。著己：着力于自身。②《论语·子张》：“子夏曰：博学而笃志，切问而近思，仁在其中矣。”程颢这里对子夏的话加以发挥，认为“切问而近思”（恳切地发问，就当前的问题思考）

就是着力于自我内心的修省，则仁德也就在其中了。参考（2.47）。③此句见《论语·卫灵公》。衡：车前横木。④朱熹解："渣滓是私意人欲之未消者。""只是质美者，也见得透彻，那渣滓处都尽化了。若未到此，须当庄敬持养，旋旋磨去教尽。"所谓持养，"但只此心常敬，则久久自明"。

[译文]

程颢说：学道只是要鞭策着自己加强内心修养，着力于自身而已。所以说"恳切地发问，就当前的问题思考"，那么"仁德就在其中了"。又说："言语忠诚老实，行为忠厚严肃，即使到了边鄙异族之地，也能行得通。言语欺诈无信，行为刻薄轻浮，即使在家乡故里，行得通吗？当你站立的时候，就好像看见'忠诚、老实、忠厚、严肃'这些字在面前，乘上车时又好像这些字刻在车前的横木上，时刻不忘，然后才能行得通。"只如此才是学。那些质性好的人忠信笃敬做得彻底，胸中私欲都化尽了，廓然大公，就与天地一体。质性差些的人只有郑重严肃地守持修养，慢慢磨尽私欲。等到达到私欲灭尽的境地，就和质性好的人一样了。

2.44 "忠信所以进德"，"修辞立其诚，所以居业"者，乾道也；[①] "敬以直内，义以方外"者，坤道也。[②]

——《二程遗书》卷十一

[注释]

①语出《周易·乾·文言》，参见（2.6）注与（2.15）注。乾道：这里是指象征天具有健的性格的乾的法则，为积极进取之道。②语出《周易·坤·文言》，参见（2.7）注。坤道：指象征着地的具有静的性格的坤的法则，为自我约束之道。朱熹解："乾言圣人之学"，"坤言贤人之学"。"乾是做，坤是守。"叶采解："乾主健主动，故进德修业，皆进为不息之道；坤主顺主静，故敬直义方，皆收敛裁节之道。"

[译文]

"内心忠信是进修德行的方法"，"修省言辞以确立诚实的心志，以建立德业的根基”。这是象征天具有健的性格的乾的法则；“以敬慎的态度使内心正直，以正义的准则作为外在的行为规范”，这是象征着地的具有静的性格的坤的法则。

2.45 凡人才学便须知著力处，既学便须知得力处。[①]

——《二程遗书》卷十二

[注释]

①茅星来解：“着力处是当然工夫”，“得力处是自然效验”。知著力处是懂得在何处下工夫，知得力处是明白在哪里收益。

[译文]

人们刚开始学习时就应该知道从哪里用力，已经学过了就应该知道自己的收益得力于何处。

2.46 有人治园圃，役知力甚劳。先生曰：《蛊》之《象》：“君子以振民育德。”[①]君子之事，惟有此二者，余无他焉。二者，为己为人之道也。[②]

——《二程遗书》卷十四

[注释]

①《周易·蛊卦》之《象》辞：“山下有风，蛊，君子以振民育德。”叶采解：“振民谓兴起作成之，育德谓正养己德。”②为己：如“古之学者为己”中“为己”之意，即修养自身，见（2.14）及注。为人：即振民，振起民众。朱熹解：“役智力于农圃，内不足以成己，外不足以治人，济得甚事？”叶采解：“振民，谓兴起作成之；育德，谓正养己德。”

[译文]

有个人从事园圃种植，役使自己的心智和体力，很是劳累。程颢说：“《周易·蛊卦》之《象》辞说：‘君子振起民众，培育自己的道德。’君子的事业，只有这两方面，其余的没有什么可做。这两方面，就是为己（指培育自己的德行）和为人（指振起民众）的方式。”

2.47 “博学而笃志，切问而近思”，何以言“仁在其中矣”？[①]学者要思得之。了此，便是彻上彻下之道。[②]

——《二程遗书》卷二十二

［注释］

①《论语·子张》：“子夏曰：博学而笃志，切问而近思，仁在其中矣。”学、志、问、思是彻下，仁在其中是彻上。朱熹解：“四者（指学、志、问、思）皆学问思辨之事耳，未及乎力行而为仁也。然从事于此，则心不外驰，而所存自熟，故曰：仁在其中矣。”又说：“于四者中见得个仁底道理，便是彻上彻下之道。”②彻上彻下：朱熹解：“只是这个道理，深说浅说都恁地。”可与（2.43）参读。

［译文］

“广博地学习，坚守自己的志向；恳切地发问，就当前的问题思考”，为什么说“仁就包含在其中了”？学习的人要思考弄清它。明白了这其中的意思，就是学问上下贯通之道。

2.48 弘而不毅，则难立；毅而不弘，则无以居之。（本注：《西铭》言弘之道。）[①]

——《二程遗书》卷十四

［注释］

①《论语·泰伯》：“曾子曰：士不可不弘毅，任重而道远。”弘毅：弘，宽宏。毅，坚毅。弘毅指人抱负远大，意志坚强。朱熹《四书集注》：“弘，宽广也；毅，强忍也。非弘不能胜其重，非毅无以致其远。”《西铭》本张载《正蒙》中《乾称》篇首段，张载曾抄出贴在西窗上，后来自题作《订顽》，程颐改为《西铭》。本书（2.89）即《西铭》全文。言弘之道：阐述如何做到弘。又《性理大全书》卷四载程颢之语：“弘而不毅则难立，毅而不弘则无以居之。《西铭》言弘之道。观张子厚所作《西铭》，能养浩然之气者也。”

［译文］

宽弘而缺乏毅力，学业上难以站起；坚毅而不宽弘，那就不能守持（本注：张载《西铭》讲的是人如何做到宽弘）。

2.49 伊川先生曰：古之学者，优柔厌饫[①]，有先后次序。今之学者，却只做一场话说，务高而已。常爱杜元凯语："若江海之浸，膏泽之润，涣然冰释，怡然理顺，然后为得也。"[②]今之学者，往往以游、夏为小，不足学。[③]然游、夏一言一事，却总是实。后之学者好高，如人游心于千里之外，然自身却只在此。

——《二程遗书》卷十五

[注释]

①晋杜预《春秋左传序》说《春秋》："其文缓，其旨远。"学者读《春秋》应"优而柔之，厌而饫之，使自趋之"。疏："优柔俱训为安，宽舒之意也。"比喻治学中从容自得。"厌饫俱训为饱。"比喻为学之深入体会。②杜预，字元凯，西晋学者，有《春秋左传经传集解》。引文见《全晋文》卷四十三杜预《春秋左传序》。③游、夏：子游、子夏，孔子两位弟子。《论语·先进》："德行：颜渊、闵子骞、冉伯牛、仲弓；言语：宰我、子贡；政事：冉有、季路；文学：子游、子夏。"文学即文献之学，"以游、夏为小"即因此。

[译文]

程颐说：古代的学者，从从容容地学习，深入地体会经传，学习有个先后顺序。今天的学者，却把学道只当做一场话说，看得轻而易举而不去下深工夫。我常常喜欢杜预说的话："为学就像江河水的浸透，就像春雨的润泽，如冰在水中涣然消融，弄通了道理心中怡然而乐，然后才算学有收获。"今天的学者，往往认为子游、子夏的学问太小，不值得学。但子游、子夏的一言一事，却都是实在的。后代的学者好高骛远，就像一个人，他的心在千里之外游荡，但人却只在这里没动。

2.50 修养之所以引年，国祚之所以祈天永命，常人之至于

圣贤，皆工夫到这里，则自有此应。[1] ——《二程遗书》卷十五

［注释］

①修养：修身养性。引年：延年益寿。国祚：国运。祈天永命：通过祈求天祐而使国运长久。叶采解："所以明学圣人者，当真积力久而得之也。"

［译文］

修身养性之所以能延年益寿，国运之所以能通过祈求天祐而长久保持，普通人之修习而成为圣贤，都是工夫下到了这一地步，就自然会有这样的回报。

2.51 忠恕所以公平。造德则自忠恕，其致则公平。[1]

——《二程遗书》卷十五

［注释］

①朱熹解："'进德则自忠恕'，是从这里做出来。'其致则公平'，言其极则公平也。""忠恕是工夫，公平是忠恕之效。"造德：成就德行。朱熹解则作进德。

［译文］

忠恕是达到公平的途径。进修品德从忠恕开始，忠恕达到了极致就公平了。

2.52 仁之道，要之只消一个公字。公只是仁之理，不可将公便唤作仁。公而以人体之，故为仁。[1]只为公则物我兼照，故仁，所以能恕，所以能爱。恕则仁之施，爱则仁之用也。[2]

——《二程遗书》卷十五

［注释］

①叶采解："仁者以天地万物为一，其理公而已。然言其理，至公而无私，必体之以人，则其宽、平、溥、博之中，自然有恻、怛、慈、爱之意，斯所谓仁也。"②朱熹解："仁是爱底道理，公是仁底道理。公则仁，仁则爱。公却是仁发处，无公则仁行不得。"仁与公的关系，大致可作如下理解：仁本是

人的天性中所固有的，性无不善，则人人应仁。但人的仁之天性却被私欲蔽塞了，所以“克己复礼归仁”。用什么克除私欲？就是公。物我兼照：能推己及人，即恕。

［译文］

实现仁的方法，关键只需要一个公字。不过公只是仁何以能表现出来的道理，不能把公就称作仁。公心从人身上体现出来，就是仁。只因为能公就做到了自我与外物兼顾，所以就仁，所以能恕，所以能爱。恕则是仁的推行，爱则是仁的功用。

2.53　今之为学者，如登山麓。方其迤逦，莫不阔步。及到峻处便止。须是要刚决果敢以进。——《二程遗书》卷十七

［译文］

今日为学的人，就像登山一样。当山路曲折绵延时，都能阔步前进。等到了险峻的地方就停下来了。应该是刚决果敢地前进。

2.54　人谓要力行，亦只是浅近语。[①]人既能知见一切事皆所当为，不必待着意。才着意，便是有个私心。这一点意气，能得几时了？[②]——《二程遗书》卷十七

［注释］

①《朱子语类》卷九十五：“或问：‘力行如何是浅近语？’曰：‘不明道理，只是硬行。’”又朱熹解：“他只见圣贤所为，心下爱，硬依他行，这是私意。若见得道理时，皆是当恁地行。”茅星来解：“此为不能致知而专要力行者言之。”按此是盲从之行与明理自觉之行的区别。②此言不明理而仅以意气行者不能持久。叶采解：“所谓私者，非安乎天理之自然，而出乎人力之使然也。徒以其意气之使然，则亦必不能久。故君子莫急于致知。”

［译文］

人说学道应该力行，这也是见识短浅的话。人既然能认识到一切事都是应该做的，不必等留意安排。才一留意，就是有个私心。

凭这一点意气去做，能够支撑得几时呢？

2.55　知之必好之，好之必求之，求之必得之。[①]古人此个学是终身事。[②]果能颠沛造次必于是，岂有不得道理？[③]

——《二程遗书》卷十七

［注释］

①《论语·雍也》："子曰：知之者不如好之者，好之者不如乐之者。"②叶采解："学是终身事，则不求速成，不容半涂而废，勉焉孳孳，死而后已可也。"③《论语·里仁》："君子无终食之间违仁，造次必于是，颠沛必于是。"仓猝匆忙之间，困顿挫折中，都不会离开仁。参考（2.3）注⑨。

［译文］

了解了一个道理和学问就一定爱好它，爱好它就一定追求它，追求它就一定得到它。古人这个学习过程是终身的事。假如真的能做到困顿挫折之中不忘你追求的道，仓促匆忙之间不忘你追求的道，哪里有学不到道的道理呢？

2.56　古之学者一，今之学者三，异端不与焉。一曰文章之学，二曰训诂之学，三曰儒者之学。[①]欲趋道，舍儒者之学不可。

——《二程遗书》卷十八

［注释］

①文章之学研究语言修辞与文章作法，训诂之学训释经传字句，儒者之学研究经传义理。大致可对应后世的文学、语言学、哲学。程颐又说："今之学者有三弊：一溺于文章，二牵于训诂，三惑于异端。苟无此三者，则将何归？必趋于道矣。"（《二程遗书》卷十八）异端，凡反正统的学说称作异端。先秦儒者以杨、墨为异端，二程所称异端，多指佛老。本书第十三卷题《异端之学》。

［译文］

古代的学问只有一种，今天的学问却分而为三，异端之学还不算在内。这三种学问，第一种叫做文章之学，第二种叫做训诂之学，第三种叫做儒者之学。想要学到圣人之道，除了儒者之学是不行的。

2.57 问：作文害道否？曰：害也。凡为文，不专意则不工。若专意，则志局于此，又安能与天地同其大也？[①]《书》曰："玩物丧志。"[②]为文亦玩物也。吕与叔有诗云："学如元凯方成癖，文似相如始类俳。独立孔门无一事，只输颜氏得心斋。"[③]古之学者惟务养情性，其他则不学。今为文者，专务章句悦人耳目。既务悦人，非俳优而何？曰：古者学为文否？曰：人见六经，便以谓圣人亦作文，不知圣人亦摅发胸中所蕴自成文耳。所谓"有德者必有言"也。[④]曰：游、夏称文学[⑤]，何也？曰：游、夏亦何尝秉笔学为词章也？且如："观乎天文以察时变，观乎人文以化成天下。"[⑥]此岂词章之文也？——《二程遗书》卷十八

[注释]

①圣人之德，与天地同其大。按《礼记·中庸》："故至诚无息。不息则久，久则征，征则悠远，悠远则博厚，博厚则高明。博厚，所以载物也；高明，所以覆物也；悠久，所以成物也。博厚配地，高明配天，悠久无疆。如此者，不见而章，不动而变，无为而成。"后人解此章之意，言圣人之至诚无息，其德业功用，与天地同其大。②见《尚书·旅獒》。沉迷于喜爱的事物，会丧失意志。③吕大临，字与叔，张载、程颐门人。元凯，杜预字。杜预长于《左传》之学，自称有"左传癖"。相如：即司马相如，汉赋作者。相传《长门赋》为相如所作，后人批评此文为俳谐之文，不当与之庄论。俳：即俳优，古代以乐舞谐戏为业的艺人，《荀子·正论》："今俳优、侏儒、狎徒，詈侮而不斗者，是岂巨知见侮之为不辱者！"颜氏：指颜回。心斋：本庄子语，指摒除私欲，在虚静状态下悟道。④见《论语·宪问》，原意是说，有德的人一定会有与其德相应的有价值的言论，后世文论家则解作道德修养提高了，自然能写出好的文章。《二程遗书》卷二十五载程颐之解："孔子曰：'有德者必有

言’，何也？和顺积于中，英华发于外也。故言则成文，动则成章。”⑤子游、子夏在孔门以文学称。先秦时之文学概念与后世不同，乃指文献之学。参见（2.49）注③。⑥见《周易·贲卦》。天文：指天上的文饰。人文：指人类的伦常秩序。

［译文］

有人问：作文危害学道吗？程颐回答：危害。大凡作文，不专心则写不好。如果专心了，那么心志局限在做文章上，又怎么能够心胸与天地一样大呢？《尚书》上说：“玩物丧志。”作文也是玩物啊。吕大临有一首诗说：“学如元凯方成癖，文似相如始类俳。独立孔门无一事，只输颜氏得心斋。”古代的学者只专意于涵养性情，其他则不学。今天写文章的人，专意追求辞章语言的悦人耳目。既然务求取悦于人，不是俳优又是什么呢？问的人又说：古代的人学作文吗？程颐回答说：人们看见了六经，就认为圣人也作文，不知道圣人只是抒发胸中蕴蓄，自然成文罢了。这就是孔子说的“有德行的人一定有美好的言词”。问的人又说：子游、子夏以文学见称，是怎么说呢？程颐回答：子游、子夏什么时候曾经拿着笔学写文章呢？就比如《周易》说的：“观察天文以弄清四时变化，观察人文以教化天下。”这里说的文难道就是文章的文吗？

2.58　涵养须用敬，进学则在致知。[①]

——《二程遗书》卷十八

［注释］

①按此就知行关系言。涵养指涵养德性，进学指进修学业。《朱子语类》卷九《学三·论知行》载朱熹语：“程子云：‘涵养须用敬，进学则在致知。’分明自作两脚说，但只要分先后轻重：论先后，当以致知为先；论轻重，当以力行为重。”

［译文］

涵养性情应该敬慎，进修学业则在于获得知识。

2.59 莫说道将第一等让与别人，且做第二等。[1]才如此说，便是自弃。虽与不能居仁由义者差等不同，[2]其自小一也。言学便以道为志，言人便以圣为志。——《二程遗书》卷十八

[注释]

①《二程遗书》原文前尚有“问：学者须志于大，何如？曰：志无大小……”几句，可知此第一等第二等就志之大小言。下文有：“自谓不能者，自贼者也；谓其君不能者，贼其君者也。”②《孟子·离娄上》：“孟子曰：自暴者，不可与有言也；自弃者，不可与有为也。言非礼义，谓之自暴也；吾身不能居仁由义，谓之自弃也。仁，人之安宅也；义，人之正路也。”《孟子·尽心上》：“居仁由义，大人之事备矣。”参考（1.14）及注。

[译文]

不要说将第一等的志向让与别人，自己先去做第二等的追求。刚刚这么一说，你就是拒而不为而自弃于善。虽然和那些不能安居于仁行事由义的人程度不同，但自卑却是同样的。说到为学就应该以圣人之道作为志向，说到做人就应该以成为圣人为志向。

2.60 问：“必有事焉”，当用敬否？曰：敬是涵养一事。“必有事焉”，须用集义。只知用敬，不知集义，却是都无事也。[1]又问：义莫是中理否？曰：中理在事，义在心。[2]

——《二程遗书》卷十八

[注释]

①此条就孟子养气之论发。《孟子·公孙丑上》：“我善养吾浩然之气。”“其为气也，至大至刚，以直养而无害，则塞于天地之间。”“是集义之所生者。”“必有事焉，而勿正，心勿忘，勿助长也。”必有事焉，即一定要从事于养气的话。集义，即积累正义。朱熹对弟子问有：问：“孟子之所谓有事者集义而已。程子之论，每以‘有事于敬’为言，何也？”朱熹答：“孟子之学，以集义为养气之本；程子之学，以敬为入德之门。此其言之所以异也。然义非

敬则不能以自集。故孟子虽言集义，而必先之以持敬。敬非义不能以自行。故程子虽言持敬，而于其门人‘有事于敬’之问，亦未尝不以集义为言也。”②《朱子语类》卷九十七载朱熹答人问：“季容甫问：中理在事，义在心，如何？曰：中理只是做得事来中理，义则所以能中理者也。义便有拣择取舍。《易传》曰：‘在物为理，处物为义。’”中理，符合理。

［译文］

有人问：“一定要从事于养气的话”，应该用敬去培养吗？程颐回答说：敬是涵养性情方面的事。“一定要从事于养气”，应该用积累义。只知道用敬，不知道积累义，那是什么事也没有做。又问：义的意思莫不是符合理吗？程颐回答说：符合理体现在处事上，义却存在于人的心里。

2.61　问：敬、义何别？[①]曰：敬只是持己之道，义便知有是有非。顺理而行是为义也。若只守一个敬，不知集义，却是都无事也[②]。且如欲为孝，不成只守着一个孝字。须是知所以孝之道，所以侍奉当如何，温清[③]当如何，然后能尽孝道也。

——《二程遗书》卷十八

［注释］

①朱熹解：“敬者守于此而不易之谓，义者施于彼而合宜之谓。此二者工夫不可偏废。”②都无事也：什么也没有从事，什么也没做。此与孟子“必有事焉”（一定要从事积累正义的话）相对。参考（2.60）及注。③温清：冬温夏清的省称，即冬天温被使暖，夏天扇席使凉，古人所言侍奉父母之礼。清（qìng）：凉。《礼记·曲礼上》：“凡为人子之礼，冬温而夏清，昏定而晨省。”

［译文］

有人问：敬和义有什么区别？程颐回答说：敬只是守持自身的方法，义就明白了有是有非。顺着理去做这就是义啊。若只守着一个敬字，不懂得集义，那是什么事也没有做呀。比如想尽孝，不可能只守着一个孝字。应该是懂得如何尽孝的方法，比如说侍奉在父母身边应该怎么做，应该如何使父母冬天温暖夏季凉爽，然后才能尽孝道啊。

2.62　学者须是务实，不要近名[①]方是。有意近名，则是伪也。大本已失，更学何事?[②]为名与为利，清浊虽不同，然其利心则一也。[③]

——《二程遗书》卷十八

[注释]

①近名：追求名声。《庄子·养生主》："为善无近名，为恶无近刑。"唐韩愈《除崔群户部侍郎制》："清而容物，善不近名。"②大本：根本，根基。儒者之学，诚与忠信为大本。《礼记·中庸》："诚者自成也，而道自道也。诚者物之终始，不诚无物。是故君子诚之为贵。"伪则不诚，故大本已失。③利心：利欲之心。《荀子·非十二子》："今之所谓处士者，无能而云能者也，无知而云知者也，利心无足而佯无欲者也。"《二程遗书》卷十六载程颐语："不独财利之利，凡有利心便不可。如作一事，须寻自家稳便处，皆利心也。圣人以义为利，义安处便为利。"《近思录》卷七录此语，见（7.28），可参读。

[译文]

学道的人应该是追求实际的学问和修养，不要追求名声才对。有意求名，就是作伪。那么为学的根本（即诚）已经丢掉，还学什么呢？为求名和为求利，尽管有清高和浊俗的不同，但其利己之心却是一样的。

2.63　"回也其心三月不违仁。"[①]只是无纤毫私意。有少私意，便是不仁[②]。

——《二程遗书》卷二十二上

[注释]

①见《论语·雍也》孔子之言。回即颜回。三月：言长时间。②叶采解："仁者天理之公，心德之全也。有一毫私意介乎其间，则害乎仁之全体矣。"按二程以公解仁，如说："仁之道，要之只消一个公字。"见（2.52）。

[译文]

"颜回他的心长久地不离开仁。"只是因为他心中没有一纤一毫的私意。有一点点私意，就是不仁。

2.64 “仁者先难而后获。”[①]有为而作，皆先获也。[②]古人惟知为仁而已，今人皆先获也。 ——《二程遗书》卷二十二上

［注释］

①《论语·雍也》：“仁者先难而后获，可谓仁矣。”杨伯峻译：“仁德的人付出一定的力量，然后收获果实，可以说是仁德了。”②有为而作：朱熹解：“先计其效而后为其事，则其事虽公，而意则私。”先获：先考虑计较收获。

［译文］

“仁者先付出劳动而后收获。”事先设定了目的目标去做事，都是先考虑收获。古人只知道去为仁而已，今人都是先考虑收获。

2.65 有求为圣人之志，然后可与共学；学而善思，然后可与适道；思而有所得，则可与立；立而化之，则可与权。[①]

——《二程遗书》卷二十五

［注释］

①《论语·子罕》：“子曰：可与共学，未可与适道；可与适道，未可与立；可与立，未可与权。”《二程遗书》卷六载程颐语：“‘可与共学’，所以求之也；‘可与适道’，知其所往也；‘可与立’者，笃志固执而不变也；‘权’与权衡之权同，称物而知其轻重者也。人无权衡，则不能知轻重。圣人则不以权衡而知轻重矣，圣人则是权衡也。”可与立：即立于礼，依礼行事。化之：融会贯通，能自然合于礼。朱熹解：“可与权，谓能权轻重使合义也。”

［译文］

一个人有了追求成为圣人的志向，这就可以和他共同学习了；学习中善于思考，这就可以和他一起学而有成、学得圣人之道了；思考又能有收获，这就可以和他一起事事依礼而行了；能立于礼又能融会贯通，就可以同他一起通权达变而使行为合义了。

2.66 古之学者为己，其终至于成物；今之学者为物，其终至于丧己。[①]

——《二程遗书》卷二十五

[注释]

①《论语·宪问》："古之学者为己，今之学者为人。"古代物、我为相对概念，我之外皆为物，包括自我以外的人、事、物。故此处"为物"与"为人"意同。按"为己"、"为人（物）"之论，（2.14）与本条，一卷中两见，而前后不同。《朱子语类》卷四十四载朱熹就此答人问："问：伊川云：'为己，欲得之于己也；为人，欲见知于人也。'后又云：'古之学者为己，其终至于成物；今之学者为人，其终至于丧己。'两说不同，何也？曰：此两段意思自别。前段是低底为人，后段是好底为人。前为人，只是欲见知于人而已；后为人，却是真个要为人，然不曾先去自家身己上做得工夫，非惟是为那人不得，末后和己也丧了。"为人，此作"为物"，意同。

[译文]

古人学道是为了自身修养，结果最终成就了外物；今人学道是为了给人看，结果将自身之本善也丧失了。

2.67 君子之学必日新[①]。日新者，日进也。不日新者必日退。未有不进而不退者，惟圣人之道无所进退，以其所造极也。[②]

——《二程遗书》卷二十五

[注释]

①《礼记·大学》："汤之盘铭曰：苟日新，日日新，又日新。"原意是说：商汤浴盘上的铭文说："如果今天沐浴更新了自身，那就天天沐浴更新，每日不断地清洗更新自身。"日新：每日更新，所以程颐解为日进。②叶采解："圣人，理造乎极，行止乎成，则无所进退。"江永按："圣人之学，亦日新不已。盖有独觉其进，而人不知者。"

[译文]

君子的学道一定要日新，日新的意思就是日日进步。不日日进步的必然日日后退。没有既不进也不退的，惟有圣人的学问没有进退，那是因为他的造诣已经达到了极致。

2.68　明道先生曰：性静者可以为学。①

——《二程外书》卷一

［注释］

①程颢论学重视静观和内心体悟工夫，故有此说。江永按："智以静而明，行以静而笃。"明胡居仁《居业录》卷二云："人心要深沉静密，方能体察道理，故程子以性静者可以为学。若躁动浅露，则失之矣。"

［译文］

程颢说：性情沉静的人可以学圣人之道。

2.69　弘而不毅，则无规矩；毅而不弘，则隘陋。①

——《二程外书》卷二

［注释］

①《二程外书》原文上文有两句："弘，宽广也；毅，奋然也。"可与（2.48）参读。

［译文］

只广博地学习而不奋然力进，学问上就没有个规矩；只奋然直前而不宽广地博学，学问就会狭隘浅陋。

2.70　知性善，以忠信为本，此"先立其大者"。①

——《二程外书》卷二

［注释］

①按《孟子·告子上》："先立乎其大者，则其小者不能夺也。"程颐这里阐明什么是"大者"。《二程粹言》卷下所载可能更为明白："不知性善，不可以言学。知性之善，而以忠信为本，是曰'先立乎其大者'也。"首先是明白人性本善，如此确立学以至于圣人之信心，此是为学之前提，而后以忠信作

为为学之根本，此即所谓“大者”。《论语·述而》云：“子以四教：文、行、忠、信。”《程氏经说》卷七载程颐之解说：“子以四教：文、行、忠、信。教人以学文修行而存忠信也。忠信，本也。一心之谓诚，尽心之谓忠，存于中谓之孚，见于事谓之信。”

[译文]

懂得性善，以忠信为修德进学的根本，这就是孟子所谓“先立其大者”（先确立了为学向善的重大的基本的东西）的意思。

2.71　伊川先生曰：人安重则学坚固。[①]

——《二程外书》卷六

[注释]

①安重：安详稳重。叶采云：“躁扰轻浮，则所知者易忘，所守者易骤。”可与（2.68）参读。

[译文]

程颐说：为人安稳厚重，为学所得就保持得坚固。

2.72　“博学之，审问之，慎思之，明辨之，笃行之。”[①]五者废其一，非学也。

——《二程外书》卷六

[注释]

①《礼记·中庸》：“博学之，审问之，慎思之，明辨之，笃行之。有弗学，学之弗能弗措也；有弗问，问之弗知弗措也；有弗思，思之弗得弗措也；有弗辨，辨之弗明弗措也；有弗行，行之弗笃弗措也。”《中庸》以学、问、思、辨、行为学习的五个环节，程颐强调五者缺一不可。

[译文]

“广泛地学习，仔细地询问，慎重地思考，明白地辨别，实实在在地实行。”这五个方面丢掉一个，就不叫学习。

2.73　张思叔请问，其论或太高，伊川不答。良久曰：“累

高必自下。”[①] ——《二程外书》卷十一

［注释］

①张绎，字思叔，程颐门人。程颐曾说：“吾晚得二士”，即张绎与尹焞，张绎高识，尹焞行笃，均为程颐称赏。江永按：“思叔与尹彦明同事伊川先生，思叔以高识，彦明以笃行，俱为程子所称。然又谓尹焞鲁，张绎俊。俊者他日过之，鲁者终有守也。故思叔请问，常有过高之病，‘累高必自下’，所以抑而救之也。”累：堆积。《老子》：“九层之台，起于累土。”

［译文］

张绎向程颐请教，有时他的发问议论太高，程颐不回答。停好大一会儿，才说：“要堆积很高一定得从下层开始。”

2.74　明道先生曰：人之为学，忌先立标准。[①]若循循不已，自有所至矣。 ——《二程外书》卷十二

［注释］

①朱熹解：“学者固当以圣人为标准，然岂可日日比并而较量之乎？”“学者固当以圣人为师，然亦何须先立标准？才立标准，心里只计较思量几时得到圣人，便有个先获之心。”

［译文］

程颢说：人的为学，忌讳的是先设定目标、目的。如果只管循循而进，永不止息，自然会达到一定地步的。

2.75　尹彦明见伊川后半年，方得《大学》、《西铭》看。[①]

——《二程外书》卷十二

［注释］

①尹焞，字彦明，程颐门人。程颐称张绎高识，尹焞行笃。又言尹焞鲁，张绎俊。《西铭》为张载《正蒙·乾称篇》首段，又称《订顽》，本书（2.89）为其全文。《朱子语类》卷九十五载：“问：尹彦明见程子后半年，方得《大学》、《西铭》看，此意如何？曰：也是教他自就切己处思量，自看平

时个是不是，未欲便把那书与之读。”

[译文]

尹焞见程颐入门下学习，半年后，才得到《大学》、《西铭》这些书看。

2.76　有人说无心。伊川曰：无心便不是，只当云无私心。①

——《二程外书》卷十二

[注释]

①叶采解：“苟欲无心，则必一切绝灭思虑，槁木死灰而后可，岂理也哉？故圣贤未尝无心，特是心之所存所用者，无非本天理之公，而绝乎人欲之私耳。”江永按：“无心之说入于空寂。”无心则成佛家之说。

[译文]

有人谈论人应无心。程颐说：无心就不对了，只应该说无私心。

2.77　谢显道见伊川①，伊川曰：“近日事何如？”对曰：“天下何思何虑？”②伊川曰：“是则是有此理，贤却发得太早。”在伊川直是会锻炼得人，说了，又道：“恰好著工夫也。”③

——《二程外书》卷十二

[注释]

①谢良佐，字显道，二程门人，与游酢、杨时、吕大临并称程门四大弟子。②《周易·系辞下》：“天下何思何虑？日往则月来，月往则日来，日月相推而明生焉；寒往则暑来，暑往则寒来，寒暑相推而岁成焉。”又《系辞上》：“易无思也，无为也，寂然不动，感而遂通天下之故。”意为上天无思无虑无为，万物皆顺其性而自然发展。人应效法上天的法则，顺应万物之理与其天然本性。此处程颐问谢良佐做什么，他以此回答，显得玄远而不着实地。③朱熹解：“人所患者不能见得大体。谢氏合下便见得大体处，只是下学之工夫却欠。程子道：‘恰好著工夫’，便是教他着下学的工夫。”按所谓“下学”，

与“上达”相对。《论语·宪问》：“下学而上达。”意思说学习普通的知识，悟得了很高的道理。此处即是说谢良佐“上达”之理发得早，应先下“下学”即基础的工夫。贤：指代对方，如说“君”，也称作“你”用。

［译文］

谢良佐见程颐，程颐问：“近来的事情怎么样啊?”谢良佐回答说：“天下事有什么思虑?”程颐说：“是也倒是有这个理，你却领悟得太早了。”在程颐这是很会锤炼人的，说了前边的话，又道：“你现在正好在普通知识的学习上下些工夫。”

2.78　谢显道云：昔伯淳教诲，只管著他言语。伯淳曰：“与贤说话，却似扶醉汉，救了一边，倒了另一边。只怕人执着一边。”[①]

——《二程外书》卷十二

［注释］

①朱熹解：“上蔡（指谢良佐，上蔡人，学者称上蔡先生）因发于明道‘玩物丧志’之一言，故其所论每每过高，如‘浴沂御风’，‘何思何虑’之类，皆是堕于一偏。如扶醉汉，直是如此。”按程颢主张为学“且省外事”，只在敬心诚意上下工夫，认为记诵博识，学习礼文、制度等都是“玩物丧志”，见（2.19）、（2.27）。程颐又说谢良佐欠了下学工夫（2.77）。所以说谢良佐难免“堕于一偏”。执著：拘泥。

［译文］

谢良佐说：过去听程颢先生的教诲，我只管领受他的话。程颢说：“和你说话，倒像扶醉汉，从这边扶起，又倒到那边了。人就怕执著于一边。”

2.79　横渠先生曰：“精义入神”，事豫吾内，求利吾外也；“利用安身”，素利吾外，致养吾内也；“穷神知化”，乃养盛自致，非思勉之能强。故崇德而外，君子未或致知也。[①]

——张载《正蒙·神化》

[注释]

①《周易·系辞下》:“尺蠖之屈,以求信也;龙蛇之蛰,以存身也;精义入神,以致用也;利用安身,以崇德也;过此以往,未之或知也;穷神知化,德之盛也。”这条是张载对此的阐发。朱熹云:“精熟义理而造于神,事素定乎内而乃所以求利乎外也。通达其用而身得其安,素利乎外乃所以致养其内也。盖内外相应之理。”“入神是入至于微妙处。”“事未至而先知其理谓之豫。”

[译文]

张载说:“精熟义理,达到神妙的境界,做到见微知著”,事情未出现时胸中早已熟知这事的道理,如此运用事理处理事务就有利;“有利于外在行事的应用了,自己的内心就安”,这是说一向有利于我外在的行事了,又反过来涵养了我的内心;至于说到“穷尽宇宙的奥秘,了解万物变化的法则”,那是内外涵养达到了德行极盛时自然会到来,那是圣人的德行,不是努力就可以勉强达到的。所以除了提高自己的德行外,君子不去获取别的知识。

2.80　形而后有气质之性,善反之,则天地之性存焉。故气质之性,君子有弗性者焉。①　——张载《正蒙·诚明》

[注释]

①形而后:人的形体形成后。按照张载的学说,人乃气凝而成,故人之形体形成也就有了气质之性。气质之性:相对于天地之性而言。天地之性,又称天命之性、义理之性、本然之性,是先天的,纯善的本性。气质之性,则因人而别。人禀气而生,气有清浊,故性有善有不善。天地之性,万物各禀其一分,故人人都有善的天性。人为不善,是天性被蔽塞了。如开启闭塞,返于天命,自能恢复本然善性。反之:即恢复其本然之性。《孟子·尽心下》:“尧舜,性者也;汤武,反之也。”朱熹《四书集注》:“反之者,修为以复其性而至于圣人也。”参考(1.48)、(2.30)注。弗性者:不把它当做自己的本性。君子不以气质之性作为自己的本性,而求复其本然之性。与张载同时的道士张

伯端（984或987？～1082），有一段关于气质之性与天地之性的话，对理解此条颇有帮助："形而后有气质之性，善返之，则天地之性存焉。自为气质之性所蔽之后，如云掩月。气质之性虽定，先天之性则无有。然元性微而质性彰，如人君之不明，而小人用事以蠹国也。且父母媾形而气质具于我矣，将生之际而元性始入。父母以情而育我体，故气质之性每寓物而生情焉。今则徐徐划除，主于气质尽，而本元始见。"（《青华秘文》卷上《神为主论》）

［译文］

人的形体形成后，就有了气质之性。如果善于恢复先天的本性，那么天地之性就保存在那里。所以气质之性，君子是不把它当做自己的本性的。

2.81　德不胜气，性命于气；德胜其气，性命于德。①穷理尽性，则性天德，命天理。②气之不可变者，独死生修夭而已。

——张载《正蒙·诚明》

［注释］

①张载认为："为学大益，在自求变化气质。"此条是对"变化气质"的具体论述。德：指德行。气：指气质。性和命，都是天所赋予人者，在天称作命，体现于人称作性。人身上德行胜，则性命由德行主导，性就能全其本然，命能顺其自然，其本然天然的善就能表现出来。人身上气质胜，则性命由气质主导，性就不能全其本然，命不能顺其自然，其本然天然的善就不能表现出来。②《周易·说卦》："穷理尽性以至于命。"穷理，穷究事物之理。尽性，充分发挥自己以及他人和物的本性。能穷理尽性，则与天地同其德，那么我之所受之性为天德，天所赋予我之性为天理。天命天德天理，都是天地原来的至善之物。天德：注见（2.34）。

［译文］

德行不能战胜气质，性命都受气质左右；德行战胜了气质，性命都顺从其德性。人能穷尽事理充分发挥本性，那么他禀受的就是天德，上天赋予他的是天理。人所禀之气不能改变的，只有死生寿天而已。

2.82　莫非天也，阳明胜则德行用，阴浊胜则物欲行。[1]领恶而全好者[2]，其必由学乎？　　——张载《正蒙·诚明》

[注释]

①莫非天也：德行之善与物欲之恶皆出于天。张载认为，天地万物人类皆由气凝结而成。先天之气称太和，太和分出阴阳二气，清明者为阳，重浊者为阴。人禀清气而生则善，禀浊气而生则恶。②《礼记·仲尼燕居》："子贡退，言游进，曰：'敢问礼也者，领恶而全好者与？'子曰：'然'。"注："领，犹治也；好，善也。"领恶而全好：即治理恶劣习性，保全良好品行。

[译文]

人的善恶无不出于上天。阳明之气胜那么德行就表现出来，阴浊之气胜那就私欲肆行。治理恶劣习性、保全良好品行，大概一定得通过学习吧。

2.83　大其心，则能体天下之物；物有未体，则心为有外。[1]世人之心，止于见闻之狭；圣人尽性，不以见闻梏其心。其视天下，无一物非我。[2]孟子谓尽心则知性知天以此。[3]天大无外，故有外之心，不足以合天心。　　——张载《正蒙·大心》

[注释]

①大其心：推广你的心，使其心达到大而无外、包容万物。《礼记·中庸》："鬼神之为德，其盛矣乎！视之而弗见，听之而弗闻，体物而不可遗。"朱熹云："体犹体认之体，谓以身入事物之中究见其理也。"体物即体认物理。②叶采解："万物一体，性本无外。苟拘于耳目之偏狭，则私意蔽固，藩篱尔汝，安能体物而不遗？惟圣人能尽此性，故心大而无外，其视物与己本无间然也。"③《孟子·尽心上》："尽其心者，知其性也；知其性，则知天矣。"杨伯峻译："充分扩张善良的本心，这就是懂得了人的本性；懂得了人的本性，就懂得天命了。"张载认为"心"之中有"性"有"天"。合性与知觉为心，

合虚与气为性，太虚是为天。所以能尽心则知性知天。

［译文］

推广你的心，就能够体认天下万物之理；有一物之理未能体认，则你的心与物有隔，未能包容天地。世俗人的心，被他的见闻局限了；圣人则能充分发扬自己的本性，从其天德良知体察万物，不被耳目的见闻束缚其心。他们看待天下，没有一种事物不与我同体。孟子说的尽心就能知性就能知天，原因就在此。天广大到了再也没有外的地步，所以有外物之心，算不得合于天心。

2.84　仲尼绝四①，自始学至成德，竭两端之教也。②“意”，有思也；“必”，有待也；“固”，不化也；“我”，有方也。③四者有一焉，则与天地为不相似矣。④　　——张载《正蒙·中正》

［注释］

①此条为摘编《正蒙·中正》之语而成。《论语·子罕》：“子绝四：毋意，毋必，毋固，毋我。”即不悬空揣测，不绝对肯定，不拘泥固执，不自以为是。仲尼：孔子字。朱熹解：“横渠之意，以绝为禁止之辞，是言圣人将这四者使学者禁绝而勿为。毋字亦是禁止之意。”②《论语·子罕》：“吾有知乎哉？无知也。有鄙夫问于我，空空如也。我叩其两端而竭焉。”两端，即从头到尾，即此所谓“自始学至成德”。张载说，孔子自始至终都如此教导学生。③这是张载对意、必、固、我的解释。《二程遗书》卷十一则云：“‘意’者任意，‘必’者必行，‘固’者固执，‘我’者私己。”朱熹：“学者则思不可无，但不可有私意耳。”“方，所也，犹言有限隔也。”④此句意为：四种毛病有一种，就做不到大其心而与天地相似的地步了。

［译文］

孔子禁止学生犯四种毛病，从始学一直到德行形成，始终都教导学生如此。他说的“意”，是未学而先思，是先获私心；“必”，绝对肯定就有对立；“固”，拘泥固执就不能融会贯通；“我”，是限于一处而有局限。这四种毛病有一种，就做不到大其心而与天地相似的地步了。

2.85　上达反天理，下达徇人欲者与？[①]

——张载《正蒙·诚明》

[注释]

①《论语·宪问》："下学而上达，知我者其天乎？"前人以为"下学"乃下学人事，"上达"是上达天命。下达：《论语·宪问》："君子上达，小人下达。"张伯行按："人有是心，虚灵不昧，无有不达之理，但趋向不同耳。反天理则愈趋而愈高，徇人欲则愈趋而愈下。朕明圣知，达天德也；机械变诈，达世情也。"叶采解则说："反天理，则所趋日以高明；徇人欲，则所趋日以沉溺。"即所谓上达、下达。反天理：恢复天理，参考（2.80）注。

[译文]

"上达"是恢复天理，"下达"就是曲从人欲吧？

2.86　"知崇"，天也，形而上也。[①]"通昼夜而知"，其知崇矣。[②]知及之，而不以礼性之，非己有也。[③]故知礼成性而道义出，如天地位而易行。[④]

——张载《正蒙·至当》

[注释]

①此条讲认识和修养的关系。《周易·系辞上》："夫易，圣人所以崇德而广业也。知崇礼卑。崇效天，礼法地，天地设位，而易行乎其中矣。成性存存，道义之门。"知崇礼卑，晋韩康伯注："知以崇为贵，礼以卑为用。"崇效天卑法地：注："极知之崇象天高而统物，备礼之用象地广而载物也。"《周易·系辞上》："形而上者谓之道。"这几句实借《周易·系辞上》之言，说明人的认识之高明。②朱熹解云："'知崇，天也'，言知识高明如天。'形而上'指此理。'通昼夜而知'，通犹兼也，兼阴阳昼夜之道而知。知昼不知夜，知夜不知昼，则知皆未尽也。"通昼夜而知：见《周易·系辞上》："通乎昼夜之道而知，故神无方而易无体。"③朱熹解："性者我所得于天底。道义是众人共由底。"张载《经学理窟》："礼所以持性，盖本出于性。持性，反本也。凡

未成性，须礼以持之。”④知礼成性：吕大临《横渠先生行状》记张载之教：“学者有问，多告以知礼成性、变化气质之道，学必如圣人而后已。闻者莫不动心有进。”

[译文]

《周易》上说圣人“崇高的知识”，人的认识能力高明如天，就如崇高的天统观万物。是对超乎形器之上的道的认识。“通晓幽明、死生、鬼神、昼夜的变化，懂得其中的奥秘”，认知太崇高了。一个人如果达到了如此高的认知，但却不能用谦卑的礼来守持使之固定下来成为自己的本性，那这认知还不是他所有的。所以懂得了礼并用以守持形成本性，那么大家共同遵守的道义也就从中产生，这就像《周易》上说的“天地的位置设定了，易理就可以在天地间流行了”。

2.87 困之进人也，为德辨，为感速。[①]孟子谓“人有德慧术知者，常存乎疢疾”以此。[②] ——张载《正蒙·三十》

[注释]

①《正蒙》原书上文有“困而不知变，民斯为下矣。不待困而喻，贤者之常也”两句。这里讲困境促人进取之理，源于《论语·季氏》“生而知之者上也；学而知之者次也；困而学之，又其次也。困而不学，民斯为下矣”。《周易·系辞下》：“困，德之辨也。”辨为明辨之义。茅星来解：“德辨，谓以处困之亨与否，辨其德之至不至也；感速，谓吾之感发速也。”②《孟子·尽心上》：“孟子曰：人之有德慧术知者，恒存乎疢疾。”意思是说：人之所以有道德、智慧、本领、知识，常常是由于他经历过灾患。疢（chèn）疾：灾患。

[译文]

困境之所以能促使人进取，是因为困境的考验可以辨别人的德行修养，又由于人在困境中遇感而发迅速。孟子因此说：“人之所以有道德、智慧、本领、知识，常常是由于他经历过灾患。”

2.88　言有教，动有法；昼有为，宵有得；息有养，瞬有存。①

——张载《正蒙·有德》

［注释］

①朱熹说："横渠此语极好。君子终日乾乾不可食息间，亦不必终日读书。或静坐存养，亦是学者。虽静坐，亦有所存主始得，不然兀坐而已。""一息之间亦有养，一瞬之顷亦有存。"

［译文］

说话要遵循师长的教诲，行动要遵守一定的法度；白天应该有所作为，晚间应该有所收获；一息一瞬之间，都要存养性情。

2.89　横渠先生作《订顽》曰①：乾称父，坤称母。予兹藐焉，乃混然中处。②故天地之塞，吾其体；天地之帅，吾其性。③民，吾同胞；物，吾与也。大君者，吾父母宗子；其大臣，宗子之家相也。④尊高年，所以长其长；慈孤弱，所以幼其幼。⑤圣，其合德；贤，其秀也。凡天下疲癃残疾、茕独鳏寡，皆吾兄弟之颠连无告者也。⑥"于时保之"，子之翼也；"乐且不忧"，纯乎孝者也。⑦违曰悖德，害仁曰贼，济恶者不才。⑧其践形，惟肖者⑨也。知化，则善述其事；穷神，则善继其志。⑩不愧屋漏为无忝，存心养性为匪懈。⑪恶旨酒，崇伯子之顾养；育英才，颍封人之锡类。⑫不弛劳而底豫，舜其功也；无所逃而待烹，申生其恭也。⑬体其受而归全者，参乎！⑭勇于从而顺令者，伯奇⑮也。富贵福泽，将厚吾之生也；贫贱忧戚，庸玉女于成⑯也。存，吾顺事；没，吾宁也。⑰（本注：明道先生曰："《订顽》之言，极醇无杂，秦汉以来学者所未到。"又曰："《订顽》一篇，意极完备，乃仁之体⑱也。学者其体此意，令有诸己，其地位已高。到此地位自别。有见处，不可穷高极远，恐于道无补也。"又曰："《订顽》立心便达得天德⑲。"又曰："游酢得《西铭》读之，即涣然不逆于心，曰：此中庸之理也，能求于言语之外者也。”[20]本注：杨中立问曰：“《西铭》言体而不及用，恐其流遂至于兼爱，何如？”[21]伊川先生曰：“横渠立言，诚有过者，乃在《正蒙》。《西铭》之书，推理以存义，扩前圣所未发，与孟子性善、养气之论同其功，岂墨氏之比哉！《西铭》明理一而分殊，墨氏则二本而无分。[22]分殊之蔽，私胜而失仁；无分之罪，兼爱而无义。分立而推理一，以止私胜之流，仁之方也。无别而迷兼爱，以至于无父之极，义之贼也。[23]子比而同之，过矣。且彼欲使人推而行之，本为用也，反谓不及，不亦异乎？”）——张载《西铭》

［注释］

①此条两节，这一节是《正蒙·乾称篇》首段。张载曾将《乾称篇》首段和末段分别录出，贴在东西两窗上作为自己的座右铭。首段题作《订顽》，末段题作《砭愚》。程颐赏识二篇文字，但以为《订顽》、《砭愚》之名易起争端，即改《订顽》为《西铭》，改《砭愚》为《东铭》。朱熹将《西铭》从《乾称篇》分出，另作注释，成为独立一篇。此条即《西铭》全文。在这一篇中，张载用家庭和宗法关系来比附天地、人类及万物的关系，以此为理论根据，阐述个人应该如何对待他人和万物。②《周易·说卦》：“乾，天也，故称乎父；坤，地也，故称乎母。”朱熹解：“人禀气于天，赋形于地，以藐然之身而位乎中，子道也。”混然中处：意谓与天地相合而位于天地之中。这一节说明“我”作为人是天地之子。③《孟子·公孙丑上》：“我善养吾浩然之气。……其为气也，至大至刚，以直养而无害，则塞于天地之间。”又：“夫志，气之帅也，体之充也。”天地之塞：指气，气构成了我的身体。天地之帅：即主导气的志，也即气的本性形成了我的本性。这几句具体解释“我”如何是天地之子。④同胞：同父母所生的兄弟姊妹。与：同伴。人类既然同为天地所生，同父同母，皆为兄弟。万物同禀天地之气而生，都是人类的朋友。“民吾同胞，物吾与也”，是张载对待人类与万物态度的理论基点。大君：君主。宗子：宗法社会中享有继承权的嫡长子。国君是天地父母的嫡长子。家相：一家的总管，大管家。⑤《孟子·离娄上》：“孟子曰：道在迩而求诸远，

事在易而求诸难。人人亲其亲长其长而天下平。”人人孝敬自己的父母，尊重自己的长辈，天下自然治平。《孟子·梁惠王上》：“老吾老以及人之老，幼吾幼以及人之幼，天下可运于掌。”⑥合德：《周易·乾卦·文言》：“夫大人者，与天地合其德，与日月合其明，与四时合其序，与鬼神合其吉凶。”圣人是兄弟中其德配天地的，贤人是兄弟中禀赋了天地秀气出类拔萃的。疲癃（lóng）：衰老多病。茕（qióng）：没有兄弟，孤独。颠连：狼狈困苦的样子。无告：无处求告。⑦《诗经·周颂·我将》：“畏天之威，于时保之。”时：是。翼：扶助，恭敬。朱熹解：“畏天以自保者，犹其敬亲之至也；乐天而不忧者，犹其爱亲之纯也。”《孟子·梁惠王下》：“乐天者保天下，畏天者保其国。”⑧违：不从父母之命。悖德：违背道德。害仁：即贼仁。《孟子·梁惠王下》：“贼仁者谓之贼。”济：帮助，成就。践形：《孟子·尽心上》：“惟圣人然后可以践形。”意谓将仁义实践于形色之中。⑨惟肖者：像父母的儿子。⑩《周易·系辞下》：“穷神知化，德之盛也。”孔颖达疏：“穷极微妙之神，晓知变化之道，乃是圣人德之盛极也。”《礼记·中庸》：“夫孝者，善继人之志，善述人之事者也。”《诗经·大雅·抑》：“相在尔室，尚不愧于屋漏。”屋漏，室内西北角隐僻处。⑪《诗经·小雅·小宛》：“夙兴夜寐，无忝尔所生。”忝，羞辱。所生，指父母。《孟子·尽心上》：“存其心，养其性，所以事天也。”匪懈：不懈怠。⑫《孟子·离娄下》：“禹恶旨酒而好善言。”旨酒是美酒。崇伯子指禹，因为禹的父亲封崇伯。顾养：善于保养本性。酒能乱性，恶旨酒则善养本性。《战国策·魏策二》：“梁王魏婴觞诸侯于范台，酒酣，请鲁君举觞。鲁君兴，避席择言曰：‘昔者帝女令仪狄作酒而美，进之禹，禹饮而甘之，遂疏仪狄，绝旨酒，曰：后世必有以酒亡其国者。’”《左传》隐公元年：“颍考叔，纯孝也，爱其母，施及庄公。《诗》曰：‘孝子不匮，永锡尔类’，其是之谓乎？”锡同赐。锡类：把恩德赐给朋类。颍考叔为颍之封人。⑬《孟子·离娄上》：“舜尽事亲之道而瞽叟底豫，瞽叟底豫而天下化。”瞽叟是舜父，冥顽。底，致。豫，乐。舜尽事亲之道使瞽叟快乐，从而使天下化之。不弛劳：不松懈地劳累。《礼记·檀弓》：“晋献公将杀其世子申生，申生辞于狐突……再拜稽首乃卒，是以为恭世子。”恭是申生死后的谥号，因为他顺从父亲，所以谥为恭。申生是自缢死的。待烹是等待杀戮之意。时重耳劝申生出逃，申生说：

"君谓我欲弑君也，天下岂有无父之国哉?"无所逃，无所逃于天地之间，该死时就要像申生恭顺天命。《庄子·人间世》："仲尼曰：天下有大戒二，其一命也，其一义也。子之爱亲，命也，不可解于心；臣之事君，义也，无适而非君也，无所逃于天地之间。是之谓大戒。"见（2.29）注。⑭《礼记·祭义》："曾子闻诸夫子曰：父母全而生之，子全而归之，可谓孝矣；不亏其体，不辱其亲，可谓全矣。"体其受：身体受之于父母。⑮《颜氏家训·后娶篇》载，周大夫尹吉甫的儿子伯奇，是为孝子，为后母所间，被放逐。⑯玉女于成：说天宝贵你，使你得到成功。女：汝。⑰朱熹解："孝子之身存，则其事亲也不违其志而已，没则安而无所愧于事也；仁人之身存则其事天也不逆其理而已，没则安而无所愧于天也。"⑱仁之体：叶采解："仁者本以天地万物为一体。"⑲天德：叶采解："普万物而无私，天德也。"注见（2.34）。⑳游酢，字定夫，建州建阳（今属福建）人，学者称廌山先生，与杨时、吕大临、谢良佐并称程门四大弟子。中庸之理：天下之至德至理。《论语·雍也》载孔子语："中庸之为德也，其至矣乎!"孔子以中庸为德，二程则以理论中庸，程颢说："不偏之谓中，不易之谓庸。中者天下之正道，庸者天下之定理。"（《二程遗书》卷七）叶采解："《西铭》以人物之生，同禀是气以为体，同具是理以为性。虽有差等，实无二本也。今一视同仁者，亦所以尽一己之性而全天命之本然耳。此即中庸之理也。"㉑杨中立：杨时，字中立，南剑州将乐（今属福建）人，程门四大弟子之一，晚年隐居龟山，学者称龟山先生。兼爱：先秦时墨家的主张，提出"兼相爱，交相利"，主张"爱无差等"，反对儒家的亲亲思想。《墨子》有《兼爱》上、中、下三篇。㉒《正蒙》：张载著，九卷十七篇。"谓之正蒙者，养蒙以圣功之正也"（王夫之《张子正蒙注·序论》），即从蒙童起，就应该以圣学之正进行培养教育。《近思录》多条出自《正蒙》。理一而分殊：宋理学之重要哲学用语，即"万物皆是一理"，"一物之理即万物之理"（《二程遗书》卷二上），宇宙间有一最高的"理"，而万物各自的理是这最高之理的体现。朱熹曾用佛教"月印万川"比之。参考（3.9）及注。《孟子·滕文公上》载孟子批评墨者夷子说："天之生物也，使之一本，而夷子二本故也。"就人说，一本即一个根源，只有一个父母。二本，言我之父母与人之父母没有区别。㉓《孟子·滕文公下》："杨氏为我，是无君也；墨氏兼爱，是无父也。无君无父，是禽兽也。”无父，把自己的父亲看得和别人的父亲一样，眼中没有父亲。叶采解：“《西铭》以天地为父母，万物为同体，是理一也。然而贵贱、亲疏、上下，各有品节之宜，是分殊也。若墨氏惑于兼爱，则泛然并施，而无差等，施之父母者犹施之路人，是亲疏并立，而为二本也。”

［译文］

张载作《订顽》一篇说：象征天的乾称作父亲，象征地的坤称作母亲。我们这些藐小的人，与天地一体而居于天地之中。所以充塞于天地之间的气，形成了我们的身体；统帅天地之气的志，形成了我们的本性。人民，都是我们的同胞；万物，都是我们的朋友。国君，是我们这个天地父母的嫡长子；国君的大臣，是嫡长子家的总管。尊重老年人，那是敬重我们的兄长；怜爱孤弱者，那是关怀我们的幼童。圣人，是符合了天地德行的人；贤者，是禀赋了天地秀气的人。凡是天下衰老多病、鳏寡孤独的人，都是我们兄弟中困苦不堪又求告无门的。畏惧天以自保的，是亲敬天地这个父母的人；乐于天命而不忧的，是上天纯孝的儿子。不从父母之命的称作违背道德，危害仁德的叫做贼人，助人为恶的是不才之子，那些实践仁义于形色的，是天地的好儿子。通晓天地变化的人就善于成就上天的事业，穷究天地奥妙的人善于继承上天的意志。在人所不见的地方不做亏心事，是不辱没父母的孝子，能够存心养性，是勤于事天。讨厌美酒，大禹善于保养本性；培育英才，就好像颍考叔把孝行带给了他的同类。不懈怠地勤苦事亲而使其冥顽的父亲快乐，这是虞舜的功绩；逃不出孝道无处不在的天地之间只好等待父亲赐死，这是申生的恭顺。从父母那里得来的身体还要完完整整地归还给父母的，大概是曾参吧！勇于顺从父亲错误的命令的，是孝子伯奇。承受先人的恩泽而富贵，要使我们的生活丰厚；生活于贫贱忧愁之中，那是上天看重了你要使你得到成功。我活着，就顺应天地父母去事奉他；我死了，也因为无愧于天地父母而心安理得。（本

注：程颢说：“《订顽》的语言，极其醇正而没有驳杂的东西，秦汉以来的学者没有达到这样的地步。”又说：“《订顽》一篇，意思极其完备，讲的乃是仁的根本。学者们要体会其中之意，使其思想成为自己的德性，那你的境界就已经很高了。到这个境界自然就不同了。有了见解，不要追求极高极远，恐怕那样对学道没有什么帮助。”又说：“《订顽》从立意上就已上达于天德。”又说：“游酢得到《西铭》一读，心中不通之处即涣然冰释，感到与自己之心贴切相合，他说：这讲的是中庸之理，能在言语之外领会其深意的呵。”又本注：杨时问道：“《西铭》讲仁之本体不讲仁的实行，这恐怕会流而成为墨家的兼爱，先生认为如何呢?”程颐回答说：“张载的言论，确实有过于高远的，那是在《正蒙》中。而《西铭》这书，推究理而保存义，阐扬前代圣人所未说明的道理，和孟子发明性善、养气之说一样有大功于圣学，这怎么是墨家之说所能比的呢?《西铭》阐明了理一分殊之理，墨家却是两个根源而无区分。如果只强调分殊［即物各自之理，此处又具体指对亲疏不同的人爱有差等］而不明理一［总天地万物之理］，那容易导致私情胜而失去仁爱；而爱无分别的罪过，则成同样的爱一切而没有了义［不是按照亲疏之理合宜地处之］。确立了分殊［此处又具体指爱之差等］而上推理一［此处又具体指以万物一体之情怀泛爱一切］，以防止私情过胜之流弊，这是走向仁的途径。没有差别地迷失于兼爱，以至于走向眼中没有父亲的极端，那是害义。你把两者相比认为它们相同，错了。况且张载是想使人们推广实行，本来是为了用，你反说他没有说到应用，不是很奇怪吗?”)

横渠先生又作《砭愚》曰[①]：戏言出于思也，戏动作于谋也。[②]发于声，见乎四支，谓非己心，不明也。欲人无己疑[③]，不能也。过言非心也，过动非诚也。[④]失于声，缪（谬）迷其四体，谓己当然，自诬也；欲他人己从，诬人也。或者[5]谓出于心者，归咎为己戏；失于思者，自诬为己诚。不知戒其出汝者，归咎其不出汝者。长傲且遂非，不知孰为甚焉？（本注：横渠学堂双牖，右书《订顽》，左书《砭愚》。伊川曰："是起争端。"改《订顽》曰《西铭》，《砭愚》曰《东铭》。） 张载《东铭》

［注释］

①这一节是《正蒙·乾称篇》的末段，张载贴于东窗，题作《砭愚》，程颐改作《东铭》。朱熹说："横渠学力绝人，尤勇于改过，独以戏为无伤。一日忽曰：'凡人之过犹有出于不知而为之者，至戏，则皆有心为之也。其为害尤甚。'遂作《东铭》。"此篇专为戏谑不庄的言行之危害而发。砭：救治。②戏言：开玩笑的话。《吕氏春秋·重言》："周公对曰：臣闻之，天子无戏言。"戏动：不庄重的动作，或戏弄别人的行为。③己疑：怀疑自己。④过言：说错的话，即失误的话。过动：因失误做错的行为动作。⑤或者：此处是有时之意。

［译文］

又作《砭愚》说：戏谑的话出于内心的思考，戏谑的动作产生于心中的谋划。从你的声音发出来，由你的手脚做出来。要说不是出于你的本心，说不清楚；想要人家不怀疑你是成心如此，不能够。失误的话不是出于内心，失误的动作不是你的本意。由于失声而说出了，由于错误地迷了手脚而做出来了。说这是自己本来真要如此的，是欺诬自己；想要别人信从自己，是欺诬他人。有时候把出于自心的错误，归咎为自己在开玩笑；有时反而把缺乏考虑的失误，又自诬为出于自己的本心。不知道要戒慎那些出于你本心的言行，错了就归咎为不是出于你本心的开玩笑。助长人的傲气，促成人的过错，不知道有什么比戏谑更严重的了。（本注：张载学堂的两面窗户，右窗写了《订顽》，左窗写了《砭愚》。程颐说："这容易引起争端。"把《订顽》改名《西铭》，把《砭愚》改名《东铭》。）

2.90　将修己，必先厚重以自持。[1]厚重知学，德乃进而不固[2]矣。忠信进德，惟尚友而急贤。[3]欲胜己者亲，无如改过之不吝。[4]

——张载《正蒙·乾称》

［注释］

①修己：修养自身。《论语·宪问》："子路问君子，子曰：'修己以敬。'曰：'如斯而已乎？曰：'修己以安人。'……"厚重：敦厚持重。自持：自我约束。②固：固陋。③忠信进德：内心忠信以进修德业。《周易·乾·文言》曰："君子所以进德修业，忠信，所以进德也。"尚友：上与古人为友。《孟子·万章下》："以友天下之善士为未足，又尚论古之人；颂其诗，读其书，不知其人，可乎？是以论其世也，是尚友也。"急贤：重贤，急于求贤。南朝梁任昉《求荐贤士诏》："庶同则哲之明，称朕急贤之旨。"本指帝王急于求贤德之士，这里是急于与贤者游以增进德行。④胜己者：《礼记·射义》："射者仁之道也。射求正诸己，己正而后发。发而不中，则不怨胜己者，反求诸己而已矣。"《尚书·商书·仲虺之诰》："惟王不迩声色，不殖货利。德懋懋官，功懋懋赏。用人惟己，改过不吝。克宽克仁，彰信兆民。"

［译文］

人要修养自己的品德，一定要先厚重自持。性格厚重又勤于学习，德行就会提高而不固陋了。内积忠信以进修德业，途径只有推重朋友，迫切地与贤人交游。要想与那些德行胜过自己的人成为朋友，最重要的是毫不吝惜地改掉自己身上的错误。

2.91　横渠先生谓范巽之曰[1]：吾辈不及古人，病源何在？巽之请问，先生曰：此非难悟。设此语者，盖欲学者存意之不忘，庶游心浸熟，有一日脱然如大寐得醒耳[2]。

——张载《横渠文集》

［注释］

①范育，字巽之，邠州人。张载门人，官终户部侍郎。本条原注出自

《横渠文集》。按《横渠文集》佚，今《张横渠集》中仅存《文集抄》一卷数篇。《横渠文集》卷十四《性理拾遗》据《近思录》补作拾遗。故凡出自文集者，详细出处及篇名多已无法注出。②朱熹解："横渠说此语，正要学者将此题目时时自省，积久贯熟，而自得之耳。"

[译文]

张载对范育说：我们这些人赶不上古人，病根在哪里？范育请张载说明，张载说：这不难理解。我提出这个问题，是想让今天学道的人时时记住不要忘掉，或许多游心于圣学渐至纯熟，有一天脱然悟彻圣人之道，就像大梦得醒一样。

2.92　未知立心，恶思多之致疑；既知所立，恶讲治之不精。①讲治之思，莫非术内，虽勤而何厌？②所以急于可欲者，求立吾心于不疑之地，然后若决江河以利吾往。③"逊此志，务时敏，厥修乃来。"故虽仲尼之才之美，然且敏以求之。④今持不逮之资，而欲徐徐以听其自适，非所闻也。⑤

——张载《横渠文集》

[注释]

①立心：即孟子所谓"立其大者"，如知性善等，参考（2.70）。朱熹解："未知立心，则或善或恶，故胡乱思量，惹得许多疑起。既知所立，则是此心已立于善而无恶。"②讲治：讲习研治，张载《经学理窟·学大原下》："学不长者无他术，惟是与朋友讲治，多识前言往行以畜其德。"此处分别未立心之"思"与既立心讲治之"思"，立吾心于不疑之地后，应勤于讲治，勤于思。术内：术，思想，学说，这里专指圣贤之学说。术内，即说所讲所思，都是圣贤之学。厌：满足。③可欲：即所求，学者所求即圣人之道。这几句说：之所以急迫地追求道术，是要求得确立内心主见以稳立于不致疑惑的地步，然后就像江河决口一样使我迅猛地前进。利：急速，迅猛。《淮南子·墬形训》："轻土多利，重土多迟。"高诱注："利，疾也。"④《尚书·商书·说命下》："学于古训乃有获。事不师古以克永世，匪说攸闻。惟学逊志，务时

敏，厥修乃来。”此为傅说对商王所说的话，大意是说：学习古代圣贤的教导才会有收获。做事不效法古代圣贤而能长治久安，我傅说没有听说过。只有学习，使心志谦逊，专心且时刻努力，学识和修养才能得来。《论语·述而》：“子曰：我非生而知之者。好古，敏以求之也。”⑤张载治学主张敏以求之，二程主张从容涵养，原因是张载重视外在的知识学习，二程主张省却外事，重在内心体悟。朱熹批评张载“说得太紧”。可与（2.17）、（2.22）、（2.54）、（2.68）比较阅读。

［译文］

学者还未确立为学的根本和趋向时，要反对的是胡乱思量弄得满脑子疑惑；在已经确立了根本和趋向后，要反对的是研治得不精细不深入。研治时的思考与前边说的胡思乱想不同，这时的思考都在圣贤学说道理之内，即使勤于思考又有什么满足呢？所以急于追求道术的人，先要求得确立内心为学之根本以稳立于不致疑惑的地步，然后就像江河决口一样使我顺利前进。平定你的心志，务要时时勤敏，你要修得的道就会到来。所以即使像孔子那样高的才智，仍要敏以求之。今天凭着我们赶不上孔子的资质，却想慢慢去学以任凭它自己走向成德，如此治学我是没有听说过的。

2.93　明善为本，固执之乃立，扩充之则大，易视之则小。在人能弘而已。①

——张载《横渠文集·性理拾遗》

［注释］

①《礼记·中庸》：“诚身有道，不明乎道，不诚乎身矣。”郑玄注：“言知善之为善，乃能行诚。”此言人的修养，明善是根本，坚定地守持不失才能使善性树立，加以扩充你的善就大，忽视而不在意则会变小。善也在于人去弘扬而已。

［译文］

明白什么是善，这是修身进学的根本，然后坚定地守持不失才能使善性树立，加以扩充你的善就大，忽视而不在意则会变小。善也在于人去弘扬。

2.94　今且只将“尊德性而道问学”为心，日自求于问学者有所背否？于德性有所懈否？此义亦是博文约礼，下学上达。[①]以此警策[②]一年，安得不长？每日须求多少为益，知所亡，改得少不善，此德性上之益；读书求义理，编书须理会有所归着，勿徒写过，又多识前言往行，此问学上益也。[③]勿使有俄顷闲度，逐日似此，三年，庶几有进。　　——张载《横渠文集》

[注释]

①《礼记·中庸》：“君子尊德性而道问学，致广大而尽精微，极高明而道中庸。”尊德性即尊崇人之天赋的善性，道问学即通过学习培养人的善性。宋代理学家发挥《礼记》之说，以“尊德性”和“道问学”为两种基本的治学与修养方法，朱熹说：“大抵子思以来，教人之法，惟以尊德性、道问学两事为用力之要。”（《晦庵集》卷五十四《答项平父》）“尊德性，所以存心而极乎道体之大也；道问学，所以致知而尽乎道体之细也。二者修德凝道之大端也。”（《中庸章句》）张载“尊德性”与“道问学”并重，后来朱熹重道问学，陆九渊重尊德性，形成朱、陆两派在方法论上的重大分歧。《论语·子罕》载颜回曰：“夫子循循然善诱人，博我以文，约我以礼，欲罢不能。”用文献来丰富我的知识，用礼节来约束我的行为。《论语·宪问》：“下学而上达。”下学人事，上达天命，即通过学习普通知识而悟彻高深的道理。②警策：谓以鞭策马。曹植《应诏》诗：“仆夫警策，平路是由。”引申为督教而使之警戒振奋。③多少：或多或少，一些。知所亡：懂得了原来不懂的东西，《论语·子张》：“子夏曰：日知其所亡，月无忘其所能，可谓好学也已矣。”归着：归宿，归趣。苏轼《缴词头奏状·张诚一》：“今既体量，未见归着，即合置司推鞠，尽理施行。”前言往行：指前代圣贤美好的言行，《周易·大畜》：“君子以多识前言往行，以畜其德。”

[译文]

现在且只把提高德性、追求学问作为你的抱负，每天自己检查一下你自己在学习方面有放弃的时候吗？在修养德性上有所懈怠吗？这意思也就是孔子的博文约礼，下学上达。用这样的方式鞭策自己一年，怎么会不长进呢？每天要求得有些收获：懂得了你原来不懂的东西，改掉了一些缺点，这是德性上的收获；读书以探求书中义理，编书须要懂得有编书的目的，不要徒劳无益地写过去，再就是多记取些前代圣贤的美言善行，这是学问上的收获。不要让片刻的时光白白度过。天天如此，三年差不多会有进步。

2.95　为天地立心，为生民立道，为去圣继绝学，为万世开太平。[①]

——张载《横渠语录》卷中

［注释］

①叶采解：“天地以生生为心，圣人参赞化育，使万物各正其性命，此为天地立心也；建明义理，扶植纲常，此为生民立道也；继绝学，谓缵述道统；开太平，谓有王者起，必取法利泽，垂于万世。”按：宋代理学家认为儒家道统自尧、舜、禹、汤、周文王，至于孔子，至于孟子。孟子既没，其道不传。至宋儒兴，才倡明了千载不传之学。故称“为去圣继绝学”。为生民立道，《横渠文集·性理拾遗》作“为生民立命”。

［译文］

为学要志于成为圣人，为天地确立起生生之心，为百姓指明一条共同遵行的大道，继承孔孟等以往的圣人不传的学问，为天下后世开辟永久太平的基业。

2.96　载所以使学者先学礼者，只为学礼，则便除去了世俗一副当习熟缠绕。[①]譬之延蔓之物，解缠绕即上去。苟能除去了一副当世习，便自然脱洒[②]也。又学礼，则可以守得定。

——张载《横渠文集》卷十二语录

［注释］

①礼：古代《仪礼》等书所规定的社会和道德规范。一副：相当于一整

套之意。习熟：惯常、常见。叶采解："学礼则可以消除习俗之累，又有据依而自守。"二程弟子谢良佐说："横渠教人以礼为先，大要欲得正容谨节，其意谓世人汗漫无守，便当以礼为地，教他就上面做工夫。"（《上蔡语录》卷一）从另一角度说明了这几句话的意思。②脱洒：即洒脱，超脱，无所拘束，即摆脱习熟缠绕后的超脱自在。

［译文］

我之所以让学生们先学礼，只是因为学了礼，就除去了世俗一套习惯的缠绕。这习俗就像拖着藤蔓的东西，解开了缠绕就能生长上去了。如果除去了一套当世习俗，人就自然会洒脱一些。再就是学了礼，人的行为就有个依据，这样善行就能保持住。

2.97　须放心宽快公平以求之，乃可见道，况德性自广大。[1]《易》曰："穷神知化，德之盛也。"岂浅心可得？

——张载《横渠易说·系辞下》

［注释］

①语出《周易·系辞下》，参考（2.89）注。此条是对"穷神知化，德之盛也"的解说。原文此前有"大抵思虑静乃能照物"一句。叶采解："人之德性，本自广大，故必广大其心求之。偏狭固滞，岂足以见道也？"

［译文］

需要把心境放得宽和公平，这样去探求道，才能认识圣人之道，况且如此一来，你的德性自然就会广大。《周易》上说："穷究天地的微妙，通晓万物的变化，是圣人盛大的德行啊！"难道这是狭隘的心胸能够得到的吗？

2.98　人多以老成则不肯下问，故终身不知。[1]又为人以道义先觉[2]处之，不可复谓有所不知，故亦不肯下问。从不肯问，遂生百端欺妄人，我宁终身不知。

——张载《论语说》

[注释]

①《论语·公冶长》:“敏而好学,不耻下问。”此条就此而发。原注出《论语说》,此书已佚。今本《横渠文集》卷十四《性理拾遗》录此,言出自《近思录》。老成:年高有德,《后汉书·和帝纪》:“今彪聪明康强,可谓老成黄耇矣。”李贤注:“老成,言老而有成德也。”下问:向年龄、地位、学问等低于自己的人请教。②道义先觉:早于常人明白天道义理的人。《孟子·万章上》:“天之生此民也,使先知觉后知,使先觉觉后觉也。”张载批评这些人以义理先觉自居,既然是义理先觉就不能说自己还有不懂的东西。

[译文]

人大多因为自己已到老成就不肯向晚辈后学请教询问,所以有些东西一辈子也没有懂得。再就是这些人自认为是明白道义在先的人,不能再说自己有什么不懂,所以也不肯去问晚辈后学。就从这个不肯问,带来了数不清的欺骗他人,自己则宁可一辈子不懂。

2.99 多闻不足以尽天下之故。苟以多闻而待天下之变,则道足以酬其所尝知,若劫之不测,则遂穷矣。[①]

——张载《孟子说》

[注释]

①《周易·系辞上》:“易无思也,无为也,寂然不动,感而遂通天下之故。非天下之至神,其孰能与于此?”只有掌握了道的人才能“尽天下之故”。故:事故,事情,孔颖达疏:“故,谓事故,言通天下万事也。”叶采解:“心通乎道则能尽夫事理之所以然,故应变而不穷。不通乎道而徒事乎记问,则见闻有限而事变无涯,卒然临之以所未尝知者,则穷矣。”穷:术穷,无能为力。此条原注出自《孟子说》,此书已佚。今本《横渠文集》卷十四《性理拾遗》注出《孟子说》。

[译文]

知识再丰富也不能够穷尽天下的事变。如果一个人要凭他的知识丰富来应付天下之变,那么他就可以应付那些他所懂得的事。如果逼迫他到了变化莫测的境地，他就无能为力了。

2.100　为学大益，在自求变化气质[1]。不尔，皆为人之弊，卒无所发明，不得见圣人之奥。　　——张载《横渠语录》卷中

[注释]

①张载认为人有天地之性，有气质之性。人禀气而生，气有清浊，人有善有不善。但人的气质，可以通过后天的学习来改变，这就是学问变化气质的观点。此条又见《经学理窟·义理》，其下云："故学者先须变化气质，变化气质与虚心相表里。"

[译文]

为学的最大收益，在自求变化气质。不如此，都是为人的弊病，学到底也不能有所醒悟，认识不到圣人之道的深奥处。

2.101　文要密察，心要洪放。[1]　　——张载《横渠语录》

[注释]

①《礼记·中庸》："文理密察，足以有别也。"文是外在的脉络分明，理是内在的条理顺正。密是仔细，察是清楚。本就行事言。叶采解："文不密察则见理粗疏，心不洪放则所存狭滞。"张载《经学理窟·礼乐》云："学者行礼时，人不过以为迂。彼以为迂，在我乃是径捷，此则从吾所好。文则要密察，心则要洪放，如天地自然，从容中礼者盛德之至也。"又《经学理窟·学大原下》云："惟得是心弘放得如天地简易，简易然后能应物皆平正。"洪放，弘放，皆宏放意，宏远旷达，开阔旷放。

[译文]

外在的表现要细密详察，内心则要豪放旷达。

2.102　不知疑者只是不便实作。既实作，则须有疑。有不行处是疑也。[1]　　——张载《经学理窟·气质》

[注释]

①不便实作：即没有下切实功夫。按此处与（2.92）“未知立心，恶思多之致疑”之“疑”不同，这里之“疑”是学习中发现问题而出现的疑问，（2.92）条之“疑”是迷乱无主而堕入疑惑。叶采解：“始学之士，知必有所不明，行必有所不通，殊不知疑者，是未尝实用功也。”茅星来解：“作非止作事，凡讲习讨论、省察克治之类皆是。不行，谓行有所不通也。”

[译文]

人的学习不知道有疑问，只因为他没有把所学的东西去下一番实行的功夫。下了实行的功夫就会有疑问了。有实行不了的地方就是疑问。

2.103　心大则百物皆通，心小则百物皆病[①]。

——张载《经学理窟·气质》

[注释]

①按此处心大当为心识通达之意，心小则是心识狭窄窒碍不通之意。朱熹解：“通是透得那道理处，病则是窒碍了。”叶采解：“心大则宽平弘远，故处己待人，无往而不达；心小则偏急固陋，无所处而不为病也。”

[译文]

心胸宽广，一切事理无不通达；心胸狭隘，事事隔碍不通。

2.104　人虽有功，不及于学，心亦不宜忘。心苟不忘，则虽接人事，即是实行，莫非道也。[①]心若忘之，则终身由之，只是俗事。

——张载《经学理窟·义理》

[注释]

①功：事情，事业，《诗经·豳风·七月》：“嗟我农夫，我稼既同，上入执宫功。”朱熹《诗集传》：“功，茸治之事。”江永按：“学不止读书，接人事，无非道，即无非学。实行与俗事，特以心之所存者不同耳。”

[译文]

人即使有事功之劳，来不及学习，心中也不应该忘掉为学。只要心里不忘，即使接人处事，也就是学道的实践，无非都是学道。心里如果忘了为学，那么即使终身依道而行，也只能是俗事。

2.105　合内外，平物我，此见道之大端。[1]

——张载《经学理窟·义理》

[注释]

①叶采解："合内外者，表里一致，就己而为言也；平物我者，物我一体，合人己而为言也。"

[译文]

消除了内心与外物的界限，公平地对待外物与自我，这就认识到了道的大的方面。

2.106　既学而先有以功业为意者，于学便相害。既有意，必穿凿创意作起事端也。德未成而先以功业为事，是代大匠斲，希有不伤手也。[1]

——张载《经学理窟·学大原上》

[注释]

①功业：一般指功勋事业。叶采解："功业立言立事皆是也"，则建立事功与立言垂世都包括在内。《老子》："代司杀者是代大匠斲，代大匠斲者，希有不伤手者也。"江永按："学成自能立功业。若先以此为志，则穿凿创造，有害于道矣。"

[译文]

刚开始学道就先追求功业，对学习是有害的。既然心里想着建立功业，学习中肯定会穿凿创意强出新见兴起纷争。德性未成却先去追求功业，那是替大匠运斧砍削，少有不伤手的。

2.107　窃尝病孔、孟既没，诸儒嚣然，不知反约穷源。[1]勇于苟作，持不逮之资，而急知后世。明者一览，如见肺肝然，多见其不知量也。[②]方且创艾其弊，默养吾诚。[③]顾所患日力不足，而未果他为也。[④]　　——张载《横渠文集佚存·与赵大观书》

［注释］

①病：不满。嚣然：茅星来解："众说争持之貌。"②多：按茅星来解意为"适"，恰恰意，多见其不知量，恰恰暴露了他们的不知自量。③创艾：戒惧，戒除。叶采解："不知反约穷源故浮浅而无实，默养吾诚则反约穷理之事也。"④日力不足：时间和力量不足。未果他为：别的事也还没有做成。茅星来解："此一节言汉唐以下，儒者不知反约穷源，而急知后世之病。"按宋代理学家认为，孟子死后，圣学淹没不明，直到宋代诸儒，才重新发明。

［译文］

我心下不满意孔孟去世之后，儒者们乱吵吵的样子，他们不知道回归圣学的精要，探究儒道的源本。反而敢于随意著述，凭着他们远不及圣人的资质，却急切地要求知于后世。明眼人一看，就如照见他们的肺肝一般，恰恰暴露了他们不知自量。我正要借鉴而戒除他们的弊病，默默地涵养我的诚实与真诚。只是担心时间和力量不足，别的事也还没有做成。

2.108　学未至而好语变者，必知终有患。盖变不可轻议，若骤然语变，则知操术已不正。[①]　　——张载《经学理窟·义理》

［注释］

①叶采解："变者非常行之道，权宜之事也。非见理明、制义精者不足以与此。"此处变即权，权，通达权变之意。《论语·子罕》："子曰：可与共学，未可与适道；可与适道，未可与立；可与立，未可与权。"可见知权知变，是学至极致才能做到的。

［译文］

学道未达到极致却好谈论权变的人，可以肯定他终究会有祸患。因为权变不可轻易谈论。如果一个人骤然就谈论权变，就能说明他的学术是不正的。

2.109　凡事蔽盖不见底，只是不求益。有人不肯言其道义所得所至，不得见底，又非“于吾言无所不说”[①]。

——张载《经学理窟·义理》

[注释]

①江永解：“学者于师友之前不肯自言其所得之浅深，惟恐人之知其底里，与颜子之‘无所不说’而‘如愚’者异矣。”按《论语·先进》载孔子说颜回“于吾言无所不说（悦）”。

[译文]

遇事都遮盖着不让人看出自己深浅的人，只不过是不求长进。有人不肯说自己对圣人道义学得了什么，达到了什么地步，叫人看不清他的深浅，可是又不像颜回那样好学，并不像孔子说颜回那样“对我的话没有不喜欢的”。

2.110　耳目役于外，揽外事者，其实是自惰，不肯自治，只言短长，不能反躬者也。[①]

——张载《经学理窟·义理》

[注释]

①耳目役于外：只关注外事而不反躬内省修养身心。叶采解：“急于自治何暇务外？厚于反躬何暇议人？”自治：修养自身德性，程颐《辞免西京国子监教授表》：“伏念臣才识迂疏，学术肤浅，自治不足，焉能教人？”反躬也作反身，反求诸己，意为内省自心以求自正。《礼记·乐记》：“不能反躬，天理灭矣。”

[译文]

人的耳目为外物所役使，兜揽外事，其实是自弃，不肯修养自身，只说短道长，是不能修心自正的人啊。

2.111　学者大不宜志小气轻。志小则易足，易足则无由进；

气轻则以未知为已知，未学为已学。①

——张载《经学理窟·学大原下》

[注释]

①志小：志向短小。气轻：气性轻浮。程颐主张学者应志向远大："言学便以道为志，言人便以圣为志。"又说："人安重则学坚固。"见（2.59）、（2.71），可参考。

[译文]

学道的人极不宜志向短小气性轻浮。志向短小就容易满足，容易满足就无法上进；气性轻浮就会把不懂的当做懂的，把没学过的当成学过的。

卷三　格物穷理

3.1　伊川先生答朱长文书曰①：心通乎道，然后能辨是非，如持权衡以较轻重，孟子所谓“知言”是也。②心不通乎道，而较古人之是非，犹不持权衡而酌轻重，竭其目力，劳其心智，虽使时中，亦古人所谓“亿则屡中”，③君子不贵也。

——《二程文集》卷九《答朱长文书》

[注释]

①朱长文：字伯源，见（2.5）注。此条乃摘录程颐《答朱长文书》中一段，中有删节。朱长文与程颐书有“上能探古先之陈迹，综群言之是非，欲其心通默识，固未能也”数句，程颐作了如此答复。②心通乎道：通达事理物理。叶采解：“道者，事物当然之理。通，晓达也。”《孟子·公孙丑上》：“何谓知言？曰：诐辞知其所蔽，淫辞知其所陷，邪辞知其所离，遁辞知其所穷。”③时中：不时猜中。《论语·先进》：“赐不受命而货殖焉，亿则屡中。”亿：通臆，猜测。

[译文]

程颐给朱长文的复信中说：心与圣人之道相通，然后就能辨别古人言辞的是非了，就像拿着秤去称物体的轻重一样，这就是孟子所说的“知言”。如果心不与圣道相通，而去评价古人的是非，就像不拿秤而去估计物体的轻重，用尽你的眼力，辛苦你的心智，即使不时都估计对了，也不过是古人说的“每每猜测每每猜中”，君子是不看重的。

3.2　伊川先生答门人曰：孔孟之门，岂皆贤哲？固多众人。以众人观圣贤，弗识者多矣。[①]惟其不敢信己而信其师，是故求而后得。今诸君于颐言，才不合，则置不复思，所以终异也。不可便放下，更且思之，致知之方也。[②]

——《二程文集》卷九《答门人书》

［注释］

①众人：普通人，与圣贤相对。《孟子·告子下》："君子之所为，众人固不识也。"②朱熹解："学者未能有得，当谨守圣贤训戒，以为根基，如程子所谓'不敢信己而信其师者'，始有寄足之地。不然则飘摇没溺，终不能有以自立也。"

［译文］

程颐回复其门人的信中说：孔子孟子的门徒，哪能都是贤哲？自然大多是普通人。以常人去看圣贤，不能认识理解的地方多了。只因他们不敢相信自己而相信他们的老师，所以能通过探索而后得圣人之意。现在诸位对我程颐的话，才和自己的看法不合，就丢下不再思考，所以最终还是不同。不能就那样放下，且再去思考，这是获取知识的方法。

3.3　伊川先生答横渠先生曰：所论大概，有苦心极力之象，而无宽裕温厚之气。[①]非明睿所照，而考索至此，故意屡偏而言多窒，小出入时有之[②]。（本注：明所照者，如目所睹，纤微尽识之矣。考索至者，如揣料于物，约见仿佛尔，能无差乎？）更愿完养思虑，涵泳义理，他日自当条畅。[③]

——《二程文集》卷九《答横渠先生书》

［注释］

①此条摘编改造程颐《答横渠先生书》而成。程、张论学，多有不同。

张载为学主张苦心极力，二程主张从容涵养，也是双方在哲学基本问题上认识矛盾的反映。可综合研读（2.17）、（2.22）、（2.54）、（2.68）、（2.92）、（2.94）、（2.111）。张载原信不存，故不可详究。②明睿：即明叡，聪明有眼光。《后汉书·文苑传下·赵壹》："惟君明叡，平其夙心。"考索：考求探索。③完养思虑：意即不要苦心极虑以伤神，使心志完好。涵泳义理：沉潜于义理之中潜心体会。条畅：通畅，畅达。《朱子语类》卷一二一："某旧时看文字极难，诸家说尽用记，且如《毛诗》，那时未似如今说得如此条畅。"此处有豁然贯通之意。

[译文]

程颐回复张载的信中说：来信所论，就大概而言，有苦心极力追求学问的气象，却缺乏宽裕温厚的涵养气度。不是聪明睿智的明察，而是考究摸索到了这个地步，所以就语意说多有偏失，就言辞说也多有窒碍不通的地方，小的差错时时出现。（本注：聪明睿智之明察，就像眼睛去看，纤微之处全都看明白了。考究摸索而至的意思，就像揣测事物，大致见个仿佛罢了，能没有差错吗？）希望进一步完善培养思虑，涵泳于义理之中，日后思路自会条畅的。

3.4　欲知得与不得，于心气上验之。思虑有得，中心悦豫，沛然有裕[①]者，实得也。思虑有得，心气劳耗者，实未得也，强揣度耳[②]。尝有人言："比因学道，思虑心虚。"[③]曰：人之血气，固有虚实。疾病之来，圣贤所不免。然未闻自古圣贤因学道而致心疾者。

——《二程遗书》卷二上

[注释]

①沛然：充盛貌。沛然有裕：言其精神气血充盈。②强揣度耳：言其收获不过是勉强猜测得来，非真有得。③比：近来。心虚：一种疾病，今所谓神经衰弱，因精力耗损而亏虚。《宋书·谢述传》："述有心虚疾，性理时或乖谬。"

[译文]

要想知道自己学道是不是真有收获，可以从自己的心力气血上来验证。当你思考有得时，心中喜悦，心力气血充沛丰裕，那是真的有得。当你思虑有得时，心力劳瘁损耗，这情况其实并不是真有收获，只是勉强揣度罢了。曾有人说："近来由于学道，思虑劳累而心虚。"我说：人的血气，固然有虚有实。疾病的发生，即使圣贤也不可避免。但没听说过自古以来哪位圣贤因为学道而造成了心疾的。

3.5　今日杂信鬼怪异说者，只是不先烛理。[①]若于事上一一理会，则有甚尽期？须只于学上理会。　——《二程遗书》卷二下

[注释]

①《论语·述而》："子不语怪力乱神。"故后儒对鬼怪之说应是不信的。烛理：考察事理。《旧唐书·代宗纪》："朕涉道未弘，烛理多昧。"叶采："讲学则理明，而怪妖不足以惑之矣。"

[译文]

今天相信鬼怪各种异说的人，只是他没有先洞察事理。如果你只从事上去了解认识，一件事一件事，什么时候是个尽头？应该从学道明理上去了解认识。

3.6　学原于思。[①]　——《二程遗书》卷六

[注释]

①《二程遗书》卷十八又说："思方有感悟处。"卷二十五说："不深思则不能造于道，不深思而得者，其得易失。然而学者有无思无虑而得者何也？曰：以无思无虑而得者，乃所以深思而得之也。以无思无虑为不思而自以为得者，未之有也。"参考（2.77）注②。朱熹解："学原于思，思所以起发其聪明。"

[译文]

学习源自思考。

3.7　所谓“日月至焉”与久而不息者，所见规模虽略相似，其意味气象迥别。[①]须潜心默识，玩索久之，庶几自得。[②]学者不学圣人则已，欲学之，须熟玩味圣人之气象，不可只于名上理会，如此只是讲论文字。[③]　　——《二程遗书》卷十五

［注释］

①《论语·雍也》："回也，其心三月不违仁，其余则日月至焉而已矣。"《礼记·中庸》："故至诚不息，不息则久。"气象：气概，气派，精神风貌。时不时地去思考学习和长期不懈追求，二者对道的认识深浅广狭即使大略相似，其意味气度也大不相同。参考（4.64）及注。②《论语·述而》："子曰：默而识之，学而不厌，诲人不倦。"③圣人之气象：程氏多谈圣贤气象，《二程遗书》卷二十二上："凡看文字，非只是要理会语言，要识得圣贤气象。如孔子曰：'盍各言尔志？'而由曰：'愿车马，衣轻裘，与朋友共，弊之而无憾。'颜子曰：'愿无伐善，无施劳。'孔子曰：'老者安之，朋友信之，少者怀之。'观此数句，便见圣贤气象大段不同。"茅星来解："只于名上理会者，如训诂之学是已。"名，指概念言语。

［译文］

所谓的“偶然想到一下仁”的人，和长期追求仁德不息的人，即使二者对道的认识深浅广狭大略相似，他们的意味气度也大不相同。圣人之道需要潜心体认，久久玩索，也许能够认识到。学者不学做圣人则已，要学就应该反反复复地玩味圣人的景象气度，不能只从概念语言上去认识圣人，那样只是讲解文字。

3.8　问：忠信进德之事，固可勉强，然致知甚难。[①]伊川先生曰：学者固当勉强，然须是知了方行得。若不知，只是觑却尧，学他行事，无尧许多聪明睿智，怎生得如他动容周旋中礼？[②]如子所言，是笃信而固守之，非固有之也。[③]未致知，便欲诚意，是躐等也。[④]勉强行者，安能持久？除非烛理[⑤]明，自然乐循理。性本善，循理而行，是顺理事，本亦不难。但为人不知，

旋安排著，便道难也，知有多少般数？[6]煞有深浅[7]。学者须是真知，才知得是，便泰然行将去也。某年二十时，解释经义，与今无异。然思今日，觉得意味与少时自别。

——《二程遗书》卷十八

［注释］

①忠信进德：语出《周易·乾卦·文言》，内心忠信以进修德业。参考（2.90）注③。勉强：尽力而为，努力去做。《礼记·中庸》："或安而行之，或利而行之，或勉强而行之，及其成功一也。"致知：《礼记·大学》："欲正其心者，先诚其意；欲诚其意者，先致其知。致知在格物。物格而后知至，知至而后意诚，意诚而后心正。"按此条讲知行关系。"忠信进德"是行，"致知"是知，即明理。朱熹阐发二程之知行观说："论先后，当以致知为先；论轻重，当以力行为重。"参考（2.58）注。②《孟子·尽心下》："尧舜，性者也；汤武，反之也。动容周旋中礼者，盛德之至也。"举止容仪、行为动作全都符合礼，是盛美之德的极致。③笃信而固守之：真诚地相信并牢固地守持。《论语·泰伯》："子曰：笃信好学，守死善道。"固有之：自身原本自然具有。叶采解："固守者，勉强坚持；固有者，从容自得。"④《礼记·大学》讲为学次第说："欲诚其意者，先致其知。"躐（liè）等：不循次序，越级而进。致知是认识，是明；诚意是修养。学者应由明而诚。《礼记·学记》："学不躐等也。"程颐主张知先行后。⑤烛理：考察事理。见（3.5）注。⑥安排：不任自然而以己意干预，周辉《清波杂志》卷九："积从胡瑗学，一见异待之，尝延食中堂，二女子侍立，将退，积问曰：'门人或问见侍女否，何以答之？'瑗曰：'莫安排。'积闻此言省悟，所学顿进。"陆游《兀坐久散步野舍》诗："先师有遗训，万事忌安排。"这一节说：除非你考察事理，明了无碍，才会自然而然地乐于按照圣人之道去行。人性本善，顺理而行，这也是顺理成章的事，本来也不难。只怕为人不明理，临事安排一个理去，那就难了，因为事有多少般多少种，怎么一一安排？⑦煞有深浅：很有深浅的区别。这句讲真知与非真知的不同。《二程遗书》原文此处有一例，说："向亲见一人曾为虎所伤，因言及虎，神色便变。傍有数人，见他说虎，非不知虎之猛可畏，然不如他说了有畏惧之色。盖真知虎者也。学者深知亦如此。"

[译文]

有人问：内积忠信以进修德业的事，固然可以努力去做。但要做到明白其中道理却难。程颐回答说：学者固然应当努力实行，但需要是先知了而后才能行。如果不懂其中道理，只是看见尧，就学尧那样行事，没有尧那样的聪明睿智，怎么能像尧一样举止容仪、行为动作全都符合礼呢？像你刚才说的那样，那是实实在在地相信并且牢固地守持着某一善行，这善行却不是他自身所有的，没有做到获取知识明白事理，就想做到真实无妄诚实无欺，是越级而进。超越能力的勉强实行，怎么能持久呢？除非你洞彻事理明白无碍，才会自然而然地乐于按照圣人之道去行。人性本善，顺理而行，这也是顺理成章的事，本来也不难。只怕为人不明理，旋安排一个理去顺着做，那就难了。你知道要行的事有多少般多少种，怎么一一安排？这里很有个深浅。学者须是真正理解了事理，刚刚正确地理解了这理，就泰然实行了。我二十岁时，解释经义，与今日没有什么不同。但想想今天，觉得其中意味与年轻时自是不同。

3.9　凡一物上有一理，须是穷致其理。穷理亦多端，或读书讲明义理，或论古今人物，别其是非，或应接事物而处其当，皆穷理也。或问：格物须物物格之，还只格一物而万理皆知？[①] 曰：怎得便会贯通？若只格一物便通众理，虽颜子亦不敢如此道。须是今日格一件，明日又格一件，积习既多，然后脱然自有贯通处。（本注：又曰：所务于穷理者，非道尽穷了天下万物之理，又不道是穷得一理便到。只要积累多，后自然见去。）[②]

——《二程遗书》卷十八

[注释]

①多端：多个方面。格物：源于《礼记·大学》：“致知在格物，格物而后知至。”格物之意，即推究事物的原理。程颐说：“格犹穷也，物犹理也，

犹曰穷其理而已也。”(《二程遗书》卷二十五)他提出“格物穷理”说,“格物穷理,非是要尽穷天下之物;但于一事上穷尽,其他可以类推”。“所以能穷者,只为万物皆是一理。”(《二程遗书》卷十五)程颐曾称道张载《西铭》“明理一而分殊”。并说“万物皆是一理”,“一物之理即万物之理”。(《二程遗书》卷二上)朱熹由此发展为“理一分殊”说。按此实借鉴了佛教的真如佛性思想:“一性圆通一切法,一法遍合一切法;一月普现一切水,一切水月一月摄。”(《永嘉证道歌》)朱熹之论,请参看《朱子语类》卷九十四“月印万川”、卷九十五“本只是一太极”。程颐此处持论却不同。②《朱子语类》卷十八载朱熹答人问:“问:一理通则万理通,其说如何?曰:伊川尝云:‘虽颜子亦未到此。’天下岂有一理通便解万理皆通也?须积累将去。如颜子高明,不过闻一知十,亦是大段聪明了。学问却有渐无急迫之理。”

[译文]

大凡一物有一个理,需要深入探究认识其理。认识理的途径有多种,或者读书讲明义理,或者评论古今人物,判别其是非,或应接事物,而能处理得当,都可穷尽事理。有人问:推究事物之理,需要一物一物、一事一事地推究呢,还是只推究一事一物而万理皆知呢?程颐回答说:怎能推究一物就会贯通呢?如果只推究一物,就贯通众理,即使是大贤者颜回也不敢这么说。应该是今日推究一件,明日又推究一件,积累多了,然后自有豁然贯通的时候。(本注:又说:务于穷理的意思,不是说完全推究了天下万物之理才算穷理,也不是说穷究得一事物之理便是穷理。只要一事一物推究其理,这样积累多了,然后自然就见得理。)

3.10　“思曰睿”[①],思虑久后,睿自然生。若于一事上思未得,且别换一事思之,不可专守著这一事。盖人之知识,于这里蔽着,虽强思亦不通。

——《二程遗书》卷十八

[注释]

①《尚书·洪范》:“貌曰恭,言曰从,视曰明,听曰聪,思曰睿。”孔

颖达疏引王肃曰："睿，通也。思虑苦其不深，故必深思使通于微也。"原意说思虑必当通于微密。睿：通达，睿智。

[译文]

"思考称作睿智。"思虑时间久了，睿智自然产生。如果在一件事上思考未能有得，暂且换另一事思考，不可只守着这一件事。因为人的认识，在这个地方被遮蔽住了，即使是强去思考，也想不通。

3.11 问：人有志于学，然知识蔽固，力量不至，则如之何？曰：只是致知。[①]若智识明，则力量自进。

——《二程遗书》卷十八

[注释]

①知识蔽固：智力蔽塞固陋。致知：即明理。致知：语见《礼记·大学》，知的含义主要是知识，即对于理的认识，也包括智力，即认识能力。程颐认为，知为人先天所具有，因受物欲蒙蔽而丧失，致知的过程就是重新获取这先天的知，"知者吾之所固有，然不致则不能得之"（《二程遗书》卷二十五）。

[译文]

有人问：人有志于学，但智力蔽塞固陋，力量不足，该怎么办？程颐回答说：只在于致知。如果通过致知而智力明达了，那么力量自会提高。

3.12 问：观物察己，还因见物反求诸身[①]否？曰：不必如此说。物我一理，才明彼，即晓此，此合内外之道也。[②]又问：致知先求之四端，如何？曰：求之性情，固是切于身。然一草一木皆有理，须是察。[③]（本注：又曰：自一身之中，以至万物之理，但理会得多，胸次自然豁然有觉处。）

——《二程遗书》卷十八

[注释]

①反求诸身：即反求诸己，见《孟子·离娄上》。②《礼记·中庸》：

"诚者非自成己而已也，所以成物也。成己，仁也；成物，知也。性之德也，合外内之道也。"这里讲致知与格物的关系。按万物源于一理，而此理在物则为物理，在人则为性理。致知就是要"致"我所固有之"知"，即性理，"知者吾之所固有，然不致则不能得之，而致知必有道，故曰'致知在格物'。"(《二程遗书》卷二十五) 由格物而致知，即通过穷至物理从而明晓性理，达到"明善"的目的。此即"合内外之道"。③四端：即四善端。语出《孟子·公孙丑上》："恻隐之心，仁之端也；羞恶之心，义之端也；辞让之心，礼之端也；是非之心，智之端也。"端即端绪、萌芽。四端与生俱来，扩充之则为仁、义、礼、智四善性，故程颐说"求之性情"。

[译文]

有人问：格物穷理中远观外物近察自身，还是拿了在外物上认识的理回来在自身上验证吗？程颐说：不用这么说，物之理和我之理都是同一个理，刚刚明白了那个，也就通晓了这个，这就是合内心与外物为一的道理。又问：致知从探求仁、义、礼、智四善端开始怎么样？程颐回答说：从人的性情上去探求，固然是切于自身了。但一草一木都包含着理，也应该去考察。(本注：又说：自人之一身中之理，以至于万物之理，只要领会得多了，依次理会自然就有豁然彻悟之时。)

3.13 "思曰睿"、"睿作圣"。[①]致思如掘井，初有浑水，久后稍引动得清者出来。人思虑始皆溷浊，久自明快。

——《二程遗书》卷十八

[注释]

①语出《尚书·洪范》，原意说思考必当通于微密。思通微密则事无不通，乃成圣也。

[译文]

"思考就能通达"，"事无不通就成为圣人"。思考就像掘井，开始有浑水，久后稍稍引得清水出来。人的思考开始时都浑浊不清，思考时间久了自然明快。

3.14　或问：如何是近思？曰：以类而推。[①]

——《二程遗书》卷二十二上

［注释］

①《论语·子张》："切问而近思。"近思意为思考当前的、身边的事。如此可由近及远，所以程颐说"以类而推"。

［译文］

有人问：怎么叫做近思？程颐回答说：认识了当前的事而后依类推出同类事物的道理。

3.15　学者先要会疑。[①]　——《二程外书》卷十一

［注释］

①朱熹解："书始读未知有疑，其次渐有疑，又其次节节有疑，过了此一番后，疑渐渐释，以至融会贯通，都无可疑，方始是学。"按《二程外书》原作"学者要先会疑。"可与（2.102）参读。

［译文］

学道的人先要会发现疑问。

3.16　横渠先生答范巽之曰[①]：所访[②]物怪神奸，此非难语，顾语未必信耳。孟子所谓"知性知天"[③]，学至于知天，则物所从出，当源源自见。知所从出，则物之当有当无，莫不心喻，亦不待语而后知。诸公所论，但守之不失，不为异端所劫，进进不已，则物怪不须辨，异端不必攻。[④]不逾期[⑤]年，吾道胜矣。若欲委之无穷，付之不可知，则学为疑挠，智为物昏，交来无间，卒无以自存，而溺于怪妄必矣。——张载《横渠文集·答范巽之书》

［注释］

①范育，字巽之，张载门人。详见（2.92）注。此条摘录张载《答范巽

之书》而成，原文今存《张横渠集》卷十一《文集抄》。②访：咨询。③《孟子·尽心上》："尽其心者，知其性也；知其性，则知天矣。"参见（2.83）注。④《朱子语类》卷九十八载朱熹答人问："问：横渠《物怪神奸书》，先生提出'守之不失'一句。曰：且要守那定底，如'精气为物，游魂为变'，此是鬼神定说。又如孔子说：'非其鬼而祭之，谄也。''敬鬼神而远之'等语，皆是定底。其他变处，如未晓得，且当守此定底。"朱熹所引文字，分别见《周易·系辞上》、《论语·为政》、《论语·雍也》。⑤期（jī）年：一年。时间周而复始为期，期年即一周年。

[译文]

张载给范育的复信说：来信所询问的物怪神奸之类的事，这不是什么难以说明的问题，只不过人们未必肯信。孟子说的人尽心就可以明白自己的本性，也就可以了解上天。学道达到了知天的地步，那么事物是如何产生的，都会渐渐不断地认识到。知道了事物是如何产生的，那么某种事物应该有应该没有，无不明白于心，也不需要等说明了才知道。诸位所谈论的理，只要守持着先圣有关鬼神之事基本的认识而不失掉，不被异端之学胁迫，不断地上进，那么物怪之说用不着分辨，异端学说也用不着批判，不过一年，我们的学说就胜利了。如果把物怪神奸之说以不可穷究推到一边，认为是不可知的东西，那么你的为学就被疑惑阻挠，心智被外物搞得昏昏不明，疑惑与外物交杂而来，没个间断，终于会到无法自存的地步，就必然陷于怪妄了。

3.17　子贡谓："夫子之言性与天道，不可得而闻。"[①]既言"夫子之言"，则是居常语之[②]矣。圣门学者以仁为己任，不以苟知为得，必以了悟为闻，因有是说。[③]　——张载《横渠语录》卷上

[注释]

①见《论语·公冶长》，意为："孔夫子谈论性和天道的话，我们不得而闻。"本条意思是说：《论语》所记子贡的这句话，似乎自相矛盾，因为既然

“夫子之言”，则孔子肯定说了。弟子们既然知道孔子说了，则他们肯定听到了，怎么又说“不可得而闻”呢？张载解释说，在孔门弟子那里，“闻”并不是听到的意思，真正透彻理解了才叫闻。即认为，这句话的意思是说，孔子关于性与天道之说，弟子们没弄明白。②居常：平时。《史记·淮阴侯列传》：“信由此日夜怨望，居常鞅鞅。”居常语之：平时说过的。③《论语·泰伯》：“曾子曰：士不可不弘毅，任重而道远。仁以为己任，不亦重乎？”仁以为己任，以实践仁德作为自己的使命。叶采解：“苟知者徒闻其说，了悟者深达其理。”

[译文]

子贡说：“孔夫子谈论性和天道的话，我们不得而闻。”但既然他说“夫子之言”，那是平常给他说过了。圣门的学者以在天下实行仁作为自己的责任，不把随便听到的东西看做是收获，一定要透彻了解的才认为是有“闻”。因此子贡才有这样的说法。

3.18　义理之学[①]，亦须深沉方有造，非浅易轻浮之可得也。

——张载《经学理窟·义理》

[注释]

①义理之学：义理一词，首见于《礼记·礼器》：“先王之立礼也，有本有文。忠信，礼之本也；义理，礼之文也。”后来用指讲求儒家经义的学问，《汉书·刘歆传》：“及歆治《左氏》，引传文以解经，转相发明，由是章句义理备焉。”至宋，义理之学指宋之理学。《二程遗书》卷十八：“或读书讲明义理；或记古今人物，别其是非；或应事即物而处其当，皆穷理也。”程颐称作儒者之学，见（2.56）。程颐又称之为理义，并主张用理义去推求圣人经旨。《二程遗书》卷十八：“问：‘圣人之经旨，如何能穷得？’曰：‘以理义去推索可也。’”并认为，只有义理或理义之学才算做学问：“记问、文章不足以为人师，以其所学外也。师者何也？谓理义也。”（《程氏粹言》卷一）

[译文]

义理之学，也须要深入沉潜才能有所造诣，不是浅易轻浮所能学得的。

3.19　学不能推究事理，只是心粗。至如颜子未至于圣人处，犹是心粗[1]。　　——张载《经学理窟·义理》

［注释］

①朱熹解："颜子比之众人纯粹，比之孔子便粗。如'有不善未尝不知，知之未尝复行之'，是他细腻如此。然犹有这不善，便是心粗。"宋陈埴《木钟集》卷十《近思杂问》说："心粗是暗处多明处少，故只见得明白道理，若精微处则分析不去，只为有寸而无分也。"由于"精微处则分析不去"，所以不能用其所学推究事物之理。

［译文］

学道而不能考究事理，只是由于心粗。至于颜回没有达到圣人的地方，也是由于心粗。

3.20　博学于文者，只要得习坎心亨。[1]盖人经历险阻艰难，然后其心亨通。　　——张载《横渠文集》

［注释］

①《论语·雍也》："子曰：君子博学于文，约之以礼，亦可以弗畔矣。"习坎心亨：《周易·坎卦》："习坎，有孚，维心亨，行有尚。"习坎是重重的险阻。心亨是心中贯通。这里是以人之经历艰难险阻而后通达比喻读书为学。朱熹说："如读书，每思索不通，处处窒碍，而其间须有一路可通。只艰难险阻，习之可以求通。通处便是亨也。"

［译文］

广泛地学习了文献的人，只要再经历艰险便心中豁然贯通。因为人经历了艰难险阻，然后他的心就能通达。

3.21　义理有疑，则濯去旧见，以来新意。[1]心中有所开，即便札记，不思则还塞之矣。[2]更须得朋友之助，一日间朋友论著，则一日间意思差别。须日日如此讲论，久则自觉进也。

——张载《经学理窟·学大原下》

[注释]

①濯去旧见：清除先入之见。朱熹《朱子语类》卷十一："学者观书，病在只要向前，不肯退步看。""正如听讼，心先有主张乙底意思，便只寻甲底不是；先有主张甲底意思，便只见乙底不是。不若姑置甲乙之说，徐徐观之，方能辨其曲直。横渠云：'濯去旧见，以来新意。'此说甚当。若不濯去旧见，何处得新意来？今学者有二种病，一是主私意，一是旧有先入之说。虽欲摆脱，亦被他自来相寻。"②开、塞：在张载为两个对立的概念："凡物莫不有是性，由通、蔽、开、塞，所以有人物之别。""塞者牢不可开。厚者可以开，而开之也难；薄者开之也易。"见（1.51）这里又有开悟、悟解义。

[译文]

读书到了义理领会不了有疑问的地方，就应该清除头脑中旧有的成见，好使新意产生。心中有所开悟，随即记下，不继续思考思路就又阻塞了。还需要得到朋友的帮助，一天里朋友讨论着，一天里认识就有差别。需要天天如此讨论，时间一长自然就感觉到进步了。

3.22 人致思[①]到说不得处，始复审思明辨，乃为善学也。若告子[②]则到说不得处便已，更不复求。 ——张载《孟子说》

[注释]

①致思：谓集中精力就某一问题深入思考。《孔子家语·致思》："孔子北游于农山，子路、子贡、颜渊侍侧。孔子四望，喟然而叹曰：'于斯致思，无所不至矣！二三子各言尔志，吾将择焉。'"②告子：战国时人，《孟子·告子上》记载了孟子与告子关于人性问题的辩论。又《墨子·公孟篇》记其与墨子言为国。说不得处更不复求：《孟子·公孙丑上》引告子曰："不得于言，勿求于心；不得于心，勿求于气。"说如此方能不动心。孟子说："不得于心，勿求于气，可；不得于言，勿求于心，不可。"按：叶采云：此以上总

论致知之方，以下乃专论求之于书者。

［译文］

人思考问题到了弄不明白的地方，重又审慎地思考，明白地辨别，才是善于学习呀。像告子则到了说不出来的地步就放下，再也不去探究了。

3.23 伊川先生曰：凡看文字，先须晓其文义，然后可求其意。[①]未有文义不晓而见意[②]者也。 ——《二程遗书》卷二十二上

［注释］

①文字：此处泛指文章、著作。文义：这里指文辞之义，即字面意思。②见意：理解寓意。

［译文］

程颐说：凡读文章，先要弄清字句之义，然后才能探求文章中的意思。没有不懂字句却理解了文章意思的。

3.24 学者要自得[①]。六经浩渺，乍来难尽晓，且见得路径后，各自立得一个门庭，归而求之可矣。[②]

——《二程遗书》卷二十二上

［注释］

①自得：自有得于心，是一种自我的体味、感悟。《礼记·中庸》："君子无入而不自得焉。"《孟子·离娄下》："君子深造之以道，欲其自得之也。自得之则居之安，居之安则资之深，资之深则取之左右逢其原，故君子欲其自得之也。"参考（2.41）、（4.14）注。②浩渺：如湖海之水广阔而无涯际。朱熹答弟子"如何是门庭"之问："是读书之法。如读此一书须知此一书当如何读。伊川教人看《易》，以王辅嗣、胡翼之、王介甫三人《易解》看，此便是读书之门庭。"

［译文］

学者要自己有所收获。六经文字浩渺无边，乍来这里就学难以

全都弄懂，且了解了治学的路子后，为各经确立一个读书的路子，回去自己探求就可以了。

3.25　凡解文字，但易其心[①]自见理。理只是人理，甚分明，如一条平坦底道路。《诗》曰："周道如砥，其直如矢。"此之谓也。或曰：圣人之言，恐不可以浅近看他。曰：圣人之言，自有近处，自有深远处。如近处怎生强要凿[②]教深远得？扬子曰："圣人之言远如天，贤人之言近如地。"颐与改之曰："圣人之言，其远如天，其近如地。"　　——《二程遗书》卷十八

［注释］

①易：平和，平坦，平易。但易其心：只要放平你的心。引诗见《诗经·小雅·大东》。②凿：穿凿，凿言，凿说，穿凿附会地解说。引文见扬雄《法言·五百》。

［译文］

大凡理解文字，只要把心放平，自然能看出其中的道理。理不过是关于人的道理，很明白，就像一条平坦的道路。《诗经》上说："大路平如磨刀石，直得就像箭杆子。"说的就是这个意思。有人说：圣人的言语，恐怕不能用浅近的眼光看他。程颐回答说：圣人的话，自有浅近的地方，自有深远的地方。如果是浅近的地方，怎么强要穿凿得深远难懂呢？扬雄说："圣人之言远如天，贤人之言近如地。"我给他改成："圣人之言，其远如天，其近如地。"

3.26　学者不泥文义者，又全背却远去。理会文义者，又滞泥不通。[①]如子濯孺子为将之事，孟子只取其不背师之意，人须就上边理会事君之道如何也。[②]又如万章问舜完廪、浚井事，孟子只答他大意。人须要理会：浚井如何出得来？完廪又怎么下得

来?[3]若此之学，徒费心力。——《二程遗书》卷十八

［注释］

①这里批评读书的两种倾向：或拘泥于字面文义窒碍不通，或背离文义主观悬想。②《孟子·离娄下》："逄蒙学射于羿，尽羿之道，思天下惟羿为愈己，于是杀羿。孟子曰：是亦羿有罪焉。公明仪曰：宜若无罪焉。曰：薄乎云尔，恶得无罪（罪过不大罢了，怎么能说没有罪）？郑人使子濯孺子侵卫，卫使庾公之斯追之。子濯孺子曰：'今日我疾作，不可以执弓，吾死矣夫！'问其仆曰：'追我者谁也？'其仆曰：'庾公之斯也。'曰：'吾生矣。'其仆曰：'庾公之斯，卫之善射者也。夫子曰："吾生"，何谓也？'曰：'庾公之斯学射于尹公之他，尹公之他学射于我。夫尹公之他，端人也，其取友必端矣。'庾公之斯至，曰：'夫子何为不执弓？'曰：'今日我疾作，不可以执弓。'曰：'小人学射于尹公之他，尹公之他学射于夫子。我不忍以夫子之道反害夫子。虽然，今日之事，君事也，我不敢废。'抽矢，扣轮，去其金，发乘矢而后反（发射四支箭然后回去了）。"故程颐有"不背师"与"事君之道"的话。须：表转折，却，反要。③《尚书·尧典》言舜"父顽，母嚚，象傲。"《孟子·万章上》："万章曰：父母使舜完廪（修缮谷仓），捐阶（抽掉梯子），瞽瞍（舜冥顽的父亲。瞍音sǒu）焚廪。使浚井，出，从而掩之（不知道舜出来了，把井填上）。"舜从井里逃了出来，他的弟弟象认为他已死，到舜的房子里去霸占财产和嫂嫂，却见舜坐在床上弹琴。象说："我好想念你呀。"万章问："不识舜不知象之将杀己与！"他为什么看见象还高兴呢？"然则舜伪喜者与？"孟子回答说："君子可欺之以其方，难罔以非其道。彼以爱兄之道来，故诚信而喜之，奚伪焉？"所谓孟子答他大意，即此。而滞泥文义的人却一定要考究不必要的细节。

［译文］

学者中不拘泥于文字字句意思的人，又完全背离了文义，相去太远了。那些从文义去解释的人，又拘泥于字句而不通达。比如《孟子》书中谈到子濯孺子为将的事，孟子只取庾公之斯不背叛其师的意思，在别人可能会去考虑他的事君之道怎么样，如此就互相矛盾妨碍而讲不通了。又比如《孟子》书中万章问舜修仓房和淘井

的事，孟子只回答他大意，在别人可能会考虑：舜淘井被掩在井里怎么出来了呢？在仓房顶上修仓房被抽去了梯子，仓房烧起来，他又怎么下得来呢？如果这样去学，那是徒费心力。

3.27　凡观书不可以相类泥其义，不尔，则字字相梗。[①]当观其文势上下之意。如“充实之谓美”与《诗》之“美”不同。[②]

——《二程遗书》卷十八

［注释］

①朱熹说：“凡读书，须看上下文意是如何，不可泥着一字。如扬子‘于仁也柔，于义也刚’，到《易》中又将刚来配仁，柔来配义。孟子‘学而不厌，知也；教不倦，仁也’。到《中庸》又谓‘成己仁也，成物知也’。此等须是各随本文意看，便不相碍。”所举即以相类泥义。梗：梗阻不通。②语见《孟子·尽心下》，是就伦理意义上说，朱熹注：“力行其善，至于充满而积实，则美在其中而无待于外矣。”《诗》之美：按传统《诗》学有所谓“美刺说”，以为《诗经》中的作品，有美有刺，美，即颂扬、颂美之意，如《诗序》“《鸿雁》，美宣王也”之类即是。按此条又见《横渠语录》卷中，作张载语。

［译文］

凡读书，不可被别的书上与此相似的语言拘泥了文义，若不如此，那么每一个字都会阻塞了你使你没法读下去。应该就你当前所读文字的思路看上下文的意思。如孟子说的“充实之谓美”的美，与我们谈论《诗经》“美刺”的美，两个美字不同。

3.28　问：莹中尝爱文中子：或问学《易》，子曰：“终日乾乾可也。”[①]此语最尽。文王所以圣，亦只是个不已[②]。先生曰：凡说经义，如只管节节推上去，可知是尽。夫“终日乾乾”[③]，未尽得《易》。据此一句，只做得九三使。[④]若谓乾乾是不已，不已又是道。渐渐推去，自然是尽。只是理不如此。

——《二程遗书》卷十九

［注释］

①陈瓘，字莹中，南剑人，程颐门人，自号了翁，学者称了斋先生。此为陈莹中问。文中子：隋代王通，字仲淹，门人私谥文中子。著《中说》十卷，又名《文中子》。此语见《中说·周公》。子：指王通。《周易·乾卦》九三爻辞“君子终日乾乾，夕惕若，厉无咎”。终日乾乾：一天到晚努力不懈。王通以为学《易》之道，无过于此。②不已：即努力不懈。③“终日乾乾”不能涵括《周易》一书的精神，它只能是《乾卦》九三爻的意思。④叶采解：“学经者要当周遍精密，各穷其旨，归而后能通经。苟但借其一语，谓足以尽一经之旨，岂治经之道？盖好高求约之病。”

［译文］

问：陈莹中喜欢文中子的一句话：有人问如何把握《易》的精神，文中子说：“一天到晚努力不懈就可以了。”陈莹中认为这话最透彻。周文王之所以成为圣人，也只是由于努力不已。程颐回答说：大凡解说经义，如只管节节推上去，当然是会穷尽的。终日努力不懈，不能穷尽《易》理。据这一句，只能当它是《乾》卦九三爻。如果说乾乾是不已，不已又是道。渐渐地推开去，自然是会穷尽《易》理的。只是理原本并不如此。

3.29　“子在川上曰：逝者如斯夫。”言道之体如此，这里须是自见得。[①] 张绎曰：此便是无穷。先生曰：固是道无穷，然怎生一个“无穷”便道了得他？[②]

——《二程遗书》卷十九

［注释］

①语出《论语·子罕》。按此条可与（4.41）参读。朱熹解：“天地之化，往者过，来者续，无一息之停，乃道体之本然也。然其可指而易见者，莫如川流，故于此发以示人，欲学者时时省察，而无毫发之间断也。”②张绎：程颐门人。见（2.73）注。程颐认为，学者于此体会天地之化，大道流行，

自是无穷，但决非“无穷”两字所可完全表达的。江永解：“‘终日乾乾’不可以尽《易》，‘无穷’不可以了‘逝者’，皆欲学者亲切观书，毋以高远浮泛之言笼统说过也。”

[译文]

“孔子站在河边上说：逝去的就像这悠悠东去的水呀！”形容道体也是这样，这里应是学者自己去体认。张绎说：这就是无穷的意思。程颐说：固然是表达无穷之意，但怎么一个“无穷”就把它说完了呢？

3.30　今人不会读书，如“诵《诗》三百，授之以政，不达；使之四方，不能专对，虽多亦奚以为”？须是未读《诗》时，不达于政，不能专对。既读《诗》后，便达于政，能专对四方，始是读《诗》。“人而不为《周南》、《召南》，其犹正墙面。”①须是未读《诗》时如面墙，到读了后便不面墙，方是有验。大抵读书只此便是法。如读《论语》，旧时未读是这个人，及读了后来，又只是这个人，便是不曾读也。②

——《二程遗书》卷十九

[注释]

①两处引文分别见《论语·子路》、《论语·阳货》，均孔子语。②叶采解：“读书之法，但反诸己，验其实得，致其实用，变化气质，必有日新之功。”按《近思录》各本均以“大抵读书只此是法”以下为另一条，误。

[译文]

今人不会读书，就像孔子说的：“熟读了《诗经》三百篇，交给他政事，却办不通；叫他出使到别国，不能独立地去应对。纵然读得多，又有什么用处呢？”会读书的人应该是没有读《诗经》时，不通达政事，不能单独应对。读了《诗经》以后，就能通达政事，能应对，这才是读了《诗经》。再如孔子说：“读书人不去研究《诗经》中的《周南》和《召南》，那就像面对墙壁站立着，眼不见物，寸步难行吧。”应该是未读《诗经》时像对墙站立，到读了以后便不是对墙站立，才是读书有得的验证。大抵如此验证就是读书的方法。如读《论语》，过去未读时是这个人，及读过了以后，仍然是原来这么个人，没有什么变化，那就等于没有读书。

3.31 凡看文字，如七年、一世，[①]百年之事，皆当思其如何作为，乃有益。 ——《二程遗书》卷二十二上

[注释]

①此条《二程遗书》原文上有："又问：'王者必世而后仁'如何？曰：三十曰壮，有室之时，父子相继为一世。王者之效则速矣。又问：'善人教民七年，亦可以即戎矣。'曰：教民战至七年，则可以即戎矣……""三十曰壮"出《礼记·曲礼》，"教民七年"出《论语·子路》，《论语·子路》："如有王者，必世而后仁。"

[译文]

大凡看书，例如看到"善人教民七年"、"王者必世而后仁"这些地方，人生百年之事，应该想一想如何作为，才有益。

3.32 凡解经不同无害，但紧要处不可不同尔。[①]

——《二程外书》

[注释]

①茅星来解："紧要处如道体之大，求道之方，学术之邪正得失系焉。"按此条原本注出《二程外书》，检今本《二程外书》不见。朱熹《晦庵集》卷六十三《答余正甫》引，云："明道先生有言：'解经有不同处不妨，但紧要处不可不同耳。'此言有味也。"而真德秀《西山读书记》卷二十五引作："解经不同无害，但要切处不可不同。"

[译文]

大凡解释经义，解说不同没有什么妨碍，只是关键的地方不能不同。

3.33　焞初到，问为学之方。先生曰：公要知为学须是读书。书不必多看，要知其约。多看而不知其约，书肆耳。颐缘少时读书贪多，如今多忘了。须是将圣人言语玩味，入心记著，然后力去行之，自有所得。[①]

——《二程外书》

[注释]

①尹焞，字彦明，一字德充，号和靖，程颐弟子，见（2.75）注。约：总要，纲要，要领。《孟子·离娄下》："博学而详说之，将以反说约也。"书肆：书店，书铺。扬雄《法言·吾子》："好书而不要诸仲尼，书肆也。"李轨注："卖书市肆，不能释义。"汪荣宝义疏："卖书之市，杂然并陈，更无去取。博览而不知折中于圣人，则群书殽列，无异商贾之为也。"叶采解："此言徒贪多而不知其要，则是蓄书之肆而已。"此条原注出《二程外书》，检今本《二程外书》未见，清人《儒宗理要》之《二程子》卷五有此条，言出自《遗书》、《外书》。按：叶采云：以上总论读书之法，以下乃分论读书之法。

[译文]

尹焞初到程颐门下，请问为学的方法。程颐说：您要知为学应该读书。书不必多读，但要明白书中的精要。多读书而不知精要，那就是个书铺子。我因为年轻时读书贪多，如今大都忘了。应该是把圣人的言语反复玩味，在心里记着，然后努力去践行，自然会有收获。

3.34　初学入德之门[①]，无如《大学》，其他莫如《语》、《孟》。[②]

——《二程遗书》卷二十二上

[注释]

①《礼记·中庸》："君子之道，淡而不厌，简而文，温而理。知远之近，知风之自，知微之显，可与入德矣。"入德，即入于圣人德行修养之境界。②朱熹《四书或问》："《大学》规模虽大，然首尾该备，而纲领可寻，节目分明，而工夫有序，无非切于学者之日用。""不先乎《大学》，无以提挈

纲领而尽《语》、《孟》之精微；不参之《语》、《孟》，无以融会贯通而极《中庸》之归趣。”又《朱子语类》卷十三说：“六经、《语》、《孟》，皆圣贤遗书，皆当读，但初学且须知缓急。《大学》、《语》、《孟》，最是圣贤为人切要处，然《语》、《孟》却是随事答问，难见要领，唯《大学》是曾子述孔子说古人为学之大方，门人又传述以明其旨，体统都具。玩味此书，知得古人为学所向，读《语》、《孟》便易入，后面工夫虽多，而大体已立矣。”

[译文]

初学读书的门径，都不如《大学》，其他的书，则都不如《论语》、《孟子》。

3.35　学者先须读《论》、《孟》。穷得《论》、《孟》，自有要约处，以此观他经甚省力。《论》、《孟》如丈尺权衡相似，以此去量度事物，自然见得长短轻重。[①]　——《二程遗书》卷十八

[注释]

①权衡：权为秤锤，衡为秤杆。丈尺以量长短，权衡以量轻重。

[译文]

学者先要读《论语》、《孟子》。读透了《论语》、《孟子》，自然有一个要领，拿它去看别的经书就很省力。《论语》、《孟子》就像尺秤一样，用它去度量事物，自然能见出长短轻重。

3.36　读《论语》者，但将诸弟子问处，便作己问，将圣人答处，便作今日耳闻，自然有得。若能于《论》、《孟》中深求玩味，将来涵养成甚生气质！[①]　——《二程遗书》卷二十二上

[注释]

①深求玩味：深入探求，研习体味。甚生：怎生，怎么样的。叶采解：“甚生犹言非常也。”

[译文]

读《论语》时，只要将孔子弟子们问的地方，就当做自己的提

问，将圣人的回答，就当做今天的耳闻，自然有收获。如果能在《论语》、《孟子》中深入玩味，将会涵养成一种什么样超人的气质呀！

3.37　凡看《语》、《孟》，且须熟玩味，将圣人之言语切己，不可只作一场话说。人只看得此二书切己，终身尽多也。[①]

——《二程遗书》卷二十二上

[注释]

①切己：切身，密切关乎自身，和自己有密切关联。尽多：很多，极多。朱熹解："且如'学而时习之'，切己看时，曾时习与否？句句如此求之，则有益矣。""如'克己复礼'与'出门如见大宾'等事，须就自家身上体看，我实能克己与主敬行恕否？件件如此方有益。"

[译文]

凡看《论语》、《孟子》，且要熟熟玩味，把圣人的话都当做与自己切身的话来看，不可只当做一场话说。人只要把这两部书看得切身，一生的受益自是很多的。

3.38　《论语》有读了后全无事者，有读了后其中得一两句喜者，有读了后知好之者，有读了后不知手之舞之足之蹈之者。[①]

——《二程遗书》卷十九

[注释]

①此条就不同人读《论语》后心灵感动程度不同立论。"全无事"即没有一点感触。

[译文]

《论语》这部书，有读了以后没有一点感触的，有读了以后得到其中一两句而欣喜的，有读了以后理解并喜欢上它的，有读了后不知不觉手舞足蹈的。

3.39　学者当以《论语》《孟子》为本。《论语》《孟子》既治，则六经可不治而明矣。①

读书者当观圣人所以作经之意，与圣人所以用心，与圣人所以至圣人，而吾之所以未至者，所以未得者。句句而求之，昼诵而味之，中夜而思之，平其心，易其气，阙其疑，则圣人之意见矣。②

——《二程遗书》卷二十五

［注释］

①江永按："其实治六经自有功夫。朱子云：'《语》《孟》功夫少得效多，六经功夫多得效少。'"②朱熹解："此条先生说读书最为亲切。今人不会读书是如何？只缘不曾求圣人之意。才拈得些小，便把己意放里面胡乱说，故教他就圣人意上求。"问："易其气是如何？"曰："只是放教宽慢。今人多要硬把捉住，如有个难理会处，便要刻画百端讨出来。只说得自底，那里见圣人之意？"阙疑：遇有疑惑，暂时空着，不作主观推测。《论语·为政》："多闻阙疑，慎言其余，则寡尤。"刘宝楠正义："其义有未明，未安于心者，阙空之也。"

［译文］

学者应该以《论语》、《孟子》两书作为学问的根本。《论语》、《孟子》研治过了，那么六经可以不用研究而自然明白了。

读书的人应当留心看圣人为什么要作经的想法，和圣人作经时的用心，与圣人之所以成为圣人，而我之所以未能达到圣人境界的原因，所以未能得到圣人之道的原因。每一句都如此去推求，白天诵读品味，夜里静静思考，放平你的心，放宽你的气，保留你搞不清的疑问，那么圣人之意就能领会了。

3.40　读《论语》《孟子》而不知道，所谓"虽多亦奚以为"？①

——《二程遗书》卷六

［注释］

①不知道：不明白圣人之道。《论语·子路》："子曰：诵《诗》三百，

授之以政，不达；使于四方，不能专对。虽多亦奚以为?”此条可与（3.30）参读。

[译文]

读了《论语》、《孟子》还不明白圣人之道，这就是孔子说的“纵然读得多又有什么作用呢”?

3.41　《论语》、《孟子》，只剩读著[①]便自意足，学者须是玩味。若以语言解著，意便不足。某始作此二书[②]文字，既而思之又似剩。只有些先儒错会处，却待与整理过。

——《二程外书》卷五

[注释]

①只剩读著：省去一切解释解说，只就文本去读。此处与“以语言解著”相对。以语言解著，即边解释语言边阅读，即力求理解文义。或解剩为余、多，多读即反复读。②程颐有《论语解》、《孟子解》二书，原书无传本，今《程氏经说》中有《论语解》、《孟子解》各一卷，而《孟子解》又是后人纂集《遗书》、《外书》有解者而成。

[译文]

《论语》、《孟子》两书，只熟读本文便觉得意思充分，学者需要如此玩味。如果用语言解说，意思就不充分了。我当初作这两部书的解释，后来想一想，又像是多余。只有一些前代儒者错误理解的地方，却等着整理出来。

3.42　问：且将《语》、《孟》紧要处看，如何?伊川曰：固是好，然若有得，终不浃洽。盖吾道非如释氏，一见了便从空寂去。[①]

——《二程遗书》卷十二

[注释]

①紧要处：即关键部分，精要部分。朱熹解：“此程子答吕晋伯问。后来晋伯终身坐此病，说得孤单，入禅学去。学者读书，须逐一去理会，使通贯浃

洽。”按禅宗佛教主顿悟，或因一言，或因一事，或因一物，顿然悟道。常有闻一言“言下便悟”者。儒家主渐悟，需要久久涵泳、玩味、磨淬，渐悟渐进，最终得道。所以不能只看紧要处。吕晋伯，吕大忠，字晋伯，吕大临长兄。浃洽：贯通，透彻。《朱子语类》卷十一：“先涵养本原，且将已熟底义理玩味，待其浃洽，然后去看书。”

［译文］

有人问：且将《论语》、《孟子》中关键的地方去读，怎么样？程颐回答：这样固然好，但若有心得，到底不会透彻。因为儒道不像佛教，佛教一见了关键的话就走向空寂去了。

3.43 “兴于《诗》”者，吟咏性情，涵畅道德之中而歆动之，有“吾与点也”之气象。[①]（本注：又曰：“兴于《诗》”是兴起人善意，汪洋浩大，皆是此意。[②]） ——《二程遗书》卷三

［注释］

①《论语·泰伯》：“兴于《诗》，立于礼，成于乐。”言人之为学，始于读《诗》，以《诗》感发而兴起之，因为《诗》本人情，容易感发人心，又易于兴起善恶之心。吟咏性情：或作吟咏情性，意思是说，诗表达的是人的情性，原出自《诗大序》：“吟咏情性，以风其上。”歆动：触动，感动。涵畅：滋润化育，使之发扬。中：这里是中和之义。这句是说：读《诗》可以用《诗经》的中和之情涵育人的道德，使之在感动中发展。“吾与点也”之气象：指一种逸然高举、超尘出俗之气象。《论语·先进》载孔子与四位弟子言志，当问及曾点时，点“鼓瑟希，铿尔，舍瑟而作”。其志则是：“莫（暮）春者，春服既成，冠者五六人，童子六七人，浴乎沂，风乎舞雩，咏而归。”孔子说“吾与点也”。与：赞赏，肯定。曾点，即曾皙，孔子弟子，曾参之父。②叶采解：“诗人之词，宽平忠厚，故有兴起人汪洋浩大之意。”

［译文］

为学向善“兴起于读《诗》”，是因为诗可吟咏性情，使人尽情潜心在道德之中而被感动，有孔子说的“我赞赏曾皙”的气象。

（本注：程颐又说：兴于《诗》，是兴起人的善意。汪洋浩大，都是善意。）

3.44 谢显道云：明道先生善言《诗》，他又浑不曾章解句释，但优游玩味，吟哦上下，便使人有得处。[①]“瞻彼日月，悠悠我思。道之云远，曷云能来！”思之切矣。[②]终曰：“百尔君子，不知德行。不忮不求，何用不臧！”归于正也。又曰：伯淳尝谈《诗》，并不下一字训诂，有时只转却一两字，点掇地念过，便教人省悟。又曰：古人所以贵亲炙之也。[③]

——《二程外书》卷十二

［注释］

①谢显道：谢良佐，字显道，二程门人，见（2.77）注。优游：从容而悠闲自得地。《诗·大雅·卷阿》：“伴奂尔游矣，优游尔休矣。”②所引《诗经》文字均出自《邶风·雄雉》。有说此诗内容是“期友不归，思而共勖”，有人说是女子思夫诗。茅星来解：“思之切者，发乎情也；归于正者，止乎礼义也。”“发乎情，止乎礼义”出《诗大序》。谢良佐以此为例说明程颢“善言《诗》”。③点掇地：茅星来解：宋时方言。点，点缀。掇，拈取。地，俗语助也。亲炙：亲身接受教育熏陶。《孟子·尽心下》：“非圣人而能若是乎？而况于亲炙之者乎？”朱熹集注：“亲近而熏炙之也。”

［译文］

谢良佐说：程颢先生善于讲论《诗经》，但他又几乎不曾一章一句解释，只是从容地玩味，上下地吟诵，就让人领会了。“你看那太阳和月亮，我的思念长又长。道路相隔太遥远，怎能来到我身旁！”思念多么迫切呀。结束时说：“所有你们君子呀，不懂道德和修养。如不损人又不贪，走到哪里不顺当。”最后又归于正。又说：程颢先生常常谈《诗经》，但并不作一个字的训释，有时只替换一两个字，指点一下读过，就能让人醒悟。又说：这就是古人为什么特别看重亲承教诲的原因。

3.45　明道先生曰：学者不可以不看《诗》。看《诗》便使人长一格价。[①]

——《二程外书》卷十二

［注释］

①张伯行解："看《诗》则己之真性情流露，必能变化气质，长一格价。"

［译文］

程颢说：学者不可不读《诗经》。读《诗经》能使人的价值提高一个等次。

3.46　"不以文害辞"[①]，文，文字之文，举一字则是文，成句是辞。《诗》为解一字不行，却迁就他说，如"有周不显"[②]，自是作文当如此。

——《二程外书》卷一

［注释］

①《孟子·万章上》："故说《诗》者，不以文害辞，不以辞害志。"不以文害辞：不因拘泥于字义而影响语句的理解。②有周不显：见《诗经·大雅·文王》。叶采解："言周家岂不显乎？苟直谓之不显，是以文害辞。"按此句言周之前途光明远大，前人解"不"为"丕"，丕，大也。此即"为解一字不行，却迁就他说"。

［译文］

孟子说的解《诗经》"不以文害辞"，文，就是文字的文，单举一个字是文，完整一句是辞。《诗经》中如果一个字在句子中解释不通，那就需要迁就宛曲加以解说。例如"周道不显"就是，自然是写诗时应当如此行文。

3.47　看《书》[①]须要见二帝三王之道。如二典，即求尧所以治民，舜所以事君。[②]

——《二程遗书》卷二十四

［注释］

①《书》：即《尚书》。②二典：《尧典》、《舜典》，《尚书》篇名。《尧

典》又称《帝典》，记尧、舜禅让事。《舜典》则是后人从《尧典》中分出，并加了28个字，为伪《古文尚书》篇名。

[译文]

读《尚书》应该从中认识二帝三王治国之道。如看《尧典》、《舜典》，就去推求尧怎样治民、舜怎样事君的。

3.48 《中庸》之书，是孔门传授，成于子思、孟子[①]。其书虽是杂记，更不分精粗，一衮说了。今人语道，多说高便遗却卑，说本便遗却末。[②]

——《二程遗书》卷十五

[注释]

①子思：名孔伋，孔子之孙。他发挥了孔子中庸思想，其学说又为孟子继承，形成儒家思孟学派。前人认为《中庸》一书是子思述之而传于孟子者。

②江永解："《中庸》语道，高卑本末皆兼之。"一衮：一滚。一衮说了，即不加分别地一股脑说出。按《中庸》出于杂记，不是一时系统的东西。

[译文]

《中庸》这部书，是孔门后学传授下来，成书于子思、孟子之手。这部书虽然出于杂记，不是系统的东西，也不分精细与粗略，一股脑儿都说出来了。今天的人谈论圣人之道，大多是说到高深处就把基础的东西丢弃了，说到根本的大道理就把细节给扔掉了。

3.49 伊川先生《易传序》曰[①]：易，变易也，随时变易以从道也。[②]其为书也，广大悉备，将以顺性命之理，通幽明之故，尽事物之情，而示开物成务之道也。[③]圣人之忧患后世，可谓至矣。[④]去古虽远，遗经尚存。然而前儒失意以传言，后学诵言而忘味。自秦而下，盖无传矣。予生千载之后，悼斯文之淹晦，将俾后人沿流而求源，此《传》所以作也。[⑤]"《易》有圣人之道四焉[⑥]：以言者尚其辞，以动者尚其变，以制器者尚其象，以卜筮者尚其占。”吉凶消长之理，进退存亡之道备于辞。[⑦]推辞考卦，可以知变，象与占在其中矣[⑧]。“君子居则观其象而玩其辞，动则观其变而玩其占。”[⑨]得于辞不达其意者有矣，未有不得于辞而能通其意者也。至微者理也，至著者象也。体用一源，显微无间。[⑩]观会通以行其典礼，则辞无所不备。[⑪]故善学者求言必自近。易于近者，非知言者也。予所传者辞也，由辞以得意，则存乎人焉。[⑫]

——《二程文集》卷八《易传序》

［注释］

①此篇为程颐《易传序》全文。程颐《易传》，又称《伊川易传》、《程氏易传》。程颐之学，惟《易传》为深，书中系统体现了他的哲学思想。②《易乾凿度》：“易，变易也，不易也。”郑玄注：“易一言而三义：简易一也，变易二也，不易三也。”道随时而变，人的认识也须随时变易以从道。③《周易·系辞下》：“易之为书也，广大悉备，有天道焉，有人道焉，有地道焉。”张伯行解：“天下之理，散入六十四卦，三百八十四爻之内，是以其为书也，就中所含蓄言，则极其广矣；就外所包括言，则极其大矣。广大悉备。”按《周易·系辞上》之说：“易有太极，是生两仪。”“夫乾，其静也专，其动也直，是以大生焉；夫坤，其静也翕，其动也辟，是以广生焉。广大配天地，变通配四时……”《易》之乾坤动静，生出“广”与“大”，与天地相配。《周易·说卦》：“昔者圣人之作《易》也，将以顺性命之理。”《周易·系辞上》：“仰以观于天文，俯以察于地理，是故知幽明之故。”《周易·系辞上》：“夫易开物成务。”意为开启智慧，成就事业。张伯行解：“广大悉备，皆本于太极两仪继善成性之自然，是顺性命之理也；仰观天文，俯察地理，而得其昼夜上下南北高深之所以然，是通幽明之故也；有以见天下之赜而拟诸其形容，是尽事物之情也；先天下而开物，使知之明，后天下而成务，使行之就，是示开物成务之道也。”④《周易·系辞下》：“作易者，其有忧患乎?”忧患：忧与患，忧虑与担心。这里说作《易》的圣人为后世忧虑。⑤斯文：本指文明、文化、礼乐教化、典章制度等，《论语·子罕》：“天之将丧斯文也，后

死者不得与于斯文也。”这里指《易》的精神。张伯行解：“沿流求源，即下文所谓由辞以得意是也。”流，指后人可见的《易》之辞，即文字。源，指圣人作《易》之意。⑥语见《周易·系辞上》。四即辞、变、象、占。⑦吉凶消长是天之道，进退存亡是人之道，都在卦辞中表现出来了。《周易·系辞上》：“吉凶者，失得之象也。”“变化者，进退之象也。”《周易·乾·文言》：“知进退存亡而不失其正者，其唯圣人乎！”⑧天道消长，人道进退，都表现在卦辞中，“故推辞可以知变，而象非辞则象无由明，占非辞而占无由决。是象与占，亦皆不外焉。读《易》而不得其辞，圣人之意，其不可见乎！”(张伯行解) ⑨语见《周易·系辞上》。茅星来引蔡渊解：“观象玩辞，学《易》也；观变玩占，用《易》也。学《易》则无所不尽其理，用《易》则惟尽乎一爻之用。”玩：习也，观之详也。⑩张伯行解：“盖有象斯有辞，有理斯有象。理至微，未形未见者也；象至著，已形已见者也。自理而观，则理为体，象为用；自象而观，则象为显，理为微。而理中有象，是‘体用一源’也。象中有理，是‘显微无间’也。”程朱一派认为“体用一源，显微无间”为此序一篇精要，而程颐门人尹焞曾向程颐进言，以为“似太露天机”。此天机，即此意实来自佛教之“体用无方，圆融叵测”，“往复无际，动静一源”。⑪《周易·系辞上》：“圣人有以见天下之动，而观其会通，以行其典礼。”朱熹解：“会谓理之所聚而不可遗处，通谓理之可行而无所碍处。”典礼：典常之礼，即普通应遵行的规则。⑫张伯行解：“欲求圣人之言者，未有不自其辞之近也。若以其辞为近而易之，则不可以学《易》，非能知圣人之言者也。”近者指辞。易于近者：轻视言辞，忽视辞的研习。这里易是轻视、忽视之义。《周易·系辞下》：“神而明之，存乎其人。”

［译文］

程颐《易传序》说：《周易》的“易”，是变化的意思，是随时变化以符合道。《周易》这部书，内容极其宽广，包含了天、地和人类社会的基本法则，圣人作此书，是顺应人与物本然之性与上天之命的道理，以阐明昼夜、死生、光明与黑暗的缘故，充分描述形容天下的万物，以开启天下智慧，成就天下事业。圣人为后世忧虑，在这书中可以看出已达到极致了。今天离开作《易》的时代虽然已经久远，但圣人留下的这部经书还流传着。只是前代儒者弄不懂它的含义，仅仅把言辞传授了下来，后代的学者诵读了它的文字而没有读出其中的意味。从秦代以来，《周易》中的圣道就没有流传了。我生在圣人千年之后，伤悼《易》的本义被淹没不明，因而想使后人能够通过文字追寻圣人之意的本原，这就是我写作《易传》的目的。《周易·系辞上》说："《周易》中包含圣人使用的方法有四项：用来议论时，崇尚《易》的言辞；用来行动时，崇尚《易》的变化；用来制造器具时，崇尚《易》的卦象；用来卜筮时，崇尚《易》的占断。"天道吉凶消长的规则，人事进退存亡的道理，都包含在卦辞里边。推敲卦辞来考察卦义，就可以了解吉凶消长、进退存亡的变化，这样卦象和占断也就包括在其中了。《系辞》又说："君子平居时就观察《周易》的卦象，反复玩味其卦辞，到临事行动时就观察卦爻的变化，玩味凶吉的占断。"理解了言辞而不能明白其含义的人是有的，但从来没有不懂言辞却能通达其含义的。最为隐微难以认识和阐明的是理，最为显著可见的是外在的形象。然而作为本体的理和行为功用的象在根源上本是一体的，在呈现在外的（象）和隐微不见的（理）之间并没有一点点的间隔。要观察万理所聚但却互相各不妨碍，都能畅通无阻，在错综复杂中，显示出融会贯通的地方，那么《周易》的卦辞中是无不具备的。所以善于学习的人探求圣人之言一定从文辞开始。轻视文辞的人，是不明白言语的人。我在书中解释的，是《周易》的辞语，从这辞语中领会圣人之意，那就在于学者个人了。

3.50　伊川先生答张闳中书曰[①]：《易传》未传，自量精力未衰，尚觊有少进尔。[②]来书云"《易》之义本起于数"[③]，谓义起于数则非也。有理而后有象，有象而后有数。《易》因象以明理，由象以知数。得其义，则象数在其中矣。[④]（本注：理无形也，故因象以明理；理既见乎辞矣，则可由辞以观象。故曰：得其义，则象数在其中矣。）必欲穷象之隐微，尽数之毫忽，[5]乃寻流逐末，术家之所尚，非儒者之所务也。

——《二程文集》卷九《答张闳中书》

［注释］

①张闳中：《伊洛渊源录》云："不详其名。"此条摘编程颐《答张闳中书》而成。②江永按："程子云：《易传》已成书，但逐旋修补，期以七十其书可出。"《伊洛渊源录》云："时《易传》成书已久，学者莫得传授，张闳中以书问先生，且曰：'《易》之义本起于数。'故程子以书答之。其后先生寝疾，始以授尹焞、张绎云。"此说不甚可靠。③数：象数之数，在《易》学中指阴阳数和爻数。古代研究《周易》有"象数之学"，《周易·系辞上》："参伍其变，错综其数，通其变，遂成天下之文；极其数，遂成天下之象。"象指卦象和爻象，即卦、爻象征的事物及其位置关系。古人多用象数推测宇宙或人生变化。以象数说《易》著名的有汉代京房，宋代邵雍建立了神秘的象数学体系。④二程哲学为理本论，认为未有万物之前先有这理，以此推之，也只能先有理。但理是不可见的东西，理不可明，借象以明之。朱熹说："已前解《易》多只说象数，自程门以后人方都作道理说。"⑤茅星来解："隐微，象之难见者；毫忽，数之难知者也。"

［译文］

程颐答张闳中的信中说：我作的《易传》还没有传示他人，因为自己感到精力还没有衰退，还希望再加修订有所提高。你来信中说："《易》的义本产生于数。"说义产生于数则不对。有了理然后才有象，有了象然后才有数。《周易》中是通过卦象说明卦理，读者则从卦象明白其数。（本注：理是无形的，所以要借助卦象来说明义理；理已经通过卦爻辞表现出来了，那么就可以通过卦爻辞来认识卦象。所以说：掌握了卦之义理，那么象和数也就包含在其中了。）所以理解了卦义，那么象和数也都在其中了。如果一定要去穷究卦象直到难以见到的地步，考究其数到难以说明的程度，那只是舍本逐末，舍源寻流，是数术家所崇尚的，却不是儒者应做的事。

3.51　知时识势，学《易》之大方也。[①]

——《二程易传·夬传》

[注释]

①张伯行解："时有盛衰，势有强弱。知时识势，惟变所适，此学《易》之大法。"大方：基本的方法、法则。

[译文]

认识时势，这是学《易》的根本方法。

3.52　《大畜》初二，乾体刚健而不足以进，四五阴柔而能止。时之盛衰，势之强弱，学《易》者所宜深识也。[①]

——《程氏易传·大畜传》

[注释]

①《周易·大畜卦》(☶☰)乾下艮上，畜，止也。张伯行解："此取《大畜》卦爻以明识时势之义也。乾下艮上为大畜，大，阳也，畜，止也。乾之三爻，皆为艮所畜，故以四畜初，以五畜二，初、二虽刚健而不足以进者，时不利于进，势又必不能进也。四、五两爻，皆柔所应。初、二皆刚，似当以初、二为善，四、五为邪，乃谓阴柔足以止刚者。盖畜之时主乎止，而四、五位据乎上，又有可以止之势，则其象为以柔善而止夫刚恶也。学者不识此意，必昧进止之宜。"故有"时势盛衰"之论。

[译文]

《大畜》卦的初九和九二两阳爻，是下卦乾卦之体，其性虽刚健，但以时势而言，却不能够上进，因为上面有六四、六五两阴爻阻止着。六四、六五两阴爻，虽属阴柔，但处在上位，就能阻止初九、九二阳爻的上进。从这里看，时势的盛衰强弱，是学《易》的人应该深入思考的。

3.53　诸卦二、五，虽不当位，多以中为美。三、四虽当位，或以不中为过。[①]中常重于正也。[②]盖中则不违于正，正不必中也。[③]天下之理莫善于中，于九二、六五可见。[④]

——《程氏易传·震传》

[注释]

①《周易》每卦由六爻组成，自下而上，为初、二、三、四、五、上。初至三为下卦，四至上为上卦。上下卦各三爻，分别为下、中、上。二为下卦之中，五为上卦之中。居于二、五位，称得中。又六爻之中，初、三、五为阳位，二、四、上为阴位。阳爻（—）居阳位，阴爻（--）居阴位，为当位，称为正。反之则不当位，不正。②叶采解："正者天下之定理，中者时措之宜。正者有时而失中，中者随时而得其正，故中之义重于正。"正为一般法则，但符合法则不一定在任何情况下都合宜。中为因时制宜，则没有不正确的问题。③朱熹解："事之斟酌得宜合理处是中，则未有不正者；若事虽正而处之不合时宜，于理无所当，则虽正而不合乎中。"④叶采举例："《坤》六五非正也，而曰'黄裳元吉'；《泰》九二非正也，而曰'得尚于中行'。"《坤》六五以阴爻居阳位，不正，但由于居于上卦之中，故吉。《泰》九二以阳爻居阴位，不正，但由于居于下卦之中，故吉。

[译文]

各卦的二爻和五爻，即使不当位，也大多以得中为美。三爻四爻，即使当位，有的也因不得中为过。中常常比正重要。因为中就不会违背正，正的却不一定得中。天下之理没有比得中更好的，这可以从一些卦的九二爻、六五爻看出。

3.54　问：胡先生解九四作太子，[①]恐不是卦义。先生云：亦不妨，只看如何用。当储贰则作储贰使[②]。九四近君，便作储贰亦不害，但不要拘一。若执一事，则三百八十四爻，只作得三百八十四件事便休了。

——《二程遗书》卷十九

［注释］

①胡瑗，字翼之，学者称安定先生，宋初与孙复、石介并称“宋初三先生”，程颐出其门下。有《周易口义》。九四作太子：指《乾》卦九四爻。按《乾》（☰）为纯阳卦，古人以为其九五爻为象征君的《乾》卦上卦居于中者，又以阳爻居五位，得中，是纯阳卦至中至正之卦，因而象征君主。则位于其下的九四爻，当储副之位，当做太子。②张伯行解：“《易》之为用，无所不该，无所不得，只看人如何用之耳。若占者所处之地当此爻，则可以此爻做此地位，如当储贰使，亦不害。”程颐说，针对某具体情况对某爻作具体解释是可以的，但不能将此爻之义拘泥于这一事物。

［译文］

有人问：胡瑗解《乾》卦九四爻为太子，恐怕不是卦义吧。程颐说：说是太子也不妨，只是看在什么情况下使用。如果占卜的人处于这样的地位就作太子解。九四的位置离能够象征天子的九五近，就说它是太子也没有妨碍，只是不要拘泥于一种事物。如果一爻就拘执地认为指一种事物，那么《周易》共三百八十四爻，只象征三百八十四件事也就完了。

3.55　看《易》且要知时。[①] 凡六爻，人人有用，圣人自有圣人用，贤人自有贤人用，众人自有众人用，学者自有学者用，君有君用，臣有臣用，无所不通。因问：《坤》卦是臣之事，[②] 人君有用处否？先生曰：是何无用？如“厚德载物”[③]，人君安可不用？

——《二程遗书》卷十九

［注释］

①时知：懂得因时而异，因时而变。茅星来解引明人蔡清语：“《乾卦》卦辞只是要人如乾，《坤卦》卦辞只是要人如坤，至如《蒙》、《蛊》等卦，则又须反其义，此有随时而顺之者，有随时而制之者。《易》之道只是时，时则有此二义。”所谓二义，有随时而顺之者，是当此时人应效法卦辞的精神，有随时而制之者，是当此时人应见卦辞而戒惧。张伯行解：“所处之时既异，其

用亦因以异。故看《易》且要知时，知时则随各样人各样用，不能强同而无所不通。”此解为当。②《乾》卦纯阳，《坤》卦纯阴。古人以为，以天地论，乾为天，坤为地；以男女言，乾为男，坤为女；以君臣言，乾为君，坤为臣。同一爻，不同的人有不同之用。③《坤卦·象》：“地势坤，君子以厚德载物。”大地以其广厚之德承载一切事物。

［译文］

读《周易》的人要懂得易之用因时而异的道理。每卦只有六爻，但人人都有用。圣人自有圣人的用法，贤人自有贤人的用法，普通人自有普通人的用法，学子们自有学子们的用法，君有君的用法，臣有臣的用法，其用是无所不适不通的。于是有人问：《坤》卦是臣下的事，君主有用处吗？程颐说：这怎么无用？如《坤》卦说的：“厚德载物”，人君怎么能不用？

3.56　《易》中只是言反复往来上下。[1]

——《二程遗书》卷十四

［注释］

①反复、往来、上下是《周易》的三种卦变。朱熹解：“程子言《易》中只是言反复往来上下，这只是一个道理。阴阳之道，一进一退，一长一消，反复、往来、上下于此见之。”又说：“程子多理会他底不得。他只据理说，都不曾问他。”叶采解：“反复，如《复》、《姤》之类；往来，如《贲》、《无妄》之类；上下，如《咸》、《恒》之类。皆阴阳变易之道，而《易》之所以为易也。”反复，指两卦互为错卦，如《复》（䷗）卦各爻阴阳互变，就成《姤》（䷫）卦。上下，指两卦互为综卦，如将《咸》卦（䷞）上下倒置过来，就成《恒》（䷟）卦。往来，是一个卦体中两爻往来互换而变成另一卦，爻自下而上叫往，自上而下叫来。如《屯》（䷂）卦初九、六二互易成《坎》（䷜）卦，称作“初阳往二阴来”。但叶采所举《贲》与《无妄》则不合。又《周易·系辞》云：“往来不穷谓之道。”故有人称变卦为往来。可参考（1.9）注③。

[译文]

《周易》里边只是讲些阴阳变化的反复、往来、上下的道理。

3.57 作《易》，自天地幽明，至于昆虫草木微物无不合。[①]

——《二程外书》卷七

[注释]

①张伯行解："圣人作《易》以示人，大无不包，细无不该，自乾天坤地，离火坎水之类，以至于说卦中称名取类，如昆虫草木之微，莫不有合者。"

[译文]

圣人制作了《周易》，大自天地幽明，小至昆虫草木这些细微的东西，一切事物之理，没有不相合的。

3.58 今时人看《易》，皆不识得《易》是何物，只就上穿凿。若念得不熟，与就上添一德亦不觉多，就上减一德[①]亦不觉少。譬如不识此兀子[②]，若减一只脚，亦不知是少，若添一只，亦不知是多。若识则自添减不得也。

——《二程外书》卷五

[注释]

①德：前人解《易》，用以表示某卦的品行、特性，如说乾有四德，元亨利贞。②兀子：今写作杌子，小凳子。

[译文]

今天的人看《周易》，都不知道《周易》是个什么东西，只在上边生硬解说。如果读得不熟，给他在上边添一种意思也不觉得多，减去一个意思也不觉得少。譬如不认识杌子这东西，如果减去一只脚，也不知道少了，添上一只，也不知是多。如果认得，那自然添减不得。

3.59 游定夫问伊川"阴阳不测之谓神"[①]，伊川曰：贤是疑了问，是拣难的问？[②]

——《二程外书》卷十二

[注释]

①游定夫：游酢，字定夫，与杨时、吕大临、谢良佐并称程门四大弟子。所问为《周易·系辞上》之语。②贤：指代词，如说你。叶采解："游氏或未之深思，特以此语艰深而率尔请问，故伊川不答，直攻其心，欲使反己而致思也。"张伯行解："疑了后问，一与之语，郁而能通，便涣然冰释，久必不忘，自是切问。问若拣择难的问，心没紧要，口头搬弄，纵与之言，过辄忘了。"

[译文]

游酢问程颐"阴阳不测之谓神"怎么理解，程颐反问他：你是有了疑问来问呢，还是拣了这句难就来问呢？

3.60 伊川以《易传》示门人曰：只说得七分，后人更须自体究。

——《二程外书》卷十一

[译文]

程颐把他写的《易传》给弟子们看，说：这书上只把《周易》的道理讲了七分，后人还需要自己体察考究。

3.61 伊川先生《春秋传序》曰[①]：天之生民，必有出类之才起而君长之，治之而争夺息，导之而生养遂，教之而伦理明，然后人道立，天道成，地道平。[②]二帝以上，圣贤世出，随时有作，顺乎风气之宜，不先天以开人，各因时而立政。暨乎三王迭兴，三重既备，子、丑、寅之建正，忠、质、文之更尚，人道备矣，天运周矣。[③]圣王既不复作，有天下者，虽欲仿古之迹，亦私意妄为而已。事之谬，秦至以建亥为正；道之悖，汉专以智力持世。[④]岂复知先王之道也？夫子当周之末，以圣人不复作也，顺天应时之治不复有也，于是作《春秋》，为百王不易之大法，所谓"考诸三王而不谬，建诸天地而不悖，质诸鬼神而无疑，百世以俟圣人而不惑"者也。[⑤]先儒之传曰："游、夏不能赞一辞。”[⑥]辞不待赞也，言不能与于斯耳。斯道也，惟颜子尝闻之矣。“行夏之时，乘殷之辂，服周之冕，乐则《韶》舞。”[⑦]此其准的也。后世以史视《春秋》，谓褒善贬恶而已。[⑧]至于经世大法，则不知也。[⑨]《春秋》大义数十。[⑩]其义虽大，炳如日星，乃易见也；惟其微辞隐义，时措从宜者，为难知也。[⑪]或抑或纵，或与或夺，或进或退，或微或显，而得乎义理之安，文质之中，宽猛之宜，是非之公，乃制事之权衡，揆道之模范也。[⑫]夫观百物，然后识化工之神；聚众材，然后知作室之用。于一事一义而欲窥圣人之用心，非上智不能也。故学《春秋》者，必优游涵泳，默识心通，然后能造其微也。后王知《春秋》之义，则虽德非禹汤，尚可以法三代之治。自秦而下，其学不传。予悼夫圣人之志不明于后世也，故作《传》以明之，俾后之人通其文而求其义，得其意而法其用，则三代可复也。是《传》也，虽未能极圣人之蕴奥，庶几学者得其门而入矣。——《二程文集》卷八

［**注释**］

①此条为《二程文集》卷八程颐《春秋传序》全文。程颐作《春秋传》，书未成。今《程氏经说》中有《春秋传》一卷。②《周易·系辞下》：“有天道焉，有人道焉，有地道焉。”即关于天、地和人类的法则。张伯行解：“为之制节谨度，以息其相争夺之风，道在有以制之；为之播种佃渔，以遂其相生相养之业，道在有以导之；为之庠序学校，以尽其人伦物理之常，道在有以教之。三者具矣。建极秉彝而人道立，五气顺布而天道成，山川奠位而地道平。三极之道尽焉。”③二帝：尧、舜。三王：夏禹、商汤、周文武。二帝三王是儒家推尊的古代圣王。朱熹解：“先天谓天时未至而妄以私意开之。”张伯行解：“当其可谓之时。”三重：《礼记·中庸》：“王天下有三重焉，其寡过矣乎?”三重：即三种重大的事，即议礼、制度、考文。夏代建寅，以寅月（农历正月）为一年之始（正）；殷代建丑，以丑月（农历十二月）为正月；周代建子，以子月（农历十一月）为正月。按古人之说，天开于子，周建子为天正；地辟于丑，商建丑为地正；人生于寅，夏建寅为人正。三正本于三才更

始，则“天运周矣”。《论语·为政》：“子曰：‘殷因于夏礼，所损益，可知也；周因于殷礼，所损益，可知也。’”汉马融注“所损益”说：“所损益者，谓文质三统。”朱熹《四书集注》说：“文质，谓：夏尚忠，商尚质，周尚文。三统，谓：夏正建寅为人统，商正建丑为地统，周正建子为天统。”张伯行解：“夏尚忠，商尚质，周尚文，皆本仁义为致用，则人道备矣。”④秦建亥，以十月为岁首，亥为岁首，不符合三正“以三才为更始”之意，所以说它“谬”。汉以智力把持天下，礼乐制度悉袭秦代，无复三代之遗风，人道失其正，故说“悖”。持世：把持天下。汉不是以德政治理天下，而是靠智力把持天下。⑤语出《礼记·中庸》。程颐说，《春秋》是千百代的帝王都不能更改的基本法则。⑥语出《史记·孔子世家》。游、夏：孔子弟子子游、子夏。张伯行解：“赞，助也。游、夏于圣门擅文学之科而不能赞一辞者，胡文定所谓‘笔者笔，削者削，皆裁自圣心，而游、夏不能与焉者也。’”⑦朱熹解：“不是孔子将《春秋》大法向颜子说，盖三代制作极备矣，不可复作，告以四代礼乐。只是集百王之大法，其作《春秋》，善者则取之，恶者则诛之，要亦明圣王之大法而已。故伊川引以为据。”按此解不为确当，“闻之”当指下文“行夏之时……”言，为孔子答“颜渊问为邦”语。引文见《论语·卫灵公》，《韶》舞为舜时乐舞，何晏解：“《韶》，舜乐也。尽善尽美，故取之。”⑧前人认为，《春秋》文字简短，而常寓褒贬善恶于一字一语之中，即所谓春秋笔法。东晋范宁《春秋穀梁传序》说：“一字之褒，宠逾华衮之赠；片言之贬，辱过市朝之挞。”⑨经世：治理国事，《后汉书·西羌传论》：“贪其暂安之势，信其驯服之情；计日用之权宜，忘经世之远略，岂夫识微者之为乎？”晋葛洪《抱朴子·审举》：“故披《洪范》而知箕子有经世之器，览《九术》而见范生怀治国之略。”经世大法：治理国家的基本法则。⑩张伯行解：“《春秋》之大义可炳见者，诛乱臣，讨贼子，尊内攘外，贵王贱霸，扶阳抑阴，如此之类，不过数十，乃易见耳。”⑪微辞：委婉而隐含讽谕的言辞，《公羊传·定公元年》：“定哀多微辞。”孔广森通义：“微辞者，意有所托而辞不显，唯察其微者，乃能知之。”隐义：暗藏的旨意和深奥的义理。张伯行解：“惟其迹有所嫌，不得不微其辞，辞微而未尝不显。事有所讳，不得不隐其义，义隐而隐所以彰。以时措之，悉合乎宜。此非明晓通贯，不能深知其意也。”⑫叶采解："或有功而抑，或有罪而宥；或功未就而予，或罪未著而夺；或尊而退之，或卑而进之；或婉其辞，或章其实。要皆得乎义理之安而各当其则，文质之中而不华不俚，宽猛之宜而无过与不及，是非之公而无有作好作恶。"制事：谓处理政治、军事等重大事件。《尚书·仲虺之诰》："王懋昭大德，建中于民，以义制事，以礼制心，垂裕后昆。"揆：揆度，度量，衡量揣度。两句说：《春秋》是裁断事务的标准，把握道义的规则法度。

［译文］

程颐《春秋传序》说：上天生育了下民，一定要有超群出类的英才出来做他们的君主长官，治理他们以平息相互争夺，引导他们以使生物养民得以进行，教化他们使之懂得人与人之间的伦常之理，这样建立了人的法则，成就了天的法则，定下了地的法则。尧、舜二帝以上，圣贤世世出现，随时宜制定典章制度，顺应着各时期风俗之宜，而不在时机未成熟时开导人民，各位圣王都按照时代的情况去立政。等到夏禹、商汤、周文武三王迭兴，治理天下的各种大事都已经完备了。三代或建子为天正以一月为岁首，或建丑为地正以十二月为岁首，或建寅为人正以十一月为岁首，本于天、地、人三才为更始，至此天运已经周备了。三代的典章礼文或崇尚信诚，或崇尚质朴，或崇尚文采，人伦之事也已经完备了。三代以后，圣王既已不再出现，那些做天下君王的人，纵使想摹仿古代的遗迹，也因不明古制，只不过按照自己私下的想象胡乱作为而已。事情的荒谬，以至于出现了秦朝以建亥为正以十月为岁首。违背治国之道，汉朝竟然用智力把持天下，哪里还懂得先王之道呢？孔子生当周朝末年，他考虑到圣人不再出现，顺应天时以治理天下的人再也不会有了，于是作了《春秋》这部书，成为历代帝王治理天下不可更改的根本法则。就像《中庸》上说的"用夏商周三代圣王的治国之道来考查，没有违背的；设立于天地之间，合乎天地之道而没有不通的；用鬼神的隐微之道验证，没有可疑的；行用百代，直等到后世圣王再次出现，也不会发生疑惑”啊。前代儒者曾说：孔子作《春秋》，“连子游、子夏这些熟悉文献的人都不能帮着写一句话”。语言文辞不需要他们帮着写，这里说的是他们没有这个水平来参与这件事。《春秋》中体现的这个道，只有颜渊曾经听孔子说过，这就是“用夏朝的历法，坐殷朝的车子，戴周朝的帽子，音乐就用舜时的《韶》舞”。这是孔子定的准的。后代把《春秋》看成一部史书，认为其中体现的不过褒善贬恶而已。至于其中贯穿的经济天下的根本法则，却不了解。《春秋》书中包含大义数十条。这些义理虽然重要，但它们显赫得就像天上日星，容易认识；只有那些微言隐义，按照时宜措置的地方难以认识。所述的事，有贬抑的，有放任的；有赞扬的，有抨击的；有的原本卑下书中加以尊崇，有的原本尊崇书中加以抑退；有明显的事写成隐微，有隐微的事写得明显，都一定要完全地符合义理。语言恰如其分地处理文采与质朴而得其中，评价不宽不苛而得其宜，评判不毁不誉而存其公，它是裁断事务的标准，把握道义的楷模。正如观察了各种事物，然后才能明白天地化工之神妙；聚集众多的材料，而后才能明白各自在建房中的用途。读书学道也是如此，要在一事一义上理解圣人的用心，除非上智的大贤是不能够的。所以学《春秋》的人，一定要优游而不迫，涵泳而有余，默识而心通，然后才能认识到它的隐微之处。后代的王者如果懂得了《春秋》之义，即使他没有夏禹商汤那样的德行，也还可以效法三代之治。自秦朝以后，《春秋》之学不传。我为圣人的心意不被后人理解而哀伤，所以作了《春秋传》加以阐明，以使后来的人弄通《春秋》的文字进而探求其义理，掌握其中的意义进而效法其功用，那么三代之治就可以恢复了。这部《春秋传》，虽然未能穷尽包含在《春秋》一书中的圣人之道的奥义，但差不多可以让学习的人找到一个门径进去了。

3.62　《诗》《书》，载道之文；《春秋》，圣人之用。《诗》《书》如药方，《春秋》如用药治病。圣人之用，全在此书，所谓“不如载之行事深切著明”者也。[①]有重叠言者[②]，如征伐、盟会之类。盖欲成书，势须如此。不可事事各求异义，但一字有异，或上下文异，则义须别。　　——《二程遗书》卷二上

[注释]

①圣人之用：圣人将其道运用于事。《史记·太史公自序》：“上大夫壶遂曰：‘孔子何为而作《春秋》哉?’太史公曰：‘余闻之董生曰：……子曰：我欲载之空言，不如见之行事之深切著明也。’”悬空地讲大道，不如通过行事表现出来深入透彻显明。②重叠言者：多次出现的语言和记载。

[译文]

《诗经》、《尚书》，是承载圣人之道的文字；《春秋》一书，则是圣人用以明道的。如果把《诗经》、《尚书》比作药方，《春秋》就像用这些药方治病。圣人将其道运用于事，全在这部书里了，这就是孔子自己说的，垂之空言，“不如通过行事表现出来深刻透彻显明”。书中有近义词重叠使用的，如征伐、盟会之类的事件。原因是想写成一部书，势必如此。不能每一事即使相同也要分别推求其中不同的含义，只是如果有一字不同，或上下文不同，那么其中含义也应不同。

3.63　五经之有《春秋》，犹法律之有断例[①]也。律令[②]唯言其法，至于断例，则始见其法之用也。　——《二程遗书》卷二上

[注释]

①断例：即案例。②律令：法律条令。晋杜预《律序》：“律以正罪名，令以存事制。”

[译文]

五经中有《春秋》，就像法律中有案例。法律上只写法律条文，到案例中，才能看到这些法律应该如何掌握应用。

3.64　学《春秋》亦善，一句是一事，是非便见于此，此亦穷理之要。然他经岂不可以穷理？但他经论其义，《春秋》因其行事，是非较著，故穷理为要。尝语学者：且先读《论语》《孟子》，更读一经，然后看《春秋》。先识得个义理，方可看《春秋》。《春秋》以何为准？无如中庸。欲知中庸，无如权。①须是时而为中。若以手足胼胝、闭户不出二者之间取中，便不是中。若当手足胼胝，则于此为中；当闭户不出，则于此为中。②权之为言，秤锤之义也。何物为权？义也，时也。只是说得到义。义以上更难说，在人自看如何。③　——《二程遗书》卷十五

[注释]

①中庸：程颢说："不偏之谓中，不易之谓庸。中者天下之正道，庸者天下之定理。"（《二程遗书》卷七）参考（2.89）注⑮。权：有权衡、权变义，分别见（2.65）、（2.108）注。②手足胼胝（piánzhī）：指禹急于救天下之难，手掌脚底因长期劳动摩擦而生的茧子。《史记·李斯列传》："禹凿龙门，通大夏，疏九河，曲九防，决渟水致之海，而股无胈，胫无毛，手足胼胝，面目黎黑。"闭户不出：《孟子·离娄下》："乡邻有斗者，被发缨冠而往救之，则惑也。虽闭户可也。"这是颜回的处事态度。③义以上更难说：茅星来解："义者谓事物之所当然，义以上者则其所以当然之故也，在人自看如何。""非可以言语形容也。"张伯行解："义者，所以酌乎时措之宜，往来于事物之间者也。此就用上说，一事各有一义，只好说到此。若义以上，则自用溯体。处物之义，本于在物之理。在物之理，一实万分，不可以言尽，在人切己体认，自看如何耳。"

[译文]

学《春秋》也很好，一句话就是一件事，是非便从这事中看出，这也是穷理的关键。难道读其他经书不能穷理吗？别的经书只讲应当如何，《春秋》则借助于历史实事，是与非在比较中显得突出，所以成为穷理的关键。我曾经对学生们说：且先读《论语》、《孟子》，再读一部经书，然后看《春秋》。先懂得了义理，才能看《春秋》。《春

秋》判断是非以什么为准呢？没有超过中庸的了。想要懂得中庸，没有超过懂得权衡轻重的了。应该是因时得宜而为中，如果在大禹的急天下之难，和颜回的闭门不出中间取一个不急不缓的中，那就不是中。如果应当手足胼胝急天下时，那么这样做就是中；如果应当闭门不出时，这样做也是中。权字的意思，就是俗语说的秤锤。做事应该以什么作为校订轻重的准则呢？那就是义，就是时宜。只能说到义，义以上的就不好讲了，在各人自己怎么样去领会了。

3.65 《春秋》传为案，经为断。[①]（本注：程子又云：某年二十时看《春秋》，黄聱隅[②]问某如何看，某答曰：以传考经之事迹，以经别传之真伪。） ——《二程遗书》卷十五

［注释］

①传：指《春秋》三传：《左氏传》、《公羊传》、《穀梁传》。从行文看，传主要指《左氏传》。案：案例。断：断案时的断语。②黄聱隅：名晞，字景微，学者，自号聱隅子。

［译文］

《春秋》书中，解经的传文好比案例，经文就像断语。（本注：程颐又说：我二十岁时看《春秋》，黄晞问我如何看，我回答说：用传文去考察经文记载的事件详情，用经文来判断传文的真与伪。）

3.66 凡读史，不徒要记事迹，须要识其治乱安危兴废存亡之理。且如读《高帝纪》，便须识得汉家四百年终始治乱当如何。是亦学也。[①] ——《二程遗书》卷十八

［注释］

①《高帝纪》：指《史记·高祖本纪》。叶采解：“观高祖宽大长者，能用三杰，则知汉所以得天下；观其入关，除秦苛法，则知汉所以立四百年基业；观伪游云梦，则知诸侯王以次而叛；观系萧相国狱，则知汉之大臣多不终保。”

[译文]

凡读史书，不仅仅要记住历史事件，还要明白其中治乱安危兴废存亡的道理。比如读《史记·高祖本纪》，就应该看出汉朝四百年始终治乱应该会是什么情况。如此才叫学习。

3.67 先生每读史到一半，便掩卷思量，料其成败，然后却看。有不合处，又更精思。其间多有幸而成，不幸而败。今人只见成者便以为是，败者便以为非，不知成者煞有不是，败者煞有是底。

——《二程遗书》卷十九

[译文]

程颐先生常常读史读到一半时，就放下书本思考，预料其成败，然后再看。有预料与史实不合的地方，又进一步深入思考。其中多有侥幸成功的，有不幸而失败的。今人只看到成功的便以为他对，失败的就认为他错，不知道成功的很有些不对的，失败者很有些正确的。

3.68 读史须见圣贤所存治乱之机，贤人君子所以进退，便是格物。①

——《二程遗书》卷十九

[注释]

①张伯行解：“贤人君子出而在朝，则世将治之机也；若退而在野，则世将乱之机也。”格物：推究事理。参考（3.9）注。

[译文]

读史书应该看到著书圣贤在书中表现的治乱的先兆，以及贤人君子进身退隐的原因，这就是推究事理。

3.69 元祐中，客有见伊川者，几案间无他书，惟印行《唐鉴》一部。①先生曰：近方见此书。三代以后，无此议论。

——《二程外书》卷十二

[注释]

①元祐：宋哲宗年号。《唐鉴》：范祖禹著。祖禹，字淳夫。《二程外书》卷十一又记："范淳夫尝与伊川论唐事，及为《唐鉴》，尽用先生之论。先生谓门人曰：淳夫乃能相信如此。"

[译文]

元祐年间，有位客人去见程颐，见书案上没有别的书，只有一部印行的《唐鉴》。程颐说：近来才见到这部书。自从三代以后，没有这样好的议论。

3.70 横渠先生曰：《序卦》不可谓非圣人之蕴。[①]今欲安置一物，犹求审处，况圣人之于《易》？其间虽无极至精义，大概皆有意思。观圣人之书，须遍布细密如此。大匠岂以一斧可知哉？

——张载《横渠易说·序卦》

[注释]

①《序卦》：《周易》中解说六十四卦排列顺序的篇名，为《十翼》之一。茅星来解："以韩康伯注有'《序卦》非《易》之蕴'之说，故特辨之。"韩康伯，名伯字康伯，东晋学者。

[译文]

张载说：《序》卦不能说反映的不是圣人的深意。今天人们想安排一件东西的位置，尚且要审慎地安置，何况圣人排列《易》卦的位置呢？《序》卦中虽然没有极至的精义，但大体说都有意思。看圣人的书，也应该像《序》卦一样布置细密。难道仅从一斧砍削上就可以认识一位巨匠吗？

3.71 天官之职，须襟怀洪大，方看得。[①]盖其规模至大，若不得此心，欲事事上致曲穷究，凑合此心，如此之大，必不能得也。释氏锱铢天地[②]，可谓至大，然不尝为大，则为事不得。若畀之一钱，则必乱矣。

又曰：太宰[3]之职难看，盖无许大心胸包罗，记得此，复忘彼。其混混天下之事，当如捕龙蛇搏虎豹，用心力看方可。其他五官便易看，止一职也。 ——张载《横渠语录》

[注释]

①此条就读《周礼》一书议论。所谓“看”即读。按周建六官，取法天地四时，天官冢宰，地官司徒，春官宗伯，夏官司马，秋官司寇，冬官司空。其中冢宰总御众官。与此对应，《周礼》一书分六篇，依次为《天官冢宰第一》、《地官司徒第二》、《春官宗伯第三》、《夏官司马第四》、《秋官司寇第五》、《冬官考工第六》。本条所言“天官之职”、“太宰之职”，都指《周礼》第一篇《天官冢宰》。按此条又见《经学理窟·周礼》，文字略有不同。②锱铢天地：佛教大小相对论，意即锱铢之微就含有天地之大。锱和铢都是古代极小的重量单位，故锱铢是细小、微末之意。③太宰：即冢宰，辅助帝王治理国家。

[译文]

《周礼》中讲天官冢宰之职的第一篇，需要有广大的胸怀，才能看得。因为这篇所讲的冢宰之职规模最大，如果没有广大的心胸，想在每一事上都弄得委曲详尽，一切事都凑合而成，这样的心胸广大，不是真的广大，必然不能贯通冢宰之事。佛教说的锱铢之中含天地之大，可以说是大了，但他们只说大话而没有做过大事。如果给他一个钱那么大的事，就一定乱了。

又说：讲太宰这个职位的内容不易看，因为你没有这么大的心胸去包罗这纷繁的事，记得这些，又忘了那些。这些乱糟糟的天下事，要去记它，应该像捕龙蛇斗虎豹一样，用如此大的心力去看才行。讲其他五种官职的几篇则容易看，因为只讲一种职责。

3.72 古人能知《诗》者惟孟子，为其以意逆志也。[1]夫《诗》之志至平易，不必为艰险求之。今以艰险求《诗》，则已丧其本心[2]，何由见诗人之志？（本注：诗人之情性温厚平易老成，本平地上道著言语。今须[3]以崎岖求之，先其心已狭隘了，则无由见得。诗人之情本乐易[4]，只为时事拂着他乐易之性，故以诗道其志。）

——张载《经学理窟·诗书》

［注释］

①《孟子·万章上》："故说《诗》者，不以文害辞，不以辞害志。以意逆志，是为得之。"如何"以意逆志"，前人解说不一。汉代赵岐《孟子注疏》说是："以己之意逆诗人之志。"朱熹《孟子集注》也说："当以己意迎取作者之志。"清人吴淇则认为以意逆志是"以古人之意求古人之志，乃就诗论诗"（《六朝选诗定论缘起》）。今人一般认为以意逆志是根据作品的全篇立意，来探索作者的心志。②本心：心之本然。这里具体指人之平易之心。③须：表转折，却，反倒。④乐易：和乐平易。《荀子·荣辱》："安利者常乐易，危害者常忧险；乐易者常寿长，忧险者常夭折。"杨倞注："乐易，欢乐平易也。"

［译文］

古人能够理解《诗经》的只有孟子，因为他以自己的体验去揣测诗人之志。《诗经》中包含的心志本来是极其平易的，不必当做高深难通的东西去推求。现在以高深难通去探求《诗经》，那么你自己的本然平易之心先已丧失了，还怎么能明白诗人之志？（原注：诗人的性情原是温厚、平易、老成的，本来像站在平地上说话一样。现在要用艰险难通的眼光去探求它，自己的心先狭隘了，那就无法理解。诗人的感情原本是愉快而平易的，只因为时事触动了他愉快平易的本性，所以才用诗来抒写他的心志。）

3.73　《尚书》难看，盖难得胸臆如此之大。只欲解义，则无难也。[1]

——张载《经学理窟·诗书》

［注释］

①按程颐曾说："凡看文字，先须晓其文义，然后可求其意。"见（3.23）。义，指字面意思。意，指文章意蕴。只欲解义：只想理解字面意思。

[译文]

《尚书》难读，难在难得有如此大的心胸。如果只想理解字面意思，那并没有什么困难。

3.74 读书少，则无由考校得义精。盖书以维持此心。一时放下，则一时德性有懈。读书则此心常在，不读书则终看义理不见。[1]

——张载《经学理窟·义理》

[注释]

①茅星来解："此以见读书非徒穷理之事，实亦养心之要也。"维持此心，此心常在，都是不使心放逸之意。《尚书·毕命》："虽收放心，闲之维艰。"《孟子·告子上》："学问之道无他，求其放心而已矣。"放即放纵，放逸。参考（4.8）及注。心指人本善之心。朱熹解："人常读书，庶几可管摄此心，使之常存。"

[译文]

人读书少，就无法考校得义理精详。因为书可以用来维持人的本善之心。一时放下书本，那么一时在修养德性上就有懈怠。常读书就能常存此心。不读书则到底也不能明白义理。

3.75 书须成诵，精思多在夜中，或静坐得之。不记则思不起。但通贯得大原[1]后，书亦易记。所以观书者，释己之疑，明己之未达，每见每知新益，则学进矣。于不疑处有疑，方是进矣。

——张载《横渠语录》

[注释]

①大原：根源，本源，基本精神。《汉书·董仲舒传》："道之大原出于天，天不变道亦不变。"

[译文]

读书应该能够背诵，精思多在夜里，或者在静坐时理解了。不能记熟就不能在深夜或静坐时思考。反过来说，只要能贯通书的基本精神，然后去记，书也容易记。人们看书的目的，是消解自己的疑问，明白自己原来不懂的东西，每读一次都有新的收益，那你的学业就进步了。在没有疑问的地方发现了疑问，才是进步。

3.76　六经须循环理会，义理尽无穷。待自家长得一格，则又见得别。

——张载《横渠语录》

［译文］

六经需要循环反复地阅读领悟，义理没有穷尽。等到你自身的水平提高了一个等级，你就会有新的见解。

3.77　如《中庸》文字辈，直须句句理会过，使其言互相发明。[①]

——张载《横渠语录》

［注释］

①此条又见《经学理窟·学大原下》："以《中庸》文字辈，直须句句理会过，使其言互相发明，纵其间有命字未安处，亦不足为学者之病。"

［译文］

如《中庸》这样的文字，直须一句一句地领会，使其言前后互相发明。

3.78　《春秋》之书，在古无有，乃仲尼所自作，惟孟子能知之。非理明义精，殆未可学。先儒[①]未及此而治之，故其说多凿。

——张载《横渠语录》

［注释］

①先儒：前代儒者，此指汉、唐儒者。

［译文］

《春秋》这部书，古时没有，是孔子自己作的，只有孟子能理解。不是理义精熟的人，恐是不能学的。前世儒者未达到这样的水平而去研究它，所以他们的解释多生硬穿凿。

卷四　存养

4.1　或问："圣可学乎？"濂溪先生曰："可。"曰："有要乎？"曰："有。""请问焉。"曰："一为要。一者无欲也。无欲则静虚动直。静虚则明，明则通；动直则公，公则溥。明、通、公、溥，庶矣乎。"①　　——周敦颐《通书·圣学》

［注释］

①一：其意如道家之守一。所谓守一，指无视无听，守持魂神，无思无欲的状态。静虚动直：即心做到静虚，念头萌动就直。明：没有疑惑。通：通达。公：无私。溥：无所偏倚。周敦颐认为，明白、通达、无私、无偏，就差不多是圣人了。

［译文］

有人问："圣人可以学习而成吗？"周敦颐说："可以。"又问："学做圣人有要领吗？"回答说："有。""请问这个要领。"回答说："守一是要领。守一的意思是无欲。无欲就能心中静虚，一念之动就正直。静虚则明而无疑，明而无疑就通达；正直就公正，公正就不偏不倚。明白、通达、无私、无偏，就差不多是圣人了。"

4.2　伊川先生曰：阳始生甚微，安静而后能长，故《复》

之《象》曰："先王以至日闭关。"[①] ——《程氏易传·复传》

［注释］

①此条据《程氏易传·复·象传》改编而成。《复》卦的《象》辞说："先王以至日闭关，商旅不行，后不省方。"朱熹解："一阳初复，阳气甚微，不可劳动，故当安静以养微阳。"至日：冬至日。闭关：闭塞关门。参考（1.10）及注。

［译文］

程颐说：《复》卦一阳始生于下，阳气非常微弱，只有安静不劳才能增长，所以《复》卦的《象》辞说："古代的圣王在冬至这一天封闭关门。"

4.3　动静节宣，以养生也；饮食衣服，以养形也；威仪行义，以养德也；推己及物，以养人也。[①] ——《程氏易传·颐传》

［注释］

①此条解《颐卦·象传》。《颐》（䷚）震下艮上，上下各一阳爻，中四爻皆阴，像人的口颊（颐）。颐，颐养，养有自养、养人二义。《象》云："观颐，观其所养也；自求口实，观其自养也。"《象》："山下有雷，颐，君子以慎言语、节饮食。"《颐》卦下震上艮，震为动，艮为静。节宣：节制言语。

［译文］

动静适宜，节制言语，用以养生；饮食和衣服，用来养形体；庄严的容貌举止，正确的行为，用来养德行；推己及人，用来养育他人。

4.4　"慎言语"以养其德，"节饮食"以养其体。事之至近而所系至大者，莫过于言语饮食也。[①] ——《程氏易传·颐传》

［注释］

①《颐卦·象传》："山下有雷，颐，君子以慎言语，节饮食。"言语、饮食，都由口取象。参见（4.3）注。

［译文］

“慎言语”以存养自己的德行，“节饮食”以保养自己的身体。天下事与自身最切近而关系又最大的，没有超过言语和饮食的了。

4.5　“震惊百里，不丧匕鬯。”临大震惧，能安而不自失者，惟诚敬而已。[①]此处震之道[②]也。　　——《程氏易传·震传》

［注释］

①《周易·震卦》：“震来虩虩，笑言哑哑，震惊百里，不丧匕鬯。”这是在雷霆霹雳震动时几种人的表现：有的打哆嗦非常害怕，有的哈哈说笑不在乎，有的十分镇定，手里勺子盛的酒一点都没洒出来。虩虩（xì），打哆嗦，非常害怕。匕鬯（chàng），匕是勺子，鬯是用黑黍与香草酿成的香酒。不丧匕鬯：指在祭祀的人很镇静。叶采解：“诚敬尽于祀事，则虽震而不为惊。君子当大恐惧，中有所主，则威震不足以动之矣。”②处震之道：对待震惧的方法。处，对待。

［译文］

“雷霆震惊百里，有的人勺子里的酒一点都没洒出来。”面对大的震惧，能够使人安定而不自失的，只有诚敬而已，这是对待大的震恐的方法啊。

4.6　人之所以不能安其止者，动于欲也。[①]欲牵于前而求其止，不可得也。故《艮》之道，当“艮其背”[②]，所见者在前，而背乃背之，是所不见也。止于所不见，则无欲以乱其心，而止乃安。“不获其身”，不见其身也，谓忘我也。无我则止矣。不能无我，无可止之道。“行其庭，不见其人。”庭除之间至近也，在背则虽至近不见，谓不交于物也。[③]外物不接，内欲不萌，如是而止，乃得止之道，于止为“无咎”[④]也。

——《程氏易传·艮传》

[注释]

①安其止：安于其所当止之所。动于欲：被私欲牵动而不能止。②《周易·艮卦》："艮其背，不获其身，行其庭，不见其人，无咎。"艮，止的意义。③庭除：庭院。庭为院，除是台阶。不交于物：不与外物相交接。④无咎：没有灾害。

[译文]

人之所以不能安于他应该所止之处的原因，是被欲望引动。欲望在前边牵动着却想要止而不动，是不可能的。所以《艮》卦的道理是，当人的注意"集中凝止在背后"时，人所见的东西在前边，而背却在背后，所以是看不见的。精神凝止在看不见的地方，就没有外欲来扰乱他的心，这就能安于他应当所止息之处了。"不获其身"，就是看不见自己的身体，是忘我的意思。无我无私无欲就能止息了。不能无我，就没有能定止的方法。"行其庭，不见其人。"庭院台阶之间是很近的，但在人的背后纵使再近也看不见，这是说的内心不与外物相交。外面不接触事物，内心不萌发欲念，这样保持静止，才是止的正确方法，对于止来说就是"没有灾害"了。

4.7　明道先生曰：若不能存养，只是说话。[①]

——《二程遗书》卷一

[注释]

①茅星来解："此为读书讲论者言之。盖古圣贤言语，无非身心切实之学，若不能操存涵养，则无以有之于己。而所以讲论者，亦只古人之说话而已，谓于身心无干也。"存养：即存其心养其性。

[译文]

程颢说：读圣贤书，如若不能将圣人之言存于心而养其性，那就只不过是了解些古人的说话而已。

4.8　圣贤千言万语，只是欲人将已放之心，[①]约之使反复入身来，自能寻向上去。“下学而上达”[2]也。

——《二程遗书》卷一

［注释］

①《孟子·告子上》：“学问之道无他，求其放心而已矣。”放，放逸，丧失。心指本善之心。②下学而上达：见《论语·宪问》，学习平常的知识，悟解高超的道理。见（2.77）、（2.85）及注。

［译文］

圣贤千言万语，只是要人将已经放逸而去的本善之心，收束了使之返回自己身躯中来，这样自然能够寻求上进。这就是孔子说的“下学而上达”的意思。

4.9　李籲问[1]：每常遇事，即能知操存之意。无事时如何存养得熟？曰：古之人，耳之于乐，目之于礼，左右起居，盘盂几杖，有铭有戒，动息皆有所养。[2]今皆废此，独有理义之养心耳。但存此涵养意，久则自熟矣。[3]“敬以直内”[4]，是涵养意。

——《二程遗书》卷一

［注释］

①李籲：字端伯，世称缑山先生，洛阳人，二程门人。②操存：操持心志，不使亡逸。《孟子·告子上》：“操则存，舍则亡。”按尧有《尧诫》，见《淮南子·人间训》；汤有《盘铭》，见《礼记·大学》。王通《文中子·礼乐》：“刻于盘盂，勒于几杖。”动息皆有所养：如歌咏以养其性情，声音以养其耳目，舞蹈以养其血脉等，见（11.16）。动息，活动与止息，《隋书·天文志上》：“生灵因之动息，寒暑由其递代。”③张伯行解：“今李籲以为遇事知操存，而无事时不能存养得熟，是谓无可著力下手处。”“程子以敬字开示之。”古人存养之方，甚详且密：“乐以平心，使耳闻之而有所敬；礼以节性，使目习之而有所敬。左右起居，不敢忽也；盘盂几杖，不敢略也。勒之为铭，使有所触而敬心起；著之为戒，使有所惩而敬心存。”今皆废之。“理义如何养？但常存此涵养意，勿坐驰，勿妄想，优游渐渍，久自会熟。”④敬以直

内：见《周易·坤卦·文言》。见（2.7）、（2.16）、（2.44）及其注。

[译文]

李籲问：平常遇事的时候，就能够明白操持存养内心的意思。但在没事的时候，怎样才能存养内心使之贯熟呢？程颢回答说：古代的人，用音乐通过耳来涵养心性，用礼仪通过眼睛来涵养，日常生活中左左右右，用具如盘盂几杖，都有铭文有箴戒之词，动中静时都有所涵养。现在这些都废弃了，只有礼乐铭戒中体现的义理还保存着，也只能用这义理来涵养内心了。涵养的办法就是，只要你心中经常保持这涵养的意识，时间长了自会贯熟的。《周易》上说的“用敬来使内心正直”，说的就是涵养的意思。

4.10　吕与叔尝言，患思虑多，不能驱除。①曰：此正如破屋中御寇，东面一人来未逐得，西面又一人至矣。左右前后，驱逐不暇。盖其四面空疏，盗固易入，无缘作得主定。②又如虚器入水，水自然入。若以一器实之以水，置之水中，水何能入来？盖中有主则实，实则外患不能入，自然无事。

——《二程遗书》卷一

[注释]

①吕与叔：吕大临，二程弟子，见（2.57）及注。思虑：闲思杂虑。吕大临曾说他为心中闲思杂虑太多而忧虑。②无缘：无从，不能够。主：有专主，指义理充实于内。（4.48）又有“有主则虚”之说，朱熹解：“实指理而言。盖以理为主，则此心虚明，一毫私意着不得。”

[译文]

吕大临曾经说，发愁的是心中闲思杂虑太多，不能驱除。程颢说：这正如在破屋中抵御贼寇，东面一个盗贼来了还没赶出去，西面又有一个人来了。前后左右，四面驱赶不及。原因是四面墙壁空虚，盗贼当然容易进来，你没法做得主。又如把空的器皿放到水里，水自然就进去了。如果拿一个器皿装满了水，把它放到水中，水怎么能进来？人胸中有主就充实，充实了外界不好的东西就不能进入心中，自然也就无事。

4.11　邢和叔[①]言："吾曹常须爱养精力，精力稍不足则倦，所以临事皆勉强[②]而无诚意。"接宾客语言尚可见，况临大事乎？

——《二程遗书》卷一

[注释]

①邢恕，字和叔，郑州阳武人。曾从程颢学。此条标点参考中华书局点校1981年本《二程集·二程遗书》。按明李豫亨《推篷寤语》卷四所录，则整条均为邢恕语。②勉强：勉强一词有多义，此处为能力不足而强为之之义。杜甫《法镜寺》诗："身危适他州，勉强终劳苦。"即用此义。

[译文]

邢恕说过："我们应该经常爱惜和保养自己的精力，精力稍有不足就困倦，处理事务时就显得很吃力又显得缺乏诚意。"人困倦不诚，从接待宾客的语言上就能看出来了，何况面对大事呢？

4.12　明道先生曰：学者全体此心[①]，学虽未尽，若事物之来，不可不应，但随分限[②]应之，虽不中，不远矣。

——《二程遗书》卷二上

[注释]

①全体此心：保全此天然本善之心。朱熹解："全体此心，只是全得此心，不为私欲汩没。"②分限：本分，天分。

[译文]

程颢说：学者要保全你这本心，能如此那么学习中虽然还没能尽事物之理，如果遇事遇物，不能不应付，只要尽你已有的力量去应付了，即使不完全合宜，也不会差得太多。

4.13 “居处恭，执事敬，与人忠。”此是彻上彻下语。圣人元无二语。[①]

——《二程遗书》卷二上

［注释］

①见《论语·子路》孔子答樊迟问仁。彻上彻下：茅星来解：“言自始学自成德，皆不外此。”元无二语：元，同原。朱熹认为，恭、敬、忠，其实都是一回事，“自诚身而言则恭为紧，自行事而言则敬为切”。又说“告樊迟三语，便与告颜渊、仲弓都无异”。所以说元无二语。按《论语·颜渊》：“颜渊问仁，子曰：克己复礼为仁。”又“仲弓问仁，子曰：出门如见大宾，使民如承大祭，己所不欲，勿施于人”。朱熹认为这些实都不出恭、敬、忠三个字。

［译文］

“平日起居要恭，做起事来要敬，与人相交要忠。”这是人们从始学到成德应遵循的话。圣人原没有说过与此不同的话。

4.14 伊川先生曰：学者须敬守此心，不可急迫，当栽培深厚，涵泳于其间，然后可以自得。[①]但急迫求之，只是私己，终不足以达道。

——《二程遗书》卷二上

［注释］

①栽培：指以义理培植，见（2.22）及注。自得：所谓自得有多方面含义，如品行的自行提高，对圣学的独自体味，道理的独会于心而自有所得等等，此外还表现为从容自得（宽裕而不迫切）之气象。《礼记·中庸》：“君子无入而不自得焉。”《孟子·离娄下》：“君子深造之以道，欲其自得之也。自得之则居之安，居之安则资之深，资之深则取之左右逢其原，故君子欲其自得之也。”原，同“源”。见（2.41）、（3.7）、（3.24）等条及注。

［译文］

程颐说：学子们应该用敬来守持你的本心，不可急急迫迫地去追求道，当义理培植得深厚时，从从容容地涵泳于其中，天长日久而后可以自然得道。只是急急迫迫地追求，那只能是一己私心，最终也不可能达于圣人之道。

4.15 明道先生曰："思无邪"、"毋不敬"[①]，只此二句，循而行之，安得有差？有差者，皆由不敬不正也。

——《二程遗书》卷二上

[注释]

①引文分别见《论语·为政》、《礼记·曲礼上》。朱熹解："'毋不敬'，是用功处，所谓正心诚意也；'思无邪'，思至此自然无邪，乃功深力到处，所谓心正意诚也。"

[译文]

程颢说："思虑纯正无邪"，"不要忘记谨严敬慎"，只这两句话，照着去做，怎么会有差错？有差错的原因，都是由于不敬不正。

4.16 今学者敬而不见得，又不安者，只是心生，亦是太以敬来做事得重，此"恭而无礼则劳"也。[①]恭者，私为恭之恭也；礼者，非体之礼，是自然底道理也。只恭而不为自然底道理，故不自在也，须是恭而安。[②]今容貌必端，言语必正者，非是道独善其身，要人道如何，只是天理合如此，本无私意，只是个循理而已。[③]

——《二程遗书》卷二上

[注释]

①敬是程氏修养理论的核心，学者首先要"敬以直内"，要持敬存诚。见（2.7）、（2.34）、（2.43）、（2.58）、（2.61）等条及注。不安：身心不安，即下文所谓"不自在"。心生：朱熹解："只是心生，言只是敬心不熟也。"（《朱子语类》卷九十六）心生即没有形成个人自然的思维和行为习惯，外部的要求没有内化为自身的习惯。《论语·泰伯》："子曰：恭而无礼则劳，慎而无礼则葸，勇而无礼则乱，直而无礼则绞。"②这几句是对孔子"恭而无礼则劳"的解读。恭，是私下里要表现得恭敬而恭敬，不是扩然大公地按照理之

当然自然地去行。这句话中的“礼”，不是礼节（打躬作揖之类动作）的意思，是指天地自然的道理，即礼的根本精神。只拿拿捏捏地去表现得恭敬而不是依自然之理去行，就不自在。应该是既恭敬又自然。③容貌必端，言语必正：这是“敬”的外在要求。叶采解：“私意谓矫饰作为之意，循理则顺乎自然、尽乎当然，何不安之有？”

［译文］

现在学道的人按谨敬的要求做了却不见有收获，恭敬行事时心下又不安，这只是敬心还不纯熟，也是太刻意于照敬的要求去做事了，这就是孔子说的“只注重容貌态度的谨恭，却不知礼，就不免劳倦”。他这里说的“恭”，是私自心下为了在人面前表现得很谨恭而去谨恭，这里说的“礼”，不是指鞠躬作揖之类的礼节动作，而是自然应该如此的道理。只是谨恭而不是顺着自然的道理去做，所以显得不自在，应该是做到谨恭而又心安。现在要做到容貌态度一定要端庄，一言一语一定要端正，不是说要以此完善自身，叫人看了说你如何端正，只是天理自然应该这样做，本来没有私意，只是按照天理行事而已。

4.17　今志于义理而不安乐者何也？此则正是剩一个“助之长”[①]。虽则心操之则存，舍之则亡，然而持之太甚，便是“必有事焉”而正之也。[②]亦须且恁去。[③]如此者只是德孤。“德不孤，必有邻。”到德盛后，自无窒碍，左右逢其原也。[④]

——《二程遗书》卷二上

［注释］

①《孟子·公孙丑上》：“必有事焉，而勿正，心勿忘，勿助长也。”原就养气说，这里则就一般修养说。正，此处作预期解，预期其成而心急迫。②《孟子·告子上》：“孔子曰：‘操则存，舍则亡，出入无时，莫知其乡。’惟心之谓与？”言人应操持其心而不可放逸。程颢认为，如果操之过度，急迫求之，也是有害的。③朱熹解：“亦须且恁去，其说盖曰：虽是必有事焉而勿

正，亦须且恁地把捉操持，不可说道持之太甚便放下了。”④《论语·里仁》，原意说有德之人不会孤单，一定会有志同道合的伙伴。此处所用非本义。茅星来解：“孤谓所得孤单，别无所有也。德盛则不孤矣，至于左右逢原则有邻矣，与《论语》本文意别。”德孤：德行单一，没有全面修养起多方面的品德。参考（2.7）及注。

［译文］

今人有志于义理内心却不安乐，原因是什么呢？这正是只剩下一个拔苗助长强求速成的毛病了。虽然说人本善之心能操持它就能保有，舍弃就会丧失，但你操持得太紧了，就是孟子说的在修养身心时心情急迫地等待了。虽然这样说，还是应该如此操持着做去，这样做去缺陷只是所得的德行单一。孔子说：“德行不会单一的，一定会有其他德行相伴。”等德行修养到盛大后，自然互相贯通而无窒碍，就能左右逢源了。

4.18　敬而无失，便是“喜怒哀乐未发谓之中”[1]。敬不可谓中，但敬而无失，即所以中也。　　——《二程遗书》卷二上

［注释］

①引文见《礼记·中庸》。

［译文］

持敬而不间断，便是所谓“喜怒哀乐之情未表现出来称作中”。敬不可称作中，但持敬而不间断，就是寻求和保持中的方法。

4.19　司马子微尝作《坐忘论》，是所谓坐驰也。[1]

——《二程遗书》卷二上

［注释］

①司马承祯，字子微，唐代道士。著有《修真秘旨》、《天隐子》、《坐忘论》等。其理论对宋代理学有直接影响。《坐忘论》为详述坐忘方法的书。坐忘概念源于《庄子·大宗师》：“堕肢体，黜聪明，离形去智，同于大通，此

谓坐忘。”坐忘是一种修养方法，指端坐而浑然忘却物我的精神境界。坐驰：形若虚静而杂念不息。《庄子·人间世》：“瞻彼阕者，虚室生白，吉祥止止。夫且不止，是之谓坐驰。”成玄英疏：“苟不能形同槁木，心若死灰，则虽容仪端拱，而精神驰骛，可谓形坐而心驰者也。”

［译文］

司马承祯曾经写了一本《坐忘论》，但他说的“坐忘”实是所谓的“坐驰”。

4.20 伯淳在长安仓中闲坐，见长廊柱，以意数之，已尚不疑。再数之，不合。不免令人一一声言数之，乃与初数者无差。则知越著心把捉，越不定。[①] ——《二程遗书》卷二上

［注释］

①此条言在自然自在的状态下心乃定。请参考（2.4）定性之说。朱熹解：“才有执持之意，即是此心先动了。此程子所以每言‘坐忘’即是坐驰，又因默数仓柱发明其说。”把捉：执持控制。《朱子语类》卷十六：“今人在静处，非是此心要驰骛，但把捉他不住。”参考（4.17）及注。

［译文］

先前有次程颢在长安县仓中闲坐，看到长廊下一排柱子，心下默默数过，自己并不怀疑数得准不准。又数了一遍，与第一次数字不合。不免让人一个两个地读着数了数，结果与他第一次数的一样。这就说明人心越用意去把握，就越把握不定。

4.21 人心作主不定，正如一个翻车，流转动摇，无须臾停，所感万端。[①]若不做一个主，怎生奈何？张天祺[②]昔尝言：“自约数年，自上著床，便不得思量事。”不思量事后，须强把他这心来制缚，亦须寄寓在一个形象，皆非自然。君实自谓：“吾得术矣，只管念个‘中’字。”此又为“中”所系缚。[③]且中亦何形象？有人胸中常若有两人焉，欲为善，如有恶以为之间；

欲为不善，又若有羞恶之心者。本无二人，此正交战之验也。持其志，使气不能乱，此大可验。[4]要之圣贤必不害心疾。[5]

——《二程遗书》卷二下

［注释］

①张伯行解："此要人以敬持志，而为心作主也。""然所谓作主者，非强制其心系缚之之谓也。"②张戬，字天祺，张载之弟。关中学者称其兄弟为二张。③司马光，字君实。张伯行解张戬、司马光之失说：张戬"欲息思虑，便是思虑，皆非自然，此天祺之作主不定也"。司马光"有心求中，即为中系缚，不多著此一念乎"？司马光系心于"中"，与张天祺同样是束缚其心而非自然。④《孟子·公孙丑上》："夫志，气之帅也；气，体之充也。夫志至焉，气次焉。故曰：持其志，无暴其气。"持：守持，保持。暴：乱，扰乱。大可验：茅星来解："大可验其志之能持与否也。"参考（4.56）注。⑤茅星来解："心疾亦指首四句言也。"即本条开头四句话所说的内心无主的毛病。参考（3.4）。

［译文］

人的内心没有一定的主宰，正如一个水车流转动摇，没有一点点停止的时间，外物的感受千头万绪。如果没有一个东西做主，怎么能行呢？张戬过去曾经说过："我给自己约定多年了，自上了床，就不再思考事情。"他是想使自己的心不动摇，但不考虑事情后，得强行把这心给束缚住，也还得把它给寄寓在一个什么东西里，这都不是心自然不动摇。司马光说："我找到了存心的方法了，我只管在心中念一个'中'字。"这又是心被"中"给束缚着了。况且中又是个什么样子呢？有的人胸中常常像有两个人，他想做善事，像有恶念在阻拦着；想做坏事，又像有羞恶之心使他做不得。本来没有两个人，这正是心中无主两意交战的验证啊。守持你的心志，使心所感之气不能扰乱你的心。心乱与否可以验证你能守志不能。总之，圣贤是一定没有心意动摇的毛病的。

4.22　明道先生曰：某写字时甚敬，非是要字好，只此是学。

——《二程遗书》卷三

[译文]

程颢说：我写字时非常敬谨，这不是为了要把字写好，只是由于保持敬谨就是学道。

4.23　伊川先生曰：圣人不记事，所以常记得；[①]今人忘事，以其记事。不能记事，处事不精，皆出于养之不完固。[②]

——《二程遗书》卷三

[注释]

①《论语·卫灵公》："子曰：赐也，女以予为多学而识之者与？……非也，予一以贯之。"故此处说圣人不记事。②朱熹解："圣人之心虚明，故能如此；常人记事忘事，只是著意之故。"养：指心性之涵养。

[译文]

程颐说：圣人不去记事，所以常常记得；今人多忘事，因为他着意去记事。不能记住事，处理事不精审，都是由于心涵养得不够完固。

4.24　明道先生在澶州日[①]，修桥，少一长梁，曾博求之民间。后因出入，见林木之佳者，必起计度之心。因语以戒学者：心不可有一事。[②]

——《二程遗书》卷三

[注释]

①澶州：在今河南濮阳。时为镇宁军所在地。熙宁初，程颢为签书镇宁军判官，住澶州。②《朱子语类》卷九十六载李德之就此条问："某窃谓，凡事须思而后通，安可谓心不可有一事？"朱熹答："事如何不思？但事过则不留于心可也。明道肚里有一条梁，不知今人有几条梁柱在肚里。佛家有'流注想'。水本流将去，有些渗漏处便留滞。"

[译文]

程颢在澶州的时候，修桥，缺少一根长梁，曾在民间广泛寻求。后来有事外出，看到树木长得好的，不由自主地一定想要量一下。他因而告诫学生：人的心里不能存有一事。

4.25　伊川先生曰：入道莫如敬。未有能致知而不在敬者。[1]今人主心不定，视心如寇贼而不可制，不是事累心，乃是心累事。[2]当知天下无一物是合少得者，不可恶也。

——《二程遗书》卷三

[注释]

①入道：学道，使其心合于圣人之道。朱熹解："敬则心存，心存则理具于此而得失可验，故曰：未有致知而不在敬者。"②张伯行解："今人不能以敬存心而心不定，因恐心为物动，被他纠牵，遂欲屏弃一切，自家系缚其心，不肯思量，则是视心如寇贼而不可制，而恶外物之为累也。此岂真事能累心哉？乃自桎梏其心，置于无用之地，使天下事无所整顿，是心累事也。"

[译文]

程颐说：进修圣道没有比持敬更重要的了。从来没有能够致知明理而心不存于敬的。现在的人心中没有一个主宰而不安定，把心看做容易被外事牵累需要严加防范而不可制伏的寇贼，这不是外事牵累了你的心，却是你的心牵累了外事。应该懂得天下没有任何一事一物是应该缺少的，所以不可厌烦外事。

4.26　人只有个天理，却不能存得，更做甚人也！[1]

——《二程遗书》卷十八

[注释]

①此条《二程遗书》原书上文有："或问：人与禽兽甚悬绝矣。孟子言：'人之所以异于禽兽者几希矣。'莫是只在去之存之上有不同处？伊川曰：固是……"孟子语见《孟子·离娄下》。

[译文]

人只有这么个与生俱来的天理，却不能保持着，还做什么人啊！

4.27　人多思虑，不能自宁，只是做他心主不定。要作得心主定，惟是止于事，“为人君止于仁”之类。[①]如舜之诛四凶，四凶已作恶，舜从而诛之，舜何与焉?[②]人不止于事，只是揽他事，不能使物各付物。物各付物，则是役物。为物所役，则是役于物。有物必有则，须是止于事。[③]　　——《二程遗书》卷十五

［注释］

①止于事：只去思考你应该思考的事。即孔子所云：“君子思不出其位。”（《论语·宪问》）《礼记·大学》：“为人君止于仁，为人臣止于敬，为人子止于孝，为人父止于慈，与国人交止于信。”为君主的就考虑如何推行仁德于天下。②舜之诛四凶：《尚书·舜典》：“流共工于幽州，放驩兜于崇山，窜三苗于三危，殛鲧于羽山。四罪而天下咸服。”③叶采解：“应事而不止其所当止，是以己之私智揽他事而不能物各付物者也。物各付物者，物来而应不过则，物往而化不滞迹，是则役物而不为物所役。”按此处“物”是与“我”相对的概念，指所有外事外物。物各付物，按照每一事物所应当对待的原则和方法处理和对待每一事物，事过则不存留于心。参看（4.53）注。

［译文］

人思虑多，不能安宁，只是他心中没有一定的主宰。要使心中有个定主，只有把心思限定在应考虑的事上，就像《大学》上说的“作为君主只在于为仁”那样。如舜诛四凶，四凶自己作恶，舜因而流放了他们，这和舜有什么关系？人不能把思虑限定在他应做的事上，只是兜揽别的事，就不能一件事一件事分别按它自身的事理去对待。一件事一件事各按其自身的当然对待了，就是人心役使外物。如果被外物驱使着，就是心役于外物。有一事物必然有一事物的道理，应该使人心限定在应做的事上。

4.28　不能动人，只是诚不至。于事厌倦，皆是无诚处。[①]

——《二程遗书》卷五

[注释]

①茅星来解："诚以待人，则人无不感，凡事上接下皆然。诚以处事，则事无不成，凡在己在人一也。"

[译文]

接人处事中不能感动人，只是因为不够诚。对于事务的厌倦，都是缺乏诚心的表现。

4.29 静后见万物自然皆有春意。 ——《二程遗书》卷六

[译文]

心静便能发现万物自然都充满了生机。

4.30 孔子言仁，只说"出门如见大宾，使民如承大祭"[①]。看其气象，便须心广体胖，动容周旋中礼自然，惟慎独是守之之法。[②]圣人修己以敬，以安百姓，笃恭而天下平。[③]惟上下一于恭敬，则天地自位，万物自育，气无不和，四灵何有不至？[④]此"体信达顺"[⑤]之道，聪明睿智，皆由此出。以此事天飨帝。

——《二程遗书》卷六

[注释]

①见《论语·颜渊》孔子答仲弓问仁。②《孟子·尽心下》："动容周旋中礼者，盛德之至也。"《礼记·中庸》："莫见乎隐，莫显乎微，故君子慎其独也。"指在独处时谨于修身。③《论语·宪问》："子路问君子，子曰：修己以敬。曰：如斯而已乎？曰：修己以安人。曰：如斯而已乎？曰：修己以安百姓。修己以安百姓，尧舜其犹病诸？"《礼记·中庸》："《诗》曰：'不显惟德，百辟其刑之。'故君子笃恭而天下平。"君子笃实恭敬就能天下太平。④《礼记·中庸》："致中和，天地位焉，万物育焉。"在上者与在下者都一样地恭谨敬慎，那么天地就自然各在其位，万物就自然养育成长，气也没有不和的。《礼记·礼运》："何谓四灵？麟、凤、龟、龙，谓之四灵。"又言太平盛世："天降膏露，地出醴泉，山出器、车，河出马图。凤凰、麒麟皆在郊薮，

龟、龙在宫泽。”⑤体信达顺：体现诚信以顺应人情。《礼记·礼运》：“先王能修礼以达义，体信以达顺，故此顺之实也。”

［译文］

孔子谈到仁，只说“走出家门时恭敬得就像去接待贵宾，使唤百姓谨敬得就如承当大的祭典”。看那气度，就该是心宽体胖，平时举止容仪、接待人事无不符合礼的自然，只有慎独是守持这谨敬的方法呀。圣人修养自己做到敬，以此来安定老百姓，厚实谨慎而天下太平。只有上边的人与下边的人全都统一在恭谨敬慎的态度上，那么天地就自然各在其位，万物就自然养育成长，气也没有不和的，麟凤龙龟这四灵为什么不显现到来呢？这就是“表达天理人情及表达其顺应天理人情”的方法。聪明睿智都从这恭敬中来。用这恭敬的态度来侍奉上天祭享上帝。

4.31　存养熟后，泰然行将去，便有进。[①]

——《二程遗书》卷六

［注释］

①存养：指心性操存涵养。熟：达到私欲屏除、渣滓化尽，善行成为习惯之自然便是熟。

［译文］

本心操存涵养达到纯熟后，泰然自若地去做事，学道就自有进益。

4.32　不愧屋漏[①]，则心安而体舒。　——《二程遗书》卷六

［注释］

①《礼记·中庸》：“尚不愧于屋漏。”孔颖达疏：“言无人之处，尚不愧之，况有人之处，不愧之可也。言君子有人无人，恒能畏惧也。”屋漏：屋西北角，人所不见处。

［译文］

在暗室中也不做有愧于心的事，人就能心安体舒。

4.33 心要在腔子里。[1] ——《二程遗书》卷七

[注释]

①心本在腔子里，不在腔子里，或放逸而丧失了，或为外物牵引而迷失了。所以孟子说“学问之道无他，求其放心而已”。《朱子语类》卷九十六：问：“如何得在腔子里?”朱熹答：“敬便在腔子里。”

[译文]

心要在自己的身躯里。

4.34 只外面有些隙罅，便走了。[1] ——《二程遗书》卷七

[注释]

①心有隙罅，是说操存涵养尚不完固。以志为心之主，以敬存心，才能无隙。

[译文]

只要外面有一点点的缝隙，这心就放逸奔驰而去了。

4.35 人心常要活，则周流无穷，而不滞于一隅。[1]

——《二程遗书》卷五

[注释]

①张伯行解：“人心本活，才系于物便不活。不活则滞矣。”系于物，如系于忧、患、乐、好等，心被任何一种私虑绊住了便不活。

[译文]

人心常要自主自由，这样才能周流无穷，而不被羁绊在某一个角落里。

4.36 明道先生曰：“天地设位而易行乎其中”，只是敬也。敬则无间断。[1] ——《二程遗书》卷十一

[注释]

①此条见《周易·系辞上》。朱熹解："易是自然造化，圣人本意只说自然造化流行。程子是将来就人身上说敬则这道理流行，不敬便间断了。前辈引经文多是借来说己意。"按此处实以天地设位为天地之敬，天地之间为易流行的空间，人心则是道理流行的空间，故人心敬道理才能流行乎其间。是外在世界与内心世界的比并。

[译文]

程颢说：《周易》说的："天地的位置确立了，易道就流行在天地之间。"天地设位也只是敬。能敬就能流行无间断。

4.37 "毋不敬"，可以对越上帝。①

——《二程遗书》卷十一

[注释]

①《礼记·曲礼上》："毋不敬，俨若思，安定辞，安民哉！"对越：相配相称之意。《诗经·周颂·清庙》："济济多士，秉文之德，对越在天，骏奔走在庙。"笺："对，配；越，于也。"

[译文]

能做到"毋不敬"，其德行可以与上帝相配。

4.38 敬胜百邪。①

——《二程遗书》卷十一

[注释]

①朱熹说："自秦汉以来，儒者皆不识敬字，至程子说得如此亲切。"

[译文]

持敬就能战胜一切邪念。

4.39 "敬以直内，义以方外"①，仁也。若以敬直内，则便不直矣。"必有事焉而勿正"，则直也。②

——《二程遗书》卷十一

[注释]

①语出《周易·坤·文言》，见（2.7）、（2.34）、（2.43）、（4.16）及注。②张伯行解："《易》不曰'以敬直内'而曰'敬以直内'者，敬只是此心合得收敛，合得操存，非有意于以之而欲直其内也。有意求直，则其心便有所为而为之，已偏倚而非直矣。"按"敬以直内"是敬则内心自然直，"以敬直内"是用敬把内心弄直，同为直，但有自然与人为的区别。引文见《孟子·公孙丑上》，参考（4.17）注。

[译文]

"以敬谨的态度保持内心正直，以正义作为外在的行为准则"，这是仁。如果说用敬去把内心搞直，那是有意去使它直，本身就不直了。要像孟子说的"要修养内心而不要有一个预先的企盼"，让心在涵养中自然而直。

4.40　涵养吾一。[①]　　——《二程遗书》卷十五

[注释]

①茅星来解："一，不二不杂，指心之本体而言也。"张伯行解："一者，诚也，无欲也。无欲则一，有欲则二三。"周敦颐说："一为要。一者无欲也。"参考（4.1）注。

[译文]

涵养我精诚不二之本心。

4.41　子在川上曰："逝者如斯夫！不舍昼夜。"[①]自汉以来，儒者皆不识此义。此见圣人之心，纯亦不已也。纯亦不已，天德也。[②]有天德便可语王道，其要只有慎独。[③]

——《二程遗书》卷十四

[注释]

①见《论语·子罕》，参考（3.28）。张伯行解："盖川流不舍，逝者之一端也。天地之化，往过来续，无非逝者。而其所以然之故，乃天命之流行，

有不容一息间断者。”②纯亦不已：纯粹无私并且没有间断。亦，此处作又、而且、并且解。朱熹解：“圣人见川流之不息，叹逝者之如斯，原其所以然，乃天命流行不息之体，惟圣人之心，默契乎此，故有感焉。于此可见圣人纯亦不已之心矣。”“有天德则纯是天理，无私意间断，便做得王道。”张伯行解：“王道必本于天德，盖王道贵纯，不纯即为杂霸。”王道即用仁政，以德服人之政。天德：注见（2.34）。③朱熹解：“言人欲体此道当如此也。盖道无时而不然，惟慎独则可以无所间断而不亏真体。”不慎独，则人于暗室稍有私心，则天理间断，也就不能体此道了。江永解：“川流不息，天运也；纯亦不已，圣人之心也；谨独所以为不已，学者之事也。”

[译文]

《论语》中的一句话：“孔子在河边叹道：逝去的就像这流水呀！日夜不停。”这话从汉代以来，儒者都不懂其中的含义。从这句话就可以看出，圣人之心，与天道一样，是纯一的，又是流转不已的。纯一而又流转不已，是上天的德行。有了这天德才能谈论王道，这关键只在于要慎独。

4.42　“不有躬，无攸利”①，不立己，后虽向好事，犹为化物，不得以天下万物为挠己。己立后，自能了当得天下万物。②

——《二程遗书》卷六

[注释]

①《周易·蒙卦》六三爻辞：“见金夫，不有躬，无攸利。”这几句历来解说不同。程颐《易传》解云：“女之从人，当由正礼，乃见人之多金，说而从之，不能保有身者也，无所往而利矣。”此处则用作徇欲以丧心之比喻。②化物，见《礼记·乐记》：“夫物之感人无穷，而人之好恶无节，则是物至而人化物也。人化物也者，灭天理而穷人欲者也。”化物：即人在物欲的引诱下为物所化，失去其固有的本善之心。茅星来解：“挠，挠乱也。了当，犹言了办也。己未能自立，则心无所主，虽为善事，亦不过见事之善勉强行之，终是为物所化。是不免以天下万物挠乱己也。若能自立，则应酬在我，物皆听

命，何挠之有?”按朱熹解此条“意在乎立己为先，应事为后”。

[译文]

“丧失了自身，是无所往而有利的。”人不自立，心无主，后来尽管是向好的方面做去，也不是自心做主，而是为物所引，这仍然是人为物所化，这就不免被天下万物扰乱其心。人如自立以后，心有主宰而后应事，自然能了结得天下万事。

4.43 伊川先生曰：学者患心虑纷乱，不能宁静。此则天下公病。学者只要立个心，此上头尽有商量。①

——《二程遗书》卷十五

[注释]

①茅星来解：“立个心者，谓敬谨操持，不为事物所摇夺，则自无纷乱不能宁静之患矣。此上头尽有商量者，言可为学以进于道也。”

[译文]

程颐说：学道的人怕的是心思纷乱，不能宁静。这是天下学道者的通病。学者只要先心有所主，在此基础上去用力就大有探讨。

4.44 闲邪则诚自存，不是外面捉一个诚将来存著。①今人外面役役于不善，于不善中寻个善来存着，如此则岂有入善之理？只是闲邪则诚自存。故孟子言性善皆由内出。②只为诚便存，闲邪更著甚工夫？但惟是动容貌，整思虑，则自然生敬。③敬只是主一也。④主一则既不之东，又不之西，如是则只是中；既不之此，又不之彼，如是则只是内。存此则自然天理明。学者须是将“敬以直内”涵养此意。⑤直内是本。（本注：尹彦明曰⑥：敬有甚形影？只收敛身心便是主一。且如人到神祠中致敬时，其心收敛，更著不得毫发事。非主一而何?）

——《二程遗书》卷十五

［注释］

①《周易·乾·文言》："闲邪存其诚，善世而不伐，德博而化。"闲邪：防止邪僻。存其诚：保持其笃诚。②《孟子·告子上》："仁义礼智，非由外铄我也，我固有之也。""内也，而非外也。"③叶采解："孟子言性善，如孩提之爱亲敬兄，如见赤子入井而有怵惕恻隐之心，如四端之发，无非自然由中而出。盖实心非外铄，操之则存矣。所谓闲邪者，亦不过外肃其容貌，内齐其心虑，则敬自然生，邪自然息。"动容貌：出《论语·泰伯》。④主一：朱熹解："做这一事且做一事，做了这一事却做那一事。今人做这一事未了又要做那一事，心下千头万绪。"参考下文本注与（4.45）及注。⑤语出《周易·坤·文言》，见（2.7）、（2.34）、（2.43）、（4.16）及注。⑥尹彦明，尹焞字彦明，程颐弟子。见（2.73）、（2.75）注。

［译文］

防范了邪念诚自然就存于心了，不是从外面捉一个诚来存放到心里。今天的人在外面忙忙碌碌地干坏事，却在不善中寻找一个善来存放在心里，这样做哪有走向善的道理呢？仍然是防范住了邪念，诚也就自然存于心了。所以孟子谈到性善时所说的善都是从人内心发出的。只因为诚已经存于心了，防范邪念还需要做什么工作呢？也只剩下外面整齐容貌，内心齐一思虑，如此自然就产生了谨敬之心。敬只不过是使思虑专主于一。专主于一，心思就既不向东，也不向西，这样就只是守中；既不向这边去，也不向那边去，这样就只是存于内。如此存心那么自然天理明。学者应该用"谨敬以使内心正直"来涵养内心。使内心正直是根本。（本注：尹焞说：敬是个什么样子呢？只不过收敛身心就是主一。就像人到神庙中致敬时，他的心就收敛起来，再放不得一点点的事。不是主一是什么呢？）

4.45　闲邪则固一矣。[①]然主一则不消言闲邪。有以一为难见，不可下工夫，如何？一者无他，只是整齐严肃，则心便一。[②]一则只是无非僻[③]之干。此意但涵养久之，则天理自然明。

——《二程遗书》卷十五

[注释]

①此条与上条均就“闲邪存其诚”阐发议论，承上条言如何主一。闲：防闲，防止。一：专一。这句说：防范邪僻就使思虑更加专一了。②一无形无影，难以捉摸，无法下工夫，程颐从外在可见者入手，说“整齐严肃，则心便一”。茅星来解：“整齐严肃，如正衣冠、尊瞻视之类。”③非僻：邪恶。

[译文]

防范邪僻就使思虑更加专一了。但心如能主于一就不需要再说防邪。有人以为“一”字玄虚不可捉摸，没法去下工夫，怎么办呢？其实“一”没有别的意思，只要仪容整齐神情严肃，心就能专一。“一”不过是没有邪僻之念的干扰而已。这个意思只要涵养得久了，也就自然能明天理。

4.46　有言：未感时，知何所寓？[①]曰：“操则存，舍则亡，出入无时，莫知其乡。”更怎生寻所寓？只是有操而已。操之之道，“敬以直内”也。[②]

——《二程遗书》卷十五

[注释]

①按《二程遗书》原文“知”下有“心”字，语意较明。茅星来解：“知指心之知觉而言，与他处知字不同。”事感心，心应事，则心寓于事。那么未有事相感时心寓何处？②《孟子·告子上》：“孔子曰：‘操则存，舍则亡；出入无时，莫知其乡。’惟心之谓与？”

[译文]

有人说：没有事相感时，知道心寄寓在哪里呢？程颐说：“孟子引孔子的话说：‘守持着它，就存在，舍弃了它，就亡佚；出出进进没有一定时候，也不知它去向何处。’说的就是心。”又怎么去找它寄寓的地方呢？只是要操持它不使亡失而已。操持心的办法，就是《周易》上说的“敬以直内”。

4.47　敬则自虚静，不可把虚静唤做敬。[①]

——《二程遗书》卷十五

［注释］

①按“虚静”则成道家之说。《庄子·天道》：“虚静恬淡，寂寞无为者，天地之平而道德之至。”“敬”是二程存养理论的核心，参考（4.16）、（4.18）（4.38）及注。

［译文］

人敬则心自然虚静，但不能把虚静就称作敬。

4.48　学者先务，固在心志。然有谓欲屏去闻见知思，则是“绝圣弃智”[①]。有欲屏去思虑，患其纷乱，则须坐禅入定[②]。如明鉴在此，万物毕照，是鉴之常，难为使之不照？人心不能不交感万物，难为使之不思虑？若欲免此，惟是心有主。如何为主？敬而已矣。有主则虚，虚谓邪不能入。[③]无主则实，实谓物来夺之。[④]大凡人心不可二用，用于一事，则他事更不能入者，事为之主也。事为之主，尚无思虑纷扰之患，若主于敬，又焉有此患乎？所谓敬者，主一之谓敬。所谓一者，无适之谓一。[⑤]且欲涵泳主一之义，不一则二三矣。至于不敢欺，不敢慢，“尚不愧于屋漏”，皆是敬之事也。

——《二程遗书》卷十五

［注释］

①绝圣弃智：《老子》第十九章：“绝圣弃智，民利百倍。”《庄子·胠箧》：“绝圣去知，大盗乃止。”程颐是说，如此则流于老庄了。②坐禅入定：佛家修养方法，即在静坐中排除思虑以悟道。如此则非圣人之学而流于佛了。③有主：程子谓有主则虚，又谓有主则实，朱熹说：“有主于中，外邪不能入便是虚；有主于中，义理甚实，便是实。”有主则实。见（4.10）。④朱熹解：“心虚则理实，心实则理虚。‘有主则实’，此实字是好字，指理而言。‘无主则实’，此实字是不好字，指私欲而言。”⑤朱熹解：“无适只是持守是定，不

驰骛走作之意。”

[译文]

学者首要的事，固然在于守持心志。但有的人说想要摒弃见闻知识思虑，那就成了老庄的“绝圣弃智”。有的人说要摒除心中思虑，担心思虑纷乱使心不能主一，那就得学佛家坐禅入定。好比有一面明镜在这里，万物无所不照，这在明镜是正常的，难道要让它不照吗？人心也是如此，它不能不与万物交感，难道要心不思考吗？要想免除思虑的纷扰，只有使心有主。怎样叫做主呢？不过就是敬。心有主就虚灵，虚灵是说邪念进不来。心无主就实，实就是说物欲一来就会迫使心随物而化。大凡人一心不可二用，用在一件事上，别的事再不能入心的原因，是这一件事成了心的主宰。一件事为心之主，尚且没有思虑纷扰的担忧，如果心主于敬，又哪里会有这样的忧虑呢？所谓的敬，专主于一就叫做敬。所谓的一，心不放逸外驰就叫做一。学者要涵泳这主一之义，不能主一就三心二意。至于不敢欺妄，不敢怠慢，还有不愧于暗室等，都属于敬的事。

4.49　严威俨恪[①]，非敬之道，但致敬须自此入。

——《二程遗书》卷十五

[注释]

①俨恪：庄严恭敬。《礼记·祭义》：“严威俨恪，非所以事亲也，成人之道也。”这里借以表示表面的严肃和庄重。

[译文]

只是外表的严肃庄重，这不是持敬的方法，但要达到内心的谨敬，需要从这里开始做起。

4.50　“舜孳孳为善。”[①]若未接物，如何为善？只是主于敬，便是为善也。[2]以此观之，圣人之道，不是但默而无言[3]。

——《二程遗书》卷十五

［注释］

①《孟子·尽心上》："鸡鸣而起，孳孳为善者，舜之徒也。"孳孳同孜孜，勤勉不懈。②茅星来解："主于敬则恶念无从而入，故曰便是为善。"③张伯行解："圣人岂但是默然无言？其所以戒慎恐惧者，盖无时无处而不用其力也已。"

［译文］

"舜孜孜不倦地做善事。"但孟子说的鸡鸣而起，如果这时还没有与外事相接，他怎么做善事呢？其实只要内心主于敬，就是做善事了。从这点上看，圣人之道，不仅仅是默而无言的。

4.51　问：人之燕居[1]，形体怠惰，心不慢可否？曰：安有箕踞而心不慢者？[2]昔吕与叔六月中来缑氏，闲居中某尝窥之，必见其俨然危坐，可谓敦笃矣。[3]学者须恭敬，但不可令拘迫[4]，拘迫则难久。

——《二程遗书》卷十八

［注释］

①燕居：退朝而处，也指一般情况的闲居。《礼记·仲尼燕居》："仲尼燕居，子张、子贡、言游侍。"郑玄注："退朝而处曰燕居。"《史记·万石张叔列传》："子孙胜冠者在侧，虽燕居必冠，申申如也。"司马贞索隐："燕谓闲燕之时。"②箕踞：一种轻慢、不拘礼节的坐姿，即随意张开两腿坐着，形似簸箕。《庄子·至乐》："庄子妻死，惠子吊之，庄子则方箕踞鼓盆而歌。"成玄英疏："箕踞者，垂两脚如簸箕形也。"③吕与叔，字大临，见（2.57）及注。缑（gōu）氏：县名，在今河南偃师县东南。④拘迫：拘谨。

［译文］

有人问：人在闲居的时候，身体懒散，但心不怠慢，可以吗？程颐说：哪里有伸着两条腿坐着心却不怠慢的呢？过去吕大临在炎热的六月来缑氏，闲居中我曾经悄悄看他，每次都见他庄重地端端正正地坐着，可称得上是厚实笃诚了。学者应该恭敬，但不能太拘谨了，拘谨了就不能持久。

4.52　思虑虽多，果出于正，亦无害否？曰：且如在宗庙则主敬，朝廷主庄，军旅主严，此是也。如发不以时，纷然无度，虽正亦邪。

——《二程遗书》卷十八

[译文]

问：人的思虑虽然多，但确实都是端正无邪的，也没有什么妨害吧？程颐说：就比方说在宗庙里就应主于敬，在朝廷上就应庄重，在军队中就主于严肃，这些都是对的。如果你的思虑不是适时而发，又纷乱得没有个法度，那么纵然是正确的思虑也是邪念。

4.53　苏季明问[①]：喜怒哀乐未发之前求中，[②]可否？曰：不可。既思于喜怒哀乐未发之前求之，又却是思也。既思即是已发（本注："思"与喜怒哀乐一般）。才发便谓之和，不可谓之中也。又问：吕学士[③]言："当求于喜怒哀乐未发之前。"如何？曰：若言存养于喜怒哀乐未发之前，则可，若言求中于喜怒哀乐未发之前，则不可。[④]又问：学者于喜怒哀乐发时，固当勉强裁抑[⑤]。于未发之前，当如何用功？曰：于喜怒哀乐未发之前，更怎生求？只平日涵养便是。涵养久，则喜怒哀乐发自中节。曰：当中之时，耳无闻、目无见否？曰：虽耳无闻，目无见，然见闻之理在始得。[⑥]贤且说静时如何？曰：谓之无物则不可，然自有知觉处。[⑦]曰：既有知觉，却是动也，怎生言静？人说"复其见天地之心"[⑧]，皆以谓至静能见天地之心，非也。《复》之卦下面一画，便是动也，安得谓之静？或曰：莫是于动上求静否？曰：固是，然最难。释氏多言定，圣人便言止，如"为人君止于仁，为人臣止于敬"[⑨]之类是也。《易》之《艮》言止之义曰："艮其止，止其所也。”[10]人多不能止，盖人万物皆备，遇事时各因其心之所重者更互而出。才见得这事重，便有这事出。[11]若能物各付物[12]，便自不出来也。或曰：先生于喜怒哀乐未发之前，下动字？下静字？曰：谓之静则可，然静中须有物始得。[13]这里便是难处。学者莫若且先理会得敬，能敬则知此矣。或曰：敬何以用功？曰：莫若主一。季明曰：昞尝患思虑不定，或思一事未了，他事如麻又生，如何？曰：不可，此不诚之本也。须是习，习能专一时便好。[14]不拘思虑与应事，皆要求一。

——《二程遗书》卷十八

［注释］

①苏昞，字季明，武功（今属陕西）人，张载、二程门人。此条据《二程遗书》摘编而成。朱熹云："此条是听他人之问，而从旁窃记，非惟未了答者之意，亦未悉问者之情，故其谬误最多，读者详之。"②《礼记·中庸》："喜怒哀乐之未发谓之中，发而皆中节谓之和。"中，指人的心境至平至正、不偏不倚的境界，是儒家要追求和保持的一种境界。宋儒以未发为性，已发为情。③吕学士：指吕大临。或引作"吕博士"，吕大临未曾为学士，元祐中为太学博士。学字当为博之误。④按张伯行解："言求于未发之前，则求便是动，动便是发，只可求和，不可求中。存养也是所以求之，似亦算作已发，然存养乃从静处做起，故可。"⑤勉强裁抑：勉强指勉强进修工夫，裁抑指裁抑过与不及，使喜怒哀乐中节而和。⑥朱熹认为"耳无闻，目无见"其文必误，"若其目之有见，耳之有闻，则当愈益精明而不可乱，岂若心不在焉，而遂废耳目之用哉？"张伯行依本文解，云："程子以为事物未接，思虑未起，自是无闻见。然心具众理，虽未有闻见，而闻见之理自在。如未遇孺子之入井，怵惕恻隐之心未发，难道便无此心？"⑦朱熹云："无物字恐当作有物字。"按《二程粹言》作"有物"。知觉：张伯行解"自有知觉处"："知其当然，觉其所以然。"是就理上说。⑧见《周易·复卦·彖》。按《复》（䷗）卦一阳复动于下，阳为生意，从复可以看出天地生物之心。天地之心，即天地生物之心。⑨《礼记·大学》："为人君止于仁，为人臣止于敬，为人子止于孝，为

人父止于慈，与国人交止于信。”⑩见《周易·艮卦·彖》。止其所：止于它应在的处所。茅星来解：“各当其可便是止其所。”也即止所当止。参考(4.27)、(7.19)及注。⑪张伯行解：“人心万物皆备，寂然之时，不偏不倚，本无偏重。因遇事时心系于事，便有偏重之弊。各因其心之所重者，更互而出。如偏于喜则喜心重，偏于哀则哀心重，偏于乐则乐心重。才见得这事重，便有这事之或过或不及，而出于其所矣。故多不能止。”此处“出”与“止”相对，是说出其所，超过了应有的限度。⑫物各付物：各以其物之所当然者应之，也就是人心应事，要符合事物本身的情况，使事物各得其所，而不“出其所当止”。参看（4.27）注。⑬静中须有物：张伯行解：“这地头是静。谓之静则可，然静非空也。此中须有物始得。有物者，是常有个操持主宰。无虚寂昏塞之患。”按静而空便流于佛老。静中有物，即静中有理。⑭张伯行解：“习者，觉得不当思虑，便莫思虑。初时未能遽断，渐习渐定，久之打成一片，自然无闲思虑。”

［译文］

苏昞问：在喜怒哀乐未发之前去求中，可以吗？程颐说：不可。既然考虑着在喜怒哀乐未发之前去寻求，就是思考了。既然思考了就是已发（本注：“思考”和喜怒哀乐同样是心性已发）。刚刚一发就称作和，而不能再称作中了。又问：吕大临说：“应该在喜怒哀乐未发之前去求中。”他这话怎么样呢？程颐说：如果说在喜怒哀乐未发之前存养中则可，若说在喜怒哀乐未发之前去求得中则不可。又问：学者在喜怒哀乐表现出来时，自然应该勉行中道，而裁抑那些或过或不及不中的情思。但在未发之前，应该如何用力去涵养呢？程颐说：在喜怒哀乐未发之前，又怎么能求得中呢？只不过平日涵养其心使其中就是了。涵养得久了，到喜怒哀乐表现出来时就自然中节合度。问：当处于中而未发的时候，是不是耳无闻、目无见？程颐说：虽然耳无闻，目无见，但要心有闻见之理才行。你先说一说在静的时候你的心是怎么样的？回答说：要说心中有物则不是，但心自有知觉。程颐说：既然有知觉，那就是动，怎么说是静呢？人们讲解《周易》中“从《复》卦可以看到天地之心”这句话，都认为在至静的时候能见天地之心，这是错误的。《复》卦下边那一阳爻，就是一阳动了，怎么能说是静呢？有人说：莫非是在动上求静吗？程颐说：固然是这样，但这是最难的。佛教不说“静”而多说“定”，圣人就说“止”，如《大学》上说“为人君止于仁，为人臣止于敬”之类便是。《周易》的《艮》卦解释“止”的含义说：“艮其止，止于它应在的处所。”人大多不能止，因为人心中万物具备，遇事时各人都会在他心中情感浓重的方面轮番超出应有的限度。才觉得这事重了，就在这事上表现得出格了。如果能按事物之当然去对待事物，就自然不会出格了。有人说：先生对于喜怒哀乐未发之前的认识，是动呢，还是静呢？程颐说：说是静是可以的，但静中需要有物才行。这里就是难把握难用功处。学者不如先去领会“敬”，能敬就明白了动中求静和静中有物了。有人说：敬怎么去用功呢？程颐说：最重要的是主一。苏昞说：我常常为思虑不定烦心，有时考虑一个事还没完，别的事又像乱麻一样丛生，怎么办呢？程颐说：这样不行，这是人不诚的根源。应该培养习惯，养成能够专一的习惯就好了。不论是思考还是处事，都应该求得专一。

4.54　人于梦寐间，亦可以卜自家所学之浅深。如梦寐颠倒，即是心志不定，操存不固。[①]　　——《二程遗书》卷十八

［注释］

①江永《近思录集注》引胡寅说梦：“圣人诚存，贤人存诚，则梦治。若夫思虑纷扰，精神不定，则所梦杂乱，或正或邪，亦与旦昼之所为等耳。善学者既谨言动，而又必验诸梦寐之间。”卜：占验，估量，测试。

［译文］

人在梦寐中，也可以检验自己学道的深浅。如果梦魂颠倒，就

说明心志不定，操守存养还不稳固。

4.55 问：人心所系著之事果善，夜梦见之，莫不害否？[①] 曰：虽是善事，心亦是动。凡事有朕兆入梦者却无害，舍此皆是妄动。人心须要定，使他思时方思乃是。今人都由心。曰：心谁使之？曰：以心使心则可。[②]人心自由，便放去也。

——《二程遗书》卷十八

[注释]

①心所系著之事：有人认为，当人静时，应把心寄于一事，如此才能免于思虑纷扰。见（4.21）。《周礼·春官·占梦》："一曰正梦（注：无所感动，平安自梦），二曰噩梦（注：杜子春云：噩当为惊愕之愕，谓惊愕而梦），三曰思梦（注：觉时所思念之而梦），四曰寤梦（注：觉时道之而梦），五曰喜梦（注：喜悦而梦），六曰惧梦（注：恐惧而梦）。"噩梦以下五种均为"心所系着而梦"，只正梦为"有朕兆入梦"。②以心使心：陈淳以为"上心字是道心，下心字是人心。以心使心，则是道心为一身之主，而人心听命也"。人心道心之说，见《古文尚书·大禹谟》："人心惟危，道心惟微。"道心即合于道之心。朱熹答陈淳说："亦是如此。然观程先生之意，只是说自作主宰耳。"又说"其意只要此心有所主宰"。可与（4.67）参读。

[译文]

有人问：人心系缚于物，而所系的确实是善事，夜里梦到这事，也许没有什么危害吧？程颐说：纵然是善事，也是心动了。凡事有预兆而入梦的没有害处，其他的几种梦都是心思妄动。人心应该安定，要它思考时才思考才是。今天的人却都听由自己的心去乱想。又问：心不由心，心是谁指使呢？程颐说：以心来指使心就可以了。人听由心自行去想，就会放逸而失去了。

4.56 "持其志，无暴其气"，内外交相养也。[①]

——《二程遗书》卷十八

[注释]

①见《孟子·公孙丑上》。张伯行解："盖志者心之所之，不持则驰骛泛驾。气者心之辅，暴则动止乖愆。持，守也。暴，害也。持志则有所主于中，无暴气则无所纵于外。中有主则气愈充，外无纵则志愈固，故曰交相养。"按孟子从"志"与"气"关系的角度谈养气："夫志，气之帅也；气，体之充也。夫志，至焉，气，次焉；故曰：'持其志，无暴其气。'"程颐这里说的是内志与外气的交相养。可与（4.21）参读。

[译文]

"要守持你的心志，不要伤害你的气"，这就是从内志与外气两方面涵养其心。

4.57　问："出辞气"，莫是于言语上用工夫否？[①]曰：须是养乎中，自然言语顺理。若是慎言语，不妄发，此却可著力。

——《二程遗书》卷十八

[注释]

①《论语·泰伯》载曾子曰："君子所贵乎道者三：动容貌，斯远暴慢矣；正颜色，斯近信矣；出辞气，斯远鄙倍矣。"出辞气：意即说话时多考虑言辞和声调。

[译文]

有人问：曾子说的"出辞气"，莫不是在言语上下工夫吗？程颐说：应该是涵养其心，自然言语顺理。如果是慎言语，不妄言，这却是可以（在言语上）用功的。

4.58　先生谓绎曰：吾受气甚薄，三十而浸盛，四十五十而后完。[①]今生七十二年矣，校其筋骨，于盛年无损也。绎曰：先生岂以受气之薄，而厚为保生邪？夫子默然，曰：吾以忘生徇欲为深耻。

——《二程遗书》卷二十一上

[注释]

①绎：即张绎，程颐弟子，见（2.73）注。理学家认为人禀气而生，所禀有薄厚，则人有强弱。受气甚薄：如今言先天不足。浸：逐渐。

[译文]

程颐对张绎说：我先天禀气很薄，到三十岁上才渐至气血强盛，到四五十岁才完备。今年七十二了，看看我这筋骨，和盛年相比还没有损失。张绎说：先生您莫不是因为先天禀气薄，因而注重养生吗？程颐默然，然后说：我把不顾身体一味纵欲看做是大耻。

4.59　大率把捉不定，皆是不仁。[①]　——《二程外书》卷一

[注释]

①朱熹说："人心湛然虚定者，仁之本体。把捉不定者，私欲夺之而动摇纷扰矣。然则把捉得定，其惟笃于持敬乎？"

[译文]

大率人心把握不定，都是由于不仁。

4.60　伊川先生曰：致知在所养，养知莫过于寡欲二字。[①]

——《二程外书》卷二

[注释]

①《孟子·尽心下》："养心莫善于寡欲。"致知之知为知，养知之知为智。

[译文]

程颐说：获取心智在于存养，而存养没有比寡欲二字更重要的了。

4.61　心定者其言重以舒，不定者其言轻以疾。[①]

——《二程外书》卷十一

[注释]

①张伯行解："重，审慎也；舒，和缓也；轻，浅易也；疾，躁急也。人有操存涵养之功，则中有所主而其心定，言必不妄发，发之必郑重审确而又安舒自得，无急遽躁率之病。其不定者反是。"

[译文]

心有主定的人说话审慎而舒缓，心无主定的人说话轻率而急躁。

4.62　明道先生曰：人有四百四病[①]，皆不由自家，则是心须教由自家。

——《二程外书》卷十二

[注释]

①四百四病：佛家认为，人以地风水火四大为体，一大不调，有一百一病，四大不调，合四百四病。又人有五脏，各有八十一病，除去一死，余四百四病。说见《维摩经》、《智度论》。这里说，病由不得自己，但这个心一定要操存不使之放逸。

[译文]

程颢说：人有四百四种病，都由不得自己。只是这心应教它由得自己。

4.63　谢显道从明道先生于扶沟[①]，一日谓之曰：尔辈在此相从，只是学颢言语，故其学心口不相应，盍若行之[②]？请问焉，曰：且静坐[③]。伊川每见人静坐，便叹其善学。

——《二程外书》卷十二

[注释]

①谢显道：谢良佐，二程弟子，见（2.77）注。扶沟：县名，今属河南。神宗熙宁中，程颢曾知扶沟县。②盍若行之：不如去实行。③程颢曾说："无可行时，且去静坐。"程氏讲存养，首重实行，其次才是静坐。无可实行则静坐收心。

[译文]

谢良佐跟随程颢在扶沟，有一天程颢对谢良佐说：你们在这里跟着我，只是学了些我的言语，所以你们的学问心口不能相应，不如去实行。谢良佐问怎么做，程颢说：且去静坐吧。程颐则每看见人静坐，就赞叹这人善学。

4.64 横渠先生曰：始学之要，当知“三月不违”与“日月至焉”内外宾主之辨。①使心意勉勉，循循而不能已，过此几非在我者。②

——张载《横渠文集》

[注释]

①《论语·雍也》：“子曰：回也其心三月不违仁，其余则日月至焉而已矣。”朱熹解“内外宾主”说：“三月不违仁者，心常在内，虽间或有出，然终是在外不稳，才出便入，盖心安于内，所以为主；日月至焉者，心常在外，虽间或有入时，然终是在内不安，才入便出。盖心安于外，所以为宾。”参考(3.7)及注。②勉勉：努力不懈。循循：有次序貌。非在我者：即欲罢不能。

[译文]

张载说：初学的关键在于，要明白“长久不离开仁”的人与“偶然想到一次仁”的人内外宾主的不同。使你的心意努力不懈，不停地循序而进，过了这一阶段，学业的进步几乎就不由自主了。

4.65 心清时少，乱时常多。①其清时视明听聪，四体不待羁束而自然恭谨。其乱时反是。如此何也？盖用心未熟，客虑多而常心少也，习俗之心未去，而实心未完也。②人又要得刚，太柔则入于不立。亦有人主无喜怒者，则又要得刚，刚则守定不回，进道勇敢。③载则比他人自是勇处多。

——张载《经学理窟·学大原下》

[注释]

①心存义理，不为物欲所扰时则清，义理不胜物欲时则乱。②用心未熟：

言其心未存养到私欲净尽的地步。朱熹解："客虑是泛泛地思虑，习俗之心是从来习染偏胜之心，实心是义理之心。"此条此处以上载《经学理窟·学大原下》，以下见《横渠语录·拾遗》。③张伯行解："无喜怒者，是其本质得柔之气多，则又要得刚以变化其气质。"

［译文］

人心清虚的时候少，纷乱的时候多。心清时人就耳聪目明，四肢不需要约束就自然谨恭。心乱的时候恰好相反。这是什么原因呢？是因为涵养其心还不纯熟，纷纷乱乱的杂念多而恒常之心少，习俗之心没能除去，义理之心未能完备。人又需要刚强，太柔弱就流于站不住脚。也有人主张无喜无怒，这样人需要刚强，刚了就能坚定不移，求进于道时就勇猛敢为。我张载比别人就是勇猛的地方多。

4.66　戏谑不惟害事，志亦为气所流。[①]不戏谑亦是持气之一端也。[②]

——张载《横渠语录》

［注释］

①气与志的关系，《孟子·公孙丑上》既言"夫志，气之帅也"，又言"志壹则动气，气壹则动志。今夫蹶者趋者，是气也而反动其心"。②持气：张伯行本作持志，于义为当。参考（2.89）《东铭》及注。按此条今见《经学理窟·学大原上》，文字略有不同。

［译文］

开玩笑不仅害事，并且心志也会为气所动而乱。不开玩笑也是守持心志的一个方面。

4.67　正心之始，当以己心为严师。[①]凡所动作，则知所惧。如此一二年，守得牢固，则自然心正矣。

——张载《经学理窟·学大原上》

［注释］

①张伯行解："夫所师之心，与其所欲正之心，无二心也。只要提斯警

觉，亦临亦保，所谓诚意以正心也。”

［译文］

当正心之始，应以自己的心为严师。凡要有动作时，就知道哪些是应该戒惧的。如此做上一二年，守持得牢固，那么心就自然正了。

4.68　定然后始有光明。[①]若常移易不定，何求光明？[②]《易》大抵以艮为止，止乃光明。[③]故《大学》定而至于能虑，人心多则无由光明。[④]

——张载《横渠易说·大畜》

［注释］

①按此条摘编《横渠易说·大畜》之《彖》辞解说而成。其《彖》辞曰：“大畜，刚健笃实辉光，日新其德。刚上而尚贤，能止健，正大也。”②朱熹解：“定则明。凡人胸次烦扰，则愈见昏昧。中有定止则自然光明，庄子所谓‘泰宇定而天光发’是也。”叶采解：“止水可鉴而流水不可鉴，亦此理也。”③《大畜》（☶☰）卦乾下艮上，故有此说。《周易·艮卦·彖》：“艮，止也。时止则止，时行则行。动静不失其时，其道光明。”④《礼记·大学》：“知止而后有定，定而后能静，静而后能安，安而后能虑，虑而后能得。”心多：思虑烦杂。

［译文］

定止以后才会有光明。如果常常移动不定，哪来光明？《周易》上大抵把《艮》卦的意思解释为止，止就光明。所以《大学》要由定而渐渐达到能思考。人心烦杂就不能光明。

4.69　“动静不失其时，其道光明。”[①]学者必时其动静，则其道乃不蔽昧而明白。今人从学之久，不见进长，正以莫识动静，见他人扰扰，非关己事，而所修亦废。[②]由圣学观之，冥冥悠悠，以是终身，谓之光明可乎？

——张载《横渠易说·艮》

［注释］

①见《周易·艮卦·彖》：“时止则止，时行则行。动静不失其时，其道

光明。”张载之解着眼于“止”。参考（4.68）。②茅星来解：“见他人扰扰，初非关己之事也，而己亦为其所动……所修亦废。”

[译文]

“动静不失其时，它的道就光明。”学道的人一定要顺时宜把握自己的动静，他的道才能不被蔽塞而明白。现在的人从师学道很久，不见长进，正是由于不明白动静之机，看见别人忙忙乱乱的，本来与自己无关，自己也跟着动起来，结果自己所进修的道也荒废了。用圣人之学来看这些人，昏昏沉沉，如此过了一生，说他们光明可以吗？

4.70　敦笃虚静者仁之本。不轻妄则是敦厚也，无所系阂昏塞则是虚静也。此难以顿悟。苟知之，须久于道实体之，方知其味。夫仁亦在乎熟而已。[①]

——张载《孟子说》

[注释]

①《孟子·告子上》：“孟子曰：五谷者，种之美者也；苟为不熟，不如荑稗。夫仁，亦在乎熟之而已矣。”仁也不过是长久存养其本善之性达到纯熟的结果。这里强调的是道德修养中涵养功夫的重要。

[译文]

敦厚虚静是仁的根本。而不轻妄就是敦厚，心灵没有隔阂和蔽塞就是虚静。这一点难以一下子领悟。如果要理解，需要长期对于道有切实的体验，才能知得其中之味。仁也在于人心存养纯熟而已。

卷五　改过迁善　克己复礼

5.1　濂溪先生曰：君子乾乾不息[①]于诚，然必惩忿窒欲，迁善改过而后至。[②]《乾》之用其善是，《损》、《益》之大莫是[③]过，圣人之旨深哉！“吉凶悔吝生乎动。”[④]噫，吉一而已，动可不慎乎！[⑤]

——周敦颐《通书·乾损益动》

[注释]

①君子乾乾不息：语本《周易·乾卦》：“君子终日乾乾，夕惕若厉，无咎。”又《礼记·中庸》：“故至诚不息。”乾乾，勤勉努力。②惩忿窒欲：《周易·损卦》：“山下有泽，损。君子以惩忿窒欲。”惩：惩戒。忿：怒。窒：塞。迁善改过：《周易·益卦》：“君子以见善则迁，有过则改。”迁善：改恶从善。③是：此，指乾乾不息、惩忿窒欲、迁善改过等。④《周易·系辞下》：“吉凶悔吝者，生乎动者也。”悔吝：犹言悔恨。《系辞上》：“悔吝者，忧虞之象也。”⑤此条合《周易》之《乾》、《损》、《益》三卦而言，而系之以《系辞》之“动”，共同说明一个“诚”。朱熹解：“此以《乾》卦爻辞、《损》、《益》大《象》发明思诚之方。乾乾不息者体也，去恶进善者用也。……故以三卦合而言之。”

[译文]

周敦颐说：君子勤勉不息地要达到诚，然而一定要戒除了愤怒，堵塞了欲念，迁善改过，而后才能达到诚的境界。乾道的功用善处在此，《损》卦《益》卦的大道理也无过于此，圣人的思想深刻呀！《周易·系辞》说："吉凶悔吝生乎动。"唉，"吉凶悔吝"这四种结果中，有利的只有一个"吉"字而已，可以不慎重地对待动吗？

5.2 濂溪先生曰：孟子曰："养心莫善于寡欲。"予谓养心不止于寡而存耳。[①]盖寡焉以至于无，无则诚立明通。诚立，贤也；明通，圣也。[②] ——周敦颐《濂溪集》第九《养心亭说》

［注释］

①《孟子·尽心下》："孟子曰：养心莫善于寡欲。其为人也寡欲，虽有不存焉者，寡矣；其为人也多欲，虽有存焉者，寡矣。"存指存守心性。②朱熹解："诚立谓实体安固，明通则实用流行。立如三十而立之立，明通则不惑、知命，而向乎耳顺矣。"此诚、明，即《中庸》"自诚明，谓之性"之诚、明。

［译文］

周敦颐说：孟子说："修养心性没有比寡欲更好的了。"我则认为修养心性不能停留在寡欲而存守善性的地步。减少欲望以至于没有私欲，到了没有私欲的地步，诚实无欺、真实无妄这些圣贤的品质就能确立，圣智之光明就能通达天下事理。诚立是贤，明通是圣。

5.3 伊川先生曰：颜渊问克己复礼之目，夫子曰："非礼勿视，非礼勿听，非礼勿言，非礼勿动。"[①]四者身之用也，由乎中而应乎外，制于外所以养其中也。颜渊"请事斯语"[②]，所以进于圣人。后之学圣人者，宜服膺而勿失也。因箴以自警。[③]

视箴曰：心兮本虚，应物无迹；操之有要，视为之则。蔽交于前，其中则迁；[④]制之于外，以安其内。克己复礼，久而诚矣。

听箴曰：人有秉彝，本乎天性；知诱物化，遂亡其正。[⑤]卓彼先觉，知止有定[⑥]；闲邪存诚[⑦]，非礼勿听。

言箴曰：人心之动，因言以宣；发禁躁妄，内斯静专。[⑧]矧是枢机，兴戎出好；[⑨]吉凶荣辱，惟其所召。伤易则诞，伤烦则支；己肆物忤，出悖来违。[⑩]非法不道，钦哉训辞！[⑪]

动箴曰：哲人知几，诚之于思；志士厉行，守之于为。[⑫]顺理则裕，从欲惟危；造次克念[⑬]，战兢自持[⑭]；习与性成，圣贤同归。[⑮]

——《二程文集》卷八《四箴》

[注释]

①《论语·颜渊》："颜渊问仁，子曰：'克己复礼为仁。一日克己复礼，天下归仁焉。为仁由己，而由人乎哉?'颜渊曰：'请问其目。'子曰：'非礼勿视，非礼勿听，非礼勿言，非礼勿动。'颜渊曰：'回虽不敏，请事斯语矣。"克己复礼：即战胜或消除自己的私欲，约束自己，使言行都合乎礼。礼的含义很宽泛，包括社会生活中由于风俗习惯而形成的行为准则、道德规范和各种礼节，还有各种典礼即典礼的要求。②请事斯语：事，从事于，实践。③箴是一种文体，其内容和作用是规劝告诫。因箴以自警：于是写了这篇箴用以自警。按此条为程颐《四箴》一文。④蔽：遮蔽本善之心的私欲，如张载所言："凡物莫不有是性。由通、蔽、开、塞，所以有人物之别。"见（1.51）蔽善的东西交于目前，内心就会随之而变。⑤知诱物化：《礼记·乐记》："人生而静，天之性也；感于物而动，性之欲也。物至知知，然后好恶形焉。好恶无节于内，知诱于外，不能反躬，天理灭矣。夫物之感人无穷，而人之好恶无节，则是物至而人化物也。人化物者也，灭天理而穷人欲者也。"知诱：感知外物的诱惑。物化：为物所化，人在物欲的引诱下为物所化，失去其固有的本善之心。正：指秉彝之天性。⑥《周易·艮卦·彖》："艮其止，止其所也。"《礼记·大学》："为人君止于仁，为人臣止于敬。"参考（4.27）、（4.68）及注。⑦《周易·乾·文言》："闲邪存其诚。"防闲邪僻而存其真诚。参考（4.44）、（4.45）及注。⑧张伯行解："由其发之也易，必其禁之也严。躁者轻肆，嚣而不静；妄者虚谬，纷而不专。"⑨《周易·系辞上》："言行，君子

之枢机；枢机之发，荣辱之主也。”枢为门枢，机为弩牙。枢机，即关键。矧是枢机：何况言语乃是做人的关键呢？《尚书·大禹谟》：“惟口出好兴戎。”孔安国传云：“好谓赏善，戎谓伐恶。”孔颖达疏则云：“出好谓爱人而出好言，兴戎谓疾人而动甲兵。”按此处意为口能说出美好的言辞，也能引起战争。⑩张伯行解：“言不可躁，躁则伤易，易则诞而不审；言不可妄，妄则伤烦，烦则支而不实。肆者纵情之谓，肆于己者必忤于物，躁之致也；悖者乖理之谓，悖而出者必悖而入，妄之致也。”元胡炳文解：“易是轻言，烦是多言，肆是放言，悖则纯乎不善矣。朱子以为是四项病，诸家只解归躁、妄二字，非矣。”⑪非法不道：《孝经·卿大夫章》：“非先王之法言不敢道，非先王之德行不敢行，故非法不言，非道不行。”法即法言，礼法之言。不合礼法之言不说。训辞：训教之言。《左传》僖公七年：“君若绥之以德，加之以训辞，而率诸侯以讨郑，郑将覆亡之不暇，岂敢不惧?”后一句说：可敬佩呀前贤训诫之言。⑫几：几微，征兆。朱熹解：“诚之于思，是动之于心。守之于为，是动之于身。”“思是动之微，为是动之著。”张伯行解：“动于心而有思，则思是动之微，惟明哲之人，克灼几先，思而成之，一念之动不敢妄也。动于身而有为，则为是动之著，惟立志之士，勉励其行，敬以守之，一事之动不敢忽也。”⑬克念：能够念善。《尚书·多方》：“惟圣罔念作狂，惟狂克念作圣。”圣人不念于善就会变成愚狂的人，愚狂的人能够念于善也会变成圣人。⑭战兢：即战战兢兢。战战，恐惧貌；兢兢，谨慎小心貌。《诗·小雅·小旻》：“战战兢兢，如临深渊，如履薄冰。”毛传：“战战，恐也。兢兢，戒也。”《汉书·武帝纪》：“战战兢兢，惧不克任，思昭天地，内惟自新。”此处说，每一举动都要小心又小心。⑮《尚书·太甲》：“兹乃不义，习于性成。”原文说习行于不义，将成其恶性。程颐借以言习行于善，则将成其善性。志士习成之德，与圣人天生之德，及其成功则相同，如此则“圣贤同归”。参考(2.43)及注。

[译文]

程颐说：颜渊问克己复礼的具体内容，孔子说：“非礼勿视，非礼勿听，非礼勿言，非礼勿动。”视、听、言、动这四个方面，是人体的功用，都受着人内心的支配而与外在事物相感相应，而约束视听言动这些外在行为又是存养心性的方法。颜渊请求践行孔子这些话，所以他进道几乎成为圣人。后代学圣人的人，也应该牢记而不忘。所以我作了四箴来自我提醒。

视箴说：心本是虚灵的，随外物之感而应而无形迹可寻。操持心的关键，在于给视立个准则。物欲交相蔽塞于眼前，人心就会随物迁移而失其本。制约了外在的目视，做到非礼不视，这样来安定内心。做到克己复礼，久而后就能使得心诚。

听箴说：人生秉持着天道之常，这来源于人的天性。如果在物欲的引诱下心智随物迁化，就会丧失先天秉彝之正。那些卓然的先知先觉的圣人呀，心有主宰有所定止不为物欲引诱而动，我们要防范邪念以存守内心之诚，就该做到不合礼法的话不去听。

言箴说：人心中思虑之动，借着言语来表达；语言出口要禁绝轻狂与虚谬的话，内心才能静定而专一。何况言语乃是做人的关键，它能使人和好也能挑动战争。自身的吉凶荣辱，也都由语言招致。轻易出口的话人们难以相信，啰啰嗦嗦的话让人感到不实，自己说话放肆了就会冲撞别人，自己说了背理的话就会有人来跟你过不去。不合礼法的话不要说，真可敬佩呀这先哲垂训！

动箴说：明哲的人能洞见事物之苗头朕兆，在内心思虑刚动时就能存诚。有志之士勉力行事，在做事的时候能守之以正。顺理做事就能安定从容，任从自己的私欲去做就会危险。仓促匆忙中能够念善，战战兢兢地守持着善行，习惯于善而养成了善的本性，修养成德也就同圣贤一样。

5.4　《复》之初九曰："不远复，无祗悔，元吉。"传曰：阳，君子之道，故复为反善之义。初，复之最先者也，是不远而复也。失而后有复，不失则何复之有？惟失之不远而复，则不至于悔大，善而吉也。[①]颜子无形显之过，夫子谓其庶几，乃"无祇悔”也。过既未形而改，何悔之有？既未能“不勉而中”、“所欲不逾矩”，是有过也。然其明而刚，故一有不善，未尝不知；既知，未尝不遽改，故不至于悔，乃“不远复”也。[②]学问之道无他，惟其知不善则速改以从善而已。

——《程氏易传·复传》

［注释］

①此条据《程氏易传·复卦》初九爻之解编辑而成。《复》（䷗）卦之所谓复者，为一阳复生于下。祇（qí）悔：大悔。孔颖达疏：“既能速复，是无大悔。”元吉：大吉。初，这里指初九爻。《复》卦由纯阴的《坤》卦初爻由阴变阳而来，所以说是“复之最先者也”。②《周易·系辞下》：“子曰：颜氏之子其庶几乎？有不善未尝不知，知之未尝复行也。《易》曰：‘不远复，无祇悔，元吉’。”这一节就此议论。形显之过：人之意念外人不见，是微，表现为行为则他人可见，即为显。不勉而中：见《礼记·中庸》。所欲不逾矩，即“从心所欲不逾矩”，见《论语·为政》。这两者都是圣人的境界，颜回尚须勉而后中，“其与圣人相去一息”（见2.3）。既非圣人，自然有过。明而刚：智明而行刚，智明则有过未尝不知，行刚既知而未尝不遽改。

［译文］

《周易·复卦》的初九爻辞说：“走得不远就回来，没有大的悔恨，大吉。”程颐解释说：《复》卦初九这一阳爻，阳是代表君子之道，所以这复就是返回善道的意思。它是初爻，是阳之复生在最前的，是走得不远就回来了。世上的事必先有失然后有复，不失去哪里有复？只因为失去得不远就回来了，就不至于有悔恨，所以大善而吉也。颜回没有过形成实际行为的过失，孔子说他品德修养已经差不多了，就是“没有大的悔恨”。过错既然还没有形成就改了，会有什么悔恨呢？但既然还未能做到“不用努力就从容中道”，还未能像孔子说的“从心所欲而不超越规矩”，那他还是有过错。但他智明而行刚，所以一有不善，没有不发现的；一经发现，没有不立即改正的，所以不至于有悔恨，也就是“走得不远就回来”啊。

学问之道没有别的，只不过是知道自己有不善就迅速改正以回到善上来而已。

5.5　《晋》之上九：“晋其角，维用伐邑，厉吉，无咎，贞吝。”[①]《程氏易传》曰：人之自治，刚极则守道愈固，进极则迁善愈速。如上九者，以之自治，则虽伤于厉，而吉且无咎也。严厉非安和之道，而于自治则有功也。[②]虽自治有功，然非中和之德，故于贞正之道为可吝也。　　——《程氏易传·晋传》

[注释]

①此为《周易·晋卦》上九爻辞。《晋》(䷢)卦坤下离上，晋，进也。上九爻辞，按程颐之解，“角，刚而居上之物，上九以刚居卦之极，故取角为象，以阳居上刚之极也”。角即动物之角。又“在晋之上，进之极也”。“以刚而极于进，失中之甚也。无所用而可，维独用于伐邑。刚虽厉而吉，且无咎也。”伐邑，是讨伐本邑内的叛乱者，用以比喻人的内治，即自身修养。厉，严厉。张伯行解：“自治者，守道要固，迁善要速。刚进之极，愈固愈速。则虽过于严厉，亦吉且无咎。”②安和：安定和平，《韩诗外传》卷五：“百姓皆怀安和之心，而乐戴其上。”晋不符合中和之道，那么用坚贞端方之道去衡量，还是有可羞吝的。

[译文]

《周易·晋卦》上九爻辞说：“这一爻处晋的极点而为刚，象卦的角，只有用来讨伐不服的城邑，这是先危厉而后吉的无咎。但就正道说，仍属于羞吝。”程颐解释说：人的自我修治，刚到极点守道就更加坚固，进到极点向善就更为迅速。像上九这一爻，用这种精神自我修治，虽然伤于过分严厉，但还是无害的。严厉不合安定中和之道，但用于自修则有功效。尽管自修有效，但不是中和之道，所以就正道上说仍是可羞吝的。

5.6　损者，损过而就中，损浮末而就本实也。天下之害，无不由末之胜也。峻宇雕墙，本于宫室；酒池肉林，本于饮食；淫酷残忍，本于刑罚；穷兵黩武，本于征讨。凡人欲之过者，皆本于奉养。其流之远，则为害矣。先王制其本者，天理也；后人流于末者，人欲也。《损》之义，损人欲以复天理而已。[①]

——《程氏易传·损传》

［注释］

①这条是程颐《程氏易传·损传》对《损》卦卦辞的解说。《论语·先进》："子贡问：师与商也，孰贤？子曰：师也过，商也不及。曰：然则师愈与？子曰：过犹不及。"孔安国曰："言俱不得中也。"过与不及均不符合中道。损浮末而就本实：这里浮末指虚浮轻巧之事，本实指本原实在之事。下文所举均以浮末与本实对。张伯行解："凡事起初皆是天理当如此，本无过不及而得其中，后来私意日增，遂流于过，过则皆为人欲之私。故程子以为损者，损过而就中正，损浮末而就本实。末未有不浮者，本未有不实者。"

［译文］

《损》卦的意思，是减损过分而趋向中正，减损虚浮的末流而接近本原的实在。天下为害的事，无一不是由于末流的过分。高峻的宫宇，雕饰其墙，居室之奢，本源于遮蔽风雨的房屋；酒如池肉如林的奢费，本于免人饥渴的饮食；淫刑酷虐的残民之政，本于为收其威的刑罚；穷兵黩武，本于征讨。大凡人的物质欲望过分者，都本于正常的奉养。其流变离根本远了，就成为毒害。先王制定其根本之制时，本于天理；后人流于虚浮时，就是徇人欲了。《损》卦的意思，就是减损人欲以恢复天理。

5.7　夫人心正意诚，乃能极中正之道，而充实光辉。若心有所比，以义之不可而决之，虽行于外不失其中正之义，可以无咎，然于中道未得为光大也。盖人心一有所欲，则离道矣。故《夬》之九五曰："苋陆夬夬，中行无咎。"而《象》曰："中行无咎，中未光也。”[1]夫子于此，示人之意深矣。

——《程氏易传·夬传》

[注释]

①《夬》（䷪）卦乾下兑上，下五爻为阳，惟上一爻为阴。夬者，决也，五阳夬去一阴，即成纯阳《乾》（䷀）卦。张伯行解：“苋陆，今马齿苋，感阴气之多者。夬夬，决而又决也。《夬》之卦体，下乾上兑，五阳决一阴，而九五又以刚居刚，为夬之主，必不系累于阴柔者。但与上六切近，如苋陆得阴气之多，恐不能无所比，虽迫于众阳之合力，且已有阳刚中正之德，必能决而决之，不失中行之道，可以无咎。而《象》谓‘中未光’者，程子释其意，以为人必心正无私昵，意诚无勉强，乃能极大中至正之道，充实于内而光辉于外。今九五比于上爻，狎习亲昵，心未必正，特以迫于义之不可而勉强决去之，则其意亦非尽出于诚。虽所行中正有无咎之道，然胜人之邪者，必先自胜其邪。邪念一分未尽，天理便一分未光，何也？人有所欲则离道矣。”比，比附，私比。所引为《周易·夬卦》九五爻的爻辞和象传。

[译文]

人做到了心正意诚，才能行于至中至正之道，内心德行充实而光辉显扬于外。如果心中与不善者有私比，只是由于大义不允许而与之决断，那么尽管外在行为不失其中正之义，可以没有妨害，但就其中道说不能算是诚而有光辉的。因为人心一有所欲，就偏离大道了。所以《夬》卦的九五爻辞说：“马齿苋决而又决，中道而行无害。”而《象》传却说：“虽然中道而行无害，但内心不算光明。”孔老夫子在这里要告诉人的道理深刻呀。

5.8 方说而止，节之义也。[1] ——《程氏易传·节传》

[注释]

①《节》（䷻）卦兑下坎上，兑为说（悦），坎为险。节，有险而止。此为见险则止之义。《节》卦《象》辞说：“说（悦）以行险，当位以节，中正以通。”程颐解释说：“人于所说则不知已，遇艰险则思止。方说而止，为节

之义。”面对喜好的东西而能节制，这就是《节》卦的精神。

[译文]

正当喜悦的时候而能节制，这是《节》卦的意义呀。

5.9 《节》之九二，不正之节也。[①]以刚中正[②]为节，如“惩忿窒欲，损过抑有余是也。[③]不正之节，如啬节于用，懦节于行是也”。

——《程氏易传·节传》

[注释]

①《易》卦阳为刚，阴为柔。每卦六爻，自下而上，初、三、五为阳位，即刚位，二、四、六为阴位，即柔位。《节》（䷻）卦九二以阳爻居阴位，是为不正。②刚中正：指九五爻，其为阳爻，刚，居于上卦之中，中，以阳爻居阳位，正。③惩忿窒欲：《周易·损》象辞，惩除愤怒，窒塞私欲，参见（5.1）注②。

[译文]

《节》卦的九二爻，是不正之节，不当节制而节制。以刚中正为节，即应当节制而节制，如制止忿怒，堵塞贪欲，损省过分的，抑制盈余的便是。不正之节，如吝啬的节省用度、懦弱的节制行为便是。

5.10 人而无克、伐、怨、欲，惟仁者能之。有之而能制其情不行焉，斯亦难能也，谓之仁则未可也。此原宪之问，夫子答以知其难，而不知其为仁。此圣人开示之深也。[①]

——《程氏经说·论语解》

[注释]

①《论语·宪问》：“克、伐、怨、欲不行焉，可以为仁矣？子曰：可以为难矣，仁则吾不知也。”开示：启示，启发。开示之深：启发后学之深刻。

[译文]

人能没有好胜、自夸、怨恨、贪心这些毛病，只有仁德的人能做到。有这些毛病而能制约着自己不去这么做，也算是难能可贵的了，但说这就是仁人则不可。这是原宪的提问，孔子回答他说：可以说是难能可贵的了，若说是仁人，我不能同意。这可见圣人开悟启示后学的深刻呀。

5.11　明道先生曰：义理与客气常相胜，只看消长分数多少，为君子小人之别。①义理所得渐多，则自然知得②，客气消散得渐少，消尽者是大贤。　——《二程遗书》卷一

［注释］

①客气：本中医用语，指侵害人体的邪气。张仲景《伤寒论·太阳证上》："动数变迟，膈内拒痛，胃中空虚，客气动膈，短气躁烦，心中懊。"注："客气，邪气也。"这里指血气，基于生理机能不合中和的意气，偏激的情绪。张伯行解："义理者，天命之本然；客气者，形气之使然。天命梏于形气之私，其势常相胜而迭消长。义理长则为君子，客气长则为小人。"②知得：明白自己的所得，了解自己修养上的进步。《周易·乾》："'亢'之为言也，知进而不知退……知得而不知丧。"

［译文］

程颢说：人身上义理与客气互相争斗常互有胜负，只看双方消长分数的多少，来区分君子和小人。义理所得渐多，则自然能清楚自己身上的客气而加以控制，客气消散渐渐地少，消尽客气的人就成为大贤。

5.12　或谓：人莫不知和柔宽缓，然临事反至于暴厉。曰：只是志不胜气，气反动其心也。①　——《二程遗书》卷十七

［注释］

①暴厉：凶暴乖戾。气反动其心：《孟子·公孙丑上》："志壹则动气，气壹则动志。今夫蹶者趋者，是气也而反动其心。"参考（4.66）及注。此条出《二程遗书》卷十七，为程颐语，旧本作程颢语，误。

[译文]

有人说：人没有谁不明白应该和柔宽缓，但到临事时反不由自主地表现得暴躁粗厉。程颐说：这只是心志不能战胜形气，反而被气动摇了心志啊。

5.13　人不能祛思虑，只是吝。吝故无浩然之气。[①]

——《二程遗书》卷十五

[注释]

①祛：除去，消除。江永解："思虑者，心多计较，私意小智也。不能祛者，只是心有系吝，故无浩然正大之气。"思虑：指闲思杂虑。吝：吝啬，小气。《论语·泰伯》："子曰：如有周公之才之美，使骄且吝，其余不足观也已。'"茅星来解："吝则心胸狭隘，私意缠扰，故无浩然之气。"

[译文]

程颢说：人不能排除闲思杂虑，只是因为有私意小智，有私意小智就没有浩然刚大之气。

5.14　治怒为难，治惧亦难。克己可以治怒，明达可以治惧。[①]

——《二程遗书》卷一

[注释]

①茅星来解："气刚而不能自制则易怒，气柔而不能自胜则多惧。惟克己则意气自消，故可以治怒；明理则事至而不惑，故可以治惧。"

[译文]

改变易怒的毛病难，改变易惧的毛病也难。克去私念可以治怒，明达物理可以治惧。

5.15　尧夫解"他山之石可以攻玉"[①]：玉者温润之物，若将两块玉来相磨，必磨不成，须是得他个粗砺底物，方磨得出。譬如君子与小人处，为小人侵陵，则修省畏避，动心忍性，增益

预防，如此便道理出来。[②] ——《二程遗书》卷二上

［注释］

①邵雍，字尧夫，谥康节，河南（今洛阳）人，宋学者，著有《皇极经世》等。《诗经·小雅·鹤鸣》："它山之石，可以为错"，"它山之石，可以攻玉"。毛传："攻，错也。"②按此又见《横渠文集》卷四《诗书》，只最后文字稍有不同："动心忍性，增益其所不能，如此便道理出来。"陈埴《木钟集》卷十《近思杂问》也引，最后则作："动心忍性，便是进道之阶。"动心忍性：见《孟子·告子上》："故天将降大任于是人也，必先苦其心志，劳其筋骨，饿其体肤，空乏其身，行拂乱其所为，所以动心忍性，曾益其所不能。"震动其心意，坚韧其性情。

［译文］

邵雍解释"他山之石可以攻玉"这句话说：玉是温和细润的东西，如果拿两块玉相磨，必然磨不成，需要有一个粗砺的东西，才能磨出玉来。这就好比君子与小人相处，被小人欺凌，就能修治反省自身回避小人，可以震动他的心意，坚韧他的性情，增加他的能力，预防发生祸患。这样一来，道理也就在君子身上体现出来了。

5.16　目畏尖物，此事不得放过，便与克下。室中率置尖物，须以理胜他：尖必不刺人也，何畏之有？

——《二程遗书》卷二下

［译文］

眼睛看到尖锐的东西就怕，这事不能放过，即应克服掉这种毛病。房间里全放些尖锐的东西，让理念战胜虚妄的畏惧心理，要明白尖的东西一定不来刺人，有什么可害怕的？

5.17　明道先生曰：责上责下而中恕己，岂可任职分？

——《二程遗书》卷五

[译文]

程颢说：责备上边的人，责备下边的人，中间却自我宽恕，这样的人怎能胜任职责任务呢？

5.18　“舍己从人”[①]，最为难事。“己”者我之所有，虽痛舍之，犹惧守己者固，而从人者轻也。　——《二程遗书》卷九

[注释]

①《尚书·大禹谟》：“稽于众，舍己从人。”《孟子·公孙丑上》：“禹闻善言则拜。大舜有大焉，善与人同，舍己从人，乐取于人以为善。”

[译文]

“抛弃自己不正确的东西吸收别人正确的意见”，最是难做的事。“己”是我所持有的看法，即使是痛加割舍，仍担心坚守自己的看法太牢固，而听从他人的太轻微。

5.19　九德[①]最好。　——《二程遗书》卷七

[注释]

①九德：《尚书·皋陶谟》：“皋陶曰：亦行有九德：宽而栗，柔而立，愿而恭，乱而敬，扰而毅，直而温，简而廉，刚而塞，强而义。”叶采解：“宽宏而庄栗，则宽不至于弛；和柔而卓立，则和不至于懦；愿而恭，则朴愿而不徒尚乎质；乱，治也，乱而敬则整治，而不徒恃乎文，盖恭著于外、敬守于中也；驯扰而毅，则扰不至于随；劲直而温，则直不至于讦；简易者或规矩之不立，今有廉隅则简不至于疏；刚果者或伤于刻薄，今塞实而笃厚，则刚不至于虐；强力者或徇血气之勇，今有勇而义则强不至于暴。”

[译文]

《尚书·皋陶谟》所说的九种品德最好。

5.20　饥食渴饮，冬裘夏葛。若致些私吝心在，便是废天职。[①]

——《二程遗书》卷六

[注释]

①《朱子语类》卷九十六载朱熹答人问："问：饥食渴饮，冬裘夏葛，何以谓之天职？曰：这是天教我如此。饥便食，渴便饮，只得顺他。穷口腹之欲便不是。盖天只教我饥则食渴则饮，何曾教我穷口腹之欲？"裘：毛皮类衣服。葛：以葛为原料制成的衣服。《庄子·让王》："冬日衣皮，夏日衣葛絺。"

[译文]

饥了就食渴了就饮，冬天穿裘夏天穿葛。这是顺应天之自然，所以称作天职。如果夹杂进一点点私吝贪欲之心，去追求口腹体肤之享受，那就是废弃天职。

5.21　猎，自谓今无此好。周茂叔曰："何言之易也？但此心潜隐未发，一日萌动，复如前矣。"后十二年，因见，果知未。[①]

——《二程遗书》卷七

[注释]

①周敦颐，字茂叔。一本注："明道年十六七时，好田猎。十二年暮归，在田野间见田猎者，不觉有喜心。"后人用"见猎而喜"或"见猎心喜"说明旧的嗜好未能断除，或旧习难忘。

[译文]

程颢曾说："我年轻时爱打猎，后来我自认为已经没有这个嗜好了。"周敦颐听了说："你说得多么轻而易举呀！你只是这种意念潜隐着没有暴露出来，有朝一日萌动了，就又和以前一样嗜好了。"此后十二年，由于见到打猎的，不觉有喜好之心，果然明白未能断除这种嗜好。

5.22　伊川先生曰：大抵人才有身，便有自私之理，宜其与道难一。[①]

——《二程遗书》卷三

[注释]

①《老子》："吾所以有大患者，为吾有身；及吾无身，吾有何患？"此

所谓“有身”，有我，即未能泯灭物我之分。程氏所用非此义，其所谓有身即有形体。

［译文］

程颐说：大抵人刚一有了形体，就有了自私之理。难怪人心难以与道相合了。

5.23 罪己责躬不可无，然亦不当长留在心胸为悔。

——《二程遗书》卷三

［译文］

人有过失引咎自责、反躬自省不可缺少，但也不应永记在心里成为悔恨。

5.24 所欲不必沉溺，只有所向便是欲。[①]

——《二程遗书》卷十五

［注释］

①《孟子·尽心下》：“孟子曰：养心莫善于寡欲。”程颐此论，就此而发。《二程遗书》此条全文是：“养心莫善于寡欲，不欲则不惑。所欲不必沉溺，只有所向便是欲。”

［译文］

喜欢什么不一定到了沉迷的地步才叫嗜欲，只要心中有了这种趋向就是欲了。

5.25 明道先生曰：子路亦百世之师。（本注：人告之以有过则喜。）[①]

——《二程遗书》卷三

［注释］

①《孟子·公孙丑上》：“孟子曰：子路，人告之以有过则喜。”茅星来引元陈栎之语说：“程子深赞子路，欲学者师之以修身补过也。”参考（12.1）注。

[译文]

程颢说：子路也是百世之师。（本注：别人指出他的错误，他就高兴。）

5.26 人语言紧急，莫是气不定否？曰：此亦当习，习到言语自然缓时，便是气质变也。学至气质变，方是有功。

——《二程遗书》卷十八

[译文]

有人问：人的语言紧急，莫非是气性不定吗？程颐回答说：这也应该渐成习惯，一直到自然舒缓时，就是气质变化了，这才见功效。

5.27 问：不迁怒，不贰过，何也？《语录》有怒甲不移乙之说，是否？[①]伊川先生曰：是。曰：若此则甚易，何待颜子而后能？曰：只被说得粗了，诸君便道易，此莫是最难，须是理会得因何不迁怒。如舜之诛四凶[②]，怒在四凶，舜何与焉？盖因是人有可怒之事而怒之，圣人之心本无怒也。譬如明镜，好物来时便见是好，恶物来时便见是恶，镜何尝有好恶也？世之人固有怒于室而色于市。[③]且如怒一人，对那人说话，能无怒色否？有能怒一人而不怒别人者，能忍得如此，已是煞知义理。若圣人因物而未尝有怒，此莫是甚难。君子役物，小人役于物。[④]今见有可喜可怒之事，自家著一分陪奉他，此亦劳矣。圣人之心如止水。

——《二程遗书》卷十八

[注释]

①《论语·雍也》："有颜回者好学，不迁怒，不贰过。"参考（2.1）及注。《语录》：当指其门人所编程氏语录。②舜诛四凶：见《尚书·舜典》，四凶为共工、驩兜、三苗、鲧。《左传》文公十八年则以为浑敦、穷奇、梼杌、

饕餮。都被舜流放。③《左传》昭公十九年："谚所谓室于怒市于色者，楚之谓矣。"《战国策·韩策二》："语曰：怒于室者色于市。"④圣人因物而未尝有怒：程颢《答横渠张子厚先生书》："圣人之喜，以物之当喜；圣人之怒，以物之当怒。是圣人之喜怒不系于心而系于物也。"见（2.4）。役物：役使外物。役于物：为外物役使。叶采解："役物者我常定，役于物者逐物而往。"参考（4.27）。

［译文］

有人问：不迁怒，不贰过，是什么意思呢？先生您的《语录》上有对甲怒不移到乙身上的说法，对吗？程颐说：对的。问者说：如果这样的话不迁怒非常容易，哪里非要颜回这样的大贤才能做到呢？程颐说：只是说得粗浅了，诸位便认为容易，这恐怕是最难的，应该领会颜回因为什么不迁怒。比如舜诛四凶吧，怒的根源在四凶，和舜有什么关系？由于这人有可怒的事才对他发怒，圣人心中原本是没有怒的。圣人之心就好比一面明镜，好的事物来了就照见好，恶的东西来了就照见恶，镜子本身哪曾有好和恶呢？世俗的人固然有在家里生了气却到闹市上给人脸色看的。比如因一个人发怒，对那人说话，能没有怒色吗？有能对这一个人发怒而不对别人发怒的人，能够忍到这地步，已经是很懂得义理了。至于说圣人因物之可怒而怒而自心未尝有怒，这恐怕是很难很难的。君子役使外物，以外物之可喜可怒而应之以喜怒，小人被外物役使，其心随外物的感染而喜怒。看到有可喜可怒的事，自己也用一分喜怒去奉陪，这也太劳累了。圣人之心就像静止的水，万物毕照而自身凝然不动。

5.28　明道先生曰：人之视最先，非礼而视，则所谓开目便错了。次听、次言、次动，有先后之序。[①]人能克己，则心广体胖，仰不愧，俯不怍，其乐可知。[②]有息则馁矣。[③]

——《二程外书》卷三

[注释]

①《论语·颜渊》："非礼勿视，非礼勿听，非礼勿言，非礼勿动。"参考（5.3）及注。②心广体胖：心中坦然，身体舒泰，有德者的气象。《礼记·大学》："富润屋，德润身，心广体胖，故君子必诚其意。"朱熹集注："心无愧怍，则广大宽平，而体常舒泰。"《孟子·告子上》："君子有三乐"，"仰不愧于天，俯不怍于人，二乐也。"③张伯行解："乐之真不流行于心体之间，而有一息之间断，则以行之不慊、致气不充而馁矣。"馁：本义为饥饿，这里指气欠而不足。《孟子·公孙丑上》："其为气也，配义与道。无是，馁也。"

[译文]

程颢说：人的视、听、言、动，视在最先。如果非礼而视，那就是所谓的一睁眼就错了。其次是听，其次是言，其次是动，有个先后的顺序。人能除去自己的私欲，就心宽体胖，对上不愧于天，对下不愧于人，其中之乐可想而知。这种乐一间断，人就中气不足了。

5.29　圣人责己感也处多，责人应也处少。①

——《二程外书》卷七

[注释]

①江永按："此感彼应，常理也。有不应焉，反求诸己而已。"叶采解："圣人所谓厚于责己而薄于责人者。"圣人厚责己，如《孟子·离娄上》："孟子曰：爱人不亲，反其仁；治人不治，反其智；礼人不答，反其敬。行有不得者，皆反求诸己。"可与（5.36）参读。

[译文]

圣人要求自己感发别人之处多，要求他人应己之处少。

5.30　谢子与伊川先生别一年，往见之，伊川曰："相别一年，做得甚工夫？"谢曰："也只去个'矜'字。"曰："何故？"

曰：“子细检点得来，病痛尽在这里。若按伏得这个罪过，方有向进处。”伊川点头，因语在座同志曰：“此人为学，切问近思者也。”①

——《二程外书》卷十二

[注释]

①谢子：谢良佐，程门弟子，人称上蔡先生。叶采注：“胡文定公问上蔡：矜字罪过何故恁地大？谢曰：今人做事，只管要夸耀别人耳目，浑不关自家受用事。”矜：自夸。《尚书·大禹谟》：“汝惟不矜，天下莫与汝争能；汝惟不伐，天下莫与汝争功。”孔安国传：“自贤曰矜，自功曰伐。”孔颖达疏：“矜与伐俱是夸义。”切问近思：出《论语·子张》。

[译文]

谢良佐与程颐分别一年，去见程颐。程颐问：“相别一年，学问上下的是什么工夫？”谢良佐说：“也只是去掉一个‘矜’字。”程颐问：“为什么如此？”回答说：“仔细检查起来，一切病根，都在这‘矜’字里。如果能按得住伏得下这‘矜’字，避免了骄矜带来的罪过，而后学问才有进处。”程颐点头，顺势告诉在座一同学习的人说：“这人为学，能恳切地发问并多就眼前的问题思考呀。”

5.31 思叔诟詈仆夫，伊川曰：“何不动心忍性？”思叔惭谢。①

——《二程外书》卷十二

[注释]

①张绎，字思叔，程颐晚年门人，见（2.73）注。动心忍性：见《孟子·告子下》，参考（5.15）注。惭谢：惭愧并认错。

[译文]

张绎怒骂仆夫，程颐说：“你何不就仆夫之失造成的不便来震动自己的心志，坚韧自己的性情？”张绎听了，感到惭愧并立即认错。

5.32 见贤便思齐，有为者亦若是；“见不贤而内自省”，盖莫不在己。①

——《二程外书》卷二

[注释]

①《论语·里仁》："见贤思齐焉，见不贤而内自省也。"

[译文]

看见贤人，便想要赶上他。有作为的人，也是这样。"看见不好的人，就反省自身。"因为这些毛病自己身上都有。

5.33 横渠先生曰：湛一，气之本；攻取，气之欲。口腹于饮食，鼻舌于臭味，皆攻取之性也①。知德者属厌而已，不以嗜欲累其心，不以小害大、末丧本焉尔②。——张载《正蒙·诚明》

[注释]

①湛一：指太和之气的清净纯一。王夫之《张子正蒙注》作"湛定而合一"："湛则物无可挠，一则无不可受。"张伯行解作"湛然不动，一者不杂"。攻取：大致如今之所谓摄取，人对可欲之物（如下文所举饮食、嗅味等）的攻而取之。朱熹说："湛一是未感物之时，湛然纯一，此是气之本。攻取，如目之欲色，耳之欲声，便是气之欲。曰：攻取是攻取那物否？曰：是。"（《朱子语类》卷九十八）叶采解："攻取之性即气质之性。"②知德者：《论语·卫灵公》："子曰：'由，知德者鲜矣。'"明于道德的。属厌而已：语出《左传》昭公二十八年"愿以小人之腹为君子之心，属厌而已"。属，足；厌，饱。属厌而已，即适可而止，无贪心。茅星来解："属厌二句，言君子不以口腹鼻舌之欲而失其湛一之本然也；不以小害大二句，又申明所以属厌而已，不以嗜欲累其心之故也。"不以小害大、末丧本：不以口腹鼻舌之欲而丧其本心，此出《孟子·告子上》："孟子曰：人之于身也，兼所爱。兼所爱则兼所养也，无尺寸之肤不爱焉，则无尺寸之肤不养也。""体有贵贱，有小大，无以小害大，无以贱害贵。养其小者为小人，养其大者为大人。""耳目之官不思，而蔽于物，物交物则引之而已矣。心之官则思，思则得之，不思则不得也。此天之所与我者。先立乎其大者，则其小者不能夺也。此为大人而已矣。"

[译文]

张载说：清净纯一是气的本体，取得外物是气的欲望。口腹对于饮食，鼻舌对于气味和滋味，都是获取外物之性的表现。那些明白大德的人对于外物，不过适足而已，不让过分的嗜欲连累其本善之心。本心是根本，是大端，嗜欲是末端，是细节，他们不会因小害大，不会因末节丧失根本。

5.34 纤恶必除，善斯成性矣；察恶未尽，虽善必粗矣。[①]

——张载《正蒙·诚明》

[注释]

①茅星来解："成性，犹习与性成之意。恶不在大，自念虑之微，以至于一言一动之细，稍有未善处，即恶也。"

[译文]

一纤一毫的恶也务必除尽，善性才能养成；未能尽察自身之恶，即使为善，也是粗而不纯的。

5.35 恶不仁，是不善未尝不知。[①]徒好仁而不恶不仁，则习不察，行不著，是故徒善未必尽义，徒是未必尽仁。[②]好仁而恶不仁，然后尽仁义之道。[③]

——张载《正蒙·中正》

[注释]

①恶不仁：《礼记·表记》："子曰：无欲而好仁者，无畏而恶不仁者，天下一人而已矣。"恶：憎恶。《周易·系辞下》："子曰：颜氏之子，其殆庶几乎？有不善未尝不知，知之未尝复行也。"憎恶不仁，如此才能有不善未尝不知。②宋钱时《融堂四书管见》卷三说："人之由斯道，如出之必由户也，行不著，习不察，故终身由之而不知耳。"孔子说："我未见好仁者恶不仁者。好仁者，无以尚之。恶不仁者，其为仁矣，不使不仁者加乎其身。"（《论语·里仁》）③张伯行解："义所以裁决是非者也。若徒好仁而不恶不仁，则虽有向善之心，而无裁决之明，岂能尽义？不尽义则无以别其为非，徒见为是，此心未必悉当乎理，岂遒尽仁？"

[译文]

厌恶不仁，这就能做到有不善没有不察觉的。仅仅是爱好仁德而不厌恶不仁，那就不能明察所习之理的正确与谬误，不能明白所行之事当与不当，所以仅仅是善，未尽能完全符合义，仅仅是做正确的事，未必就是完全的仁。爱好仁德而又厌恶不仁，然后才能穷尽仁义之道。

5.36 责己者，当知无天下国家皆非之理。故学至于不尤人，学之至也。[①]

——张载《正蒙·中正》

［注释］

①责己：要求、督责自身。《论语·卫灵公》："躬自厚，而薄责于人，则远怨矣。"何晏集解引孔安国曰："责己厚，责人薄，所以远怨咎。"《论语·宪问》："子曰：不怨天，不尤人。"尤，责怪。

［译文］

人之所以应该督责自身，是应该明白，没有天下、国家所有别人都不对的道理。所以学道达到了不怪罪别人的境地，就达到了学道的极致了。

5.37 有潜心于道，忽忽焉为他虑引去者，此气也。旧习缠绕，未能脱洒，毕竟无益，但乐于旧习耳。[①]古人欲得朋友，与琴瑟简编，常使心在于此。[②]惟圣人知朋友之取益为多，故乐得朋友之来。

——张载《论语说》

［注释］

①茅星来解："气即所谓客气也。旧习亦此气之习熟者也。脱洒，脱然无系累也，犹言除去也。乐于旧习，言以此为乐，虽明知其无益而不能以除去也。"客气，血气，生理欲念所发之气。参考（5.11）注①。脱洒：即洒脱，摆脱习熟缠绕后的超脱自在。参考（2.96）。②《论语·学而》："有朋自远方来，不亦乐乎？"张伯行解："夫心何由定乎？必得朋友相与观摩，则有所以辅吾心矣；而由是琴瑟以调养之，使心得其和；简编以涵泳之，使心得其正。"

［译文］

有的人要潜心学道，但心却忽忽悠悠地被闲思杂虑引去了，其原因是本心被客气牵动了。旧的不良习俗缠绕着你的心，不能够摆脱出来，毕竟是无益的，其原因只是乐于旧习罢了。古人想要得到朋友，以及琴瑟、书册，常常使自己的心放在这上边。因为圣人知道从朋友那里得益的多，所以乐于有朋友来。

5.38　矫轻警惰。[①]

——张载《横渠语录》

［注释］

①又其《经学理窟·气质》云："慎喜怒，此只矫其末而不知治其本，宜矫轻警惰。"又云："天资美不足为功，惟矫恶为善，矫惰为勤，方是为功。"

［译文］

矫正轻浮的毛病，警戒自己的怠惰。

5.39　"仁之难成久矣！人人失其所好。"盖人人有利欲之心，与学正相背驰。故学者要寡欲。[①]

——张载《经学理窟·学大原上》

［注释］

①《礼记·表记》所载孔子语。所好：指仁，因上文所谈"好仁"而来。《孟子·尽心下》："养心莫善于寡欲。"参考（4.60）、（5.2）及注。

［译文］

"仁德难以成就是由来已久了！人人都失去了好仁的天性。"这是因为人人有利欲之心，而这正与学道相背驰。所以学道的人应该寡欲。

5.40　君子不必避他人之言，以为太柔太弱。至于瞻视亦有节，视有上下，视高则气高，视下则心柔，故视国君者，不离绅带之中。学者先须去其客气。[1]其为人刚行，终不肯进。“堂堂乎张也，难与并为仁矣。”[2]盖目者人之所常用，且心常托之视之上下。且试之，己之敬傲，必见于视。所以欲下其视者，欲柔其心也。柔其心，则听、言敬且信。

人之有朋友，不为燕安，所以辅佐其仁。[3]今之朋友，择其善柔以相与，拍肩执袂以为气合，一言不合，怒气相加。朋友之际，欲其相下不倦。故于朋友之间，主于敬者日相亲与，得效最速。仲尼尝曰：“吾见其居于位也，与先生并行也，非求益者，欲速成者。”则学者先须温柔，温柔则可以进学。《诗》曰：“温温恭人，维德之基。”[4]盖其所益多。 ——张载《经学理窟·气质》

[注释]

①视国君者，不离绅带之中：此约略而言。此类之礼，如《礼记·曲礼》：“天子，视不上于袷，不下于带；国君，绥视。”《仪礼·士相见礼》：“凡与大人言，始视面，中视抱，卒视面”等。客气：与义理相对，所谓形气、血气，见（5.11）解。②刚行（hāng）：刚强。《论语·先进》：“子路，行行如也。”行行如，刚强负气貌。堂堂乎张：《论语·子张》曾子语，形容其容貌壮伟，神气高昂。朱熹《四书集注》：“堂堂，容貌之盛，言其务外自高，不可辅而为仁，亦不能有以辅人之仁也。”③燕安：安适逸乐。燕，安宁，安逸。《论语·颜渊》：“曾子曰：君子以文会友，以友辅仁。”④两处引文分别见《论语·宪问》和《诗经·大雅·抑》。

[译文]

君子持身不必畏避别人的议论，不必因为别人认为你太柔太弱而改变自己的素行。君子的一瞻一视都有节制。视线有高有低，视线高就显得意气高，视线低就显得心柔和，所以礼规定对面看国君时，视线不离开绅带这一中线。学者应先去掉形成私欲的客气。一个人为人刚强，他就到底也不肯折节进道。就像曾子说的“高大威严的子张，难以和他一起进于仁德”。眼睛是人所常用的，并且心气常常借眼神表现出来。视线的高低可以检验人的心，自己的谦敬和倨傲，一定会从眼的视线中表现出来。之所以想要你放低视线，是想让你的心平柔些，心气柔和了，那听别人说话就恭敬，跟别人说话就诚实。

人有朋友，其作用不是为了在一起舒适安乐，而是互相辅助仁德。今天的朋友，都选择那和善温柔的相交，拍着肩膀拉着袖子表示意气相合，一句话说不到一起，就以怒气相加。朋友之间，应该谦敬不倦。所以朋友之间主于敬的，就一天比一天亲密，以友辅德就见效快。孔子曾说阙党的童子："我见他坐在不该坐的位置上，和长辈并肩行走，他不是求上进的人，是个急于求成的人。"那么学者应先温柔，温柔就可以增进学问。《诗经》上说："温柔谨恭的人，这是仁德的根基。"因为温柔获益就多。

5.41　世学不讲，男女从幼便骄惰坏了，到长益凶狠。[①]只为未尝为弟子之事[②]，则于其亲已有物我，不肯屈下，病根常在。[③]又随所居而长，至死只依旧。为弟子，则不能安洒扫应对；在朋友，则不能下朋友；有官长，则不能下官长；为宰相，则不能下天下之贤。甚则至于徇私意，义理都丧。也只为病根不去，随所居所接而长。人须一事事消了病，则义理常胜。

——张载《横渠语录》

［注释］

①世学：本义为家学，世代相传的学问，此处世学不讲"谓今之世为学之道不讲也"（茅星来解）。骄惰：骄纵怠惰。②弟子之事：即所谓弟子之职。孔子曰："弟子入则孝，出则悌，谨而信，泛爱众，而亲仁。"以及"洒扫应对进退"（《论语·子张》）等。③此条此处以上见《经学理窟·学大原上》，此处以下见《经学理窟·学大原下》。

［译文］

当今之世为学之道不讲究了，男女从小就骄惰坏了，到长大后就更为严重。只因为不曾做过洒扫、应对、进退这些弟子的训练，就是对他的父母也要分个你我，不肯屈身向下。从小养成的骄惰病根常在，又伴随着生活而发展，到死仍是病根依旧。作为弟子，则不能安于洒水扫地、应答回话之类的弟子职；在朋友间，不能尊敬朋友；有官长在上，也不肯礼敬长官；做了宰相，则不能礼遇天下贤士。严重的至于徇从自己的私意，义理全都丧尽。这也只是因为从小养成的病根不去，又随着他的居处和接交而发展。人应该一件事一件事地消除自己的旧病，那么义理就会常胜。

5.42 凡所当为，一事意不过，则推类，如此善也。一事意得过，以为且休，则百事废矣。①

——张载《经学理窟·学大原下》

[注释]

①此条仅见于茅星来本，言照宋本增。其他本均无。原出《学大原下》，全文是："凡所当为，一事意不过则推类……则百事废。其病常在，谓之常病，为其不虚心也。又病在所居而长，至死只依旧。为子弟则不能洒扫应对……人须一事事消了病，则常胜。"与（5.41）联系读，则可以推知《近思录》摘编中的错误。茅星来解："意不过，谓心有所未安也。为一事而心有未安，则当以类而推，凡心之有所未安者，皆不可以苟为也。事事如此，周详审慎，自无有不善者矣。若以意所便安，不复求进，则天下之事皆视为不甚经意而有所不为矣，故曰百事废。"

[译文]

凡应做的事，一件事上心中感到不够妥帖，就依此类推，凡未妥帖不可轻为，如此则善。一件事心下感到妥帖，就认为暂且算了吧，那么一切事都会荒废。

卷六　齐家之道

6.1　伊川先生曰：弟子之职，力有余则学文。不修其职而学文，非为己之学也。[1]　——《程氏经说·论语解》

［注释］

①《论语·学而》："子曰：弟子入则孝，出则悌，谨而信，泛爱众，而亲仁。行有余力，则以学文。"为己之学：学以提高自身修养。语出《论语·宪问》。参考（2.14）。

［译文］

程颐说：尽完了孝父母、敬兄长等这些弟子的职分，精力有余就去学习文献典籍。不修弟子之职而去学习文献，那不是圣人说的"为己之学"。

6.2　孟子曰："事亲若曾子可也。"[1]未尝以曾子之孝为有余也。盖子之身所能为者，皆所当为也。　——《程氏易传·师传》

［注释］

①《孟子·离娄上》："曾子养曾皙（按曾子父），必有酒肉。将彻（撤），必请所与（送给谁）。问有余，必曰有。曾皙死，曾元养曾子，必有酒肉。将彻，不请所与。问有余，曰：亡矣。将以复进也（准备下次再拿来给曾子吃）。此所谓养口体者也。若曾子，则可谓养志也。事亲若曾子者可也。"

[译文]

程颐引孟子的话说："侍奉父母像曾子那样就可以了。"孟子没有认为曾子之孝有过分的。凡做儿子自身所能做得到的，都是应该为父母做的。

6.3　"干母之蛊，不可贞。"[①]子之于母，当以柔巽辅导之，使得于义。[②]不顺而致败蛊，则子之罪也。从容将顺，岂无道乎？若伸己刚阳之道，遽然矫拂则伤恩，所害大矣，亦安能入乎？[③]在乎屈己下意，巽顺相承，使之身正事治而已。刚阳之臣事柔弱之君，义亦相近。

——《二程易传·蛊传》

[注释]

①此为《周易·蛊卦》九二爻辞。蛊：事。干母之蛊：以强干的儿子辅助柔暗的母亲。贞：刚正。不可贞：不可伸己刚阳之道。叶采解："人子事亲，当以承顺为主。而妇人柔暗，尤难以遽晓，苟为矫拂而反害其所治之事，则子之过也。"②巽（xùn）：卑顺。《周易·蒙卦》："童蒙之吉，顺以巽也。"孔颖达疏："巽谓貌顺。"儿子应当以柔顺来开导、辅助母亲，使之合于义理之当然。③遽然：急躁貌。矫拂：拂逆，违背，纠正。如果生硬地去纠正母亲的过错，有伤母子之恩，有害无益。

[译文]

《周易·蛊卦》说："干母之蛊，不可贞。"儿子对于母亲，应当以柔顺来辅助她，开导她，使她能够合于义理之当然。如果因为儿子不顺柔而致使事情败坏，那是做儿子的罪过。如果从容地顺承着做去，难道没有办法将母亲的事很好地做完吗？如果伸张自己阳刚之道，急切地去矫正母亲之行，忤逆母亲之意，就会伤害母子之恩，害处大了，又怎能让母亲听得进去呢？做儿子的应当做的，在于屈抑下来自己的心志，柔和温顺地承奉母亲，慢慢使她感悟，最终能够做到身处于正，事情也办好就是了。刚阳之臣事奉柔弱之君，意思也与此相近。

6.4　《蛊》之九三，以阳处刚而不中，刚之过也，故小有悔。[①]然在《巽》体，不为无顺。[②]顺，事亲之本也。又居得正，故无大咎，然有小悔。[③]已非善事亲也。

——《程氏易传·蛊传》

[注释]

①《蛊》卦九三爻辞说："干父之蛊，小有悔，无大咎。"此条就卦象解爻辞。《蛊》(䷑)卦巽下艮上。其九三爻，以阳爻，处刚位，又在下卦之上，九为阳爻，三为刚位，下卦之上又为刚，故刚太过。三为下卦之上，不得中。悔：过失，灾祸。②《蛊》卦下卦为巽，九三为下卦上爻，在巽卦之体，而巽的意思是顺，故"不为无顺"。③九是阳爻，三是阳位，阳爻处阳位为得正。咎：灾祸，不幸之事；罪过。

[译文]

《蛊》卦的九三爻，以阳爻处在刚位又不得中，过分地刚强了，所以有小病。但它在《巽》卦体上，不能算是没有柔顺之意。顺，是事亲的根本。它又居得正位，所以没有大害，但有小病。既然过分地刚，已经算不得善于事亲了。

6.5　正伦理，笃恩义，《家人》之道也[①]。

——《程氏易传·家人传》

[注释]

①《家人》之《彖辞》说："家人，女正位于内，男正位于外，男女正，天地之大义也。家人有严君焉，父母之谓也。父父、子子、兄兄、弟弟、夫夫、妇妇，而家道正，正家而天下定矣。"伦理：人际关系之常理，伦理关系起于家庭父父、子子、夫夫、妇妇，而推广于社会。使伦理关系得正，使亲情笃厚，是《家人》卦所讲明的道理。

[译文]

摆正伦常关系，笃实亲情恩义，是《家人》卦讲的道理。

6.6　人之处家，在骨肉父子之间，大率以情胜礼，以恩夺义，惟刚立之人，则能不以私爱失其正理，故《家人》卦大要以刚为善。[①]

——《程氏易传·家人传》

[注释]

①《家人》(䷤) 卦阳爻有四，除初九外，其余九三、九五、上九均为吉。阳为刚，故曰："大要以刚为善。"

[译文]

人们与家人相处，在骨肉父子之间，大多以亲情胜于礼法，因恩爱而放弃义理，只有刚方卓立之人，能够不因私爱而丢掉正理，所以《家人》卦大致以刚为善。

6.7　《家人》上九爻辞，谓治家当有威严，而夫子又复戒云，当先严其身也。[①]威严不先行于己，则人怨而不服。

——《程氏易传·家人传》

[注释]

①《家人》之上九爻辞曰："有孚、威如，终吉。"意为有信用、威严者，终于吉。其《象》传说："'威如'之'吉'，反身之谓也。"反身即反求诸身，反身责己，所以说"先严其身"。《周易》之《象》传，旧说为孔子所作，故这里说"夫子又复戒云"。

[译文]

《家人》上九爻辞，说的是治家应当有威严，而孔子又告诫说，应该首先严格要求自身。威严如果不从自己身上做起，那么别人就会怨恨而不服气。

6.8　《归妹》九二，守其幽贞，未失夫妇常正之道。[①]世人以媟狎[②]为常，故以贞静为变常，不知乃常久之道也。

——《程氏易传·归妹传》

[注释]

①《归妹》九二《象》曰："利幽人之贞，未变常也。"幽贞：本指隐士的节操，这里指女子幽静贞正的节操。②媟狎：狎昵，不庄重，这里指夫妻间亲昵的关系。

[译文]

《归妹》卦的九二爻，守其幽静贞正之操，没有失去夫妇间正常之道。世人以媟亵狎昵为常，所以就把贞静看做是变常，不知贞静乃是维持夫妇长久之道。

6.9　世人多慎于择婿，而忽于择妇。其实婿易见，妇难知，所系甚重，岂可忽哉！[①]　——《二程遗书》卷一

[注释]

①张伯行解："男子在外，言辞晋接之间，其品行犹易见；女子居内，闺门幽邃之中，其德性难知。""且娶妇所以承宗祧"，故所系者重。

[译文]

世人多审慎地选择女婿，却忽视选择媳妇。其实女婿的言行易见，媳妇的德行难知，并且对家庭关系重大，怎么能忽视呢？

6.10　人无父母，生日当倍悲痛，更安忍置酒张乐以为乐？若具庆者可矣。[①]　——《二程遗书》卷六

[注释]

①具庆：父母俱存。宋濂《望云图诗序》："人之壮年，有大父母、父母俱存，而号重庆者矣；此，则父与母无故，而号具庆者矣。"

[译文]

人没有了父母，生日这一天应该更加悲痛，怎么还忍心摆酒设乐来取乐呢？如果父母都健在这样做是可以的。

6.11　问：《行状》云："尽性至命，必本于孝弟。"[①]不识孝

弟何以能尽性至命也？曰：后人便将性命别作一般事说了。性命孝弟，只是一统底事，就孝弟中便可尽性至命。[②]如洒扫应对与尽性至命，亦是一统底事，无有本末，无有精粗，却被后来人言性命者，别作一般高远说。[③]故举孝弟，是于人切近者言之。然今时非无孝弟之人，而不能尽性至命者，由之而不知也。

——《二程遗书》卷十八

［注释］

①《行状》：程颐所作《明道先生行状》，明道即程颢。本文今载《二程文集》卷十一。《周易·说卦传》："穷理尽性，以至于命。"尽性至命：即充分而彻底地发扬自己先天的善性，就能体现出天命。②上天有清静纯善之道，此道赋予人类万物。就天赋予人者而言叫做命，就人禀于天者而言叫做性，所以人能充分发挥本性就能体现天命。天命无形不可见，于人性之善上见之。性善表现为仁，仁的基础是孝父母，其次敬兄长，推而广之，则为忠君，则为对朋友的信。所以说是"一统的事"，"就孝弟中便可尽性至命"。张伯行解："盖性命者，天人赋受之理；孝悌者，人伦全尽之称。性命无见处，于伦物上见之。"③洒扫应对，为弟子之事。就其相对关系说，性命是本，洒扫应对是末；性命是精，洒扫应对是粗。就其一统说，本寓于末，末体现本，本末无别；精必由粗以见，粗必得精以传，无精无粗。参考（1.28）。

［译文］

有人问：您写的《明道先生行状》里，说他"尽性至命，必本于孝悌"。不知道孝悌怎么能尽性至命？程颐回答说：后世的人就把性命当成另一回事说了。性命和孝悌，只是一体的事，就孝悌中就能够尽性至命。再进一步说，如弟子应尽的洒扫应对之职与尽性至命，也是一体的事，没有本末，不分精粗，却被后来谈论性命的人，把性命另外作为一种高超的理论去说了。所以程颢他举出了孝悌，这是就人的切近处来谈论性命。然而现在并非没有孝悌的人，但他们不能尽性至命的原因，是由于他们只是照着这个路子去做了，却不明白这个道理。

6.12　问：第五伦视其子之疾与视兄子之疾不同，自谓之私，如何？曰：不待安寝与不安寝，只不起与十起，便自私也。父子之爱本是公，才著些心做，便是私也。（本注：《后汉·第五伦传》：或问伦曰：公有私乎？对曰：吾兄子尝病，一夜十起，退而安寝。吾子有疾，虽不省视，而竟夕不眠。若是者，岂可谓无私乎？）[①]又问：视己之子与兄之子有间否？曰：圣人立法，曰："兄弟之子犹子也。"是欲视之犹子也。[②]又问：天性自有轻重，宜若有间然？曰：只为今人以私心看了。孔子曰："父子之道，天性也。"此只就孝上说，故言父子天性，若君臣、兄弟、宾主、朋友之类，亦岂不是天性？只为今人小看，却不推其本所由来故尔。己之子与兄之子，所争几何？[③]是同出于父者也。只为兄弟异形，故以兄弟为手足。人多以异形故，亲己之子，异于兄弟之子，甚不是也。又问：孔子以公冶长不及南容，故以兄之子妻南容，以己之子妻公冶长，何也？[④]曰：此亦以己之私心看圣人也。凡人避嫌者，皆内不足也。圣人自至公，何更避嫌？凡嫁女，各量其才而求配，或兄之子不甚美，必择其相称者为之配；己之子美，必择其才美者为之配。岂更避嫌耶？若孔子事，或是年不相若，或时有先后，皆不可知。以孔子为避嫌，则大不是。如避嫌事，贤者且不为，况圣人乎？

——《二程遗书》卷十八

[注释]

①第五伦：复姓第五，名伦，字伯鱼，汉京兆人，仕至司空，性忠厚。《后汉书》本传云："伦奉公尽节，言事无所依违。诸子时或谏止，辄叱遣之；吏人奏记或便宜者，亦并封上。其无私若此。性质悫，少文采，在位日以贞白称。"②《礼记·檀弓上》："丧服，兄弟之子犹子也，盖引而进之也。"以后便称侄子为犹子。程颐此处借以引申其义到亲情对待上，言侄子应该和儿子一

样对待。③引文见《孝经·圣治》。所争几何：相差多少。④《论语·公冶长》："子谓公冶长，'可妻也，虽在缧绁之中，非其罪也。'以其子妻之。"又"子谓南容，'邦有道，不废；邦无道，免于刑戮。'以其兄之子妻之"。南容名南宫适，字子容。两人都是孔子弟子。

［译文］

有人问：第五伦对待儿子的病与对待其兄的儿子的病不一样，他自己说这是私心，该如何看待？程颐说：用不着说他安寝与不能安寝的不同（兄子病，虽一夜十起，退而安寝；其子病，虽不起视，而竟夕不眠），只这一个不起和另一个起十次的不同，就已表现出私心。父子之爱本是公，刚刚有一点着意表现爱的意思，就是私了。（本注：《后汉书·第五伦传》载：有人问第五伦：您有私心吗？第五伦回答说：我哥哥的孩子曾经生病，我一夜起来看望十次，但回来后能安稳地睡觉；我自己的孩子病了，我尽管一次也没有起来看他，但通宵不眠。像这样，怎么能说没有私心呢？）又问：人对待自己的孩子和对待兄长的孩子有差别吗？程颐说：圣人立下的规则，说"兄弟之子就如自己的儿子"，是要让人把兄弟的孩子当自己的孩子看待。又问：从天性说自己的孩子与兄弟的孩子有轻重的不同，似乎应该有差别？程颐说：这只是因为今天的人用私心来看这天性了。孔子说："父子之间的亲爱，是出于天性。"这只是就孝这一个方面说的，所以说父子之情属天性，至于君臣、兄弟、宾主、朋友之类，难道不也是天性吗？只因为今天的人用狭隘的眼光看，不推究其原本的由来才成这种看法呀。自己的孩子与自己胞兄的孩子，相差能有多少呢？他们都是你父亲的后代呀。只是因为兄弟属于不同的形体，所以称兄弟为手足。人多因为形体分开了，亲爱自己的孩子，不同于亲爱兄弟的孩子，这是非常错误的。又问：孔子认为公冶长不如南宫适，所以把兄长的女儿嫁给南宫适，把自己的女儿嫁给公冶长，他是为什么呢？程颐说：这也是人们拿自己的私心去看圣人了。凡是人要避嫌，都是由于心虚。圣人自是至公的，哪里还用避嫌？凡嫁女儿，各按她的才貌而择配，或许兄长的女儿不太美，一定要选择那些相称的做她的配偶；自己的女儿美，一定选那些才能优秀的做她的配偶，难道还需要避嫌吗？至于说到孔子这件事，或许是年龄不相当，或者是时间有先后，都是说不清的。认为孔子是避厚己女薄兄女之嫌，那就大错了。像避嫌这样的事，贤者尚且不做，何况圣人呢？

6.13　今人多不知兄弟之爱。且如闾阎小人，得一食必先以食父母，夫何故？以父母之口，重于己之口也。得一衣必先衣父母，夫何故？以父母之体重于己之体也。至于犬马亦然，待父母之犬马，必异乎己之犬马也。独爱父母之子，却轻于己之子，甚者至若仇敌。举世皆如此，惑之甚矣。[①]

——《二程遗书》卷二十二下

[注释]

①本条为张伯行增入，以此替换“孀妇不可取”一条。原条全文如下：“问：孀妇于理不可取，如何？曰：然。凡取以配身也。若取失节者以配身，是己失节也。又问：或有孤孀贫穷无托者，可再嫁否？曰：只是后世怕寒饿死，故有是说。然饿死事极小，失节事极大。”出自《二程遗书》卷二十二下。其他各本均仍旧。今从张伯行本。闾阎：里巷内外的门，后多借指里巷。由于为平民所居，又借指平民。

[译文]

今天的人多不懂得兄弟之爱。比如寒室小民，得到一点吃的一定先给父母吃，为什么呢？因为父母之口比自己的口重要。得到一件衣服一定先给父母穿，为什么呢？因为父母的身体比自己的身体重要。以至于对待狗马也是这样，对待父母的狗马，一定比对待自己的狗马要好。单单爱父母的孩子，却轻于爱自己的孩子，严重的至于视作仇敌。天下人都是这样，真是太糊涂了。

6.14 病卧在床，委之庸医，比之不慈不孝。事亲者亦不可不知医。 ——《二程外书》卷十二

[译义]

程颢说：亲人病卧在床，却交给昏庸无能的医生，如果病的是孩子，你就等于不慈，如果病的是父母，你就等于不孝。所以奉养父母也不可不懂医理。

6.15 程子葬父，使周恭叔主客。客欲酒，恭叔以告，先生曰：勿陷人于恶。[1] ——《二程外书》卷七

[注释]

①周恭叔：名行己，号浮沚，永嘉人，程门弟子。主客：主持接待宾客之事。《礼记·檀弓下》："行吊之日，不饮酒食肉焉。"许人饮酒，即是陷人于非情悖礼的罪恶之地。

[译文]

程颐葬父，使周行己主持接待宾客。有客人想喝酒，周行己去禀告，程颐不答应，说：不要陷人于非情悖礼的罪恶之地。

6.16 买乳婢，多不得已。或不能自乳，必使人。然食己子而杀人之子，非道。必不得已，用二乳食三子，足备他虞，或乳母病且死，则不为害，又不为己子杀人之子，但有所费。若不幸致误其子，害孰大焉？[1] ——《二程外书》卷十

[注释]

①此条与《二程外书》以及《近思录》其他版本，文字各不相同，出入极大。乳婢：乳母，俗称奶妈。虞：患害。

[译文]

买乳婢，多是出于不得已。有时是生了孩子自己不能哺乳，一

定得让别人代养。但是为了养自己的孩子而害了人家的孩子，不合道义。确实出于不得已，可以用两个乳母哺养三个孩子，这样又足以防备其他的意外，即或其中一个乳母病得要死，也没有妨害，又不至为了自己的孩子害了人家的孩子，只是花费多些。如果不幸而至于伤害了人家的孩子，这与花费多相比，哪种害处更大呢？

6.17　先公太中讳珦，字伯温。[①]前后五得任子，以均诸父子孙。嫁遣孤女，必尽其力。所得俸钱，分赡亲戚之贫者。伯母刘氏寡居，公奉养甚至。其女之夫死，公迎从女兄以归，教养其子，均于子侄。既而女兄之女又寡，公惧女兄之悲思，又取甥女以归嫁之[②]。时小官禄薄，克己为义[③]，人以为难。公慈恕而刚断，平居与幼贱处，惟恐有伤其意。至于犯义理，则不假[④]也。左右使令之人，无日不察其饥饱寒燠[⑤]。娶侯氏。侯夫人事舅姑以孝谨称，与先公相待如宾客，先公赖其内助，礼敬尤至，而夫人谦顺自牧，虽小事未尝专，必禀而后行。[⑥]仁恕宽厚，抚爱诸庶，不异己出。从叔幼孤，夫人存视，常均己子。[⑦]治家有法，不严而整。不喜笞扑[⑧]奴婢。视小臧获[⑨]如儿女，诸子或加呵责，必戒之曰："贵贱虽殊，人则一也。汝如是大时，能为此事否？"先公凡有所怒，必为之宽解，唯诸儿有过，则不掩[⑩]也，常曰："子之所以不肖者，由母蔽其过而父不知也。"夫人男子六人[⑪]，所存惟二，其慈爱可谓至矣，然于教之之道，不少假也。才数岁，行而或踣，家人走前扶抱，恐其惊啼，夫人未尝不呵责曰："汝若安徐，宁至踣乎！"饮食常置之坐侧。尝食絮羹，皆叱止之，曰："幼求称欲，长当如何？"[⑫]虽使令辈，不得以恶言骂之。故颐兄弟平生于饮食衣服无所择，不能恶言骂人，非性然也，教之使然也。与人争忿，虽直不右，曰："患其不能屈，不患其不能伸。”及稍长，常使从善师友游。虽居贫，或欲延客，则喜而为之具。夫人七八岁时诵古诗曰：“女子不夜出，夜出秉明烛。”[13]自是日暮则不复出房阁。既长好文，而不为辞章，见世之妇女以文章笔札传于人者，则深以为非。 ——《二程文集》卷十二

［注释］

①此条乃摘编程颐《先公太中家传》、《上谷郡君家传》两文而成，两文为程颐为其父母分别作的传。太中即太中大夫，后改谏议大夫。程颐父程珦(xiàng)官至太中大夫。②《朱子语类》卷九十六载朱熹答人问：“问：取甥女归嫁一段，与前孤孀不可再嫁相反，何也？曰：大纲恁地，但人亦有不能尽者。”③克己为义：减损自己生活的费用，拿出钱来做行义（做善事）。④不假：不宽恕。假，宽容，宽饶。《史记·春申君列传》：“臣闻之，敌不可假，时不可失。”⑤寒燠（yù）：冷热。燠，暖，热。⑥舅姑：俗称公婆。自牧：自我修养。《周易·谦》：“谦谦君子，卑以自牧。”孔颖达疏：“恒以谦卑自养其德也。”禀：禀告。诸庶：那些庶出的孩子们。⑦从叔：丈夫的堂兄弟。存视：问候看望，这里实为关照、照顾。⑧笞扑：拷打，责打。⑨臧获：奴婢。⑩掩：掩饰，掩盖其过错。⑪男子六人：除程颢、程颐长大成人外，长子应昌、次子天锡、五子韩奴、六子蛮奴俱夭折。⑫茅星来解：“饮食置之坐侧者，言每当饮食时必使侍食于坐侧以便教导之也。”尝食絮羹：尝食是说尝一尝吃的好吃了才吃，即挑食。絮羹，是说嫌羹无味再加调味品调和。《礼记·曲礼》：“毋絮羹。”郑注：“絮，犹调也。”称欲：满足口腹之欲。⑬古诗出处不详。《公羊传》襄公三十年，伯姬曰：“妇人不夜出。”又《礼记·曲礼》：“女子出门夜行以烛，无烛则止阁尔。”

［译文］

程颐说：我的先父太中大夫名叫程珦，字伯温。他前后五次得到朝廷给儿子官职的待遇，都均给了我伯父叔父的子孙们了。出嫁我伯父叔父们留下的孤女，一定尽自己的力量置嫁妆。他拿到的俸钱，要分给亲戚中贫穷的。他的伯母刘氏寡居，他奉养她很周全。她女儿的丈夫死了，先父把这位堂姐接回家，教养堂姐的孩子，和自

己子侄们一样。不久这位堂姐的女儿又守了寡，先父怕堂姐悲哀思念，又把这位外甥女接回来重又嫁了人。当时他官小禄薄，能够克己行义，人都认为难能可贵。先父不仅宽厚仁慈，并且也能刚决果断，平时与晚辈或贫贱者相处，生怕不慎伤害了他们的感情。至于谁做了有违义理的事，则不予宽容。身边使唤的人，每天都要关怀他们的饥饱寒温。娶侯氏。侯夫人事奉公婆以谨孝著称，与先父相敬如宾，先父依靠她的内助，对她礼敬就更周备，但侯夫人她却能以谦顺要求自己，即使是小事也不曾自作主张，一定告诉先父后才做。她仁恕宽厚，抚爱庶子，和自己亲生的一样。我的堂叔和小姑姑们，夫人存养看顾，常与自己的孩子一样。她治家有法，不严厉而却整肃。不喜欢责打奴婢。对待小奴婢就像儿女一样，孩子们谁要呵斥小奴婢，她一定要告诫说："人贵贱虽然不同，但同样都是人。你像这么大的时候，能做这样的事吗？"先父有什么事发怒，她一定要劝解，只是儿子们有了过错，则不自护，她常常说："孩子之所以不成器，是由于做母亲的隐瞒他们的过错，使父亲不了解呀。"夫人有六个儿子，但存活的只有两人，她对仅存的儿子的爱可以说无以复加了，但她在教子方面，一点也不宽容。刚刚几岁，走路有时还会跌倒，家下人前去抱扶，恐怕孩子受惊啼哭，夫人她总是呵责说："你要是安安稳稳慢走，哪至于跌倒！"吃饭时常让孩子坐在自己身边。如果挑食或把汤味调浓，都会被斥责阻止，说："小时候就追求满足口腹之欲，长大了该怎么样！"即使是对使唤的人，也不许以恶语辱骂。所以我们兄弟一生对于饮食衣服没有什么挑剔，不会恶语骂人，这并非出于天性，是母亲教育成的。孩子和人争气，即使孩子有理她也不替孩子说话，她说："担心的是孩子长大不能屈己，不用担心他们不能伸张。"等到孩子稍大一点，常常让跟好的师友学习。即使在贫困中，有时孩子想请客，她就高高兴兴地替孩子准备。夫人七八岁时读古诗，有两句说："女子不夜出，夜出秉明烛。"从此以后一到日暮就不再出闺房。长大以后喜爱文学，但不写文章，看到当时妇女以文章或书法传示于人的，就深不以为然。

6.18　横渠先生曰：事亲奉祭，岂可使人为之？[1]

——《横渠文集》卷十五吕大临《横渠先生行状》

［注释］

①事亲就父母生前言，奉祭就父母死后言，都是尽孝的事。叶采解："使人代为，孝敬之心安在？"

［译文］

张载说：事奉父母、祭奠父母，这事怎么能让人代替自己去做呢？

6.19　舜之事亲有不悦者，为父顽母嚚，不近人情。[1]若中人之性，其爱恶略无害理，姑必顺之。亲之故旧，所喜者须极力招致，以悦其心。凡于父母宾客之奉，必极力营办，亦不计家之有无，然为养又须使不知其勉强劳苦，苟使见其为而不易，则亦不安矣。

——张载《礼记说》

［注释］

①《史记·五帝本纪》："舜父瞽叟盲，而舜母死，更娶妻而生象。"《尚书·尧典》言舜"父顽，母嚚，象傲"。《孟子·万章上》："父母使舜完廪，捐阶，瞽叟焚廪；使浚井，出，从而掩之。"舜逃过了一次次劫难，仍不改其孝。《史记·五帝本纪》："舜年二十，以孝闻。"参考（3.26）注②。嚚（yín）：暴虐，愚顽。贾谊《新书·道术》："亲爱利子谓之慈，反慈为嚚。"

［译文］

舜之事奉父母备至而父母尚且有不悦的原因，是父亲冥顽母亲多恶，不近人情。如果你的父母是中等性情的人，他们的好恶只要大略不害义理，姑且去顺从他。父母的老亲旧友中，他们相好的人应该尽力招徕，以愉悦父母之心。大凡对父母宾客的供奉，一定要极力营办，又不计较家中有无，但这种奉养又要使父母不知道你办得勉强和劳苦，如果让他们看到儿子操办得不容易，那么他们心中就会不安，也就达不到愉悦其心的目的了。

6.20 《斯干》诗言："兄及弟矣，式相好矣，无相犹矣。"①言兄弟宜相好，不要相学。犹，似也。人情大抵患在施之不见报则辍，故恩不能终。不要相学，己施之而已。②

——张载《诗说》

［注释］

①《斯干》：《诗经·小雅》篇名。张载之解，未必合诗之本义，朱熹说："此于本义或未必然，然意则善矣。"今人程俊英译此三句："兄弟同住多和睦，相亲相爱心相关，胸襟坦白不欺瞒。"②不要相学：朱熹解："不要相学不好处，且如兄去友弟，弟却不能恭兄，兄岂可学弟之不恭而遂亦不友？为兄者但当尽其友可也。"张伯行阐释此段语义说："凡人之为兄弟者，宜相和好，不要相学而效其不和之所为。犹者，相似之义也。凡人之情大抵所患者，在我如是而施之，而彼未必以相报，则因之辍其所施。故恩爱之情，不能终笃而不衰。"

［译文］

《斯干》诗说："兄及弟矣，式相好矣，无相犹矣。"这说的是兄弟应该相好，不要效法对方不友好的行为。犹，似的意思。人情大抵怕的是我以好对他，他不以好报我，于是就断绝对他的友好，所以恩情不能保持始终。不要相学，自己只管付出自己的友爱就是了。

6.21 "人不为《周南》、《召南》，其犹正墙面而立。"①尝深思此言，诚是。不从此行，甚隔著事，向前推不去。盖至亲至近，莫甚于此，故须从此始。 ——张载《诗说》

［注释］

①《论语·阳货》所载孔子语。朱熹解："《周南》、《召南》，所言皆修

身齐家之事。正墙面立，言即其至近地，而一物无所见，一步不可行。”《周南》、《召南》属《诗经·国风》。

[译文]

孔子说：“人不研习《诗》中的《周南》、《召南》，那就会像正面对着墙站着吧。”我曾深思这话，说得确实对。不从这里做去，很感到许多事阻隔着，修身为学之事都向前推行不了。因为对人至亲至近的，没有超过《周南》、《召南》中讲的修身治家了，所以应该从这里开始行去。

6.22　婢仆始至者，本怀勉勉敬心①。若到所提掇更谨则加谨，慢则弃其本心，便习以性成。②故仕者入治朝则德日进，入乱朝则德日退，只观在上者有可学无可学尔。

——张载《经学理窟·学大原上》

[注释]

①勉勉：力行不倦的样子。《诗经·大雅·棫朴》：“勉勉我王，纲纪四方。”朱熹《诗集传》：“勉勉，犹言不已也。”勉勉敬心：勤勉谨敬之心。②提掇：提拉，这里是督促其向上之义。习以性成：即习与性成。《尚书·太甲上》：“兹乃不义，习与性成。”传：“言习行不义，将成其性。”

[译文]

婢仆初到主家，本怀勤勉谨敬之心。如果所到之家主人提醒指点得更加谨严他就会越加勤谨，如果主人放纵他使他慢懈他就会丢弃初来时的本心，时间长了就养成怠惰之性。出仕做官的人也是如此，在治明的朝廷做官德行就日益进，在混乱的朝廷做官德行就日益退，就看在上的人有没有可学之处了。

卷七　出处进退辞受之义

7.1　伊川先生曰：贤者在下，岂可自进以求于君？苟自求之，必无能信用之理。古人之所以必待人君致敬尽礼而后往者，非欲自为尊大，盖其尊德乐道之心不如是，不足与有为也。①

——《程氏易传·蒙传》

[注释]

①《周易·蒙卦·彖》云："蒙亨，以亨行时中也。匪我求童蒙，童蒙求我，志应也。"《周易·蒙卦》本是讲蒙童教育的，程颐此处断取"志应也"发议论，引申至君臣需要志趣相应。

[译文]

程颐说：贤者处在下位，怎么可以自我晋身以求于国君呢？如果自己去求他，定无能为他信任重用的道理。古人之所以定要等到国君致敬尽礼后才去辅佐他，不是想自我尊大，而是因为国君如果没有这样的尊德乐道之义，就不能够一同有所作为。

7.2　君子之需时也，安静自守。①志虽有须，而恬然若将终身焉，乃能用常也。虽不进而志动者，不能安其常也。

——《程氏易传·需传》

[注释]

①需者，须也。《周易》的《需》卦是等待之义。君子要等待时机。其

初九爻《象》辞说："需于郊，不犯难行也。利用恒无咎，未失常也。"等待在旷远的郊野（离险处尚远），不触犯难行的去处，有利于久处，无害，没有失去正常。此条就此引申议论。

［译文］

君子等待时机的时候呀，安静以自守。心志上虽然在等待时机以期有所作为，但心情恬淡像是要终身这样自守下去，这样才能不失其常。虽然没去进身但心志躁动以求进的人，是不能安于常道的。

7.3 "比：吉，原筮，元、永、贞，无咎。"[①]传曰：人相亲比[②]，必有其道。苟非其道，则有悔咎。故必推原占决[③]，其可比者而比之，所比得"元、永、贞"，则无咎。"元"谓有君长之道，"永"谓可以常久，"贞"谓得正道。上之比下，必有此三者；下之从上，必求此三者，则无咎也。

——《程氏易传·比传》

［注释］

①此为《周易·比卦》卦辞。按"比，辅也，下从上也"。《比》卦的意思是辅佐，是在下的顺从在上的。比是比附之意。此条即讲在下的亲附在上的原则。无咎：没有灾祸。②亲比：亲近依附。《荀子·王霸》："唯便僻亲比己者之用，夫是之谓小用之。"③占决：以占卜推断事情，这里是判断、推断之义。

［译文］

《比》卦卦辞说："比：吉，推究一下原占的结果，如果具备元、永、贞三者，去亲附就不会有灾难。"程颐解释说：人与人相亲相附，一定要有原则。如果违背原则去亲附，就会有悔恨和灾难。所以一定要推究一下占筮的结果，决断那些可以亲附的人而去亲附，所亲附的人具备元、永、贞三德，就没有灾难。"元"是说这人具有君长之道，"永"是说亲附可以长久，"贞"是说得行正道。在上位的人使在下的人亲附自己，一定要有这三种品德；在下的人去跟从在上的人，一定得要求在上的人具备这三种品德，如此就不会有灾祸。

7.4　《履》之初九曰："素履往，无咎。"①传曰：夫人不能自安于贫贱之素，则其进也，乃贪躁而动，求去其贫贱耳，非欲有为也。既得其进，骄溢必矣，故往则有咎。贤者则安履其素，其处也乐，其进也将有为也。故得其进，则有为而无不善。若欲贵之心与行道之心交战于中，岂能安履其素乎？②

——《程氏易传·履传》

[注释]

①此为《周易·履卦》初九爻辞，意思说穿着洁净的鞋子走出去，比喻其志行纯洁，无灾祸。②骄溢：骄傲自满。《荀子·不苟》："小人能则倨傲僻违以骄溢人，不能则妒嫉怨诽以倾覆人。"末二句是初九《象》辞的解说，《象》曰："素履之往，独行愿也。"独行愿，独自实行他的志愿。安履其素：《礼记·中庸》："君子素其位而行，不愿乎其外。素富贵行乎富贵，素贫贱行乎贫贱。"这里偏指贫贱之素。

[译文]

《履》卦的初九爻辞说："素履往，无咎。"程颐解释说：人如果不能安于贫贱，那么他的进身，就是贪心浮躁而动，他的进取只不过是要改变其贫贱，并非要有所作为。一旦得以进身，必然骄慢张扬，所以前往就有灾难。贤者则安于他的平素，他处在贫贱时安乐，他的进身做官是想有所作为。所以贤人能够进身，就有作为而无不善。如果想要显贵之心与行道之心在胸中交战，那怎么能够安于贫贱之素呢？

7.5　大人于否之时，守其正节，不杂乱于小人之群类，身虽否而道之亨也，故曰：“大人否，亨。”不以道而身亨，乃道否也。[1]

——《程氏易传·否传》

［注释］

①此为《否》卦六二爻辞。《否》卦之否（pǐ），是坏、恶、闭塞不通之义。《否》卦之《象》说：“君子以俭德辟难，不可荣以禄。”六二之《象》曰：“大人否亨，不乱群也。”亨，与否相对，通达。

［译文］

大人在否而不通的时候，守持其正节，不混杂在小人的群类中，身虽不达而道却亨通，所以《否》卦六二爻辞说：“大人否，亨。”用悖于正道的手段而使身显达，那却是道否了。

7.6 人之所随，得正则远邪，从非则失是，无两从之理。《随》之六二，苟系于初则失五矣，故《象》曰：“弗兼与也。”所以戒人从正道专一也。[1]

——《程氏易传·随传》

［注释］

①《随》（䷐）卦的六二爻，与其下的初九爻为相从关系，与上卦之中九五爻为正应关系。初爻居下位，为小子，象征小人，九五既得中又得正，处尊位为大人。六二或者从初或者应五，不可得兼，得此则失彼。所以这里说“得正则远邪，从非则失是，无两从之理”。六二爻辞曰：“系小子，失丈夫。”《象》曰：“系小子，弗兼与也。”六二近初而远五，所以“系小子，失丈夫”。随为追逐，追求之义。

［译文］

人选择相伴随的人，得到正人则远离了邪人，跟从了错误的就失去了正确的，没有两从的道理。《随》卦的六二爻，如果系身于初爻就失去五爻了，所以其《象》辞说：“不可能两者都交结着。”这话的目的是告诫人从正道要专一呀。

7.7 君子所贵，世俗所羞；世俗所贵，君子所贱。故曰：

“贲其趾，舍车而徒。”[1]　　——《程氏易传·贲传》

［注释］

①此为《贲》卦初九爻辞。贲：文饰之义。趾：脚。程颐曰：“趾取在下而所以行之也。”江永按：“世俗以势位为荣，君子以道义为贵。故宁舍非道之车而安于徒步。”

［译文］

君子所珍视的，世俗却感到羞涩；世俗所看重的，君子却鄙视之。所以《贲》卦的初九爻辞说：“把脚装饰得很漂亮，丢掉车子徒步走。”

7.8　《蛊》之上九曰：“不事王侯，高尚其事。”[1]《象》曰：“不事王侯，志可则也。”[2]传曰：士之自高尚，亦非一道：有怀抱其德，不偶于时，而高洁自守者；有知止足之道，退而自保者；有量能度分，安于不求知者；有清介自守，不屑天下之事，独洁其身者。[3]所处虽有得失小大之殊，皆自高尚其事者也。《象》所谓“志可则”者，进退合道者也。[4]

——《程氏易传·蛊传》

［注释］

①《蛊》卦的上九爻，以阳爻居最上之位，象征以阳刚之才，超然于人世之外，有隐居求志、不事王侯之象。②不事王侯：不去做官。事，侍奉。志可则：其志趣可作法则，值得人们效法。③不偶于时：不合于时。知止足之道：即知止知足。《老子》：“知足不辱，知止不殆，可以长久。”叶采解：“怀抱道德，伊尹、太公是也；知止足之道，张良、疏广是也；量能度分，徐孺子、申屠蟠是也；清介自守，严光、周党是也。”④叶采解：“四者虽处心有大小，处义有得失，要皆能高尚其事者。”“谓其志可则者，盖指怀抱道德，进退合义者言也。”

［译文］

《蛊》卦的上九爻辞说：“不事王侯，高尚其事。”其《象》辞说："不事王侯，其志趣可作法则。"程颐解释说：士人的自求高尚，也不是一种情况：有怀抱其非常之德，而不合于时，暂以高洁自守的；有知止知足，功成身退，明哲保身的；有量己之能不足，度己之分不高，自安于贫贱而不求闻达的；有清风介节以自守，不屑于为天下事，独自高洁其身的。他们处身虽有得有失，所见有大有小，各有不同，但都属于自我高尚其志的人。《象》辞所说的"志可则"，是说他们进退都合于道啊。

7.9　《遯》者阴之始长，君子知微，固当深戒。①而圣人之意未便遽已也，故有"与时行，小利贞"之教。②圣贤之于天下，虽知道之将废，岂肯坐视其乱而不救？必区区致力于未极之间，强此之衰，艰彼之进，图其暂安。③苟得为之，孔、孟之所屑为也，王允、谢安之于汉、晋是也。④　　——《程氏易传·遯传》

[注释]

①按《易》消息卦，《乾》(☰) 纯阳，《姤》(☴) 一阴始生于下，至《遯》(☶) 卦二阴始长。遯（dùn）：即遁，隐遁之意。②见《遯》卦之《象》："刚当位而应，与时行也。小利贞，浸而长也。"张伯行解："乾上艮下，二阴浸长，君子固当知微深戒，见几而遯，以避小人之祸。然乾刚在上，九五当位，而下有中正六二之应，若犹可以有为。故圣人之意犹未遽已，而有与时消息，欲行其道之心。但未能大正，而利于小而贞耳。"③叶采解："强此之衰，扶君子之道未尽消；艰彼之进，抑小人之道未骤长。"④王允：东汉末大臣，汉献帝时为尚书令、司徒。时汉朝大势已去，天下纷争，他犹谋诛宦官、诛董卓。当不可为之时，欲暂安汉室。谢安：东晋大臣，官至司徒。当晋室屈居东南一隅、摇摇欲坠之时，积极防御，力拒强敌苻坚，一度收复中原失地。

[译文]

《遯》卦是阴气始长的时候，君子明察几微，知小人之道已长，所以应该深自戒惧。但圣人之意并不马上停止他的作为，所以有

“把握时机行动，利于小而贞”的教导。圣贤对于天下之势，尽管知道大道将废，但他岂肯坐视其乱而不救呢？一定区区致力于未到大坏之时，强扶阳气君子之道之衰，设置阻力抑遏阴气小人之道的发展，以图天下暂时安定。如果能够做，孔子、孟子这样的大圣大贤也肯去做，王允之在汉末、谢安之在晋世就是如此啊。

7.10 《明夷》初九，事未显而处甚艰，非见几之明不能也，如是则世俗孰不疑怪？[①]然君子不以世俗之见怪而迟疑其行也。若俟众人尽识，则伤已及而不能去已。

——《程氏易传·明夷传》

［注释］

①《明夷》(䷣)卦，离下坤上，日在地中。明是光明。夷：痍，创伤。明夷：象征贤德被伤害，邪恶残害正义。见几之明：见微知著的明智。

［译文］

《明夷》卦的初九爻，小人残害君子之事还没有形成实际行动而处在刚刚发端的征兆状态，君子的处境已很艰难，如果没有君子见微知著的明智是不能察觉的。此时君子避身而去，这样世俗之人怎能不感到不可理解呢？但是君子不因为世俗之人觉得奇怪就迟迟疑疑不行动。如果等到普通人都明白的时候，那么伤害已经落到头上想躲避也躲不及了。

7.11 《晋》之初六，在下而始进，岂遽能深见信于上？[①]苟上未见信，则当安中自守，雍容宽裕，无急于求上之信也。苟欲信之心切，非汲汲以失其守，则悻悻以伤于义矣。故曰：“晋如，摧如，贞吉，罔孚，裕无咎。”[②]然圣人又恐后之人不达宽裕之义，居位者废职失守以为裕，故特云初六“裕无咎”者，始进“未受命”当职任故也。若有官守，不信于上而失其职，一日不可居也。[3]然事非一概，久速唯时，亦容有为之兆者。

——《程氏易传·晋传》

［注释］

①《周易·晋卦》卦之晋，进也。初六在下，故称始进。遽（jù）：急速，很快。②宽裕：此处为从容之义。引文为《晋》初六爻辞。③《晋》初六之《象》曰："裕无咎，未受命也。"如孟子所谓"无官守，无言责，则吾进退绰绰然有余裕"（《孟子·公孙丑下》）。一日不可居：一天也挨不过去。

［译文］

《晋》卦的初六爻居于最下，象征人刚开始进身，怎么能一下子就被在上者所深信呢？如果在上的人还没有相信你，就应当安定你的心而自守，表现出雍容宽裕，不要急于求得在上者的信任。如果你想求得信任的心迫切，不是急急切切地失去你的操守，就是因忿忿不平而伤于义理。所以初六的爻辞说："要求进，遭受摧折，但坚守纯正就吉，不能取信于人，从容坦然就无害。"然而圣人又担心后人不明白宽裕的含义，担心那些居有官位的人也废弃职守去追求宽裕不迫，所以在《象》辞中又特地指出初六说的"裕无咎"，是就刚刚进身还没有接受任命担当职责的人说的。如果你有了官职，不能取信于上就会失其职，一天也挨不过去的。但事情不可一概而论，并非始进身都必须宽裕不迫，或迟或速，只看时宜，也或许有速进的征兆，所贵的是明察几微而识变通。

7.12　不正而合，未有久而不离者也；合以正道，自无终睽之理。[1]故贤者顺理而安行，智者知几而固守。[2]

——《程氏易传·睽传》

［注释］

①按此条为《周易·睽卦》六三爻《象》之解说。《睽》（䷥），违背，乖离。其六三爻，阴爻而当阳位，不正。六三为下卦之上，与上卦之上上九爻一阴一阳相合，故称不正而合。②江永解："顺理而安者，随时之宜，无心求

合也；知几固守者，知事之微不苟求合也。”

［译文］

不正当的相合，没有能持久不离的；以正道相合，则自无终离之理。所以贤达的人顺理之自然而安行无事，智慧的人知其几微之必然而固守不惑。

7.13　君子当困穷之时，既尽其防虑之道而不得免，则命也。当推致其命以遂其志。①知命之当然也，则穷塞祸患不以动其心，行吾义而已。苟不知命，则恐惧于险难，陨获于穷厄，所守亡矣，安能遂其为善之志乎？②　　——《程氏易传·困传》

［注释］

①《周易·困卦》之《象》曰："泽无水，困，君子以致命遂志。"按程颐之解，"致命遂志"是说善处困境的君子，在困窘时，也应推究天命，以实现其志愿。张伯行解："身安道泰，志固遂也；杀身成仁，志亦遂也。"②穷塞：困顿不达。陨获：丧失志气。《礼记·儒行》："儒有不陨获于贫贱，不充诎于富贵。"注："陨获，困迫失志之貌也。"厄：险要，受困。

［译文］

君子当困窘艰难的时候，尽力去避免仍然不能免于困窘，那是命之当然了。但君子在困境中还是应该推究天命以实现其志向。明白了天命之当然，那么任何困难险阻与祸患都不能动摇其心志，只知道去实践自己的道义而已。如果不明天命，就会在艰难面前恐惧，就会在困迫面前丧气，失去了自己的操守，又怎么能实现为善的志愿呢？

7.14　寒士之妻，弱国之臣，各安其正而已。苟择势而从，则恶之大者，不容于世矣。①　　——《程氏易传·困传》

［注释］

①此为《周易·困卦》九四爻之传。不安其正，择势而从，其恶之大，

天地不容。

[译文]

寒士的妻子，弱国的臣子，各应安于正道。如果选择有势之家之国去侍奉，弃己之君之夫，那就是大的罪恶，为天地所不容了。

7.15　《井》之九三，渫治而不见食，乃人有才智而不见用，以不得行为忧恻也。[①]盖刚而不中，故切于施为，异乎“用之则行，舍之则藏”者矣。[②]　——《程氏易传·井传》

[注释]

①《周易·井卦》九三爻辞说：“井渫不食，为我心恻。”渫（xiè）：去除秽浊使之清洁。不得行：不能行用于世。②刚而不中：九三爻居下卦之上，不中，九为阳，刚。切于施为：迫切地要有所作为。

[译文]

《井》卦的九三爻，水澄清了人们却不吃，象征人有才智却不被任用，以自己不得行于时而忧伤。这一爻刚而不得中，所以迫切地要有所作为，这就与孔子说的“为世所用就去实行，不为世用我就归隐”不相合了。

7.16　《革》之六二，中正则无偏蔽，文明则尽事理，应上则得权势，体顺则无违悖。时可矣，位得矣，才足矣，处革之至善者也。[①]必待上下之信，故“巳日乃革之也。”[②]如二之才德，当进行其道，则吉而无咎也。不进则失可为之时，为有咎也。

——《程氏易传·革传》

[注释]

①《周易·革卦》（䷰）之革，变革、改革、革命之义。其六二爻，居下卦之中，以阴爻居阴位为正，所以说：“中正则无偏蔽。”下卦为离，离为文明，文是事物之文理，文明即明白事理，所以说：“文明则尽事理。”六二为下卦之中，与上卦之中九五正应，九五为尊位，所以说：“应上则得权势。”

六为阴爻，二为阴位，体位均柔，柔即顺，所以说："体顺则无违悖。"当变革之时，是"时可"。处下体之中而应上得权，是"位得"，中正文明而柔顺，是"才足"。所以说六二爻处在《革》卦最善的位置。②《革》卦辞说："巳日乃孚。"孚，信。"巳日乃革之"为六二爻辞。巳日之解纷纭，或作己日，则是天干之己日。或作已日，是天命已至之日。或作巳，通祀，祭祀之日。程传作巳。

[译文]

《革》卦的六二爻，处于中正则无偏无蔽，文明则穷知事理，与上相应则得到权势，爻体柔顺则没有相违相背的东西。时机正好，权位也有，才德又足，所以说它处在革卦最好的位置。但一定要等待上下都信从了才能变革，所以说"祭祀的日子才举行变革"。像六二爻这样的才德，应当积极求进以推行其道，这样才吉利而无害。如果不去进取而失去大有作为的时机，那就是有罪过了。

7.17　鼎之有实，乃人之有才业也，慎所趋向。不慎所往，则亦陷于非义，故曰："鼎有实，慎所之也。"①

——《程氏易传·鼎传》

[注释]

①此为《周易·鼎卦》九二《象》辞。按《鼎》（䷱）卦之九二爻，以刚实居下卦之中，是鼎中有实之象。九二阳爻有济用之才，与居君位的六五爻为正应，又与初六爻昵比。如果上应六五则吉，如果下昵初六，则非正而害义，有疾。所以要"慎所之"。《象》辞之义是："鼎中盛有实物，慎重选择去向。"

[译文]

鼎中盛有实物，象征人有才业，固然可贵，但应该慎重决定自己的趋向。不慎重决定自己所趋所从，也会陷入不义，所以《鼎》卦九二之《象》辞说："鼎中盛有实物，慎重选择去向。"

7.18　士之处高位，则有拯而无随；在下位，则有当拯，有当随，有拯之不得而后随。[①] ——《程氏易传·艮传》

［注释］

①《周易·艮卦》（䷳）六二爻辞说：“艮其腓，不拯其随，其心不快。”江永解：“拯者救其弊，随者随其失。”按《艮》之六二爻，柔顺中正。其上为九三爻，刚爻刚位，过激。六二要拯九三之失，力量不足，又只好随其失，心中不快。

［译文］

士处在高的位置上，对于属下的过失，只有拯救而不能追随；处在低下的地位，对于上司的过失，有应该拯救的，有应该随从的，有拯救而不得而后随从的。

7.19　“君子思不出其位。”[①]位者，所处之分也。万事各有其所，得其所则止而安。若当行而止，当速而久，或过或不及，皆出其位也，况逾分非据乎？ ——《程氏易传·艮传》

［注释］

①此为《周易·艮卦》《象》辞，意思是说：君子的思虑不超越他的职分。《艮》（䷳）卦艮下艮上，艮为山，两山并立，有各止其所之象。故云“不出其位”。位，分限，范围。

［译文］

“君子思不出其位。”位的意思指所处的分限。一切事物都有自己应在的处所，能处于自己应处的处所就静止而安定。人的行事，如果该进取你却止步不前，该迅速你却迟缓，或过之或不及，都是出其位（超越了你应处的位置），何况超出分限而据于不应据之处呢？

7.20　人之止难于久终，故节或移于晚，守或失于终，事或废于久，人之所同患也。《艮》之上九，敦厚于终，止道之至善

也。故曰："敦艮，吉。"[①]　　——《程氏易传·艮传》

［注释］

①此为《周易·艮卦》上九爻辞。敦艮：敦厚终止。其《象》辞曰："敦厚之吉，以厚终也。"人情易始而难终，谨厚至终，才能止于至善。

［译文］

人的坚守最难的是坚持到长久，坚持到最后，所以有的人晚年变节，有的人最后失去操守，事情有时在做了很久后又废弃了，这是人们都担忧的。《艮》卦的上九爻，敦实谨厚到最终，达到了止道最完善的地步。所以说："敦厚到终止，吉利。"

7.21　《中孚》之初九曰："虞吉。"《象》曰："志未变也。"[①]传曰：当信之始，志未有所从，而虞度所信，则得其正，是以吉也。[②]志有所从，则是变动，虞之不得其正矣。

——《程氏易传·中孚传》

［注释］

①《周易·中孚卦》中孚为诚信之意。人相信了谁才会跟从他。怎么知道某一人是否可信呢？应在最初毫无偏见时去推测，所以初九爻说"虞吉"，虞是度，忖度、推测。"志未变也"是补充说明"虞吉"的。能正确推测就会吉。为什么当初爻（刚开始时）能正确呢？因为此时"志未变"，认识还没有受外界影响而变化。②信之始：《中孚》之初爻，故说是信之始。从：随从，受某种影响而跟从它变化。叶采解："未有所从，则中无私系；苟志有所系，则好恶成于中，是非变于外。"

［译文］

《中孚》卦的初九爻辞说："推测得结果吉利。"《象》辞说："心志还没有变化。"程颐解释说：当刚开始选择信任对象时，认识没有受到外界的影响，这时推测要信任的对象，能够选择得正确，所以吉利。心志受到影响后，认识就变化了，再去推测就不会有正确的结果了。

7.22　贤者惟知行义而已，命在其中。中人以下，乃以命处义。①如言“求之有道，得之有命。是求无益于得。”知命之不可求，故自处以不求。②若贤者则求之以道，得之以义，不必言命。

——《二程遗书》卷一

［注释］

①茅星来解：“贤者知义，则自然安命。中人以下，知命则自然不为非。”参考（7.26）。②见《孟子·尽心上》。茅星来解：“此所谓中人以命处义者也。程子又曰：孟子之言，犹只为中人言之。若为中人以上而言，却只道：求之有道，非道则不求。更不消言命。”

［译文］

贤者只知道按照义的当然去做事罢了，命也就包含在义中了。中等以下的人，却是用命定的态度来对待义的。例如孟子说的：“追求要按正当的方式，得到得不到就听凭命运了。追求无益于获得。”他们如果知道是命中不可求的东西，就会放弃追求。如果是贤者，则追求时按照正当的方式，按照义的准则应该得到的就得，不必说命中有无。

7.23　人之于患难，只有一个处置。尽人谋之后，却须泰然处之。有人一遇事，则心心念念不肯舍，毕竟何益？若不会处置了放下，便是无义无命也。①

——《二程遗书》卷二上

［注释］

①此条讲如何对待患难。叶采解：“遇事不能处置是无义，处置了不肯放下是无命。”

［译文］

人对待患难，只有一种处置。尽心尽力处置之后，就应该泰然处之了。有的人一遇到事，就心心念念不肯放下，这到底会有什么帮助？如果不会处置了放下，就是既不知义也不知命了。

7.24　门人有居太学而欲归应乡举者，问其故，曰：“蔡人鲜习《戴记》，决科之利也。”[①]先生曰：汝之是心，已不可入于尧舜之道矣。夫子贡之高识，曷尝规规于货利哉？[②]特于丰约[③]之间，不能无留情耳。且贫富有命，彼乃留情于其间，多见其不信道也，故圣人谓之“不受命”[④]。有志于道者，要当去此心而后可语也。

——《二程遗书》卷四

［注释］

①《二程遗书》今本云：“人有习他经，既而舍之，习《戴记》。问其故，曰：‘决科之利也。’先生曰”云云。注：“一本曰：明道知扶沟县事，伊川侍行，谢显道将归应举。伊川曰：‘何不止试于太学？’显道对曰：‘蔡人鲜习《礼记》，决科之利也。’先生云云，显道乃止。是岁登第。”按此文编入《近思录》时作了文字处理。此门人即指谢良佐，字显道，上蔡人。决科：本谓参加射策，决定科第，后指参加科举考试。②《论语·先进》：“赐不受命，而货殖焉，亿则屡中。”子贡：名端木赐，孔子弟子。规规：当为着意于经营之义。《庄子·秋水》：“子乃规规然而求之以察，索之以辩，是直用管窥天，用锥指地也，不亦小乎！”成玄英疏：“规规，经营之貌也。”③丰约：指财之丰厚与简约，多与少。④不受命：不接受天命。

［译文］

程颐的门人有在太学读书却想回乡应举的，问他为什么回去，他说：“我的家乡上蔡的人很少有学《礼记》的，这样对我应举有利。”程颐说：你有这样的想法，就已经不能学到尧舜之道了。拿子贡那样高远的见识，何曾两眼盯着经商的利润呢？只不过他在生活和财富的丰厚与贫乏之间，不能做到不加留心罢了。况且人的贫富自有天命，他却留心于贫富，可见他不信道啊，所以圣人批评他“不接受天命”。有志于学道的人，一定要去除这种思想，然后才可以和他谈论圣人之道。

7.25 人苟有“朝闻道，夕死可矣”之志，则不肯一日安于所不安也。[①]何止一日，须臾不能。如曾子易箦，须要如此乃安。[②]人不能若此者，只为不见实理。实理者，实见得是，实见得非。凡实理得之于心自别[③]。若耳闻口道者，心实不见。若见得，必不肯安于所不安。人之一身，尽有所不肯为，及至他事又不然。若士者，虽杀之，使为穿窬[④]必不为，其他事未必然。至如执卷者，莫不知说礼义。又如王公大人，皆能言轩冕外物，及其临利害，则不知就义理，却就富贵。[⑤]如此者只是说得，不实见。及其蹈水火，则人皆避之，是实见得。须是有“见不善如探汤”之心，则自然别。[⑥]昔曾经伤于虎者，他人语虎，则虽三尺童子皆知虎之可畏，终不似曾经伤者神色慑惧，至诚畏之，是实见得也。得之于心，是谓有德，不待勉强。然学者则须勉强。古人有损躯陨命者，若不实见得，则乌能如此？须是实见得生不重于义，生不安于死也。故有杀身成仁，只是成就一个“是”而已。[⑦]

——《二程遗书》卷十五

[注释]

①见《论语·里仁》。安于所不安：安处于其不应安处之所，即与其身份不相称之处。②《礼记·檀弓上》：曾子寝疾，而所卧是季孙所送的大夫才能铺的席，曾子要人换掉，说：“吾德（得）正而毙焉斯已矣。”举扶而易之，反席未安而没。③朱熹曰：“伊川说实理，有不可晓处。云：‘实见得是，实见得非。’恐是记者之误。‘见’字上必有漏落。理自是理，见自是见。”叶采解释说：“本以人心见处而言。惟实见是非之理，然后为实理。盖理无不实，但见有不实耳。”④穿窬（yú）：挖墙洞、爬墙头，指偷窃行为。《论语·阳货》：“色厉而内荏，譬诸小人，其犹穿窬之盗也欤！”何晏集解：“穿，穿壁；窬，窬墙。”窬，通逾，翻越。⑤轩冕：大夫以上官员的车乘和冕服，借指官位爵禄，引申指富贵。《庄子·缮性》：“古之所谓得志者，非轩冕之谓也，谓其无以益其乐而已矣。”轩冕外物：富贵为身外之物。⑥见《论语·季氏》。

⑦《孟子·告子上》:“生亦我所欲也,义亦我所欲也,二者不可得兼,舍生而取义者也。生亦我所欲,所欲有甚于生者,故不为苟得也;死亦我所恶,所恶有甚于死者,故患有所不辟也。”《论语·卫灵公》:“志士仁人,无求生以害仁,有杀身以成仁。”

[**译文**]

人如果有“早上学得了道,哪怕晚上就死也值得”的志向,那么他一天也不肯安处于他不应该安处的地方。何止一天,连片刻的工夫都不能安处。例如曾子临死时要换掉他不该铺的席子,定要换掉才能安心地死去。人不能如此,只是因为没有实实在在明白理。实在的明理,就是说他实实在在地认识到什么是对的,什么是不对的。大凡心中明白了实在的理就自然不同。如果道理只是耳朵听听嘴里说说,那他心里实在并不明理。如果明白,必然不肯安处所不应安处之地。同是一人一身,这件事他不肯做,及至遇到另外类似的事又不坚持。比如士人,即使杀了他,让他去干穿洞翻墙为盗的事他都肯定不干,其他有类似性质的事却未必如此。至于求学读书的人,没有哪一个不懂得讲礼说义。又如王公大人,都能说官位呀富贵荣耀呀都是身外之物,但等到实际面对利害选择时,就不知道要选择义理,却选择了富贵。像这样的人只是嘴上能说,不真正明白。当您让人们跳到水里火里时,则人人都知道躲避,这是他们实在懂得水火不可蹈的道理。应该有“看到不好的东西躲避它就像手伸到开水里赶紧抽出来一样”的心,自然就不同了。过去曾经被虎伤过的人,那么别人说虎,尽管说三尺童子都知道老虎可怕,但到底不像曾经被虎伤过的人神色那样恐惧,非常实在地害怕,他是真的明白虎的可怕。心中有得,这称作德,不需要勉强。然而学习却须要努力。古人有捐躯献身的,如果不是实在地明白理,则怎能如此?应是实在看到生没有义更重要,活着没有死去安心呀,所以才有杀身成仁,他也只是成就了一个“如此才对”而已。

7.26　孟子辨舜、跖之分，只在义利之间。[1]言“间”者，谓相去不甚远，所争毫末尔。义与利只是个公与私也，才出义便以利言也。只那计较便是为有利害[2]，若无利害，何用计较？利害者，天下之常情也。人皆知趋利而避害，圣人则更不论利害，惟看义当为不当为，便是命在其中矣。[3]——《二程遗书》卷十七

[注释]

①《孟子·尽心上》：“鸡鸣而起，孳孳为善者，舜之徒也；鸡鸣而起，孳孳为利者，跖之徒也。欲知舜与跖之分，无他，利与善之间也。”孟子本言利与善之间，程颐纳入义与利的范畴。②张伯行解：“同一事也，着那计较念头便是私心，为利害起见，而不循天理也。”③张伯行解：“圣人则惟见义而已，义所当趋，虽害不避；义所当避，虽利不趋。盖知利不可苟得，害不可苟免，便是命在其中。”参考（7.22）。

[译文]

孟子分辨圣人大舜和大盗柳下跖的不同，只在义和利之间。说“间”的意思，就是说相差不很多，只在毫末之间罢了。义与利只是个公与利，刚刚脱离了义就是从利上说了。只那遇事算计较量就是因为有利害，如果没有利害，哪用算计比较？利害，是天下的常情。人都知道趋利避害，圣人则从不论利害，只从义上看该做不该做，天命也就包含在其中了。

7.27　大凡儒者未敢望深造于道，且只得所存正，分别善恶，识廉耻，如此等人，多亦须渐好。[1]——《二程遗书》卷十七

[注释]

①儒者：尊崇儒学、通习儒家经书的人，汉以后泛指一般读书人。对他们的要求，不同于“学以至于圣人”的学道之士。

[译文]

大抵说对于普通的读书人，不要希望他们对圣人之道有多深造诣，且只做到存心端正，能区分善恶，知廉识耻，这样的人，大多

会渐渐好起来的。

7.28　赵景平问："子罕言利"[①]，所谓利者何利？曰：不独财利之利，凡有利心，便不可。如做一事，须寻自家稳便处，皆利心也。圣人以义为利，义安处便为利。如释氏之学，皆本于利，故便不是。[②]

——《二程遗书》卷十六

[注释]

①赵景平：程颐门人，生平不详。《论语·子罕》："子罕言利与命与仁。"②叶采解："释氏恶死则欲无生，恶物欲之乱心则绝灭人伦。推其本心，惟欲利己而已，是贼义之大者。"

[译文]

赵景平问：《论语》上说："孔子很少谈到利。"所谓利是什么利呢？程颐说：他说的不仅是财利之利，凡是有利己之心，就不可。如做一件事，就考虑如何对自己方便，这都是利己之心。圣人以义为利，从义的角度看稳妥就是利。至如佛教的学说，都是从利出发立论的，所以就不对。

7.29　问：邢七久从先生，想都无知识，后来极狼狈。[①]先生曰：谓之全无知识则不可，只是义理不胜利欲之心，便至如此也。

——《二程遗书》卷十九

[注释]

①邢七：邢恕，郑州阳武人，曾从二程学。举进士，趋附交结蔡確、章惇、黄履，陷害多人，人称四凶。都无知识：言其于圣学全都无知无识，即什么也没学到。

[译文]

有人问：邢恕长期跟从先生您学习，想来他什么也没学到学懂，后来才弄得与人朋比为奸而声名狼藉。程颐说：说他全都不懂则不可，只是他义理不能战胜利欲之心，就到了这地步。

7.30　谢湜自蜀之京师，过洛而见程子，子曰：尔将何之？曰：将试教官。子弗答。湜曰：何如？子曰：吾尝买婢，欲试之，其母怒而弗许，曰："吾女非可试者也。"今尔求为人师而试之，必为此媪笑也。湜遂不行。[①]

——《二程遗书》卷二十一上

[注释]

①谢湜：字持正，金堂（今四川金堂）人，元丰进士，官至国子博士。试教官：即试用做教官。《二程遗书》原文有注："一本云：湜不能用。又云：谢湜求见者三，不许，因陈经正以请，先生曰：'闻其来问《易》，遂为说以献贵人。'注云：献蔡卞，如用说桎梏之类。"此条中程颐的话，显然为寓言。媪（ǎo）：老妇人，指虚拟的婢女之母亲。

[译文]

谢湜自蜀中到京师，路过洛阳去拜见程颐，程颐说：你准备到哪里去？回答说：我要去做试用的教官。程颐不回答。谢湜问：怎么样呢？程颐说：我曾经去买婢妾，想先试用她，她母亲很生气，不答应，说："我的女儿不是可以试用的。"现在你想为人之师却让人家试用，必然被这位老婆婆耻笑。谢湜听了这话就不去了。

7.31　先生在讲筵，不曾请俸，诸公遂牒户部，问不支俸钱。[①]户部索前任历子，先生云："某起自草莱，无前任历子（本注：旧例，初入京官时，用下状出给料钱历。先生不请，其意谓朝廷便当'廪人继粟，庖人继肉'也）。"[②]遂令户部自为出券历。又不为妻求封，范纯甫问其故，先生曰："某当时起自草莱，三辞然后受命，岂有今日乃为妻求封之理。"[③]问："今人陈乞恩例，义当然否？人皆以为本分，不为害。"先生曰："只为而今士大夫道得个'乞'字惯，却动不动又是'乞'也。"因问

陈乞封父祖如何，先生曰：“此事体又别。”再三请益，但云：“其说甚长，待别时说。”④ ——《二程遗书》卷十九

［注释］

①此条乃摘编《二程遗书》中两条而成。《二程遗书》云：“先生在讲筵尝典钱使，诸公因问，必是俸给大段不足，后乃知到任不曾请俸。”请俸：一般指支取薪俸。宋叶梦得《石林燕语》卷十：“杜祁公居官清介，每请俸必过初五。”这里应是申请俸禄。问不支俸钱：问为什么不支给俸钱的事。②历子：是料粮院所给料钱历，据此文状上所开受官日月到户部领取俸钱。料钱即俸钱。草莱：这里指布衣，平民。南朝齐王融《三月三日曲水诗序》：“草莱乐业，守屏称事。”张铣注：“草莱谓山野采樵之人也，守屏谓州牧也。”程颐说自己此前未任过职，没有前任，自然也就没有前任历子。廪人继粟，庖人继肉：见《孟子·万章下》，意为国君对投奔他的士给以生活照顾，让管仓库的人送来谷米，让管膳食的人送来肉类。③《二程遗书》云：“先生在经筵时，与赵侍郎、范纯甫同在后省行，见晓示，至节令，命妇进表，贺太皇及太后、太妃。赵、范更问备办，因问先生，先生云：‘某家无命妇。’二公愕然，问何不叙封，先生曰”云云。范纯甫：即范祖禹。④朱熹解：“凡有封赠，朝廷自行之，何待陈乞？”“朝廷待士，却不当如此，伊川所以难言之也。但云‘其说甚长’，其意以为要当从科举法都变了乃为正耳。”

［译文］

程颐官崇政殿说书时，不曾向朝廷请俸钱，几位做官的师友呈文给户部，问为何不支给俸钱，户部要他原任职务的历子，程颐说：“我从布衣平民来，先前未仕，没有前任历子（本注：按照旧例，官员初入京做京官时，要按接到的状子给户部作原先领俸钱的证明材料。程颐先生不请俸，他的意思是不需要我请俸，朝廷应该像孟子说的那样主动地让人送来薪俸）。”于是就让户部自己出了个历子。他又不为妻子求封号，范祖禹问他为什么，程颐说：“我当初以白身被召起，多次辞谢不得才受命，哪有今天反倒为妻子求封号的道理呢？”问：“今人陈乞恩例，从义上说是否当然应该的呢？”

并说："人都认为这是本分中事，没有什么妨害。"程颐说："只因为如今的士大夫说这'乞'字都说惯了，动不动又是个'乞'。"于是又问陈乞封父祖应不应该，程颐说："这件事又与乞封妻不同。"再三请教，只说："这话说起来太长，待别的时候说吧。"

7.32　汉策贤良，犹是人举之。[①]如公孙弘者，犹强起之乃就对。[②]至如后世贤良，乃自求举尔。[③]若果有曰："我心只望廷对，欲直言天下事。"则亦可尚矣。若志富贵，则得志便骄纵，失志便放旷与悲愁而已。

——《二程遗书》卷一

[注释]

①汉代选士制度为察举制，有贤良方正科，贤良文学科。《汉书·文帝纪》记文帝二年（前178），诏"二三执政举贤良方正能直言极谏者，以匡朕不逮"。是举贤良方正之始。《汉书·东方朔传》："武帝举方正贤良文学材力之士，待以不次之位。"是举贤良文学之始。察举制是由大臣或郡国举荐于朝，而后皇帝亲策，故说"是人举之"。②公孙弘：汉武帝时人。武帝初即位，招贤良文学之士。③时弘以贤良征为博士，使匈奴，还报，不合意，乃移病免归。元光五年（前130），复征贤良文学，菑川国复推弘，弘谢曰："前已曾西，用不能罢，愿更推国人。"见《史记》、《汉书》本传。

[译文]

汉代策试贤良，还是别人举荐，例如公孙弘这人，还是强行召起他才去对策的。至于后世的贤良，却是自己要求推举的。如果真的有个人说："我心里只希望在朝廷上与皇帝对策，是想有这么个机会直言天下大事。"那也还值得推崇。如果是追求富贵，那么得到富贵就会骄纵，得不到富贵就会放旷或者悲愁，不过如此罢了。

7.33　伊川先生曰：人多说某不教人习举业，某何尝不教人习举业也？人若不习举业而望及第，却是责天理而不修人事。但举业既可以及第即已，若更去上面尽力求必得之道，是惑也。

——《二程遗书》卷十八

［译文］

程颐说：人多说我不让人学习应举的学业，我何曾不让人学习应举的学业？人如果不学习应举的学业而希望科举及第，那是他只要求天命而不尽自身努力。但是应举的学业能让你科举及第就是了，如果进一步在上面竭尽全力去研究如何必能及第，那就是糊涂了。

7.34　问：家贫亲老，应举求仕，不免有得失之累[①]，何修可以免此？伊川先生曰：此只是志不胜气。[②]若志胜，自无此累。家贫亲老，须用禄仕，然得之不得为有命。曰：在己固可，为亲奈何？曰：为己为亲，也只是一事。若不得，其如命何？孔子曰："不知命，无以为君子。"[③]人苟不知命，见患难必避，遇得丧必动，见利必趋，其何以为君子？　——《二程遗书》卷十八

［注释］

①得失之累：因患得患失心中不宁牵累其心。②志不胜气：《孟子·公孙丑上》："志壹则动气，气壹则动志。今夫蹶者趋者，是气也而反动其心。"参考（5.12）及注。③《论语·尧曰》："不知命，无以为君子。"孔安国云："命谓穷达之分。"《孟子·尽心上》："求之有道，得之有命。"

［译文］

有人问：家境贫寒，双亲年老，应举求官，难免担心不能考中得官，心中不宁，修习什么能免除这种牵累呢？程颐说：这也只是心志不能战胜血气。如果心志胜，志定则自无此累。家贫亲老，需要做官取俸禄来养亲，然而能不能得官却在于命。又问：就自己说得不得官固然都可，为父母之计奈何？程颐说：为自身和为双亲，也只是一回事。如果不能得官，那是天命，又能怎么样呢？孔子

说："不知天命不能成为君子。"人如果不知天命，遇见患难一定逃避，遇到得失一定会动心，看到利益就定会去追求，那怎么会成为君子呢？

7.35　或谓科举事业，夺人之功。是不然。且一月之中，十日为举业，余日足可为学。然人不志此，必志于彼。故科举之事，不患妨功，惟患夺志。[①]

——《二程外书》卷十一

[注释]

①夺人之功：指侵占人学道的时间。功，如说工夫，占用的时间。夺志：改变其志向，《论语·子罕》："三军可夺帅也，匹夫不可夺志也。"

[译文]

有人说习科举之业，侵占了人学道的时间。这不对。就说这一月之中，十天学举业，其余日子足可以学道。但人的志向不在此就在彼。所以科举这事，不担心它妨碍学道的日功，只担心它改变了人的志向。

7.36　横渠先生曰：世禄之荣，王者所以录有功，尊有德，爱之厚之，示恩遇之不穷也。[①]为人后者，所宜乐职劝功，以服勤事任，长廉远利，以似述世风。[②]而近代公卿子孙，方且下比布衣，工声病，售有司，不知求仕非义，而反羞循理为无能。[③]不知荫袭为荣，而反以虚名为善继，诚何心哉！[④]

——张载《横渠文集·策问第五》

[注释]

①世禄：功臣显贵之家世代享有的禄仕，由上古世禄制沿袭而来。录有功，尊有德：《后汉书·郎顗传》："立春以来，未见朝廷赏录有功，表显有德，存问孤寡，赈恤贫弱。"录，即赏录之意，记录功勋。②乐职：乐于职守。刘向《说苑·君道》："是以主无遗忧，下无邪慝，百官能治，臣下乐职，恩流群生，润泽草木。"劝功：努力建功立业。《礼记·王制》："民咸安其居，乐

事劝功，尊君亲上，然后兴学。”孔颖达疏：“劝功，谓勉励立功。”服勤：勤勉地服持其职事。《礼记·檀弓上》：“事亲有隐而无犯，左右就养无方，服勤至死，致丧三年。”孔颖达疏：“言服勤者，谓服持勤苦劳辱之事。”事任：担当其职事。长廉远利：培育清廉而远避利欲。似述世风：比似于其上世，继述于其家风。③诗学有四声八病之说，此处泛指诗赋技巧。工声病，售有司：此言以诗赋应科举而为有司录用。④荫袭：功臣之后受庇荫而承袭官爵。善继：《礼记·中庸》：“夫孝者，善继人之志，善述人之事者也。”

［译文］

张载说：朝廷世禄的荣遇，是帝王用之记取有功的人，尊崇有德的人，眷爱他们，厚遇他们，延及他们的子子孙孙，以表示对他们的恩遇是没有穷尽的。作为世家之后的人，应该做的是乐于你的职守励行你的事功，竭尽全力从事你的职事，培养你的清廉而远避利欲，这样来继承祖述你先世的家风。然而近代的公卿子孙，却要下比布衣寒士，工研诗赋技巧，要以此换取有司的录用，不懂得求仕原本不合道义，而反认为安分循理袭职为无能。不懂得荫袭是一种荣遇，而反以科举虚名为善继先人之志，这究竟是出于什么心理啊！

7.37　不资其力而利其有，则能忘人之势。①

——张载《孟子说》

［注释］

①《孟子·尽心上》：“孟子曰：古之贤王好善而忘势；古之贤士何独不然？乐其道而忘人之势，故王公不致敬尽礼，则不得亟见之。”

［译文］

不想求助于他人的权力，又不想从他人的富有得到好处，就能忘怀于他人的权势。

7.38　人多言安于贫贱，其实只是计穷力屈才短，不能营画

耳。若稍动得，恐未肯安之。须是诚知义理之乐于利欲也，乃能。

——张载《经学理窟·气质》

[译文]

人多说自己安于贫贱，其实只是由于他无计可施才力不足，不能谋划罢了。如果多少能够活动，恐怕未必肯安。一定要是真正懂得义理之乐超过利欲的，才能安于贫贱。

7.39　天下事大患只是畏人非笑，不养车马，食粗，衣恶，居贫，皆恐人非笑。不知当生则生，当死则死，今日万钟，明日弃之，今日富贵，明日饥饿，亦不恤，惟义所在。①

——张载《经学理窟·自道》

[注释]

①万钟：指优厚的俸禄，借以极言其富。钟，古量名。《孟子·告子上》："万钟则不辨礼义而受之，万钟于我何加焉？"

[译文]

天下事最怕的就是怕人讥笑，如没有车马，吃的粗劣，穿的不好，居住寒酸，都怕人讥笑。而不懂得当生就生，当死就死，今日家有万钟，明日弃之一空，今日富贵，明日饥饿，也都在所不惜，只随义而行。

卷八　治国平天下之道

8.1　濂溪先生曰：治天下有本，身之谓也；治天下有则，家之谓也。[①]本必端。端本，诚心而已矣；则必善，善则，和亲而已矣。家难而天下易，家亲而天下疏也。家人离，必起自妇人，故《睽》次《家人》，以“二女同居而志不同行”也。[②]尧所以釐降二女于妫汭，舜可禅乎？吾兹试矣。[③]是治天下观于家，治家观身而已矣。身端，心诚之谓也；诚心，复其不善之动而已矣。不善之动，妄也；妄复，则无妄矣；无妄，则诚矣。故《无妄》次《复》，而曰：“先王以茂对时，育万物。”[④]深哉！

——周敦颐《通书·家人睽复无妄》

［注释］

①《孟子·离娄上》：“天下之本在国，国之本在家，家之本在身。”《礼记·大学》：“古之欲明明德于天下者先治其国，欲治其国者先齐其家，欲齐其家者先修其身，欲修其身者先正其心，欲正其心者先诚其意。”则：楷模，准则。《诗经·大雅·抑》：“敬慎威仪，为民之则。”②《周易》之《睽》卦在《家人》卦之后，《睽》是乖离之义，《序卦》云：“家道穷必乖，故受之以《睽》。”《彖》辞说：“二女同居，其志不同行。”按《睽》卦兑下离上，兑为少女，离为中女，合成一卦，故言。③《尚书·尧典》：“女于时，观厥刑于二女。釐降二女于妫汭，嫔于虞。”釐降，此处解为下嫁。妫汭，舜所居之处。吾兹试矣：我用这个办法来验证。④《周易》之《无妄》卦在《复》

卦之后。《序卦》云："复则不妄矣，故受之以《无妄》。"所引为《无妄》卦《象》辞，意为先王盛德配天，顺应时令，发育万物。复：这里是消除之义。

[译文]

周敦颐说：治理天下有其根本，那就是治天下者的自身；治理天下有其样板，那就是治天下者的家庭。这根本一定要端正。端正的办法，诚其心而已；样板一定要善，使其善的方法，使亲人和顺而已。治家难，治天下易，这是因为家人亲而义难胜情，天下疏而公易制私。家人不和必从妇人引起，所以《周易》中《睽》卦紧接《家人》卦后，其《彖》辞并说："二女同居，其志不同行。"尧之所以把两个女儿下嫁给舜，是考虑舜是不是可以让我禅让天下给他呢？我要通过两个女儿去试试他。如此则要想知道一个人能不能治理天下就观察他的治家，治家如何则观察他一身就够了。自身端正，说的是他心诚；诚心，就是消除其不善的念头，返回到心之本善而已。不善的念头，是虚妄欺妄；消除虚妄欺妄回归到本善之心，就无妄了；无妄，就真诚诚实了。所以《周易》中《无妄》卦紧接《复》卦之后，《无妄》卦的《象》辞还说："先王以其盛德配对上天，按时发育着万物。"寓意深刻呀！

8.2　明道先生尝言于神宗曰[①]：得天理之正，极人伦之至者，尧舜之道也；用其私心，依仁义之偏者，霸者之事也。王道如砥，本乎人情，出乎礼义，若履大路而行，无复回曲；霸者崎岖，反侧于曲径之中，而卒不可与入尧舜之道。[②]故诚心而王则王矣，假之而霸则霸矣。二者其道不同，在审其初而已，《易》所谓"差之毫厘，谬以千里"者，其初不可不审也。[③]惟陛下稽先圣之言，察人事之理，知尧舜之道备于己，反身而诚之，推之以及四海，则万世幸甚。　——《二程文集》卷一《论王霸札子》

[注释]

①此条摘编程颢《论王霸札子》一文而成。宋神宗熙宁二年，程颢以吕公著荐为太子中允，权监察御史里行，上此札子。此条阐述其关于王道与霸道的观点。王道是先秦儒家的政治主张，即以仁政治天下，以德服人。《尚书·洪范》有“无偏无党，王道荡荡”的话，孟子有比较明确的王道主张，说“以德服人者王”，“以德服人者，中心悦而诚服也”（《孟子·公孙丑上》）。霸道与王道相对，是先秦法家的政治主张，《史记·商君书》：“吾语公（指秦孝公）以王道而未入也”，“吾说公以霸道，其意欲用之”。孟子说：“以力假仁者霸”，“以力服人者，非心服也，力不赡也。”与（8.16）参读。②《诗经·小雅·大东》：“周道如砥，其直如矢。君子所履，小人所视。”砥（dǐ），磨刀石。如砥，言其平坦易行。回曲：曲折。③差之毫厘，谬以千里：今本《周易》无此二句，而见于《礼记·经解》。宋林栗《周易经传集解》卷一说：“汉儒引《易》曰‘君子正其始万事理。差之毫厘，谬以千里’。此纬书通卦验之文也。”其初：即初始之用心。

[译文]

程颢曾对宋神宗说：能得天理之正道，又能尽人伦关系之极致的，是尧舜之道；运用自己私心，而假借仁义之名而仅得仁义之偏的，是春秋五霸们所行的事。王道平直就像磨刀石，它以人之常情为本，从礼义出发，行王道就像在大路上行走，再没有曲折；霸者的路却是崎岖的，辗转于曲折的小路中，而到底也无法和他同入于尧舜之道。所以诚心诚意地行王道就成王道，假借着王道的美名而威霸天下就成霸道了。王道与霸道的不同，只在审察起初一念之微而已，这就是《易》上说的“差之毫厘，谬以千里”，所以最初一念之微不可不审察呀。希望陛下您考察古代圣王之言，考察人事之理，明白尧舜之道本具备于自身，然后反身求己而诚其心，推广其道而行于天下，那就是天下万世的幸福呀。

8.3　伊川先生曰[①]：当世之务，所尤先者有三：一曰立志，二曰责任，三曰求贤。今虽纳嘉谋，陈善算，非君志先立，其能听而用之乎？[2]君欲用之，非责任宰辅，其孰承而行之乎？君相协心，非贤者任职，其能施于天下乎？此三者本也，制于事者用也。三者之中，复以立志为本。所谓立志者，至诚一心，以道自任，以圣人之训为可必信，先王之治为可必行，不狃滞[3]于近规，不迁惑于众口，必期致天下如三代之世也。

——《二程文集》卷五《为家君应诏上英宗皇帝书》

[注释]

①此条乃摘编程颐《为家君应诏上英宗皇帝书》而成。《二程文集》题下注：治平三年。治平为宋英宗年号。②责任：责其事专其任。嘉谋：高明的经国谋略。《尚书·君陈》："尔有嘉谋嘉猷，则入告尔后于内，尔乃顺之于外。"善算：好的谋划。③狃与滞都是拘泥、局限之义。

[译文]

程颐说：当世之事，特别应该优先做好的有三项：第一是立志，第二是责任，第三是求贤。尽管有人献上好的谋略，陈述好的计划，如果君主不先立志，能听从并采用吗？君主想采用，而不责成专任于宰辅大臣，那谁来接受去执行呢？国君宰相同心协力，没有贤者在下任职，那么能够推广于天下吗？这三项是治国根本，至于具体临事裁断，那只是具体应用。这三者之中，又以立志为根本。所谓立志，就是至诚一心，以实行圣人之道为己任，以圣人之垂训为必定可信，以先王之治法为必定可行，不被近世的规则习俗束缚，不被众说纷纭所迷惑，而坚定地以使天下达到上古三代之治为目的。

8.4　《比》之九五曰："显比，王用三驱，失前禽。"[1]传曰：人君比天下之道，当显明其比道而已。如诚意以待物，恕己以及人，发政施仁，使天下蒙其惠泽，是人君亲比天下之道也。

如是，天下孰不亲比于上？若乃暴其小仁，违道干誉，欲以求下之比，其道亦已狭矣，其能得天下之比乎？王者显明其比道，天下自然来比。来者抚之，固不煦煦然求比于物，若田之三驱，禽之去者从而不追，来者则取之也。此王道之大，所以其民皞皞，而莫知为之者也。[②]非惟人君比天下之道如此，大率人之相比莫不然。以臣于君言之，竭其忠诚，致其才力，乃显其比君之道也。用之与否，在君而已，不可阿谀逢迎[③]，求其比己也。在朋友亦然，修身诚意以待之，亲己与否，在人而已，不可“巧言令色”[④]，曲从苟合，以求人之比己也。于乡党亲戚，于众人，莫不皆然，“三驱失前禽”之义也。——《程氏易传·比传》

［注释］

①此为《周易·比卦》九五爻辞，九五以阳爻居上卦之中，居中得正，为君位，故言人君之比。比：亲附之意。显比：程氏之解是显示你亲附之道。王用三驱：即网开一面之意。古者圣王狩猎不合围，为禽兽留其生路，以示仁心。三驱：即驱猎者从三面驱赶禽兽。凡向前逃跑的都让其逃掉，只取那些不从王命，不出而反入者，是“失前禽”。②以上一段，江永以为“记录有小差，读者得其大意可也”。煦煦然：显示其惠爱的样子。韩愈《原道》：“彼以煦煦为仁，孑孑为义，其小之也，则宜。”皞皞：《孟子·尽心上》：“王者之民，皞皞如也。”皞皞，广大自得貌，心情舒畅貌。③阿谀逢迎：谄媚迎合奉承。④《论语·阳货》：“巧言令色，鲜矣仁。”

［译文］

《比》卦的九五爻辞说：“显比，王用三驱，失前禽。”程颐解释说：人君使天下亲附的方法，应该明确显示他亲附之意于天下而已。如以诚意对待外物，以宽恕之意推己及人，施行仁政，使天下人受其恩泽，这就是人君使天下亲附的方法呀。如此，天下人谁不亲附于上呢？如果只是显露小仁，违背道义而求虚名，想要让下面的人亲附，那路子也就狭窄了，难道能得到天下人的亲附吗？帝王们充分显示亲附天下之意，天下自然来亲附。来亲附的就抚慰他们，本不需要故意做出和乐的样子来求得外物的比附，就像田猎中的三面驱兽，禽兽逃去的不去追，自行来的则取之。这是王者功德浩大，所以其民心情舒畅，其乐融融而不知所为。不仅人君比附天下之道如此，大率人之相互亲附莫不如此。以臣下对于国君而言，竭尽其忠诚，贡献其才力，乃是显示其亲附君上之道呀。任用或是不用，在君上而已，不可阿谀逢迎，求得君主亲任自己。在朋友之间也是这样，修身诚意以待来者，至于亲附与否，则在于他人，不可花言巧语做出讨好人的姿态，曲从苟合，去求得别人亲附自己。对于乡里亲戚，对于普通的人，全都如此，这就是"三驱失前禽"的含义啊。

8.5　古之时，公卿大夫而下，位各称其德，终身居之，得其分也；位未称德，则君举而进之。士修其学，学至而君求之。皆非有预于己也。农工商贾，勤其事而所享有限。故皆有定志，而天下之心可一。后世自庶士至于公卿，日志于尊荣；农工商贾，日志于富侈。亿兆之心，交骛于利，天下纷然，如之何其可一也？欲其不乱，难矣！①　　——《程氏易传·履传》

［注释］

①此条是对《周易·履·象辞》的解说。《象》曰："上天下泽，履，君子以辨上下、定民志。"《履》（䷉）卦下兑上乾，兑为泽，乾为天。此条《程氏易传》原文上文有："天在上，泽居下，上下之正理也。人之所履当如是，故取其象以为履。君子观履之象，以辨别上下之分，以定其民志。夫上下之分明，然后民志有定。民志定，然后可以言治。民志不定，天下不可得而治也。"

［译文］

古时候，自公卿大夫而下，职位各与其德行相称，终身居其职，得其应得之分；职位低而与其德高不相符的，国君就会提举之而进于高的职位。士人修习学业，学成了国君就会求其出仕。这都与个人没有关系。农工商人，勤于他的事务，享受他应得的分限。所以人人全都各有其定志，而天下之心可以统一。后世从庶民士人直至公卿，天天想的是得到尊荣；农工商人，天天想的是能够富贵侈华。亿兆人之心一起追逐利欲，天下纷纷，怎么能够统一呢？想要不乱，难呀！

8.6 《泰》之九二曰："包荒，用冯河。"[①] 传曰：人情安肆，则政舒缓，而法度废弛，庶事无节。[②] 治之之道，必有包含荒秽之量，则其施为，宽裕详密，弊革事理，而人安之。若无含弘之度，有忿疾之心；则无深远之虑，有暴扰之患。深弊未去，而近患已生矣。故在包荒也。自古泰治之世，必渐至于衰替，盖由狃习安逸，因循而然。自非刚断之君，英烈之辅，不能挺特奋发以革其弊也，故曰："用冯河。"或疑上云包荒，则是包含宽容，此云"用冯河"，则是奋发改革，似相反也。不知以含容之量，施刚果之用，乃圣贤之为也。——《程氏易传·泰传》

[注释]

①此为《周易·泰卦》九二爻辞。包荒：包含荒秽，包是包容，取义为人应有包容之量。用冯河：冯河即"暴虎冯河"之冯河，徒步涉过河去。取义为人有刚果决断之气性。冯同凭。程颐此处说，要革除深弊，必有包容之量与冯河之气相济才成。张伯行解："或者不察，以冯河之奋发改革，似与上文包荒之含宏宽容，义有相反。不知用柔所以善其刚，用刚所以济其柔。有含容之量，则刚果不至于躁迫；有刚果之用，则含容不至于萎靡，二者相资而后治泰之道成。"②安肆：安乐放纵。《礼记·表记》："君子庄敬日强，安肆日偷。"孔颖达疏："言小人安乐则其性情日为苟且。"庶事：即庶务，各种政务，各种事务。无节：没有法度，没有个节制。《晏子春秋·外篇上三》："晏子对曰：'君居处无节，衣服无度，不听正谏，兴事无已。'"庶事无节：言政事混乱。

[译文]

《泰》卦的九二爻辞说："包荒，用凭河。"程颐解释说：当安泰之世，人情安逸而不加约束，政令也就舒缓，法度废弛，各种事务也都没有了节制。治理的办法，一定要有含容一切不良现象的气量，在施政时才能既宽厚有余又详明密察，弊病革去，政事治理，这一切做得稳妥而不引起动荡，人民也感到很安定。如果没有胸怀宽广的气度，就会有愤恶急于求成之心；缺乏深远之谋，就会有急暴纷乱之病。这样原有的深弊未能革去，而眼前的患害已经产生。所以安定而革除弊病，在于有包容之量。自古太平治世，定会渐渐至于衰退，这是由于人们在太平之世习惯于安逸，因循不思作为而形成的。除非有刚果决断的君主，英杰伟烈之辅臣，不能挺起特出奋发而革除其弊，所以说要"用凭河"。有人怀疑上边说："包荒"，是要包含宽容，这里又说"用凭河"，是要发奋改革，似乎是两相矛盾的。而不知以含容之量，来推行刚果之措施，才是圣贤的作为。

8.7 "观，盥而不荐，有孚颙若"①。传曰：君子居上，为天下之表仪，必极其庄敬。②如始盥之初，勿使诚心少散。如既荐之后，则天下莫不尽孚诚，颙然瞻仰之矣。

——《程氏易传·观传》

[注释]

①此为《周易·观卦》卦辞。从下看上为观，故观之意是使人仰慕。卦辞以祭祀作比，讲如何使人景仰。盥是祭祀前洗手，荐是奉献祭品。有孚是被人信仰，颙若是尊敬仰慕的样子。是说祭祀前洗手，还没有献祭的时候，人心精诚严肃。保持这种精神状态，才能在人们心中建立信仰，使人仰慕。②按《程氏易传》原文开头说："予闻之胡翼之先生曰。"本条为摘编而成，考之原文，所引胡氏之言，在所摘部分到此。胡安定，即胡瑗，字翼之，学者称安定先生。为程颐之师。有《周易口义》等著作。表仪：表率，仪范。《鹖冠子·

学问》："天官者，表仪祥兆，下之应也。"陆佃解："百官取揆，故曰表仪。"庄敬：庄严恭敬。《礼记·乐记》："致礼以治躬则庄敬，庄敬则严威。"孔颖达疏："若能庄严而恭敬，则严肃威重也。"

［译文］

《周易·观卦》卦辞说："观，盥而不荐，有孚颙若。"程颐引胡瑗的话解释说："君子居于高的位置上，作为天下人的表仪榜样，一定要极力表现你的庄严谨敬。"程颐说：就像祭祀之前洗手时那样，不要使自己的敬诚之心有一点点消散。又像祭祀中献祭之后，天下之人全都会极尽他的信仰，十分尊敬地仰望着你了。

8.8 凡天下至于一国一家，至于万事，所以不和合者，皆由有间也。无间则合矣。以至天地之生，万物之成，皆合而后能遂。凡未合者，皆为有间也。若君臣、父子、亲戚、朋友之间，有离贰怨隙者，盖谗邪间于其间也。去其间隔而合之，则无不合且洽矣。《噬嗑》者，治天下之大用也。[①]

——《程氏易传·噬嗑传》

［注释］

①《周易·序卦》云："嗑者合也。"《噬嗑》（䷔）之象，上下两刚爻如唇，中虚，是口之象，而其中又有一爻刚，是口中有物，物即是上下唇之隔阂。"口中有物间之，啮而后合之也。"咬碎此物，上下唇相合。噬嗑（shìhé），噬，啮咬。

［译文］

大凡上至整个天下，下至于一国、一家，以至于万事，之所以有不能和协合一的，都是由于有隔阂。没有了隔阂就能相合了。大自天地，小至万物，都是由于相合才能生成。凡是不能相合的都是隔阂。如君臣、父子、亲戚、朋友之间，有离贰之心、有怨恨不协的，是由于谗邪之人在中间挑拨。消除了间隔使之相合，则互相之间全都会和合融洽了。《噬嗑》卦的道理，对治理天下作用大了。

8.9　《大畜》之六五曰："豮豕之牙，吉。"[①]传曰：物有总摄，事有机会。[②]圣人操得其要，则视亿兆之心犹一心，道之斯行，止之则戢，故不劳而治，其用若"豮豕之牙"也。豕，刚躁之物。若强制其牙，则用力劳而不能止。若豮去其势，则牙虽存而刚躁自止。[③]君子法豮豕之义，知天下之恶不可以力制也，则察其机，持其要，塞绝其本原，[④]故不假刑法严峻，则恶自止也。且如止盗，民有欲心，见利则动。苟不知教，而迫于饥寒，虽刑杀日施，其能胜亿兆利欲之心乎？圣人则知所以止之之道，不尚威刑，而修政教，使之有农桑之业，知廉耻之道，虽赏之不窃也。

——《程氏易传·大畜传》

[注释]

①此为《周易·大畜卦》六五爻辞。豮（fén）豕：阉割过的猪。雄猪利牙刚猛，正面制服不易，而寻找机会将猪阉割，猪情性变得温顺，则不制而服。此取义为处理问题抓住关节，或釜底抽薪，从根本上解决问题。②总摄：以一总多关键的提领处。机会：关键。③道之斯行，止之则戢：引导他就前行，阻止他就停止。戢，本为收敛义，这里作止息。豮去其势：意为将其阉割。豮，阉割。势，雄性生殖器。④察其机，持其要，塞绝其本原：寻察其机枢，把握其机要，塞绝其本源。其意为从罪恶发生的源头也即动机处着手。

[译文]

《大畜》卦的六五爻辞说："豮豕之牙，吉。"程颐解释说：万物都有个总领处，事物都有一个机枢关键。圣人掌握了事物的机要，在他的眼里看亿万人之心就如一心，引导着就向前走，阻止之就停息，所以天下不劳而治，其应用，就如"豮豕之牙"的道理啊。猪，是刚而暴躁的。如果想强行制服它刚利的牙，那么费力辛苦又不能制止住。如果割去它的生殖器，那么利牙虽还在，但其刚躁之性自己就会平静下来。君子取法豮豕之义，知道天下的暴恶不可以暴力制止，就寻察其机枢，把握其机要，塞绝其本源，所以不借助于严刑峻法，则暴恶自行止息。比如消除盗窃，民有私欲之心，见利而动。如果不知义理之教，又为饥寒所迫，即使官府天天施加刑罚诛杀，能抵得住亿万利欲之心吗？圣人则懂得阻止的办法，不重用威刑，而修政令教化，使人人有农桑之业，又都懂得什么是廉耻，即使奖赏他让他去盗窃他也不去。

8.10 “解：利西南，无所往，其来复吉，有攸往，夙吉。”[①]传曰：西南，坤方，坤之体广大平易。当天下之难方解，人始离艰苦，不可复以烦苛严急治之，当济以宽大简易，乃其宜也。[②]既解其难而安平无事矣，是“无所往”也，则当修复治道，正纪纲，明法度，进复先代明王之治，是“来复”也，谓反正理也。[③]自古圣王救难定乱，其始未暇遽为也，既安定，则为可久可继之治。自汉以下，乱既除，则不复有为，姑随时维持而已，故不能成善治，盖不知“来复”之义也。“有攸往，夙吉”，谓尚有当解之事，则早为之乃吉也。当解而未尽者，不早去，则将复盛。事之复生者，不早为，则将渐大。故“夙则吉”也。

——《程氏易传·解传》

［注释］

①此为《周易·解卦》卦辞。按《解》（䷧）坎下震上，坎为险，震为动，《彖》曰：“解，险以动，动而免乎险，解。”行动而走出险境，困难解除，是为解。如果直解其卦辞是说：“向西南去有利。无所为而去，回来吉利。有所为而去，早点去吉利。”西南为坤，坤象征平易宽厚的大地。程颐这里作政治理论的阐释。②此一节讲大难初定后的政治策略。烦苛：指法令的繁杂苛刻严厉。《汉书·文帝纪》：“汉兴，除秦烦苛，约法令，施德惠，人人自安。”③此一节讲以宽大简易之政抚定以后应采取的政治措施和对政治的更

高要求。修复治道：恢复先代明王之治，这就是“来复”，来复之意是返归正理。反：返。

［译文］

《周易·解卦》的卦辞说：“解：利西南，无所往，其来复吉，有攸往，夙吉。”程颐解释说：西南方，是象征大地的坤方，坤体广大平易。当天下大难刚刚解除之时，人们刚从艰苦中解脱出来，不能再用烦政苛法严加治理，应当以宽大简易之政加以调节，这才是合宜的。险难解除以后就平安无事了，这就是“无所往”，这时应该修复治平之道，正纪纲，明法度，恢复古代明王的清明政治，这就是“来复”，说的是要回归正理呀。自古圣王救难定乱，刚开始顾不上一下子就去做这恢复治道的工作，安定以后就可以去进行可以长久延续的治理了。汉代以下，乱除以后，就不再有所作为，只是随时维持而已，故不可能成就大治，原因是不懂得“来复”之义呀。“有攸往，夙吉”，是说还有应当消除的事，则早一点做了才吉利。应当解除而没有彻底解除的，不早一点消去，就会再度发展起来直到强盛。那些重新出现的问题，不早一点解决，就会渐渐积大。所以说“夙则吉”。

8.11　夫有物必有则，父止于慈，子止于孝，君止于仁，臣止于敬。万物庶事，莫不各有其所。得其所则安，失其所则悖。①圣人所以能使天下顺治，非能为物作则也，惟止之各于其所而已②。

——《程氏易传·艮传》

［注释］

①《孟子·告子上》：“《诗》曰：‘天生蒸民，有物有则。民之秉彝，好是懿德。’孔子曰：‘为此诗者，其知道乎！故有物必有则；民之秉彝也，故好是懿德。’”则：法则。诗见《诗经·大雅·蒸民》。父止于慈：《周易·艮·彖》：“艮其止，止其所也。”止其所，即止于所当止。止于至善，便是止于所当止。《礼记·大学》：“为人君止于仁，为人臣止于敬，为人子止于孝，

为人父止于慈。”庶事：各种事务。②止之各于其所：即“思不出其位”。即思考他所应思考的，做他所应该做的。参考（4.6）、（7.19）注。

［译文］

有一物必然有一物的法则，如做父亲就止于慈，做儿子就止于孝，做人君就止于仁，做臣下就止于敬。以此推广到万物万事，莫不各自有其所当止之所。事物能够止于当止之所就安定，不能止于当止之所就悖乱。圣人之所以能够顺物之情而使天下治理，不是能为事物订立一个法则，只不过是让事物各自止于当止之所罢了。

8.12　《兑》，说而能贞，是以上顺天理，下应人心，说道之至正至善者也。[1]若夫“违道以干百姓之誉”者，苟说之道，违道不顺天，干誉非应人，苟取一时之说耳，非君子之正道。[2]君子之道，其说于民如天地之施，感之于心而说服无斁[3]。

——《程氏易传·兑传》

［注释］

①《周易·兑·彖》：“兑，说也。刚中而柔外，说以利贞，是以顺乎天而应乎人。”此条即对这句话的解说。说：悦。说而能贞：以正道取悦人。贞，正。②《尚书·大禹谟》：“罔违道以干百姓之誉。”孔传：“干，求也。”苟：不循礼法姑且行事。③无斁：没有满足和厌倦。《诗经·周南·葛覃》：“为絺为绤，服之无斁。”毛传：“斁，厌也。”

［译文］

《兑》卦，能以正道取悦人，这是上顺天理，下应人心，是至正至善的取悦人的方法。至于那违背正道而去求得百姓赞誉的人，那是苟且取悦之道，它违背正道所以不顺天，它有意求得赞誉所以不应人心，只不过苟且讨得人们一时的喜欢罢了，这不是君子的正道。君子之道，其取悦于万民，就如天地施恩于万物，感动其内心因而悦服而不会厌弃。

8.13　天下之事，不进则退，无一定之理。济之终，不进而止矣，无常止也，衰乱至矣。[①]盖其道已穷极也。圣人至此奈何？曰：唯圣人为能通其变于未穷，不使至于极也，尧、舜是也，故有终而无乱。——《程氏易传·既济传》

[注释]

①《周易·既济》卦辞说："既济，亨，小利贞，初吉终乱。"《彖》曰："终止则乱，其道穷也。"既济，为成功之义。《既济》(䷾)卦的终爻，无复可进，象征着治之极盛，也象征着治道已经穷尽，不能再有作为。物极而反，治极而乱。如何在治世保持不走向衰败与混乱，是此条阐述的内容。一定：定于一处。

[译文]

天下之事，不进则退，没有定于一处的道理。《既济》卦到最后一爻，不能前进就停止了，但没有永久的停止，停止后接着衰乱就到来了。这是因为治天下之道已经用尽了。圣人到这时又能怎么办呢？回答是：只有圣人能够在未到穷极之时而能通达其变化，不使之走向穷极，尧、舜就是这样，所以他们能使天下有终治而无衰乱。

8.14　为民立君，所以养之也；养民之道，在爱其力。民力足，则生养遂；生养遂，则教化行而风俗美。[①]故为政以民力为重也。《春秋》凡用民力必书。其所兴作，不时害义，固为罪也。[②]虽时且义必书，见劳民力为重事也。后之人君知此义，则知慎重于用民力矣。然有用民力之大而不书者，为教之意深矣。僖公修泮宫，复阏宫，非不用民力也，然而不书。[③]二者复古兴废之大事，为国之先务，如是而用民力，乃所当用也。人君知此义，知为政之先后轻重矣。——《程氏经说·春秋传》

[注释]

①《春秋》隐公七年，"夏，城中丘"。中丘城当在今山东临沂东北。

《左传》："夏，城中丘。书，不时也。"不时也，谓其既非国防之急，而又妨害农事。此条就此论述爱惜民力问题。生养遂：实现生息养育之目的。②不时害义：言其兴建事项违背农时而害于道义。③僖公修泮宫，复閟宫：《诗经·鲁颂》有《泮水》、《閟宫》二首，《小序》："《泮水》，颂僖公能修泮宫也。"泮宫即学宫。"《閟（bì）宫》，颂僖公能复周公之宇也。"此宇字，解者多以为土宇之宇，即复周公时之疆宇。而此处以为屋宇之宇。按閟宫为周之先祖姜嫄之神庙，《诗经·鲁颂·閟宫》："閟宫有侐，实实枚枚。"毛传："閟，闭也。先妣姜嫄之庙在周，常闭而无事，孟仲子曰：是禖宫也。"郑玄笺："閟，神也。姜嫄神所依，故庙曰神宫。"此二事均不见于《春秋》。

[译文]

为民众设立一个君主，目的是要他养民。养民的办法，在于爱护民力。民力充足了，那么生息养育才能实现；能够生息养育，就能使教化流行而风俗善美。所以治国要以民力为重。《春秋》一书凡动用民力之事一定记载。其所兴建的事项，违背了农时而害于道义，固然是罪恶；即使是合时合义的也一定要记载，以显示劳动民力是重大的事情啊。后代的君主懂得了《春秋》这项意义，也就懂得了慎重对待使用民力了。然而《春秋》也有动用民力很大却没有记载的，这其中教导后人之意是深刻的。如僖公修泮宫、复閟宫，并非没有动用民力，然而不作记载。因为这两件事是复古兴废的大事，是国事的优先之务，如此使用民力，乃是应当使用的。国君懂得这一意义，就懂得了治理政事的先后轻重了。

8.15　治身齐家以至平天下者，治之道也；建立治纲，分正百职，顺天时以制事，至于创制立度尽天下之事者，治之法也。圣人治天下之道，唯此二端而已。[①]　——《程氏经说·书解》

[注释]

①《尚书·尧典》："（尧）乃命羲和，钦若昊天，历象日月星辰，敬授人时。"此条据此议论。叶采说："道者治之本，法者治之具，不可偏废。然

亦必本之立而后其具可举也。”

[译文]

修养自身、齐一家政，以至于平治天下，这是治政的大道；建立治法纪纲，划分并摆正百官的职责，顺应天时以裁断处理事务，以至于创立制度以穷尽天下之事，这是治政的具体方法。圣人治理天下的方法途径，只有这两个方面而已。

8.16　明道先生曰：先王之世以道治天下，后世只是以法把持天下。[①]

——《二程遗书》卷一

[注释]

①以道治天下：道即圣人之道，即行仁政。以法把持天下：即用法令控制天下。此实即王、霸之区别。请与（8.2）参读。

[译文]

程颢说：前代圣王之世是以仁义之道治理天下，后世只是用法令控制天下。

8.17　为政须要有纪纲文章[①]，先有司[②]、乡官读法[③]、平价[④]、谨权量[⑤]，皆不可阙也。人各亲其亲，然后能不独亲其亲。[⑥]仲弓曰：“焉知贤才而举之?”子曰：“举尔所知。尔所不知，人其舍诸?”便见仲弓与圣人用心之大小。推此义，则一心可以丧邦，一心可以兴邦，只在公私之间尔。

——《二程遗书》卷十一

[注释]

①纪纲：网罟的纲绳，引申为纲领。文章：礼乐制度。《礼记·大传》：“考文章，改正朔。”郑玄注：“文章，礼法也。”朱熹解：“所谓文章者，即是文饰那谨权审量、读法平价之类耳。”②《论语·子路》：“仲弓为季氏宰，问政。子曰：‘先有司，赦小过，举贤才。’曰：‘焉知贤才而举之?’子曰：‘举尔所知。尔所不知，人其舍诸?’”③《周礼·地官·州长》：“正月之吉，各

属其州之民而读法，以考其德行道义而劝之，以纠其过恶而戒之。”法指一年政令及十二教之法。④《周礼·地官·贾师》：“禁贵价者，使有恒贾。”贾即价，物价。⑤《论语·尧曰》：“谨权量，审法度，修废官，四方之政行焉。”权量：权与量，测定物体大小、轻重的器具。《周礼·地官·掌染草》：“以权量受之，以待时而颁之。”郑玄注：“权量以知轻重多少。”权轻重，量多少（大小、长短）。⑥按《礼记·礼运》，大同之世，“人不独亲其亲”，小康之世，人“各亲其亲”。此处借用，以引出下文之各举其所知。

［译文］

治理政事需要有大纪大纲，又需要具体的礼乐制度，比如率先垂范做好下属的表率，乡官读法，平抑物价，慎重审查度量衡等，都是不可缺少的事。人各自亲敬自己的父母，然后就能使天下人各自都不单单亲敬自己的父母。仲弓曾问孔子：“怎么能够了解天下的贤才而举荐他们呢？”孔子说：“你只举荐你了解的。你不了解的，难道别人就会舍弃吗？”从这问答，就可以看出仲弓与圣人用心大小的区别。推广这种用心大小的不同，那么用心之小者发展下去，此心可以亡国，用心之大者扩展开去，此心可以兴邦，这两种用心的不同，只在于公心与私心的差别。

8.18　治道亦有从本而言①，亦有从事而言。从本而言，惟是格君心之非②，正心以正朝廷，正朝廷以正百官。若从事而言，不救则已，若须救之，必须变。大变则大益，小变则小益。③

——《二程遗书》卷十五

［注释］

①此条及以下数条当为程颐语，原本失注。按《二程遗书》卷十五为《入关语录》，卷目下注：“伊川先生语一。”而《入关语录》下注“或云明道先生语”。治道：相对于治法而言。参考（8.15）。②《尚书·冏命》：“绳愆纠谬，格其非心。”《孟子·离娄上》：“惟大人为能格君心之非。”格，正。③江永按：“此谓事有积弊，不可不变革者，须变乃有益。倘轻于改作，或变之不得其道，

则不惟无益，而已有烦扰之害矣。”茅星来注引薛瑄曰：“法虽善，久必有弊，要在随时以审其势之轻重以救之。”（按薛瑄语载其《读书录》卷二）

［译文］

程颐说：治国之道也有从根本上说的，也有从行事上说的。从根本上说，治国只是纠正君心之非，端正君心以端正朝廷，端正朝廷以端正百官。从行事上说，不救时弊则已，若要救弊，必须变革。大变就大益，小变就小益。

8.19 唐有天下，虽号治平，然亦有夷狄之风。三纲不正，无君臣、父子、夫妇，其原始于太宗也。[①]故其后世子弟皆不可使[②]，君不君，臣不臣，故藩镇不宾，权臣跋扈，陵夷[③]有五代之乱。汉之治过于唐。汉大纲正，唐万目举。[④]本朝大纲正，万目亦未尽举。 ——《二程遗书》卷十八

［注释］

①唐太宗无君臣父子夫妇者，如以智力劫持天下，以篡得位，以晋阳宫人侍高祖寝，娶元吉之妻等。②叶采云：“明皇使肃宗至灵武则自立，使永王璘使江南则反。”③陵夷：由盛而渐衰。《汉书·成帝纪》：“帝王之道日以陵夷。”颜师古注：“陵，丘陵也；夷，平也。言其颓替若丘陵之渐平也。”④张伯行解：“君臣父子夫妇之伦，谓之三纲；礼乐政刑制度文物之属谓之万目。唐虞三代之治，纲举目张，尚矣，自此以后皆不能尽善。”叶采解：“唐之治目，若世业，若府兵，若租庸调，若省府，其区画法制，略仿先王之遗意，故亦足以维持天下。”

［译文］

唐朝据有天下，虽然号称治平，但却仍有夷狄之风。三纲不正，没有君臣、父子、夫妇之常道，其根源来自于唐太宗。所以唐的后世子孙，都不能使遣，君不像君，臣不像臣，所以藩镇不宾服，权臣跋扈，风俗颓败以至于形成五代之乱。汉代之治超过唐。汉代大纲正，唐朝万目举。至于宋朝，大纲正，万目也未能尽举。

8.20　教人者，养其善心而恶自消；治民者，导之敬让而争自息。——《二程外书》卷十一

［译文］

教化人的办法是，培养人的善心则其恶自然消除；治理人民的办法是，引导大家相敬相让则争斗自会平息。

8.21　明道先生曰：必有《关雎》、《麟趾》[①]之意，然后可行周官之法度[②]。——《二程外书》卷十二

［注释］

①《关雎》、《麟趾》（《麟之趾》）：都是《诗经·周南》篇名，按照传统的解说，《关雎》是赞美文王后妃之德的，《诗序》说："《关雎》，后妃之德也。《风》之始也，所以风天下而正夫妇也。"《麟之趾》有句："麟之趾，振振公子。"郑玄笺："喻今公子亦信厚，与礼相应，有似于麟。"②周官之法度：《周礼》一书所记载的礼乐制度。周官，《周礼》之六官。法度，礼乐制度。张伯行解："此言徒法不足以自行也。""文王后妃有幽闲贞静之德，故宫人作《关雎》以美之；文王之子孙宗族有仁爱忠厚之性，故诗人咏《麟趾》以比之。""德化为治之本，法度为治之具，二者交致则治业盛。然必先有其意而后可以行其法，否则内多欲而外施仁义，未见其能行也。"其意是说，只有德化行，才能推行礼乐之治。

［译文］

程颢说：一定要有《关雎》、《麟之趾》诗中表现出的德化之意，然后才能实行《周礼》六官所记载的法度。

8.22　"君仁莫不仁，君义莫不义。"[①]天下之治乱，系乎人君仁不仁耳。离是而非则生于其心，必害于其政，岂待乎作之于外哉！昔者孟子三见齐王而不言事，门人疑之，孟子曰："我先攻其邪心。"[②]心既正，然后天下之事可从而理也。夫政事之失，

用人之非，知者能更之，直者能谏之。然非心存焉，则一事之失，救而正之，后之失者，将不胜救矣。格其非心，使无不正，非大人其孰能之？[3] ——《二程外书》卷六

[注释]

①《孟子·离娄上》：“惟大人为能格君心之非。君仁莫不仁，君义莫不义，君正莫不正。一正君而国定矣。”②事见《荀子·大略篇》：“孟子三见宣王不言事，门人曰：‘曷为三遇齐王而不言事？’孟子曰：‘我先攻其邪心。’”齐王指齐宣王。攻其邪心，言以正色攻其邪心。③非心：非妄之心。大人：圣人。《荀子·解蔽》：“恢恢广广，孰知其极？睪睪广广，孰知其德？涫涫纷纷，孰知其形？明参日月，大满八极，夫是之谓大人。夫恶有蔽矣哉！”

[译文]

“君主行仁就没人不仁，君主行义就没人不义。”天下的治乱，取决于君主的仁或不仁。君主之心一离开是那么非就在其心中产生，有此一念非心就定会危害政事，哪里还要等这非邪表现成为外在的行为才算害政呢？过去孟子三次见齐宣王都不言事，门人疑惑，孟子说：“我先攻除他的邪心。”君心正了，然后天下事也就可以从而治理了。政事的失误，用人的错误，聪明人能加以更正，正直的人能够谏阻，但如果君主存心不正，那么一事的失误，加以挽救纠正，后边接着而来的失误，将救不胜救了。纠正君主的非邪不正之心，使之无所不正，除非圣人谁能做到？

8.23　横渠先生曰：道千乘之国，不及礼乐刑政，而云“节用而爱人，使民以时”[1]。言能如是则法行，不能如是则法不徒行[2]。礼乐刑政，亦制数[3]而已。 ——张载《正蒙·有司》

[注释]

①《论语·学而》：“子曰：道千乘之国，敬事而信，节用而爱人，使民以时。”道：导，引导，即治理。千乘之国：有千辆兵车的国家。战国时诸侯国，小者称千乘，大者称万乘。《韩非子·孤愤》：“万乘之患，大臣太重；千

乘之患，左右太信：此人主之所公患也。”②《孟子·离娄上》：“徒善不足以为政，徒法不足以自行。”法不徒行，必得其人而后行。而其人必有仁爱之心而后可行。③制数：制和数均指刑法、法制。《管子·任法》：“圣君任法而不任智，任数而不任说。”

［译文］

张载说：孔子谈到治理一个具有千辆战车的国家时，没有谈到礼乐刑政，而是说“节省用度，爱护人民，役使百姓要遵循农时”。说的意思是能如此法令就能推行，不如此则仅仅有法令条文（没有仁德之人）便不能推行。不能实行的礼乐刑法政令，那只不过是写成的条款而已。

8.24　法立而能守，则德可久，业可大。郑声佞人，能使为邦者丧其所守，故放、远之。[①]　　——张载《正蒙·三十》

［注释］

①《论语·卫灵公》：“放郑声，远佞人。郑声淫，佞人殆。”《周易·系辞上》：“可久则贤人之德，可大则贤人之业。”郑声：淫靡的音乐。佞人：惯会花言巧语、阿谀奉承的人。

［译文］

法令设立了并能够守持，那么德行就能保持长久，事业就能弘扬光大。淫靡的郑国音乐，巧言面谀的小人，能使治国的人丧失他的操守，所以要抛弃它，要远离他。

8.25　横渠先生答范巽之[①]书曰：朝廷以道学、政术为二事，此正自古之可忧者。巽之谓孔孟可作，将推其所得而施诸天下邪？将以其所不为而强施之于天下欤？[②]大都君相以父母天下为王道，不能推父母之心于百姓，谓之王道可乎？所谓父母之心，非徒见于言，必须视四海之民如己之子。设使四海之内皆为己之子，则讲治之术，必不为秦汉之少恩，必不为五伯之假名。[3]巽之为朝廷言，“人不足与适，政不足与间”[4]，能使吾君爱天下之人如赤子，则治德必日新，人之进者必良士，帝王之道，不必改途而成。学与政不殊心而得矣。[5]

——张载《横渠文集·答范巽之书》

［注释］

①范育字巽之，张载门人。见（2.91）注。②江永按：“所得即所学之道，所不为谓非其平日所学者也。”③王道，见（8.2）注。五伯：即春秋五霸。《汉书·诸侯王表》：“故盛则周、邵相其治，致刑错；衰则五伯扶其弱，与其守。”颜师古注：“伯读曰霸。此五霸谓齐桓、宋襄、晋文、秦穆、吴夫差也。”假仁义之名，按胡宏之说，“五伯假名争利者也”（《知言》卷三）。④《孟子·离娄上》：“孟子曰：人不足与适也，政不足间也，惟大人为能格君心之非。”适（zhé）：同谪，指责，谴责。间：非议。⑤叶采解：“帝王之道即今日之政事，非有两途；今日之政术即平日之学问，非有二心也。”

［译文］

张载给范育的回信说：朝廷把道学、政术当做两回事，这正是自古以来可忧虑的事。假设孔孟能够复生，你认为他们将会把自己的学术推广于天下呢，还是把他们没有研究过的东西即所谓道学以外的东西勉强推行于天下呢？君主宰相们总把像父母一样对待天下之民称为王道，如果不能把父母的慈爱之心推广到百姓身上，那么能够称作王道吗？所谓父母之心，不是只表现在口头上，必须视四海之民如自己的孩子。假设四海之内都是自己的孩子，那么，他讲究的治国之术，肯定不会像秦汉之政那样缺少恩德，肯定不会像春秋五霸那样假借仁义之名。你如果为朝廷考虑，既不必指责朝廷用人不当，也不必去非议他们行政的失误，能够引导国君使之爱天下之人如赤子，则其治德必日日更新，举进的人必定是良士，五帝三王之道，不必改辙易途而成。学问与政术只同一用心就可得到，明于学即明于政了。

卷九　制度

9.1　濂溪先生曰：古圣王制礼法，修教化，三纲正，九畴叙，百姓太和，万物咸若，乃作乐以宣八风之气，以平天下之情。[①]故乐声淡而不伤[②]，和而不流[③]，入其耳，感其心，莫不淡且和焉。淡则欲心平，和则躁心释。优柔平中，德之盛也；天下化中，治之至也；是谓道配天地，古之极也。后世礼法不修，政刑苛紊，纵欲败度，下民困苦。谓古乐不足听也，代变新声，妖淫愁怨，导欲增悲，不能自止。故有贼君弃父，轻生败伦，不可禁者矣。呜呼！乐者古以平心，今以助欲；古以宣化，今以长怨。不复古礼，不变今乐，而欲致治者，远哉！

——周敦颐《通书·乐上》

［注释］

①三纲：君为臣纲，父为子纲，夫为妻纲。九畴：《尚书·洪范》："天乃赐禹洪范九畴，彝伦攸叙。"九畴本是九类大法，这里是运用割裂修辞，以九畴代彝伦，即伦常。若：顺。八风：八方之风。《史记·律书》："西北不周风，北方广风，东北条风，东方明庶风，东南清明风，南方景风，西南凉风，西方阊阖风。"朱熹解："八音以宣八风。""宣所以达其理之分，平所以节其和之流。"②淡而不伤：《论语·八佾》论乐与诗有"乐而不淫，哀而不伤"之语，前人未有以"淡"论乐的，朱熹说："古圣贤之论乐，曰和而已。此所

谓‘淡’，盖以今乐之妖艳形之，而后见其本于庄正齐（斋）肃之意。”③和而不流：见《礼记·中庸》，和顺而不失去节制，不至随物流迁。

［译文］

周敦颐说：古代圣王制订礼法，修明教化，三纲正，人伦关系各得其位，百姓无不合和，万物全都和顺，于是制作了音乐来宣导八方之气，来平顺天下人之情性。所以那乐声淡而不至哀伤，和而不至随物流迁，入于人耳，感发人心，人心莫不淡泊而和顺。淡泊则私欲之心就平静了，和顺则躁动之心就消释了。优容柔顺平和得中，这是盛大的德性了；天下化于中正，治平就到顶点了；这就称作道配天地，是古代圣明的极致了。后世不修礼法，刑政苛烦而混乱，在上的放纵私欲败坏法度，使得下民困苦。他们说古乐不值得听，一代一代都变换新声，而这新声妖淫愁怨，引发人的私欲，增强人的悲怨，使欲盛悲浓达到不能自我约束的地步。所以就出现了贼害君上抛弃生父，轻生败伦，无法禁止的情形。唉！音乐这东西古人用以平静人心，今人用来助长私欲；古人用来宣布教化，今人用来助长怨忿。不恢复古礼，不改变今乐，而想走向治平，相去太远了！

9.2　明道先生言于朝曰[①]：治天下以正风俗、得贤才为本。宜先礼命近侍贤儒及百执事，悉心推访，有德业充备，足为师表者，其次有笃志好学，材良行修者，延聘、敦遣，萃于京师，[②]俾朝夕相与讲明正学。其道必本于人伦，明乎物理。其教自小学洒扫应对以往，修其孝悌忠信，周旋礼乐，其所以诱掖激厉渐摩成就之道，皆有节序，其要在于择善修身，至于化成天下，自乡人而可至于圣人之道。[③]其学行皆中于是者为成德。取材识明达，可进于善者，使日受其业。择其学明德尊者，为太学之师，次以分教天下之学。择士入学，县升之州，州宾兴[④]于太学，太学聚而教之，岁论其贤者能者于朝。凡选士之法，皆以性行端洁，居家孝悌，有廉耻礼逊，通明学业，晓达治道者。⑤

——《二程文集》卷一《请修学校尊师儒取士札子》

［注释］

①此条为摘编程颢《请修学校尊师儒取士札子》一文而成。②延聘、敦遣：《请修学校尊师儒取士札子》原文为："其高蹈之士，朝廷当厚礼延聘，其余命州县敦遣，萃于京师。"萃：聚集；汇集。③洒扫应对：弟子之事，属小学教育的内容，见（1.28）注。周旋礼乐：《孟子·尽心下》："动容周旋中礼者，盛德之至也。"见（2.3）注⑩。择善修身：《左传》昭公十八年："择善而从之曰比。"择善即择善而从。《周易·贲·彖》："观乎天文以察时变，观乎人文以化成天下。"化为教化之意，化成天下之风俗。乡人：普通的人。具体解释，或作乡下人，或作乡大夫（即乡良人）。《孟子·离娄下》："舜为法于天下，可传于后世，我由未免为乡人也。"此指乡下人。《礼记·乡饮酒义》："乡人士君子尊于房户之间，宾主共之也。"郑玄注："乡人，乡大夫也。"④宾兴：举荐之意。周代选法，自乡小学举贤能而宾礼之，以升于国学。见《周礼·地官·大司徒》。⑤"凡选士之法"以下几句，均讲所选之人。原文自此以下才讲到选法，此未录，故"法"字失去照应。

［译文］

程颢在朝廷上说：治理天下以正风俗、得贤才为本。如何得贤才？应先给近侍、贤儒及执事百官以礼命，要他们悉心推访，凡有德业充实完备，足可为人师表的，其次有笃志好学、品才兼优的，朝廷要厚礼聘请，州县诚意遣送，把他们集中在京师，让他们从早到晚互相研究发明正学。他们的学问必然是本于人伦，明于事理。他们教人从小学的洒扫应对开始，修明孝悌忠信，人事应酬中的礼乐等，其用以诱导、激励、浸润、砥砺后学直到成就其德业的方法，都有一个顺序，其大要在于教人择善修身，推而广之至于化成天下，如此从一个普通的人进进不已直至走上成为圣人之道。其中那些学业品行都符合以上要求的就叫做成德。选取那些材识明达，可以达到善性的人，让他们天天在这里学习。而选取那些学业大明、德义可尊的大儒，作为太学的师长，学问德义次于这些人的，让他们分别去教授天下的各级学校。选择好的士人入学学习，从县学升到州学，州学再荐举到太学，太学集合起这些人来教育，每年都在朝廷上议论太学中谁贤谁能。凡选士，都要选取品性行为端洁，在家孝悌，有廉耻知礼让，通明学业，晓达治国之道的人。

9.3 明道先生论十事：一曰师傅，二曰六官，三曰经界，四曰乡党，五曰贡士，六曰兵役，七曰民食，八曰四民，九曰山泽①（本注：修虞衡之职②），十曰分数（本注：冠、婚、丧、祭、车服、器用等事）。其言曰：无古今，无治乱，如生民之理有穷，则圣王之法可改。后世能尽其道则大治，或用其偏则小康。此历代彰灼著明之效也。苟或徒知泥古而不能施之于今，姑欲徇名而遂废其实，此则陋儒③之见，何足以论治道哉！然倘谓今人之情，皆已异于古，先王之迹，不可复于今，趣便目前，不务高远，则亦恐非大有为之论，而未足以济当今之极弊也。

——《二程文集》卷一《论十事札子》

[注释]

①十事：程颢各有论说，大致先言古礼当如何，今有何弊，又当如何。“师傅”言古者自天子达于庶人，必须师友以成就其德业。今师傅之职不讲，尊德乐善之风未成。“六官”言古代天地四时之官各司其职，百度修而万化理。今官秩淆乱，职业废弛。“经界”言应划定田产之界，今经界不正，富者跨州县而莫之止，贫者流离饿殍而莫之恤。按孟子言正经界，实言复井田。详(9.23)及注。“乡党”谓应重视乡里之政教。“贡士”言贡士必本于乡里。“兵役”说冗兵耗财，国力亦极，多余之兵应渐归农。“民食”言国无储粮之可忧。“四民”言浮民过多，应使各就其业。“山泽”言应立山泽之禁，今之弊是用之无节，取之不时。“分数”言人各有等差分别，车服器用，不应僭越。程颢认为这十者无古今差别，今仍应循古制。②虞衡之职：《周礼·天

官·大宰》："以九职任万民。……三曰虞衡，作山泽之材。"注："虞衡，掌山泽之官，主山泽之民者。"③陋儒：学识浅陋的儒者。《荀子·劝学》："上不能好其人，下不能隆礼……则末世穷年，不免为陋儒而已。"

［译文］

程颢论十事：一师傅，二六官，三经界，四乡党，五贡士，六兵役，七民食，八四民，九山泽（本注：修虞衡之职），十分数（本注：冠、婚、丧、祭等典礼中不同等级的人所服用的车服、器用的等级差别）。他说：不论古今，无论治世乱世，凡是治国之道在生养教育人民上行不通时，那么这圣王之法也就应改革了。后世能极尽这因时变易的圣道就能大治，或者仅能用其一偏则小安。这是被历代治国实践检验过而彰明有效的。如果有人只知道拘泥于古法而不能因时之宜而施行于今天，如果只追求虚名而废弃了精神实质，这是陋儒的见解，不值得去和他讨论治国之道。但如果说今天的人情，已经与古时全异，如果说先王的治迹，已经不可能出现于今世，只追求眼前的便利，而不追求高远的目标，那恐怕也不是大有作为的论调，也不能够解救当今之世大的弊痼。

9.4　伊川先生上疏曰：三代之时，人君必有师、傅、保之官。"师，道之教训；傅，傅之德义；保，保其身体。"[1]后世作事无本，知求治而不知正君，知规过而不知养德。傅德义之道，固已疏矣；保身体之法，复无闻焉。臣以为傅德义者，在乎防见闻之非，节嗜好之过；保身体者，在乎适起居之宜，存畏慎之心。今既不设保傅之官，则此责皆在经筵[2]，欲乞皇帝在宫中言动服食，皆使经筵官知之。有剪桐之戏，则随事箴规；违持养之方，则应时谏止。[3]（本注：《遗书》云：某尝进说，欲令人主于一日之中，亲贤士大夫之时多，亲宦官宫人之时少，所以涵养气质，熏陶德性[4]。）　　——《二程文集》卷六《论经筵第二札子》

［注释］

①见《汉书·贾谊传》。按《尚书·周官》："立太师、太傅、太保，兹惟三公，论道经邦，燮理阴阳。"②经筵：为帝王讲经说史而特开的御前讲席。经筵讲官，宋时有侍读、侍讲、崇政殿说书等。时程颐为崇政殿说书。③《吕氏春秋·重言》："成王与唐叔虞燕居，援梧叶以为圭，而授唐叔虞曰：'余以此封女。'叔虞喜，以告周公。周公以请曰：'天子其封虞邪?'成王曰：'余一人与虞戏也。'周公对曰：'臣闻之，天子无戏言。天子言则史书之，工诵之，士称之。'于是遂封叔虞于晋。"随事：随时随地。箴规：劝戒规谏。王符《潜夫论·明暗》："过在于不纳卿士之箴规，不受民氓之谣言。"④按本注语载《论经筵第一札子》，见《二程文集》卷七。所谓"《遗书》云"，见《二程遗书》卷十八，说："某旧尝进说于主上及太母，欲令上于一日之中……"

［译文］

程颐上疏说：上古三代之时，人君必有师、傅、保等官在身边。"师，是开导教训君主的；傅，是傅佐君主之德义的；保，是保护君主身体的。"后世做事不作根本之计，知道追求治平却不知规正君心，知道规劝君主之过而不知培养其德性。傅佐君主德义的做法，固然已经荒疏不用了；保护国君身体的方法，也没有听人谈起过。我以为傅佐君主德义的方法，就在于防止君主耳闻目见非礼之事，节制君主的嗜好不使过度；保护身体的方法，则在于日常生活都要适宜而不过分满足欲望，存有畏惧戒慎之心。今天既然不设保、傅之官，则这一职责都应落在经筵官身上了，我想请求皇帝在宫中的一言一动，衣服饮食，都让经筵官了解。凡政事方面有不当之言行，就随事箴规；生活方面有违背持身养生之方的，则及时劝阻。(本注：《二程遗书》上说：我曾经向皇帝和皇太后建议希望让皇帝在一天之中，亲近贤士大夫时间多，亲近宦官宫人的时候少，用这样的方式涵养气质，熏陶德性。)

9.5　伊川先生《看详三学条制》云[①]：旧制，公私试补，盖无虚月。学校礼义相先之地，而月使之争，殊非教养之道。[②]请改试为课，有所未至，则学官召而教之，更不考定高下。制尊贤堂，以延天下道德之士，及置待宾、吏师斋，立检察士人行检等法。[③]又云：自元丰后，设利诱之法，增国学解额至五百人，来者奔凑，舍父母之养，忘骨肉之爱，往来道路，旅寓他土。[④]人心日偷，士风日薄。今欲量留一百人，余四百人，分在州郡解额窄处，自然士人各安乡土，养其孝爱之心，息其奔趋流浪之志，风俗亦当稍厚。[⑤]又云：三舍升补之法，皆案文责迹。有司之事，非庠序育材论秀之道。[⑥]盖朝廷授法，必达乎下。长官守法而不得有为，是以事成于下，而下得以制其上。此后世所以不治也。[⑦]或曰："长贰得人则善矣。或非其人，不若防闲详密，可循守也。"殊不知先王制法，待人而行，未闻立不得人之法也。苟长贰非人，不知教育之道，徒守虚文密法，果足以成人才乎？

——《二程文集》卷七

［注释］

①茅星来解："伊川时以通直郎充崇政殿说书，元祐元年五月，差同孙觉、顾临等看详国子监条例。三学：太学、律学、武学也。"《看详三学条制》一文今《二程文集》中未见，此条摘编程颐《三学看详文》、《论改学制事目》、《论礼部看详状》（均载《二程文集》卷七）而成。看详：审阅研究。《宋史·孝宗纪三》："命检正都司看详群臣封事，有可行者以闻。"条制：条例制度。②宋代元丰以后，太学分三舍：上舍、内舍、外舍。置外舍生二千人，内舍生三百人，上舍生一百人。由外舍升补内舍，由内舍升补上舍，都通过考试。故下文称"试补"。详注⑥。旧制：指王安石所定太学学校科举之制。茅星来解：其制，"学官各以其经试士，不待命于上曰私试，必待命于上而后试曰公试"。《宋史·选举制》："凡私试，孟月经义，仲月论、季月策。凡公试，初场经义，次场论策，如省试法。"公私试补者，外舍生月一私试岁一公试补内舍，内舍生间岁一试补上舍。"岁终会其高下，出于籍，以俟复试参验而序进之。"茅星来解："云更不考定高下者，盖旧制糊名考校排定高下

故也。”程颐此议未被采纳，《宋史·选举制》载：至崇宁间，“三舍考选法乃遍天下”。③茅星来解：“制，置也。尊贤，谓道德可矜式者使居此堂，长贰以下尊礼之，学录一人专主供亿，无其人则空之也。”“待宾斋，所以待行能可宾敬者。吏师斋则通于治道可为吏之师法者居之。行，德行。检，操守。”④唐代科举制度，士子经州府考试合格者，即可解送参加礼部省试。每州府发解人数都有定额，称解额。宋代解送途径有三：州、转运司、国学（太学）。茅星来解：“国学解额，嘉祐前一百人，元丰后始增至五百人。时开封解额稍优四方，士子多冒畿县户以试。又有隶太学不及一年，亦往往冒户礼部。”程颐此议也未被采纳，后来甚至一度停止州县解试。⑤茅星来解：“州郡试者多而解额窄，太学解额阔而试者少。又州郡只有解试一路，太学则兼有舍选捷径，可以智巧经营，所以士子不安乡举而争趋太学，故必先均太学解额、舍选之数，使与诸州不至甚远，而后有以定其志也。”⑥茅星来解：“三舍：外舍、内舍、上舍也。初入学为外舍。外舍生升内舍，内舍生升上舍。凡内舍行艺与所试之等俱优者升为上舍。上舍分三等，上等取旨命官，一优一平为中，以俟殿试，一优一否或俱平为下，以俟省试。盖王安石因庆历中尝于太学置内舍生二百人，而遂广为三舍法也。案文责迹：谓旧考察法专据文簿计校等差，如以不犯法为行，试在高等为艺。”“育材以教士而言，论秀以取士而言。”关于三舍法，详见《宋史》卷一五七《选举志》三。案文责迹：仅依文卷考察人的实绩。论秀：选拔优秀之士。论，通抡，选择，选拔。《国语·晋语八》：“君抡贤人之后，有常位于国者，而立之。”韦昭注：“抡，择也。”⑦茅星来解：程颐曾论旧制考察之弊：“诸斋所取，学官就其中而论之，不得有易也；学官所考，长贰就其中而论之，不得有易也。易之则案文责迹，入于罪矣。所谓事成于下而下得以制其上也。”

[译文]

程颐《看详三学条制》说：按现行的旧制度，太学生员参加公试和私试以升补，每个月都要考试。学校是以礼义相推让之地，而每一月都让他们去竞争，大大违背教养之道。请改考试为检验考查，发现学得不好的地方，学官召集生员教一教，并且不再排定名次高低。设置尊贤堂，延请天下有道德可做生员榜样的人居之，以及设置待宾斋、吏师斋，建立检查太学中士人品行操守的制度。又说：从元丰年间以来，太学设立了以利益引诱生员的办法，太学解送应省试的名额由原来的一百人增加到五百人，从全国来的人都奔赴凑集于太学，舍弃父母之养，忘却骨肉之爱，在路途上奔波，旅居于他乡，以追名求利，使得人心日益苟且，士风日益菲薄。现在打算留一百人，其余四百个名额，分配在解送名额少的州郡，如此士人自然各安居于乡里，培养他们孝爱之心，平息他们奔趋流浪之心，风俗也能渐渐淳厚。又说：三舍升补之法，都是仅依文卷考察人的实绩。这是官府办事的方法，不符合学校育人选士之道。朝廷授予法令，必然贯彻到下层。长官守着法令条文而不能有所作为，所以事情在下边做成了，下边的人都能挟制上边的人。这就是后世之所以不能治平的原因呀。所以太学生员升补之权，应由太学长官及副职专掌。有人说："这样做，长官副职任用得合适自然是好了，或许长官副职用了不合适的人，品行或才识不高，那就不如防范得严密些，还是由下而上推选的办法有规可守。"殊不知先王立法，必有合适的人才能实行，没有听说过为不适合执法的人立的法制。如果长官及其副职不是合适的人，不懂得教育之道，只是空守着法令条文，真的就能够培养出人才吗？

9.6　《明道先生行状》云：先生为泽州晋城令，民以事至邑者，必告之以孝悌忠信，入所以事父兄，出所以事长上。①度乡村远近为伍保，使之力役相劝，患难相恤，而奸伪无所容。②凡孤茕残废者，责之亲戚乡党，使无失所。③行旅出于其途者，疾病皆有所养。诸乡皆有校，暇时亲至，召父老与之语。儿童所读书，亲为正句读。④教者不善，则为易置。择子弟之秀者聚而教之。乡民为社会，为立科条，旌别善恶，使有劝有耻。⑤

——《二程文集》卷十一

［注释］

①泽州晋城：今山西晋城。神宗初年，程颢曾为泽州晋城令。邑：此处指其县城。②度（duó）：估量。此处说根据大致的远近设伍保。古代五家为伍，五伍为保。同一伍保，互相监督，共为守卫。③孤茕（qióng）：孤独，无依无靠。乡党：此处指同乡，乡亲。《逸周书·官人》："君臣之间，观其忠惠；乡党之间，观其诚信。"失所：无处居住，无存身之地。行旅：旅客，外地旅行到此的人。《孟子·梁惠王上》："商贾皆欲藏于王之市，行旅皆欲出于王之涂。"④正句读（jùdòu）：句读，古人指文辞休止和停顿处，即断句。教儿童者所教断句有误，程颢亲自予以订正。⑤社会：此指乡民自发结合而成的组织或团体，称作某某社或某某会。科条：条例，章程。陈琳《檄吴将校部曲文》："故令往购募爵赏，科条如左。"旌别：识别，区别。《尚书·毕命》："旌别淑慝，表厥宅里。"孔传："言当识别顽民之善恶。"劝：鼓励。

［译文］

程颐《明道先生行状》说：程颢做泽州晋城令时，百姓因事到城中去的，程颢见到他们，一定要用孝悌忠信告诫他们，让他们懂得在家应该如何对待父亲兄长，出外应该如何对待上级长官。估量乡村之间的距离分别组成伍保，让他们有出力服役的事就互相勉励，有患难就互相救助，奸诈的人就无处容身。凡是孤独和残废的，要他的亲族和乡里负责，不能让他们流离失所。行路的人从其境内经过，凡有大病小痛都能有所奉养。各乡都建有义学，程颢先生在闲暇的时候亲自到这些学校去，召来当地的父老交谈。儿童所读的书，亲自为他们订正断句。老师不称职，就为他们另行配备。选择子弟中的优秀者，集中起来加以教育。乡民们组织社团，程颢给他们订立约规制度，以分别善恶，使他们都有上进之心和羞耻之心。

9.7 "萃，王假有庙。"[①]传曰：群生至众也，而可一其归仰；人心莫知其乡也，而能致其诚敬；鬼神之不可度也，而能致其来格。[2]天下萃合人心、总摄众志之道非一，其至大莫过于宗庙，故王者萃天下之道至于有庙，则萃之道至也。祭祀之报，本于人心，圣人制礼以成其德耳。故豺獭能祭，其性然也。[3]

——《程氏易传·萃传》

［注释］

①此为《周易·萃卦》卦辞。其《彖》曰："萃，聚也。"是聚集的意思。假：到。王假有庙：是说王到宗庙里来祭祀。宗庙是祖先灵魂聚集的场所，也是子孙精神集中的所在，象征一心一德。统一信仰，统一人心，利于前进。而统一信仰、统一思想的最好办法就是通过宗庙祭祀。②张伯行解："盖祭祀之义，以云报也。此报本之意，实本于人心之不容自已。圣人制为礼文以达之，乃所以成人心之德，而使之各遂其隐，非多为是礼以勉强人也。"乡：方向，趋向。致其诚敬：使之达到敬诚。度：揣度。来格：来临，到来。格，至。③《礼记·月令》：孟春之月，"鱼上冰，獭祭鱼。"高诱注："獭祭鲤鱼于水边，四面陈之，谓之祭鱼。"獭以鱼为食。又季秋之月，"豺乃祭兽戮禽"。禽是鸟兽之总称。

［译文］

《周易·萃卦》卦辞说："萃，王来到宗庙里。"程颐解释说：天下众生是极多的，祭祀却能够统一他们的信仰；人心来去无定无法把握其去向，而祭祀却能使其诚敬；鬼神幽微难以测度，而"祭如在，祭神如神在"，祭祀却能使其到来。天下聚合人心、统摄众志的方法不一而足，其中最重要的莫过于通过宗庙，所以帝王们聚合人心的办法也就到极致了。祭祀中报先人之本的思想，根源于人的内心，圣人制定祭祀的礼节条文不过借以成就人们这种报本之德罢了。所以像豺、水獭都能祭祀，是它们的本性使它们这样做的。

9.8　古者戍役，再期而还。今年春暮行，明年夏代者至，复留备秋，至过十一月而归。又明年仲春遣次戍者。每秋与冬初，两番戍者皆在疆圉，乃今之防秋也。[①]

——《程氏经说·诗解》

［注释］

①此条是《程氏经说·诗解》中《诗经·小雅·采薇》解说的最后一段。《采薇》诗是戍役者在归途中所作，抒写戍役者劳苦悲伤之情，故论及古代戍役之制。两番：番为轮番，轮流更替。此处两番指两批。疆圉：边疆，边境。圉即边境，《左传》隐公十一年："亦聊以固吾圉也。"杜预注："圉，边垂也。"备秋：秋天草丰马肥，为战争多发季节。

［译文］

古代戍边服兵役，两周年返回。比如今年三月出行，明年夏季代替的人到，这时被替换的并不立即回来，又留下来备秋，到过了十一月才回来。又到明年二月遣发下一拨戍边的人。每年的秋天与冬初，两拨戍边的人都在边疆，这就是今天说的防秋呀。

9.9　圣人无一事不顺天时，故至日闭关。[①]

——《二程外书》卷三

［注释］

①《周易·复·象》："先王以至日闭关。"解说见（4.2）注。至日：冬至。

［译文］

圣人没有一件事不顺应天时的，所以到冬至这一天就关闭路上的关门。

9.10　韩信多多益办，只是分数明。[①]　——《二程遗书》卷七

［注释］

①《汉书·韩信传》载，刘邦问韩信能带多少兵，韩信说："如臣多多益办耳。"《史记》作"多多益善"。办：理。张伯行解："分数者，管辖之分与多寡之数也。"按此分数请参（9.3）论十事第十之"分数"。分数指礼所规

定的上下之分与各阶层所应得之数，如车服器用乐舞等的规定。分数定即各守其职责权利而不僭越。

[译文]

韩信带兵越多越能治理，其原因只是每人的职分与限数都十分明确。

9.11　伊川先生曰：管辖人亦须有法，徒严不济事。今帅千人，能使千人依时及节得饭吃，只如此者亦能有几人？尝谓军中夜惊，亚夫坚卧不起。[①]不起善矣，然犹夜惊何也？亦是未尽善。

——《二程遗书》卷十

[注释]

①《史记·绛侯周勃世家》：周亚夫以太尉统兵平吴楚七国之乱，亚夫断吴军粮道，坚壁不出。"夜，军中惊，内相攻击扰乱，至于太尉帐下。太尉终卧不起。顷之，复定。"

[译文]

程颐说：管理统领人也要有法度，只依靠禁令严不能成事。当今统帅千人，要使这一千人都能按时吃饭，仅仅能做到这一点的能有几人？我曾说过，周亚夫善于统兵，军中夜惊，他作为主将硬是躺着不起来。仓卒中能镇定不起是很好了，然而为什么会夜惊呢？仍是他统军未能做到尽善。

9.12　管摄天下人心，收宗族，厚风俗，使人不忘本，须是明谱系，收世族，立宗子法。（本注：一年有一年工夫。）[①]

——《二程遗书》卷六

[注释]

①张伯行解："谱者，氏族之册籍也；系者，宗派之联属也。宗子之法，有大有小。古者诸侯之嫡子嫡孙，继世为君。其余庶子，不得祢其先君，因各自立为本派之始祖，其子孙百世皆宗之，所谓大宗也。族人虽五世外，皆为齐

衰三月。大宗之庶子，又别为小宗，而小宗有四：其继高祖之嫡长子，则与三从兄弟为宗；继曾祖之嫡长子，则与再从兄弟为宗；继祖之嫡长子，则与同堂兄弟为宗；继祢之嫡长子，则与亲兄弟为宗。盖一身凡四宗，与大宗为五宗。”按此条又见张载《经学理窟·宗法》。

［译文］

要统摄天下人心，收宗族亲爱之情，使风俗淳厚，使人不忘自身血统承传的本源，就应修明谱牒辨明系派，收系世代族氏之人，立起宗子之法。（本注：行一年就有一年的成效。）

9.13　宗子法坏，则人不自知来处，以至流转四方，往往亲未绝不相识。①今且试以一二巨公之家行之，其术要得拘守得，须是且如唐时立庙院②，仍不得分割了祖业，使一人主之。

——《二程遗书》卷十五

［注释］

①宗子法：即宗法，古代以家族为中心，按血统、嫡庶来组织、统治社会的法则。《礼记·丧服小记》：“别子为祖，继别为宗，继祢者为小宗。有五世而迁之宗，其继高祖者也。是故祖迁于上，宗易于下。尊祖故敬宗，敬宗所以尊祖祢也。”参考（9.12）注。②庙院：家庙与斋院。唐庙垣为东门、南门，斋院在东门外稍北。按两《唐书·礼乐志》，开元十二年，著令一品二品四庙，三品三庙，四品五品二庙，嫡士一庙，庶人祭于寝。以后屡有变动，但大约五品以上均有家庙。而《资治通鉴》则言唐三品以上立家庙。

［译文］

宗子法废坏，则人不知道自身宗派从何处沿袭而来，以至于人迁移于各地，常常是亲缘未断，人已不相识。现在应先在一两个显贵大人之家试行宗子法，实行这一办法的关键在能够拘束坚守得定，而要拘束坚守得定，就应该像唐朝时一样建立家庙斋院，并且不得分割祖业，从族中选一人来主管这份产业。

9.14　凡人家法[①]，须月为一会以合族。古人有花树韦家宗会法，可取也。[②]每月族人远来，亦一为之。吉凶嫁娶之类，更须相与为礼，使骨肉之意常相通。骨肉日疏者，只为不相见，情不相接尔。

——《二程遗书》卷一

［注释］

①家法：治家的礼法。②唐岑参《韦员外家花树歌》："君家兄弟不可当，列卿太史尚书郎。朝回花底常会客，花扑玉缸春酒香。"韦员外，名不详，其宗会之法，明王祎《棣鄂轩诗序》言韦氏兄弟众多，最亲厚，皆贵显。尝制宗会法，每退食必饮花下以为常。

［译文］

大凡人们管理家族的礼法，应该每月一次聚会以聚合本族人心人情。古代有花树韦家宗会法，可以采取。每当有族中人从远方来，就聚会一次。族中有吉凶嫁娶之类的事，更应该在一起举行典礼，使骨肉之意常常相通。骨肉之亲之所以日益疏远，只是由于互不相见，情感不相接交罢了。

9.15　冠婚丧祭，礼之大者，今人都不理会[①]。豺獭[②]皆知报本。今士大夫家多忽此，厚于奉养而薄于先祖，甚不可也。某尝修六礼[③]，大略家必有庙（本注：庶人立影堂[④]），庙必有主[⑤]（本注：高祖以上即当祧[⑥]也。主式见《文集》。又云：今人以影祭，或一髭发不相似，则所祭已是别人，大不便），月朔必荐新[⑦]（本注：荐后方食），时祭用仲月[⑧]（本注：止于高祖，旁亲无后者祭之别位），冬至祭始祖（本注：冬至阳之始也，始祖，厥初生民之始祖也。无主，于庙中正位设二位，合考妣享之），立春祭先祖（本注：立春，生物之始也。先祖，始祖而下，高祖而上，非一人也。亦无主，设两位分享考妣），季秋祭祢[⑨]（本注：季秋，成物之时也），忌日迁主祭于正寝[⑩]。凡事死之礼，当厚于奉生者。人家能存得此等事数件，虽幼者可使渐知礼义。

——《二程遗书》卷十八

[注释]

①理会：注意，在意。②豺、獭，见（9.7）注。③所修六礼，见《二程文集》卷十，分别为《婚礼》、《葬说并图》、《葬法决疑》、《记葬用柏棺事》、《作主式》、《祭礼》。此条主要讲祭礼。其《祭礼》条下有《四时祭》、《始祖（冬至祭）》、《先祖（立春祭）》、《祢（季秋祭）》。今本《祭礼》题下注："罗氏本有此，诸本皆无之，恐未必先生所著，故附于此。"④影堂：供奉祖先遗像的家庙。⑤主：神主，用栗木制作的先人神位。⑥祧：祧迁，把隔了几代的祖宗的神主迁入远祖之庙。唐颜真卿《论元皇帝祧迁状》："代祖元皇帝，地非开统，亲在七庙之外，代宗皇帝升祔，有曰：元皇帝神主，礼合祧迁。"⑦月朔：每月的初一。荐新：是以新熟的五谷或其他时新食物祭祀祖考。《礼记·檀弓上》："有荐新，如朔祭。"⑧时祭：四时之祭。仲月：每季第二个月。⑨祢：是父亲之庙。⑩正寝：居住之正室。

[译文]

冠礼、婚礼、丧礼、祭礼，这些是礼中最重要的，今人都不在意。豺和水獭这些动物还知道祭祀以报本，今天士大夫之家大多忽视这些，对自身的奉养丰厚，对于先祖却很菲薄，很是不应该的。我曾经修了六礼，大略是说一家一定要有家庙（本注：庶民百姓立个影堂），庙里一定要有神主（本注：高祖以上的神主就应当撤去埋在葬处。神主的样式见《二程文集·作主式》。又说：今人用画像祭祀，或许有一根胡须一缕头发不像先人，那么所祭的就是别的人，大为不便），每月初一一定荐新（本注：荐过祖考以后自己才能吃），四时之祭在每季的第二个月（本注：祭祀高祖以下，旁支亲人没有后代的，另设位祭祀），冬至祭始祖（本注：冬至一阳始生之时，始祖，其初生民的最早祖先。始祖没有神主，在庙中正位设两个神位，男女祖先合在一起祭享），立春祭先祖（本注：立春，是一年中生物的开端。先祖，指始祖以下，高祖以上的先祖，不是某一个人。先祖也没有神主，设两个神位分别祭享男女先祖），九月祭祀父亲之庙（本注：九月，是作物收成的时候），逝世纪念日这天要把神主移到家中正寝祭祀。凡是事奉已死者的礼节，应该比奉养活着的人丰厚。一家人如果能保持住以上几件事，即使是孩子也可以使他渐渐地懂得礼义。

9.16　卜其宅兆[①]，卜其地之美恶也。地美则神灵安，其子孙盛。然则曷谓之地美者？土色之光润，草木之茂盛，乃其验也。而拘忌者或以择地之方位，决日之吉凶，甚者不以奉先为计，而专以利后为虑，尤非孝子安措之用心。[②]惟五患者不得不慎：须使异日不为道路，不为城郭，不为沟池，不为贵势所夺，不为耕犁所及。（本注：一本，所谓五患者，沟渠，道路，避村落，远井、窑[③]。）——《二程文集》卷十《葬说》

［注释］

①宅兆：宅即墓宅，墓。兆，也作垗，兆域，墓地的界线，即墓地的位置。此处原文有“非阴阳家所谓祸福者也”一句，可明此条语意。②决日：选择葬日。安措：即安厝，安葬。《孝经·丧亲》：“卜其宅兆而安措之。”③井：指冰井、煤井、盐井之类，不指水井。窑：即石灰窑、烧瓦窑等。

［译文］

选择墓地，是选择土地的美与不美。土地美祖先的神灵就安，子孙也就蕃盛。那么怎样才叫土地美呢？土壤色泽光润，草木生长茂盛，这就是地美的验证。然而那些拘泥于忌禁的人有的只考虑选择墓地的方位风水、抉择葬日的吉凶，更有甚者不以供奉先人为计，而专一考虑如何利于后人，这更不是孝子安置先人所应怀有的用心。只是对于五种患害不得不慎重：即要使得墓地以后不成为道路，不被城郭所占，不成为沟和池塘，不被权贵势家侵夺，不被耕犁耕着。（本注：一本作：所谓五患者，是沟渠，道路，避开村落，远离井、窑。)

9.17 正叔云：某家治丧，不用浮图[①]。在洛亦有一二人家化之[②]。 ——《二程遗书》卷十

[注释]

①程颐字正叔。浮图：又作浮屠，佛教语，梵语 Buddha 的音译，即佛陀，佛。旧时丧事用僧徒做法事超度亡灵。②化之：随之而化，因其影响而改变习俗。

[译文]

程颐说：我家治丧，不用僧徒。在洛阳也有一两家随之而化的。

9.18 今无宗子，故朝廷无世臣。若立宗子法，则人知尊祖重本。[①]人既重本，则朝廷之势自尊。古者子弟从父兄，今父兄从子弟，由不知本也。且如汉高祖欲下沛时，只是以帛书上沛父老，其父兄便能率子弟从之。[②]又如相如使蜀，亦遗书责父老，然后子弟皆听其命而从之。[③]只有一个尊卑上下之分，然后顺从而不乱也。若无法以联属之，安可？且立宗子法，亦是天理。譬如木，必有从根直上一干，亦必有旁枝。又如水，虽远必有正源，亦必有分派处，自然之势也。然又有旁枝达而为干者。故曰：古者天子建国，诸侯夺宗云。[④] ——《二程遗书》卷十八

[注释]

①世臣：累世有勋业之旧臣。《孟子·梁惠王下》："所谓故国者，非谓有乔木之谓也，有世臣之谓也。"孙奭疏："世臣，累世修德之旧臣也。"《礼记·曲礼下》："大夫不名世臣、侄娣。"郑玄注："世臣，父时老臣。"张伯行解："宗子之法，有禄者世袭其禄，则有世臣。今无宗子，故朝廷无世禄之法而无世臣。"世臣即世代勋旧之家继世为臣者。宗子法：见（9.12）（9.13）注。尊祖重本：尊敬先祖，重视自己的本源。②《史记·高祖本纪》："秦二世元年，陈胜等起蕲，至陈而王，号为张楚。诸郡县皆多杀其长吏以应陈涉。

沛令恐，欲以沛应涉。掾主吏萧何、曹参乃曰：‘君为秦吏，今欲背之，率沛子弟，恐不听。愿君召诸亡在外者，可得数百人，因劫众，众不敢不听。’乃令樊哙召刘季，刘季之众已数十百人矣。于是樊哙从刘季来。沛令后悔，恐其有变，乃闭城城守，欲诛萧、曹。萧、曹恐，逾城保刘季。刘季乃书帛射城上，谓沛父老曰：‘天下苦秦久矣。今父老虽为沛令守，诸侯并起，今屠沛。沛今共诛令，择子弟可立者立之，以应诸侯，则家室完。不然，父子俱屠，无为也。’父老乃率子弟共杀沛令，开城门迎刘季。”刘季即汉高祖刘邦。③据《史记·司马相如列传》：汉武帝元光五年，唐蒙略通夜郎西僰中，发巴蜀吏卒千人，郡又多为转漕万余人。卒多死亡，有逃亡者，依军法诛其魁首，巴蜀民大惊恐。武帝闻之，乃使司马相如责唐蒙，并告知巴蜀之民：唐蒙所为非皇帝之意。按史载并无“遗书责父老”等事，茅星来云：“程因相如文中有‘父兄之教不先，子弟之率不谨’及‘让三老孝弟以不教诲之过’等语”，“而推见之”。相如之文指司马相如《喻告巴蜀民檄》，载列传中。④天子建国：见《左传》桓公三年。诸侯夺宗：见《白虎通》。茅星来解：“天子建国，言天子嫡子继世以为天子，其别子皆建之国以为诸侯，而诸侯不得祖天子，则当以兄弟之长者为宗，如周封同姓之国，凡兄弟之为诸侯者，皆以鲁为宗，至战国时滕犹称鲁为宗国是也。夺宗者，言既为诸侯，则不得复为宗子，如夺之也。如诸侯嫡子嫡孙继世为君，则第二子以下不得祢先君而别子为祖，继别为宗是也。此总以明旁枝达而为干之意。”

［译文］

现在没有了宗子，所以朝廷也就没有了世臣。如果宗子法确立了，那么人都懂得要尊敬先祖重视自己的本源。人能重自身之本，也就会重天下根本的朝廷，那么朝廷的威势自然就高了。古代子弟听从父兄，现在却是父兄听从子弟，这是因为今天的人不懂得重本呀。就像汉高祖要攻下沛县时，只是把帛书射给沛中父老，沛中父兄就能率领子弟跟从高祖。又如司马相如出使到巴蜀，也是写信责备蜀中父老，然后蜀中子弟全都听从其父老之命而服从司马相如。要有一个尊卑上下的名分，然后才能顺从而不乱。如果没有一套联结相属的办法，怎么能行呢？况且立宗子之法，也是天理。如果把人的宗族比作一棵树，必定有从根上径直上去的一根主干，也必定有旁枝。又比如水，纵然流得再远也必然有个正源，也必然有分流之处，这是自然之势。但又有旁枝显达而成为主干的。所以前人说：古时候天子建国，诸侯夺宗。

9.19 邢和叔[①]叙明道先生事云：尧舜三代帝王之治，所以博大悠远，上下与天地同流者，先生固已默而识之。至于兴造礼乐，制度文为[②]，下至行师用兵战阵之法，无所不讲，皆造其极。外之夷狄情状，山川道路之险易，边鄙防戍城寨斥候控带之要，靡不究知。其吏事操决，文法簿书，又皆精密详练。[③]若先生可谓通儒全才矣。——《二程遗书》附录《门人朋友叙述并序》

[注释]

①邢恕字和叔，程颢门人，官御史中丞，附蔡确、章惇、黄履等为害，人称四凶。②文为：文章所为。文章，具体的礼乐法度。《礼记·仲尼燕居》："制度在礼，文为在礼，行之其在人乎。"疏："文为在礼者，人之文章所为亦在于礼，言礼为制度文章之本。"③文法：法制，法规。《史记·李将军列传》："程不识孝景时以数直谏为太中大夫，为人廉，谨于文法。"簿书：官署中的文书簿册。

[译文]

邢恕叙述程颢的情况说：自古尧、舜及夏、商、周三代圣帝明王之治，之所以广博浩大、悠长久远，上与天、下与地同其流通的原因，程颢先生他自然已是默契融会，记之于心了。以至于制定礼乐、制度文章，下而至于行军用兵，布阵之法，无不研究，全都达到了极致。又如外方各国的人情物状，山川道路之险易，边地防御，城寨警哨，山脉所控之地，流水系带之处等军事要害，无不穷究而详知。行政事务的操持决断，文书法令簿籍书简等务，又都精密而详练。像程颢先生，可以称作通儒全才了。

9.20　介甫言律是八分书，是他见得。[①]

——《二程外书》卷十

[注释]

①王安石，字介甫。律：刑律，刑书，战国时李悝撰次诸国法，著法经六篇，萧何定律，益为九篇。以后历代相承，但有损益。这里是以八分书比喻刑律。八分书又称八分、八书，相传为秦代上谷人王次仲所造。《蔡琰别传》："臣父邕言：割程邈隶字八分取二分，割李斯小篆二分取八分，因名书学。"以此比律，是说有八分可取，二分应舍。

[译文]

王安石说古代律书就像书法的八分书，应割弃二分取其八分。这是王安石他有这样的见解。

9.21　横渠先生曰：兵谋师律，圣人不得已而用之，其术见三王方策，历代简书。惟志士仁人，为能识其远者大者，素求预备而不敢忽忘。[①]

——张载《横渠文集》

[注释]

①兵谋：军事计谋，用兵的谋略。师律：出《周易·师》："象曰：师出以律，失律，凶也。"后以指军队的纪律。《南史·徐勉传》："军旅不以礼，则致乱于师律。"叶采解："好谋而成，师出以律。虽圣人用师，无谋则必败，无律则必乱，特非若后世谲诈以为谋，酷暴以为律。斯为远者大者。"

[译文]

张载说：用兵的谋略和行军的律令，圣人是不得已才使用它。这些方术记载在夏、商、周三代圣王的典籍中，记载在历朝历代的书册里。只有志士仁人，才能认识到远大的谋略、远大的军律，平素精求其理预为戒备而不敢忽略遗忘。

9.22 肉辟，于今世死刑中取之，亦足于宽民之死，过此当念其散之之久。[①]

——张载《横渠文集》

[注释]

①肉刑有五：刻颡曰墨辟，截鼻曰劓辟，刖足曰剕辟，淫刑曰宫辟，死刑曰大辟。劓读 yì，割鼻；剕读 fèi，断足；刖读 yuè，砍掉脚或脚趾。张载《经学理窟·周礼》云：“肉刑犹可用为死刑。今大辟之罪，且如伤旧主者死，军人犯逃走亦死。今且以此比刖足，彼亦自幸得免死，人观之更不敢犯。今之妄人往往轻视其死，使之刖足，亦必惧矣。此亦仁术。”可与此条相发明。

[译文]

在今天死刑中选取情节较轻的用肉刑，这样也可以免除百姓一些死罪，在此以下的罪犯，处罚时都应该考虑到在上者教化无方使人心涣散得太久而不幸犯罪。

9.23 吕与叔撰《横渠先生行状》云：先生慨然有意三代之治。[①]论治人先务，未始不以经界为急，尝曰：“仁政必自经界始，贫富不均，教养无法，虽欲言治，皆苟而已。世之病难行者，未始不以亟夺富人之田为辞。然兹法之行，悦之者众，苟处之有术，期以数年，不刑一人而可复。所病者特上之未行耳。”[②]乃言曰：“纵不能行之天下，犹可验之一乡。”方与学者议古之法，共买田一方，画为数井，上不失公家之赋役，退以其私正经界、分宅里、立敛法、广储蓄、兴学校、成礼俗，救灾恤患，敦本抑末，足以推先王之遗法，明当今之可行。[③]此皆有志未就。

——《张子全书》卷十五吕大临《横渠先生行状》

[注释]

①此条与下条均摘录张载弟子吕大临所纂《横渠先生行状》而成。吕与叔即吕大临。三代之治：儒家认为，夏、商、周三代，圣人在上，为古代理想之治。②《孟子·滕文公上》：“夫仁政必自经界始。经界不正，井地不均，谷禄不平，是故暴君污吏必慢其经界。经界既正，分田制禄可坐而定也。”经

也是界，指田地之间的边界。这里经界是正经界之义，正经界以制凌侵。孟子这段话为答滕文公问井田之语，张载此处也是言复井田。井田是传说中古代的土地制度，以方九百亩为一里，划为九区，形如“井”字，故名。“井”字中心一块为公田，外八区为私田，八家均私百亩，同养公田。公事毕，然后治私事。从春秋时起，井田制渐废。《穀梁传·宣公十五年》：“古者三百步为里，名曰井田。井田者，九百亩，公田居一。”③分宅里：《穀梁传》范宁注：一井九百亩中，“出除公田八十亩，余八百二十亩，故井田之法，八家共一井，八百亩。余二十亩，家各二亩半，为庐舍”。故井田制包括“分宅里”。敛法：税收之法。《周礼·地官·司稼》：“巡野观稼，以年之上下出敛法。”贾公彦疏：“此观稼，亦谓秋熟时观稼善恶，则知年上下丰凶，以此丰凶而出税敛之法。”敦本抑末：即加强农耕业，抑制工商业。

［译文］

吕大临《横渠先生行状》说：张载先生慨然有志于恢复三代之治。论治民优先应做的事，未尝不以恢复井田、正其边界为紧要，他曾说：“实仁行政，一定要从整理田界开始。如果田地边界不正，就会造成贫富不均，教化养育人民没有法度，即使高谈阔论治理，都不过是苟且度日罢了。世上担心井田难以推行的人，全都以推行井田会突然间剥夺富人的田地（担心引起社会不安定）因而行不通为借口。然而井田之法推行，喜欢的人多，如果处理的方法合宜，几年之后，不用处罚一个人而井田可复。不能推行的症结只不过是在上者不去施行。”他又说：“纵然不能推行于天下，尚可在一乡作为实验。”他打算与学者们研究古代井田之法，共同买一块地，划分为数井，聚家耕种，使得对上不失于国家的赋税差役，回到私田上就正其田界，分别宅屋里区居住，设立税收之法，增加储蓄，兴建学校，化成礼让风俗，共同救济灾患，加强农耕这一根本，抑制杂业末技，如此足以推行前代圣王之遗法，说明井田可行之于今日。这些都是张载先生有志要做而未能成就的事。

9.24　横渠先生为云岩令，政事大抵以敦本善俗为先，每以月吉具酒食，召乡人高年会县庭，亲为劝酬，使人知养老事长之义。①因问民疾苦，及告所以训戒子弟之意。

——《张子全书》卷十五吕大临《横渠先生行状》

[注释]

①云岩：县名，在今陕西宜川县西北。本：指人伦之本，如孝悌之类。月吉：月朔，初一。劝酬：互相劝酒，敬酒。酬即劝酒，敬酒。

[译文]

吕大临《横渠先生行状》说：张载先生做云岩县令，处理政事大抵以敦厚人伦之本、改善民风民俗为先，每逢初一这天就备办了酒食，召集乡中年老者到县庭中聚会，亲自向他们劝酒，使人们懂得养老事长的道理。借机询问民间疾苦，并告诉大家如何训诫子弟等意思。

9.25　横渠先生曰：古者有东宫，有西宫，有南宫，有北宫，异居而同财。此礼亦可行。①古人虑远，目下虽似相疏，其实如此乃能久相亲。盖数十百口之家，自是饮食衣服难为得一。又异宫乃容子得伸其私，所以避子之私也。子不私其父，则不成为子。古之人曲尽人情。必也同宫，有叔父伯父，则为子者何以独厚于其父，为父者又乌得而当之？②父子异宫，为命士以上，愈贵则愈严。③故异宫，犹今世有逐位④，非如异居也。

——张载《乐说》

[注释]

①《仪礼·丧服》："世父母、叔父母。"传："昆弟之义无分，然而有分者，则避子之私也。子不私其父，则不成为子。故有东宫，有西宫，有南宫，有北宫，异居而同财。有余则归之宗，不足则资之宗。"朱熹解："宫如今人四合屋，虽各一处，然四面共墙围。"②茅星来解："私其父者，如《内则》所谓

鸡初鸣，盥漱，栉纵，笄总，以适父母、舅姑之所之类。”《内则》为《礼记》篇名，茅氏非引原文，而撮其“子事父母”与“妇事舅姑”两节文字大意而成。③《礼记·内则》：“由命士以上，父子皆异宫。”命士，受朝命有官爵之士。周代官爵九等，自一命至于九命，自上公九命为伯，直到公、侯、伯之士和子、男之大夫一命。命士以上不独兄弟异宫，父子也要异宫，是“愈贵则愈严”。④逐位：依序排列位次。茅星来解：“逐位者，犹今兄东弟西之意。”

[译文]

张载说：古代有东宫，有西宫，有南宫，有北宫，一个大家庭分别住在不同的房子（宫）里，而财产却是共有的。这种礼今天也可以实行。古人考虑得长远，这样分开居住眼下似乎是疏远了一些，其实这样才能长久相亲。因为几十上百口人的一个大家庭，自然是饮食衣服难以统一。又分开居住才能容得儿子们表达对自己父亲特有之情，用这办法使各自的儿子对父亲单独尽孝能回避其叔父伯父。儿子如果不对自己的父亲偏厚，就不成其为儿子。古代的人细致入微地体会人情。如果一定要都同住在一所房子里，有叔父有伯父，则作为儿子怎么能单单对自己的父亲偏厚？作为父亲又怎么能单独占有儿子的孝心而不与兄弟共享呢？至于父子分开居住，是对有朝命为官之士的要求，可见地位越尊贵就越严格。所以说所谓异宫，就如今天兄弟们各住在一边，并不是分家各自生活。

9.26 治天下不由井地，终无由得平。①周道止是均平。②

——张载《经学理窟·周礼》

[注释]

①按井田之法，方一里之地，田九百亩，划为九区，八家共之，各受私田百亩、公田十亩。田有定分，豪强不得兼并，各自得其平。见（9.23）注。②周道：大道。《诗经·小雅·大东》：“周道如砥。”大路平坦就像磨刀石。

[译文]

治理天下不用井田法，到底也没法达到平均。大路之所以好行也只是因为它平。

9.27　井田卒归于封建，乃定。[①]

——张载《经学理窟·周礼》

[注释]

①张伯行解："分天下之地以为万国，而与英才共之。大小相制，内外相维，自黄帝尧舜迄于三代，皆因之而不变。故欲行井田之制，终归于封建，其势乃定。"封建，即封侯建国的分封制。井田制与分封制，其精神一致，只是大小不同。小处行井田，大处必行封建。

[译文]

恢复井田制要一直回归到诸侯分封制，才是最终的定点。

卷十 处事之方

10.1 伊川先生上疏曰[1]：夫钟，“怒而击之则武，悲而击之则哀”，诚意之感而入也。[2]告于人亦如是，古人所以斋戒而告君也。[3]臣前后两得进讲，未尝敢不宿斋预戒，潜思存诚，觊[4]感动于上心。若使营营于职事[5]，纷纷其思虑，待至上前，然后善其辞说，徒以颊舌感人，不亦浅乎？

——《二程文集》卷六《上太皇太后书》

［注释］

①《二程文集》题下注：“元祐元年。”元祐为哲宗年号。此条乃摘录《上太皇太后书》中一段，其上文云：“今讲读官共五人，四人皆兼要职，独臣不领别官，近复差修国子监太学条制，是亦兼他职也。乃无一人专职辅导者，执政之意可见也，盖惜人才，不欲使之闲尔。又以为虽兼他职，不妨讲读。此尤不思之甚也。”程颐当时为通直郎充崇政殿说书。②刘向《说苑》卷十九：“孔子曰：无体之礼，敬也；无服之丧，忧也；无声之乐，欢也。不言而信，不动而威，不施而仁，志也。钟鼓之声，怒而击之则武，忧而击之则悲，喜而击之则乐。其志变，其声亦变。其志诚通乎金石，而况人乎。”武：雄武。③斋戒：举行重大仪式前沐浴更衣、整洁身心，以示虔诚。《孟子·离娄下》：“虽有恶人，斋戒沐浴，则可以祀上帝。”④觊（jì）：希望，企图。⑤营营：忙忙碌碌没有休止。《庄子·庚桑楚》：“全汝形，抱汝生，无使汝思虑营营。”

[译文]

程颐上疏说：钟这东西，人愤怒的时候敲它声音就雄武，悲痛时敲它声音就哀怨，这是人的真诚之意感动了钟融入钟声之中了。对人说话也是这样，所以古人要斋戒以后才去向君主进言。我曾两次得以向皇帝进讲，没有哪一次敢不在前一天加以斋戒，沉定心思，保持诚敬之意，希望自己说的话能感动皇帝之心。假如一天到晚围着所任官职的事务转，思虑纷乱，等来到皇帝面前，临时修饰自己的语言说得优美动听些，只是用口舌感动人，那样感人不是太肤浅了吗？

10.2　伊川《答人示奏稿书》云：观公之意，专以畏乱为主，颐欲公以爱民为先，力言百姓饥且死，丐朝廷哀怜，因惧将为寇乱可也。不惟告君之体当如是，事势亦宜尔。公方求财以活人，祈之以仁爱，则当轻财而重民；惧之以利害，则将恃财以自保。古之时，得丘民则得天下。[①]后世以兵制民，以财聚众，聚财者能守，保民者为迂。惟当以诚意感动，觊其有不忍之心而已。

——《二程文集》卷九《答人示奏稿书》

[注释]

①《孟子·尽心下》："得乎丘民而为天子。"丘民，如说乡民，国民，或众民。

[译文]

程颐《答人示奏稿书》说：看您奏稿中的意思，只以担心动乱为主，我则想要您以爱民之意为重，极力向皇帝说明百姓快要饿死了，乞求朝廷同情怜悯，由此再说明担心民众因穷困而为盗寇作乱，这样写是可以的。不仅上告国君的话如此说才合体，事之情势也应该如此说。您正在乞求财物以救人，以仁爱之心向皇帝请示，皇帝就会轻财而重民；如果用利害之说以引发祸乱使他警惧，皇帝就会依仗财物以自保。古时候得到民众拥护就得到天下。后世用军队挟制民众，以财物招集军队，聚敛财物的能够自己守护，安抚民众的被视为迂腐。我们只应该用诚意感动君上，希望他有仁爱之心而已。

10.3　明道为邑，及民之事，多众人所谓法所拘者，然为之未尝大戾于法，众亦不甚惊骇。谓之得伸其志则不可，求小补，则过今之为政者远矣。人虽异之，不至指为狂也。至谓之狂，则大骇矣。尽诚为之，不容而后去，又何嫌乎？[①]

——《二程文集》卷九《答吕进伯简三》

[注释]

①此条摘自程颐《答吕进伯简三》第二简。此句原文是："先兄明道之为邑。"茅星来解："吕进伯使河东，伊川问为政何先，对曰：'莫要于守法。'而伊川告之以此，以见法有所不可尽拘也。"神宗熙宁初，程颢曾知扶沟县。江永按："先生为邑，正熙宁行新法之时。"其时因与王安石政见不合而出外任。为邑：治理地方，即做地方官。戾（lì）：乖违，违背。

[译文]

程颐说：程颢做地方官，涉及民众的事，程颢的做法大多是一般人认为限于法令而不能做的，然而程颢做了从未对法令有多大违背，也没有引起民众多大惊骇。说是实现了他的志愿是谈不上的，求得稍有补益，那么已远远超过今天的地方官了。人们虽感到有些奇异，但不至于指其为狂怪。到了称作狂的地步，就会引起大的惊骇了。竭尽诚意做你认为应该做的事，不能为世所容就离去，又有什么疑惑呢？

10.4　明道先生曰：一命之士，苟存心于爱物，于人必有所济。[①]

——《二程文集》卷十一《明道先生行状》

[注释]

①一命之士：最低级的官员。见（9.25）注。济：帮助，救助。

[译文]

程颢说：即使是职位最低的官员，只要以仁民爱物为心，就一定能对人民有所帮助。

10.5 伊川先生曰：君子观天水违行之象，知人情有争讼之道。[①]故凡作事，必谋其始，绝讼端[②]于事之始，则讼无由生矣。谋始之义广矣，若慎交结、明契券[③]之类是也。

——《程氏易传·讼传》

[注释]

①《周易·讼卦》之《象》曰："天与水违行，讼，君子以作事谋始。"《讼》（䷅）下坎为水，上乾为天，天阳上行，水性就下，其行相违，所以成讼。②讼端：诉讼之事端。③契券：契据，契约，合同文书之类。

[译文]

程颢说：君子看到水与天相背而行的卦象，就明白人情会发生争讼的道理。所以凡做事，一定在开始时周密思考，在一开始就杜绝争讼的隐患，那么争讼也就不能发生了。谋虑于开始的含义是广泛的，如慎于人事交结，经济往来中文书契约要分明之类都是。

10.6 《师》之九二，为师之主。[①]恃专则失为下之道，不专则无成功之理。故得中为吉。凡师之道，威和并至则吉也。

——《程氏易传·师传》

[注释]

①《周易·师卦》九二爻辞曰："在师中吉，无咎。"师：即军队。《师》卦（䷆）坎下坤上，只九二一阳爻，这一阳爻在众阴之中，象征军中主帅。此条原文上有："《师》卦惟九二一阳爻，为众阴所归。五居君位，是其正应。二乃师之主，专制其事者也。居下而制其事，唯在师则可。自古命将，阃外之

事得专制之。在师专制而得中道，故吉而无咎。”

［译文］

《师》卦的九二爻，象征军队的主帅。倚仗可以专权便肆意而行，对于君主来说就失去了在下者之道，不专权行事就没有成功之理。所以做到中道为吉利。大凡治军之道，威势与和顺并用，刚柔相济就吉利。

10.7　世儒有论鲁祀周公以天子礼乐，以为周公能为人臣不能为之功，则可用人臣不得用之礼乐。[1]是不知人臣之道也。夫居周公之位，则为周公之事。由其位而能为者，皆当为也。周公乃尽其职耳。

——《程氏易传·师传》

［注释］

①此条出《师》卦九二爻程氏传。《礼记·明堂位》：“成王以周公为有勤劳于天下，是以封周公于曲阜，地方七百里，革车千乘，命鲁公世世祀周公以天子之礼乐。”孔子以为，“成王之赐，伯禽之受，皆非也”。伯禽为周公的儿子。王安石以为，周公能为人臣不能为之功，故可用人臣不得用之礼乐。程颐这里辩驳之。世儒：俗儒。

［译文］

俗儒有评论鲁国用天子之礼乐祭祀周公这事，认为周公能立人臣所做不到的功勋，就可以用人臣所不得用的礼乐。说这话是不懂得做人臣的道理。周公既然居于周公的职位，就该做这个职位上的事。在这个职位上能够做的事，都是应该做的。周公只不过是尽其职分而已。

10.8　《大有》之九三曰：“公用亨于天子，小人弗克。”[1]传曰：三当大有之时，居诸侯之位，有其富盛，必用亨通于天子，谓以其有为天子之有也，乃人臣之常义也。[2]若小人处之，则专其富有以为私，不知公己奉上之道，故曰：“小人弗克”也。

——《程氏易传·大有传》

［注释］

①此为《周易·大有卦》九三爻辞。公：公侯。亨：通享。克：能够。②三爻在下卦之上，在下又居人之上，是诸侯的象征。其卦为“大有”，所以富盛（富裕丰盛）。

［译文］

《大有》卦的九三爻说：“公侯用其所有以享天子，小人做不到。”程颐解释说：九三这一爻在富有之时，居于诸侯的位置上，拥有他的富裕丰盛，必然用来给天子享用以通于天子，认为自己所有的就是天子所有的，一切属于天子，这是做臣子的永恒的道理。如果是小人对待这样的事，就独占这富有作为个人私财，不懂得以己之有为公有，公己之有以供奉天子的道理，所以说，“小人不能够”呀。

10.9　人心所从，多所亲爱者也。常人之情，爱之则见其是，恶之则见其非。[1]故妻孥[2]之言，虽失而多从；所憎之言，虽善为恶也。苟以亲爱而随之，则是私情所与，岂合正理？故《随》之初九：出门而交，则有功也。[3]　——《程氏易传·随传》

［注释］

①《礼记·大学》：“好而知其恶，恶而知其美者，天下鲜矣。”②妻孥(nú)：妻子儿女。③《周易·随卦》初九爻辞说：“出门交有功。”出门而交：心尚未被私情所系，才能正确地判断选择所交的对象，所交不失其正，所以能有功。

［译文］

人心所信从的，多是自己亲爱的人。常人之情，爱一个人就只看到他的好处，厌恶一个人就只看到他的错处。所以妻子儿女的话，纵然说错了也大多听从；其所憎恶的人的话，即使是善的也认为是恶。如果因为亲爱谁就随从谁，那是按自己的私情去交与，怎能合于正理呢？所以《随》卦的初九爻说：出门而交，就会有功。

10.10　《随》九五之《象》曰："孚于嘉吉，位正中也。"[①]传曰：随以得中为善，随之所防者过也，盖心所说随，则不知其过矣。[②]

——《程氏易传·随传》

[注释]

①《周易·随卦》之随，随从、随和之意，追随、亲附之意。这一卦讲如何使别人随从自己的原则，也讲舍己而从人。孚：诚信。孚于嘉：是从九五与六二爻的关系说的。嘉，善。《随》(䷐)九五爻以阳爻居阳位为正，又居上卦之中，善。与之相应的六二爻，以阴爻居阴位得正，又居下卦之中，善。两爻又一阴一阳相应，善与善相孚相应，所以吉。②本条的意思是，追随人也要掌握适中，追随心中喜欢的人，容易做得过头，这是要防止的。

[译文]

《随》卦九五爻的《象》辞说："善与善以诚信相应，吉，是因为相应的双方位置都既中又正。"程颐解释说：选择你要追随的人以得中为善，追随中所要防止的是追随错了人，因为如果心中喜欢谁就去追随，那就不能发现错误。

10.11　《坎》之六四曰："樽酒簋贰，用缶，纳约自牖，终无咎。"[①]传曰：此言人臣以忠信善道结于君心，必自其所明处乃能入也。人心有所蔽，有所通，通者明处也，当就其明处而告之，求信则易也，故曰："纳约自牖。"能如是，则虽艰险之时，终得无咎也。且如君心蔽于荒乐，唯其蔽也，故尔虽力诋其荒乐之非，如其不省何？[②]必于所不蔽之处推而及之，则能悟其心矣。自古能谏其君者，未有不因其所明者也。故讦直强劲者[③]，率多取忤；而温厚明辨者，其说多行。非唯告于君者如此，为教者亦然。夫教必就人之所长，所长者，心之所明也。从其心之所明而入，然后推及其余，孟子所谓“成德”、“达财”是也。④

——《程氏易传·坎传》

［注释］

①此为《周易·坎卦》六四爻辞。这一爻众解纷纭。就字面说，樽是酒杯，簋（guǐ）是食器，缶是瓦器，取其质朴无华之义。约：指俭约的食品。牖：窗户。程颐解其义说：“大臣当险难之时，唯至诚见信于君，其交固而不可间，又能开明君心，则可保无咎矣。夫欲上之笃信，唯当尽其质实而已。”“所用一樽之酒，二簋之食，复以瓦缶为器，质之至也。其质实如此，又须纳约自牖。”而此条之摘编，只截取其有关“纳约自牖”四字者。②荒乐：耽于逸乐。荒有纵欲迷乱、逸乐过度之义。《尚书·五子之歌》：“内作色荒，外作禽荒。”《孟子·梁惠王下》：“从兽无厌谓之荒，乐酒无厌谓之亡。”③讦（jì）直：指亢直敢言。《论语·阳货》：“恶讦以为直者。”④《孟子·尽心上》：“孟子曰：君子之所以教者五：有时雨化之者，有成德者，有达财者，有答问者，有私淑艾者。”财通材。成德：因其德而成就之。达财：因其材而通达之。

［译文］

《坎》卦的六四爻辞说：“一樽酒两簋食，用瓦缶盛了，从窗户里送进这俭朴的食品，最终不会有灾难。”程颐解释说：这是说臣下用忠信善道结君心，一定要从他明达的地方才能深入其心中。人心都有蔽塞的地方，有通达的地方，通达的地方就是明处，应该从他明白的地方告诉他，求得他的听信就容易，所以说：“纳约自牖。”能如此，则即使处于艰险之时，最终也得以没有灾祸。比如君心被荒游佚乐所蔽塞，正因为他被蔽塞着，所以即使极力指责荒游佚乐的不对，怎奈他不省悟呢？一定要从他明白的地方进言而推广到他不明白的地方，就能使他的心醒悟了。自古以来善于谏戒其君主的人，没有不是借助于其明白的地方引入的。所以那些直言强硬的人，大多忤逆君意；而温厚明辨的人，其意见大多能够实行。

不仅进谏国君应该如此，教导人也是这样。教人一定要借助于他自身的长处使之发扬开去，所长之处，就是心中明达之处呀。从他心中明达之处入手，然后推广到其他方面，这就是孟子说的“成德”和“达材”呀。

10.12　《恒》之初六曰：“浚恒，贞凶。”《象》曰：“浚恒之凶，始求深也。”[①]传曰：初六居下，而四为正应。四以刚居高，又为二、三所隔，应初之志，异乎常矣。而初乃求望之深，是知常而不知变也。世之责望故素而至悔咎者，皆“浚恒”者也。

——《程氏易传·恒传》

［注释］

①《周易》之《恒》（䷟）卦是恒常之意。浚是深，初六为下卦之下，九四为上卦之下，初、四相应，属阴阳相应，是正应。所以说“浚恒”。下卦为巽，巽意是入，所以初六爻必然深入追求，即对九四求之过深、过多。上卦震，震是动，九四又是上卦惟一的阳爻，所以刚强的九四会力争上进，而不多理会初六之应，何况中间又被九二、九三阻隔着，所以它已不会正常地与初六相应。在这样的情势下，初六对九四的要求与追求，即使是正确的，也不会有利。这就是《恒》初六爻辞与《象》辞的大意。

［译文］

《恒》卦的初六爻辞说：“浚恒，贞凶。”《象》辞说：“浚恒之所以凶，是因为先前要求得太多了。”程颐解释说：初六爻处在下位，与九四爻为正应。九四爻以其刚阳之性居在高位，又被九二、九三两爻阻隔了与初六的相应，所以它与初六相应的志趣，已经不同于正常的相应之理了。而初六对九四的要求和希望却很深切，这是懂得常理而不懂权变呀。世上对故旧素交要求过于深切而导致交情破裂终至后悔取咎的人，全都属于“浚恒”啊。

10.13　《遯》之九三曰：“系遯，有疾疠，畜臣妾，吉。”[①]

传曰：系恋之私恩，怀小人女子之道也，故以畜养臣妾则吉。然君子之待小人，亦不如是也。——《程氏易传·遯传》

[注释]

①此为《周易·遯卦》九三爻辞。遯通遁，隐退之意。九三爻辞之意，按程颐之解，当归隐时应立即归隐，心中有所牵连系累，使人不能退归，所以就有疾。这种系恋的小恩，用来对待仆人婢妾，能够得他们的欢心而怀念你，是吉利的。但却不是君子应行的事。

[译文]

《遯》卦的九三爻辞说："系恋牵累了退隐，就像有疾病，用这系恋的方法对待仆人侍妾，吉利。"程颐解释说：牵挂眷恋这种小的恩德，是使小人女子怀念你的办法，所以用这办法去养仆人侍妾则吉利。但是君子对待小人，也不这样做。

10.14 《睽》之《象》曰："君子以同而异。"①传曰：圣贤之处世，在人理之常，莫不大同。于世俗所同者，则有时而独异。不能大同者，乱常拂理之人也；不能独异者，随俗习非之人也。要在同而能异耳。——《程氏易传·睽传》

[注释]

①《周易·睽卦》之《象》辞说："上火下泽，睽，君子以同而异。"按《睽》（☲☱）卦离上兑下，离为火，兑为泽，故其象辞说："火动而上，泽动而下。"动则同，上、下则异。故云"同而异"。程颐就"同而异"加以发挥。君子之行，既不悖于常理，又不同于流俗。

[译文]

《睽》卦的《象》辞说："君子处世同而有异。"程颐解释说：圣贤处世，在人的常理方面，莫不与人尽同。对世俗所共同追求的东西，则有时独异。不能在常理方面与人大同的人，是违背常道忤逆常理的人；不能特立独行的人，是随俗俯仰习惯于为非的人。关键在于能大同又能保持独异。

10.15　《睽》之初九：当睽之时，虽同德者相与，然小人乖异者至众，若弃绝之，不几尽天下以仇君子乎？如此则失含宏之义，致凶咎之道也，又安能化不善而使之合乎？故必“见恶人则无咎”也。[①]古之圣王所以能化奸凶为善良，革仇敌为臣民者，由弗绝也。

——《程氏易传·睽传》

［注释］

①此为《周易·睽卦》初九爻辞，其象辞曰：“见恶人，以避咎也。”睽字之义，为乖离，违背。《庄子·天运》：“三皇之知，上悖日月之明，下睽山川之精，中堕四时之施。”成玄英疏：“睽，乖离也。”

［译文］

《睽》卦的初九爻：当人们背离的情形下，尽管有同心同德的人与你相交，但小人乖异不与你相合的却很多，如果因为他们是小人而拒绝与之相交，那不几乎是整个天下的人都来仇恨君子吗？这样做就失去了涵容宽宏之量，是招致凶险灾祸的做法呀，又怎么能感化恶人使他们与你相合呢？所以一定要做到“与恶人相见也没有什么凶险”啊。古代的圣王，之所以能化奸凶为善良，改造仇敌使之成为臣民，就是由于不拒绝他们。

10.16　《睽》之九二：当睽之时，君心未合，贤臣在下，竭力尽诚，期使之信合而已。至诚以感动之，尽力以扶持之，明理义以致其知，杜蔽害以诚其意，如是宛转以求其合也。“遇”非枉道逢迎也，“巷”非邪僻由径也。故《象》曰：“遇主于巷，未失道也。”[①]

——《程氏易传·睽传》

［注释］

①《周易·睽卦》九二爻辞曰：“遇主于巷，无咎。”《象》辞曰：“遇主于巷，未失道也。”蔽害：今本《程氏易传》作蔽惑。此条阐发“遇主于巷，

未失道也”，以为臣下争取与君主遇合的努力，应该至诚、尽力、明理义、杜蔽害，而不能以邪僻之道去逢迎。

［译文］

《睽》卦的九二爻：当背离之时，君主之心未能与我相合，贤臣处在下位，就要竭其辅佐之力，尽其忠诚之心，以期使国君信任而与我相合而已。用至诚去感动国君，竭尽全力去扶持国君，讲明义理以使国君获得明智，杜绝蔽塞惑乱君心的东西以使国君诚意，如此宛转委曲以求国君与我相合。这一爻的《象》辞上说的“遇”，就不是专门绕了弯去逢迎，“巷”就不是邪僻的小道。所以《象》辞说：“遇君于巷，没有失去为臣之道。”

10.17 《损》之九二曰：“弗损益之。”[①]传曰：不自损其刚贞，则能益其上，乃“益之”也。若失其刚贞而用柔说，适足以损之而已。世之愚者，有虽无邪心，而惟知竭力顺上为忠者，盖不知“弗损益之”之义也。——《程氏易传·损传》

［注释］

①此为《周易·损卦》九二爻辞。《损》卦《象》辞说“损下益上”。九二以刚爻居下，而与居于君位的六五相应，按损下益上，就当损九二之刚贞以益六五。《损》（䷨）卦下卦为兑，兑即说（悦），如果处兑卦之中的九二损其刚性，则成柔悦，以柔悦上，不能对上有所益，而保持其刚贞则能有益于君上，所以这里说“弗损益之”。

［译文］

《损》卦的九二爻辞说：“不损而益。”程颐解释说：不减损自己的刚贞，就能对君上有益，这就是“益之”。如果失去自己刚贞之性而用柔媚去取悦于上，恰好损害君上而已。世上愚蠢的人，有的虽然没有邪心，却只知道竭力顺从君上，以为这便是忠，这样的人不懂得“不损而益”的道理呀。

10.18 《益》之初九曰："利用为大作，元吉，无咎。"[①]《象》曰："元吉，无咎，下不厚事也。"[②]传曰：在下者本不当处厚事。厚事，重大之事也。以为在上所任，所以当大事，必能济大事而致元吉，乃为无咎。能致元吉，则在上者任之为知人，己当之为胜任。不然，则上下皆有咎也。 ——《程氏易传·益传》

[注释]

①《周易·益卦》之《象》说："益，损上益下。"初九居于下位，本不足以任大事，但当"损上益下"之时，得到了居于上位的六四爻的增益，故可任大事。大作：即大事。②元吉：大善，绝对地做好。厚事：也是大事。

[译文]

《益》卦的初九爻说："有利于让他做大事，做得绝对好，无咎。"《象》辞说："做得绝对好才无咎，是由于在下者不应该担当大事。"程颐解释说：在下位的人本不该处理厚事。厚事，就是重大的事。由于是在上者的委任，所以才担当了大事，一定要能成就大事而做到绝对的好，才能无咎。能做得绝对的好，那么在上位的人委任了你是知人善任，在你自己担当了这大事是有才能而胜任。如果不能做得绝对的好，那么在上者委任失误，在下者处事不当，都有罪责。

10.19 革而无甚益，犹可悔也，况反害乎？[①]古人所以重改作也。

——《程氏易传·革传》

[注释]

①《周易·革卦》卦辞说："革，已日乃孚，元亨利贞，悔亡。"此条是程颐对卦辞的解说。原书上文有："革之而利于正道则可久，而得去故之义，无变动之悔，乃悔亡也。"悔亡，不好的事情消除。

[译文]

改革以后却没有带来多大益处，尚且应该后悔，何况反倒带来危害呢？所以古人非常慎重地对待更改。

10.20　《渐》之九三曰："利御寇。"[①]传曰：君子之与小人比也，自守以正，岂惟君子自完其己而已乎？亦使小人不得陷于非义，是以顺道相保，御止其恶也。[②]　　——《程氏易传·渐传》

［注释］

①此为《周易·渐卦》九三爻辞。御寇：《程氏易传》解释说："非理（一作礼）而至者，寇也；守正以闲邪，所谓御寇也。"可知其所谓御寇并非抵御寇盗之义。②比：相从，相处。《渐》九三爻《象》辞说："利用御寇，顺相保也。"故程颐有"顺道相保"的话。

［译文］

《渐》卦的九三爻辞说："利于抵御寇贼。"程颐解释说：君子和小人在一起，君子以正道自守其身，难道只是君子自我完善其身而已吗？也同时使得小人不得陷于非义，这就是既以顺道保全自己，又防止了小人作恶。

10.21　《旅》之初六曰："旅琐琐，斯其所取灾。"[①]传曰：志卑之人，既处旅困，鄙猥琐细，无所不至，乃其所以致悔辱、取灾咎也。　　——《程氏易传·旅传》

［注释］

①《周易·旅卦》之旅，是羁旅，在外旅行之意。琐琐：琐碎小器。初六性阴柔，且处于最下位，是猥琐的小人，在辛劳的旅途中，更加吝啬小器，所以招来灾难。

［译文］

《旅》卦的初六爻辞说："旅途中琐碎小器，正是招致灾祸的原因。"程颐解释说：志趣卑下的人，又处旅途困顿之中，就更加鄙猥琐碎，到了无所不至的地步，这正是他们招致侮辱，自取灾祸的原因。

10.22　在旅而过刚自高，致困灾之道也。[①]

——《程氏易传·旅传》

［注释］

①此为《周易·旅卦》九三爻辞之解说。叶采解："过刚则暴戾而乏和顺，自高则矫亢而人不亲附。"

［译文］

在旅途中却过于刚戾并且自高，这是招致困厄灾难的缘由啊。

10.23　《兑》之上六曰："引兑。"《象》曰："未光也。"[①]传曰：说既极矣，又引而长之，虽说之之心不已，而事理已过，实无所说。事之盛则有光辉，既极而强引之长，其无意味甚矣，岂有光也？

——《程氏易传·兑传》

［注释］

①《周易·兑卦》之兑，是"说"的本字，"说"字原义，是说话或笑的模样，其喜悦之意，今作"悦"。上六爻处《兑》之极，喜悦到了极点而欢悦之心不已，又牵着拉着要使悦延长。引即牵、拉之意。

［译文］

《兑》卦的上六爻说："引兑。"《象》辞说："未光也。"程颐解释说：喜悦已经到了极点，而又勉强牵引着要继续喜欢下去，纵然喜欢他的心尚未完了，但事理已经过当，实在没有什么可喜悦的。事物达到极盛时则有光辉，极盛以后又勉强使之延续下去，那是极端没意思了，哪里还有光辉呢？

10.24　《中孚》之《象》曰："君子以议狱缓死。"[①]传曰：君子之于议狱，尽其忠而已；于决死，极其恻而已。天下之事，无所不尽其忠，而议狱缓死，最其大者也。

——《程氏易传·中孚传》

[注释]

①《周易》之《中孚》（䷼）兑下巽上，兑为泽，巽为风。故《象》曰："泽上有风，中孚，君子以议狱缓死。"中孚为诚信之意，君子应效法此诚信精神处理刑狱。又上卦巽风和缓，下卦泽与恩泽相通，所以说"议狱缓死"。议狱：断案。缓死：减缓死刑。

[译文]

《中孚》卦的《象》辞说："君子以诚信的精神讨论刑狱，减缓死刑。"程颐解释说：君子在商讨刑狱时，尽自己的忠诚而已；对于判决死刑，极尽恻隐之心而已。君子对天下的事，无不竭尽自己的忠诚，而讨论刑狱减缓死刑，又是尽忠中最大的事。

10.25　事之时而当过，所以从宜，然岂可甚过也？如过恭、过哀、过俭，大过则不可。所以小过为顺乎宜也。能顺乎宜，所以大吉。[①]　——《程氏易传·小过传》

[注释]

①《周易·小过》之《彖》曰："飞鸟遗之音，不宜上，宜下，大吉，上逆而下顺也。"《象》曰："山上有雷，小过，君子以行过乎恭，丧过乎哀，用过乎俭。"此处程颐就宜于小过议论。

[译文]

事情有时候应该做得过头一点点，那是为了服从时宜，但怎么能太过分呢？如行为过分谦恭、丧事过分哀痛、用度过分俭朴，太过分就不行了。小有过分是为了顺从时宜。能顺乎时宜，所以就大吉。

10.26　防小人之道，正己为先。　——《程氏易传·小过传》

[译文]

防范小人的办法，首先是端正你自身。

10.27　周公至公不私，进退以道，无利欲之蔽。其处己也，夔夔然有恭畏之习；其存诚也，荡荡焉无顾虑之意。[①]所以虽在危疑[②]之地，而不失其圣也。《诗》曰："公孙硕肤，赤舄几几。"[③]

——《程氏经说·诗解》

[注释]

①处己：处身行己。夔夔：敬谨恐惧之貌。荡荡：宽广平易之意。②危疑：相传武王死，成王幼，周公摄政，行天子之事。人或不知周公之心，流言以为周公将不利于幼主。③出《诗经·豳风·狼跋》，旧说此诗以美周公，故解公指周公。孙：逊，谦逊顺和。硕：大。肤：美。赤舄（xì）：红色的鞋，双层底下边又装木板上干蜡不怕泥的鞋子称舄，舄有赤、白、黑三色，赤舄配衮衣礼服，或说天子礼服。此处"赤舄"两字即表现了一个人的雍容大度和高贵气派。几几：步履安重之貌。今人以为此诗讽刺一位贵族公孙，则与周公无关。

[译文]

周公心存至公而没有私念，他的进身和退守全都依照正道，没有利欲蔽塞他清明的心。他的处身行己，夔夔然有恭谨畏惧之心；他心存诚意，坦坦荡荡没有疑虑之意。所以他虽处在危险境地，而不失于圣人的气度。《诗经》上说："周公他恭逊高大又美好，赤鞋礼服步履安详真大度。"

10.28　采察访求，使臣之大务。[①]　——《程氏经说·诗解》

[注释]

①此条见于《诗经·小雅·皇皇者华》解。这是一首写天子使者外出调查民情的诗，诗云："载驰载驱，周爰咨诹。"赶着车儿到处跑，处处去咨询和访问。程颐解："天子遣使四方，以观省风俗，采察善恶，访问疾苦。"

[译文]

采察风土民情，求访贤人君子，这是使臣的大事。

10.29　明道先生与吴师礼[①]谈介甫之学错处，谓师礼曰：

为我尽达诸介甫，我亦未敢自以为是。如有说，愿往复。此天下公理，无彼我。果能明辩，不有益于介甫[②]，则必有益于我。

——《二程遗书》卷一

[注释]

①吴师礼：字安仲，杭州人，太学上舍赐第。②介甫：王安石，字介甫。江永按："介甫惟自以为是，先生以虚公无我之说箴之，而介甫终不能改也。"

[译文]

程颢对吴师礼谈论王安石之学的错处，对吴师礼说：你替我全部转达给王安石，我也不敢自以为是。如果有所辩说，希望转达回来。学问是天下公理，没有彼此之分。如果真的辩明了，不是有益于王安石，就一定有益于我。

10.30　天祺在司竹，常爱用一卒长。[①]及将代，自见其人盗笋皮，遂治之无少贷。[②]罪已正，待之复如初，略不介意。其德量如此。

——《二程遗书》卷二上

[注释]

①天祺：张戬字天祺，张载弟。神宗熙宁三年，张戬以监察御史里行出知江陵府公安县，改陕州夏县，转运使举监凤翔府司竹监。按宋时在河南卫辉之淇园、凤翔之盩厔（今改作周至）均有官家竹园，置官守之，官司竹监。卒长：差役的头目。②代：去职。原官卸职，新官接任为代。贷：宽恕。

[译文]

张戬做司竹监丞时，曾喜欢用一名卒长。快到任满交替的时候，他亲眼看到这卒长盗窃竹笋皮，于是依法治其罪而不稍加宽免。治罪之后，对待这人还如当初一样好，一点也不介意。其德量是如此的宽大。

10.31　因论"口将言而嗫嚅"[①]，云：若合开口时，要他头也须开口（本注：如荆轲于樊於期）。须是听其言也厉。[②]

——《二程遗书》卷三

[注释]

①韩愈《送李愿归盘谷序》："伺候于公卿之门，奔走于形势之途。足将进而趑趄，口将言而嗫嚅。"嗫嚅：欲言又止貌。②指荆轲向樊於期要头事，见《史记·刺客列传》。厉：严厉，指言语理直气盛而不可犯。

[译文]

因说到人欲言又止的情状，程颢说：如果应该开口说话时，即使要他的头也要开口（本注：就像荆轲为了刺秦王的事向樊於期借人头那样）。应该是听到他的话叫人感到义正词严。

10.32 须是就事上学。"蛊，振民育德。"[①]然有所知后，方能如此。[②]"何必读书，然后为学？"[③]

——《二程遗书》卷三

[注释]

①《周易·蛊·象》："山下有风，蛊。君子以振民育德。"振民育德为行事，就行事上体验理即学。②茅星来解："振民所以治人，育德所以修己。二者皆以行言，故曰：有所知后，方能如此。"程颢主张知先行后。③《论语·先进》："子路曰：'有民人焉，有社稷焉，何必读书，然后为学？'子曰：'是故恶夫佞者。'"子路之意，学问不必读书。程颢借用其言，是说不仅读书为学。

[译文]

应该在实践中学习。所以《周易·蛊·象》说："振奋人民，培育自己的道德。"但要明白了道理后，才能如此去做。"何必一定是读书，才算是为学呢？"

10.33 先生见一学者忙迫，问其故，曰："欲了几处人事。"曰：某非不欲周旋人事者，曷尝似贤急迫？[①]

——《二程遗书》卷三

［注释］

①人事：人际交往应酬之事。曷尝：何曾。贤：做指代词用，相当于你。

［译文］

程颐见一位学生急急迫迫的样子，问他为什么，回答说："要去了结几处人事。"程颐说：我也并不是不要应酬人事，但何曾像你这样急迫？

10.34　安定之门人，往往知稽古爱民矣，则于为政也何有？[①]

——《二程遗书》卷四

［注释］

①安定：胡瑗，学者称安定先生，程颐之师。叶采解："稽古则为政之法，爱民则为政之本。"

［译文］

胡瑗的门人弟子们，大都懂得考察古事，爱养人民，那么对于从政他们还有什么困难呢？

10.35　门人有曰：吾与人居[①]，视其有过而不告，则于心有所不安。告之而人不受，则奈何？曰：与之处而不告其过，非忠也。要使诚意之交通，在于未言之前，则言出而人信矣。又曰：责善之道[②]，要使诚有余而言不足，则于人有益，而在我者无自辱矣。

——《二程遗书》卷四

［注释］

①居：相处。交通：交流沟通。②《孟子·离娄下》："责善，朋友之道也。"责善：劝勉从善。

［译文］

有位门人说：我和人相处，看到他有过错而不告诉他，就感到心中不安。告诉人家，人家却不接受，怎么办呢？程颢说：与人相处却不告诉其过错，是对朋友不忠。要使忠诚之心相交相通在你告诉他过错之前，那么话一说出，人就听信了。又说：朋友之间劝善之道，要使诚意有余而劝善的话常感不足，则对人有益，在自己也不会自取其辱。

10.36　职事不可以巧免。　——《二程遗书》卷七

[译文]

职责中应该做的事，不能靠耍小聪明逃避。

10.37　“居是帮，不非其大夫”[①]，此理最好。

——《二程遗书》卷六

[注释]

①此为《孔子家语·子夏问篇》子贡语。

[译文]

子贡说：“住在这个邦国中，就不非议这一国中的大夫。”这道理讲得最好。

10.38　“克勤小物”最难。[①]　——《二程遗书》卷十一

[注释]

①语出《尚书·毕命》。小物：小事。不忽视小事，是谨慎之至。

[译文]

“能够勤勉于细碎小事”最难。

10.39　欲当大任，须是笃实。[①]　——《二程遗书》卷十

[注释]

①叶采解：“笃实则力量深厚而谋虑审固，斯可以任大事。”笃实：纯厚朴实，忠诚老实。

[译文]

想要承担大的责任，就应该笃厚诚实。

10.40　凡为人言者，理胜则事明，气忿则招怫。[①]

——《二程遗书》卷十一

[注释]

①叶采解："理胜而气平，则人易晓而听亦顺。或者理虽明而挟忿气以胜之，则反致扞格矣。"怫（fèi）：有违逆、愤怒等义。《庄子·天地》："谓己道人，则勃然作色；谓己谀人，则怫然作色。"

[译文]

大凡对人说话，道理充分晓畅明白，就能把事情讲清楚，生气忿激，就会招来不愉快。

10.41　居今之时，不安今之法令，非义也。若论为治，不为则已，如复为之，须于今之法度内处得其当，方为合义。若须更改而后为，则何义之有？[①]

——《二程遗书》卷一

[注释]

①神宗时，王安石行新法，众以为不便。程颢也反对新法，但能就其法令行之而不拘其法。朱熹解："韩魏公、富郑公皆言新法不便，韩魏公见上不从，只就其法上为之区处，使不至扰民而已。富郑公则直用自己法度，后遂为人所劾罢。"

[译文]

处在当今之时，不安于今日之法令，不合义。如果说到治政，不去做就罢了，如果还要出来做官治事，就应该在当今的法度内处置使得其当，才算是合义。如果说须要更改法令后才去做，那还有什么义呢？

10.42　今之监司多不与州县一体，监司专欲伺察，州县专欲掩蔽。[①]不若推诚心与之共治，有所不逮，可教者教之，可督者督之。至于不听，择其甚者去一二，使足以警众可也。

——《二程遗书》卷一

[注释]

①监司：监察州县的地方长官的总称，宋代有诸路转运使、提点刑狱公事、提举常平等官，有监察各州县官吏之责。伺察：窥视，侦察。

[译文]

今天的监司大多不与州县官协力为治，监司官一心只要潜伺密察州县官的罪恶，州县官也就一心只要掩盖自己的过错。作为监司官，不如推诚心与州县官共同图治，州县官有做得欠缺之处，可以教导的就教导，应该督责的就督责。教导督责都不听了，就选择一两个严重的罢免了，使得足以警戒其他人就可以了。

10.43　伊川先生曰：人恶多事，或人悯之。世事虽多，尽是人事。人事不教人做，更责谁做？　——《二程遗书》卷十五

[译文]

程颐说：有的人厌烦要做的事太多，别人有的同情他。世上的事虽然多，但都是人事。人事不让人去做，又让谁去做呢？

10.44　感慨杀身者易，从容就义者难。①

——《二程遗书》卷十一

[注释]

①《宋史·赵卯发传》：赵卯发云："古人谓慷慨杀身易，从容就义难。"赵为宋末人。不详此语程颐之前有无更早出处。宋元之际谢枋得则云："慷慨赴死易，从容就义难。"（《谢叠山集·上丞相留忠斋书》）

[译文]

一时为义愤所激慷慨激昂地去死容易，为了坚持正义，从容不迫、安然恬然地走向死亡困难。

10.45　人或劝先生以加礼近贵，先生曰：何不见责以尽礼而责之以加礼？礼尽而已，岂有加也？　——《二程遗书》卷十七

[译文]

有人劝程颐对皇帝的亲近与贵人特加礼敬，程颐说：为什么不要求我尽于礼节而要求我特加礼敬？礼，做到不缺礼就是了，难道还有可以增加的吗？

10.46　或问：簿，佐令也。[①]簿所欲为，令或不从，奈何？曰：当以诚意动之。今令与簿不和，只是争私意。令是邑之长，若能以事父兄之道事之，过则归己，善则唯恐不归于令，积此诚意，岂有不动得人？　——《二程遗书》卷十八

[注释]

①宋时诸县设令、丞、簿、尉。县令为一县之长，宋时渐废县令之名而代之以知县。县主簿总领县廷文书。县丞本为县令之副，但宋代多不设县丞，由主簿兼任。县尉则掌阅习兵弓，戢奸禁暴。所以程颐说："簿，佐令也。"程颐这里主张作为副职的主簿要推功揽过，以诚动上。

[译文]

有人问：主簿，是辅佐县令的。主簿想要做的事，县令不允许，怎么办？程颐说：应当用诚意去感动他。现在的县令与主簿不和，只是以私意相争。县令是地方的长官，如果主簿能用对待父兄的方法对待他，有了过错自己担当，有了好的名声只恐怕不能归功于县令，积累这样的诚意，哪会不能感动得人？

10.47　问：人于议论，多欲直己，无含容之气[①]，是气不平否？曰：固是气不平，亦是量狭。人量随识长，亦有人识高而量不长者，是识实未至也。大凡别事，人都强得，惟识量不可强。今人有斗筲之量，有釜斛之量，有钟鼎之量，有江河之

量。[2]江河之量亦大矣，然有涯，有涯亦有时而满，惟天地之量则无满。故圣人者，天地之量也。圣人之量，道也；常人之量者，天资也。[3]天资之量须有限。大抵六尺之躯，力量只如此，虽欲不满，不可得也。如邓艾位三公，年七十，处得甚好。及因下蜀有功，便动了。[4]谢安闻谢玄破苻坚，对客围棋，报至不喜。及归，折屐齿。[5]强终不得也。更如人大醉后益恭谨者，只益恭谨，便是动了，虽与放肆者不同，其为酒所动一也。又如贵公子位益高，益卑谦。只卑谦便是动了。虽与骄傲者不同，其为位所动一也。然惟知道者，量自然宜宏大，不待勉强而成。今人有所见卑下，无他，亦是识量不足也。　　——《二程遗书》卷十八

［注释］

①含容之气：以宽大的胸襟包含容纳他人之气度。②斗筲：斗，容十升。筲，竹器，容一斗二升，皆量小的容器。汉桓宽《盐铁论·通有》："田畴不修，男女矜饰，家无斗筲，鸣琴在室。"釜斛（fǔhú）：大一些的量器。《左传》昭公三年："齐旧四量：豆、区、釜、钟。四升为豆，各自其四，以登于釜。"杜预注："四豆为区，区斗六升。四区为釜，釜六斗四升。"斛，古为每斛十斗，南宋末年改为五斗。钟鼎：大的容器。《淮南子·要略》："一朝用三千钟赣。"高诱注："钟，斛也。"《后汉书·郎颉传》："而今之在位，竞托高虚，纳累钟之奉，忘天下之忧。"李贤注："六斛四斗曰钟。"鼎是古代炊器，又为盛熟牲之器。③叶采解："圣人之心纯乎道，道本无外，故其量亦无涯。"④邓艾：字士载，晋棘阳人，以平蜀功，进太尉。晋以太尉、司徒、司空为三公。事见《三国志·魏书·邓艾传》。茅星来曰："艾与姜维相持，每战，辄身先士卒，以子忠战不利引退，叱出将斩之，驰还更战，大胜。及蜀君臣面缚舆榇，诣军门降，艾执节解缚，焚榇，受而宥之。检御将士，无所虏略。绥纳降附，使复旧业。皆所谓'处得甚好'也。""按《魏志·邓艾传》：艾深自矜伐，谓蜀士大夫曰：'诸君赖遭某，故得有今日耳。如遇吴汉之徒，已灭矣。'又曰：'姜维自一时雄儿也，与某相值，故穷耳。'有识者笑之。所谓'因下蜀有功而动'也。"吴汉，东汉光武帝刘秀名将，率军入蜀讨公孙述，诛灭公

孙述全族。⑤谢安：字安石，晋人，官至太保、录尚书事。《晋书·谢安传》：“苻坚强盛，率众号百万，次于淮、肥，京师震恐，加安征讨大都督。（谢）玄入问计，安夷然无惧色。”“玄等既破苻坚，有驿书至，安方对客围棋。看书既竟，便摄放床上，了无喜色，棋如故。客问之，徐答云：‘小儿辈遂已破贼。’既罢，还内，过户限，心喜甚，不觉屐齿之折。其矫情镇物如此。”谢玄，谢安侄。此事又见《世说新语·雅量》及《续晋阳秋》，但无本传详。按史所载，是说谢安高兴得连屐齿折了都没有感觉到，形容高兴之极。而此处“折屐齿”，则成因激动过分行路不稳而弄折了屐齿，不确。

［译文］

有人问：人在辩论的时候，大多想伸直自己的观点而说服别人，缺少含宏宽容的气度，是气性不平吗？程颐说：当然是气性不平，也是器量狭小。人的器量随着见识增长，也有人见识高而器量不长的，是见识其实还没有达到。大凡别的事，人都可以勉强，只有见识器量不可勉强。人有斗筲一样的量，大一点有釜斛一样的量，再大有钟鼎一样的量，又大有长江大河一样的量。长江大河那样的器量可以说是大了，但还有边际，既然有边际就有满的时候，只有天地之量则没有满的时候。所以圣人是天地之量的人。圣人之量，与道为一；常人之量，是天给的一分。天给的一分器量应该是有限的。大抵人六尺之躯，力量就这么大，即使想要不满足，也是不可能的。如邓艾位至三公，年到七十，处事处得极好。等到因为平蜀有功，心意便动摇了。谢安听到侄子破苻坚的消息，正和客人下围棋，驿报送到，没有喜色。等到他下完棋回到后边去时，激动得把屐齿都折了。器量的大小到底是勉强不得的。又如有人大醉后更加谦恭谨敬，只这更加恭谨，就是被酒动摇了心性，虽然与醉后放肆胡为的人不同，但是与被酒动摇心性是一样的。又如一些贵公子，官位越高，就越谦下。只这谦下，就是被官位动了。虽然与因官位高而骄傲的人不同，但是被官位动摇了心性是一样的。只有那些深明大道的人，器量自然应该宏大，不需要勉强而自然就是大器量。有的人见解卑下，没有别的原因，也是由于见识和器量不足。

10.48 人才有意于为公，便是私心。昔有人典选，其子弟系磨勘，皆不为理。[1]此乃是私心。人多言古时用直，不避嫌得，后世用此不得。自是无人，岂是无时（本注：因言少师典举、明道荐才事）[2]？

——《二程遗书》卷十八

［注释］

①典选：主持官吏考察选任之事。磨勘：唐宋官员考核升迁的制度。唐时文武官吏由州府和百司官长考核，分九等注入考状，期满根据考绩决定升降，并经吏部和各道观察使等复验，称“磨勘”，宋代则由审官院主持。②少师：程颐高祖父程羽，字冲远，官尚书兵部侍郎，赠太子少师。宋太宗太平兴国五年典试贡士，得人居多。明道荐才：神宗曾让程颢推择人才，程颢荐数十人，而以其表叔张载、弟弟程颐为首。借此说明程颢“用直不避嫌”。

［译文］

人刚一着意去为公，就成了私心。先前有人主管官吏考核，他的子弟有在考察之列者，他为避嫌全都不加理会。这正是私心。人多说古代用直不避嫌可以，后世这样做不得。后世原是没有用直不避嫌的人，哪里是因为没有了那样的时代呢？（本注：因为谈到了其高祖父当年主持考试，和其兄程颢推荐人才这两件事，说了上边的话）

10.49 君实尝问先生云[1]：欲除一人给事中[2]，谁可为者？先生曰：初若泛论人才，却可。今既如此，颐虽有其人，何可言？君实曰：出于公口，入于光耳，又何害？先生终不言。[3]

——《二程遗书》卷十九

［注释］

①司马光，字君实。宋哲宗初年，拜尚书左仆射兼门下侍郎，主持朝政。②给事中：宋时门下省官员，掌读中外出纳，及判后省之事，也有封驳权。

③江永按："问者为失言，言之则为出位。当默而默，制义之方也。"

[译文]

司马光曾问程颐：想安排一个人做给事中，谁合适呢？程颐说：若像当初泛泛议论人才，我是可以说的。现在既然如此，我即使有这样的人，怎么能说呢？司马光说：从您口中说出，进到我的耳朵里，别人不知道，又有什么妨害呢？程颐到底也没说。

10.50　先生云：韩持国[①]服义最不可得。一日，颐与持国、范夷叟泛舟于颍昌西湖，须臾客将云："有一官员上书，谒见大资。"[②]颐将谓有甚急切公事，乃是求知己。[③]颐云："大资居位，却不求人[④]，乃使人倒来求己，是甚道理？"夷叟云："只为正叔太执。求荐章[⑤]，常事也。"颐云："不然。只为曾有不求者不与，来求者与之，遂致人如此。"持国便服。

——《二程遗书》卷十九

[注释]

①韩持国：韩维字持国，韩亿子，韩绛弟，元祐时拜门下侍郎。②范夷叟：范纯礼字夷叟，范仲淹子。颍昌：今许昌。客将：即牙将，因其主管客人往来，故称客将。客将云：《近思录》多本"云"作"去"，此据《二程遗书》及茅星来集注本。大资：资政殿大学士。宋时资政殿大学士称大资，参政称大参，观文殿大学士称大观等。韩维当时以资政殿大学士知颍昌府。③求知己：请求在上者了解自己。④求人：指下求贤才。⑤荐章：推荐人才的奏章，举荐文书。

[译文]

程颐说：韩维能服从义理最为难得。一天，我与韩维、范纯礼在颍昌西湖泛舟，不一会儿牙将说："有一位官员上书，拜见大资政。"我还以为有什么紧急公事，原来是求韩大资政了解自己。我说："大资政居位，却不去访求贤人，反倒让人来求自己，是什么道理？"范纯礼说："这只是您太执拘了。向大官求荐举的表章，这是很常见的事。"我说："不对。只因为曾有不求的就不给，来求的就给他，才使得人跑来求的。”韩维听了，即服了这话。

10.51　先生因言：今日供职，[①]只第一件便做他底不得：吏人押申转运司状，颐不曾签。[②]国子监自系台省，台省系朝廷官。[③]外司有事，合行申状，岂有台省倒申外司之理？只为从前人只计较利害，不计较事体，直得恁地。[④]须看圣人欲正名处，见得道名不正时，便至礼乐不兴，是自然住不得。[⑤]

——《二程遗书》卷十九

［注释］

①此语在《二程遗书》中承上文而来。上文言其“初受命，便在假，欲迤逦寻医。既而供职。门人尹焞深难之”。程颐说：“且略与供职数日，承顺他朝廷善意了，然后惟吾所欲。”于是有本条的话。所谓受命，指元符三年判西京国子监。②押：押字，签字。转运司：官名，转运使司转运使、盐运使司盐运使的省称。申状：下级向上级陈述事实的文书。③国子监：古代国子监具有中央教育管理机关和国家最高学府双重职能。台省：指政府的中央机构。汉的尚书台，三国魏的中书省，都是代表皇帝发布政令的中枢机关，后因以“台省”指中央中枢机构。南北朝以来，虽然尚书台已多改称尚书省，并逐渐形成中书、门下、尚书三省分权的制度，但“台省”之称仍沿用不变。④外司：中央机构以外的政府机构，包括地方政府和中央外派机构。程颐认为，国子监文书申报转运司押署，有违内重外轻之礼，有损朝廷体统，故不可。茅星来解：“只计较利害者，盖恐内太重，必有植党营私之患，故令倒申外司以稍抑之耳。事体者，内外尊卑之体统也。”叶采注：“《春秋》笔法，王人虽微，序于诸侯之上，尊王也。”⑤《论语·子路》：“名不正则言不顺，言不顺则事不成，事不成则礼乐不兴。”住不得：当为“做不得”，以应开头。

［译文］

程颐说到他不能在西京国子监任职，于是又说：现在去任职，只他这第一件事就做不得：国子监中吏人要把文书送到转运司去签署，我的有关文书就没有送给他们签。国子监归属于台省管辖，台省所属都是朝廷官。朝外的官署有事，应当呈送文状，哪有台省反倒呈送文状到朝外官署的道理呢？只因为从前的人只考虑利害关系，而不考虑内外尊卑的体统，就只得那么做了。须要看一看圣人要正名分的地方，看他说名分不正时，就使得礼乐不兴，事关乎此，这就自然做不得了。

10.52 学者不可不通世务。[①]天下事譬如一家，非我为，则彼为；非甲为，则乙为。 ——《二程遗书》卷二十二下

[注释]

①张伯行解："世务者，当世之事务，如兵农、礼乐、刑名、钱谷之类皆是。"

[译文]

学者不可不通达世务。天下就像一家，一家的事必须有人做，不是你做，就是我做，不是甲做，就是乙做。

10.53 "人无远虑，必有近忧。"思虑当在事外。[①]

——《二程外书》卷二

[注释]

①见《论语·卫灵公》。人的思虑应该超出当前所做的事以外，此为"远虑"。江永按："思虑在事外，则图之早，防之周，而近患可免矣。"

[译文]

"人无远虑，必有近忧。"人的思虑应该超出当前所做的事以外。

10.54 圣人之责人也常缓，便见只欲事正，无显人过恶之意。

——《二程外书》卷七

[译文]

圣人要求别人时常常宽缓，由此便可见圣人只是要使事情归之于正，没有要暴露他人的过错和缺点的意思。

10.55　伊川先生云：今之守令，惟制民之产一事不得为，其他在法度中，甚有可为者，患人不为耳。[①]

——《二程外书》卷十二

［注释］

①制民之产：《孟子·梁惠王上》："明君制民之产，必使仰足以事父母，俯足以畜妻子。"不得为：张伯行解："阻于时势而不得为。"茅星来解："甚有可为者，如训士则设书院、明礼让之类，养民则修陂塘、兴水利以及常平、平粜之类。"

［译文］

程颐说：今天的州县守令，只有规定人民的产业这一件事不能做，其他在法度中，很有些可做的事，只怕人不去做罢了。

10.56　明道先生作县，凡坐处皆书"视民如伤"四字，[①]常曰：颢常愧此四字。

——《二程外书》卷十二

［注释］

①《左传》哀公元年："国之兴也，视民如伤，是其福也。"《孟子·离娄下》："文王视民如伤。"意为：对待老百姓就像对待受了伤的人一样，关怀、抚慰他们。

［译文］

程颢做县令，凡是常坐的地方都写有"视民如伤"四个字，常说：我程颢面对这四个字常感到惭愧。

10.57　伊川每见人论前辈之短，则曰：汝辈且取他长处。

——《二程外书》卷十二

［译文］

程颐每当见人们议论前辈人的短处，就说：你们且去吸收他的长处。

10.58 刘安礼云：王荆公执政，议法改令，言者攻之甚力。[①]明道先生尝被旨赴中堂[②]议事，荆公方怒言者，厉色待之。先生徐曰："天下之事，非一家私议，愿公平气以听。"荆公为之愧屈。

——《二程遗书》附录《门人朋友叙述》

[注释]

①刘安礼：刘立之，字宗礼，二程门人。此处作安礼，误，见《伊洛渊源录》卷十四及《宋元学案》卷三十。王荆公：王安石，封荆国公。②中堂：中书省堂。

[译文]

刘立之说：王安石执掌朝政，议新法改旧令，上言论事的人批评他非常强烈。程颢曾被召到中书省议事，王安石正恼恨上言的人，神色严厉地等着程颢。程颢从从容容地说："天下之事，并非一家的私议。希望您平心静气地来听。"王安石为此惭愧屈服。

10.59 刘安礼问临民，明道先生曰：使民各得输其情。问御吏，曰：正己以格物。[①]

——《二程遗书》附录《门人朋友叙述》

[注释]

①刘安礼：刘立之，见（10.58）注。临民：治民，治理民众。输情：表达真情。《三国志·蜀志·诸葛亮传》："服罪输情者虽重必释，游辞巧饰者虽轻必戮。"格物：此处格解为正，物，与我相对，我以外皆物，此处具体指吏员。

[译文]

刘立之问如何治理民众，程颢说：让人民都能够表达自己的真实感情。问如何驾驭吏员，程颢说：端正自身以纠正他人。

10.60 横渠先生曰：凡人为上则易，为下则难。[①]然不能为

下，亦未能使下，不尽其情伪也。[2]大抵使人，常在其前己尝为之，则能使人。 ——张载《经学理窟·义理》

［注释］

①为上、为下：在上位、在下位。使下：使用和管理下属。情伪：真伪。情，实情、真情。

［译文］

张载说：大凡人做上级容易，做下属难。但不能做下属的，也不能使用下属，这是因为不能了解下边的真实情况。大抵要使用人，常常是同样的事以前自己曾经做过，这类事上就能够使用他人。

10.61 《坎》："维心亨"，故"行有尚"。外虽积险，苟处之心亨不疑，则虽难必济而"往有功也"。[1]今水临万仞之山，要下即下，无复凝滞。险在前，惟知有义理而已，则复何回避？所以心通。[2] ——张载《横渠易说·习坎》

［注释］

①《周易·坎》卦辞说："习坎，有孚，维心亨，行有尚。"《象》辞说："维心亨，乃以刚中也。行有尚，往有功也。"按《坎》（䷜）为纯卦，下坎上坎。坎，险。叶采云："坎为重险，故曰'积险'。二、五以刚居中，故外虽有积险，其中心自亨通而无所疑惧也。心亨而无疑，则可以出险矣。"心亨：内心通达。②叶采解："此以坎象而言，人于义理苟能信之笃行之决，如水之就下，则沛然而莫御，何往而不心亨哉？"茅星来按："临万仞之山，所谓积险也。要下即下，无复凝滞，所谓处之心亨不疑也。险在前以下，申明所以要下即下，无复凝滞之意。"

［译文］

《坎》卦《象》辞说："只因内心亨通"，所以"行为可以崇尚"。外面虽然聚积着重重的危险，但如果身处险境而心中亨通不疑，那么即使艰难也必然能够度过，并能"往而有功"。现在的形势是水临万丈之山，要落下就落下，再没有凝滞不畅。面对艰险，只知道按照义理前进而已，还有什么要回避的？这就是内心亨通的原因。

10.62　人所以不能行己者，于其所难者则惰，其异俗者，虽易而羞缩。惟心宏则不顾人之非笑，所趋义理耳，视天下莫能移其道。[①]然为之，人亦未必怪，正以在己者义理不胜。惰与羞缩之病消则有长，不消则病常在，意思龌龊，无由作事。在古气节之士，冒死以有为，于义未必中，然非有志概者莫能，况吾于义理已明，何为不为？[②]

——张载《横渠易说·大壮》

[注释]

①此条是对《周易·大壮卦》《彖》辞的解说，《彖》云："大壮，大者壮也。刚以动，故壮。大壮利贞，大者正也。正大而天地之情可见矣。"故此处言人立心要宏。行己：立身行事。《论语·公冶长》："子谓子产有君子之道四焉：其行己也恭，其事上也敬，其养民也惠，其使民也义。"②龌龊：器量狭小，与上文"心宏"相对。鲍照《代放歌行》："小人自龌龊，安知旷士怀？"唐王勃《秋日游莲池序》："人间龌龊，抱风云者几人。"志概：节操。

[译文]

人之所以不能推行自己的主张，其原因是在那些困难的事情上怠惰，那些与世俗不同的事，即使容易却羞怯退缩而不敢做。只有心胸宏大的人，则不顾他人的非议与讥笑。你所追求的是义理，义理当行时，整个天下都没有谁能改变你所行之道。然而你做了，别人也未见得一定感到奇怪，不能做的原因，正在于自己本身义理之心不够强胜。怠惰与羞缩之病减少则义理之心增长，不减少就病根常在，没有大的心胸，无法干成任何事。在古代崇尚气节之士，冒着死的危险去有所作为，其行为未必符合义理，然而不是有志气节烈之士是做不到的，何况我们已经明白了义理，义理所当为的事，为什么不去做呢？

10.63　《姤》初六："羸豕孚踯躅。"[①]豕方羸时，力未能动，然至诚在于踯躅，得伸则伸矣。如李德裕处置阉宦，徒知其帖息威伏，而忽于志不忘逞，照察少不至，则失其几也。[②]

——张载《横渠易说·姤》

［注释］

①此条是对《周易·姤卦》初六爻辞的解说。羸（léi）豕：瘦弱的猪。孚：存心，务在。叶采解："踯躅，跳跃也。豕性阴躁，虽当羸弱之时，其诚心未尝不在于动也，得肆则肆矣。犹小人虽困，志在求逞。君子所当察也。"踯躅，音 zhízhú。②李德裕：字文饶，唐武宗宰相。叶采注："唐武宗时，德裕为相，君臣契合，莫能间之。宦寺之徒，帖息威伏，诚若无能为者，而不知其志在求逞也。继嗣重事，卒定于宦者之手，而德裕逐矣。盖几微之间，所当深察。"按唐文宗即位后，深恶宦官专权乱政，欲除之，与朝臣李训等发动"甘露之变"，事败，宦官仇士良等大杀朝臣，公卿半空。由此仇士良等宦官擅权二十余年。武宗时李德裕为相，会昌三年，仇士良致仕，四年削其官爵，籍没其家，宦官势力受到严重打击。会昌六年，武宗死，宦官立宣宗，李德裕罢相。

［译文］

《姤》卦的初六爻辞说："瘦弱的猪心中所希求的是徘徊躁动。"当猪瘦弱的时候，力量不足不能动，然而心中实实在在想的是要躁动，到能够伸张它这志愿的时候就要动起来了，这就像小人处困顿中而时刻想得逞其志。例如唐代李德裕处置宦官，只认为他们帖息威伏了，而忽略了他们志不忘逞之隐情，一时照察不到，没有及时消除其祸患的苗头而终至成为大祸。

10.64　人教小童亦可取益[①]：绊己不出入，一益也；授人数数，己亦了此文义，二益也；对之必正衣冠、尊瞻视，三益也；常以因己而坏人之才为忧，则不敢惰，四益也。

——张载《经学理窟·义理》

[注释]

①叶采以为此条“当在十一卷之末”，张伯行则径移至卷十一，茅星来则以为：“此条所论，皆教小童时所以自处之道，非论教小童之道也。叶氏谓当在十一卷者非。”今依底本仍在此处。

[译文]

人教小童子也可以使自己有收益：绊住了自己不外出，是第一个收益；把书教人好多遍，自己也明白了文义，这是第二个收益；在小孩子面前一定要衣冠端正，一瞻一视都要严肃，这是第三个收益；常常担心因为自己教育不好而坏了人家之才，就不敢怠惰，这是第四个收益。

卷十一　教学之道

11.1　濂溪先生曰：刚善，为义，为直，为断，为严毅，为干固；[①]恶，为猛，为隘，为强梁。柔善，为慈，为顺，为巽；恶，为懦弱，为无断，为邪佞。惟中也者，和也，中节也，天下之达道也，圣人之事也。[②]故圣人立教，俾人自易其恶，自至其中而止矣。

——周敦颐《通书·师》

［注释］

①有问"曷为天下善"，周敦颐答"性者刚柔善恶，中而已矣"。问者不解，故分别解说刚之善，刚之恶，柔之善，柔之恶，以及中之义。《周易·师卦》之《彖》云："刚中而应，行险而顺。"周敦颐就此谈刚之中。严毅：严厉刚毅。《汉书·王嘉传》："嘉为人刚直严毅有威重，上甚敬之。"干固：《周易·乾卦》："贞固足以干事。"此指有干练之办事才能。②语本《礼记·中庸》："中也者，天下之大本也；和也者，天下之达道也。"中节：适度，符合一定的法度。

［译文］

周敦颐说：刚之性表现为善，是正义，是刚直，是决断，是严毅，是干练贞固；表现为恶，是猛悍，是狭隘，是强梁。柔之性表现为善，是仁慈，是和顺，是谦让；表现为恶，是懦弱，是无断，是邪佞。中的意思，是和，是适度，它是通行天下的大道，是圣人才能做得到的。所以圣人设教，是要使人自行抛弃刚柔之恶，自行达到中和并保持于中和。

11.2　伊川先生曰：古人生子，能食能言而教之。[①]大学之法，以豫为先。[②]人之幼也，知思未有所主，便当以格言至论日陈于前，虽未有知，且当薰聒[③]，使盈耳充腹，久自安习，若固有之，虽以他说惑之，不能入也。若为之不豫，及乎稍长，私意偏好生于内，众口辩言铄于外，欲其纯完，不可得也。

——《二程文集》卷六《上太皇太后书》

[注释]

①《礼记·内则》："子能食食，教以右手。能言，男唯女俞。"唯、俞，指教他们答话，男孩答唯，女孩答俞。②《礼记·学记》："大学之法，禁于未发之谓豫。"豫：预先、预防。③薰聒：熏陶。聒，一遍一遍地说。贾谊《新书·保傅》："少成若天性，习惯如自然。"

[译文]

程颐说：古人生了孩子，能吃饭能说话就开始教育。大学教人的方法，首先是预先熏陶和预防。人在幼小的时候，知识思虑无所偏主，就应该每天让他听到圣贤的格言至论，尽管他还不知，也应当反反复复地让他听，让他受其熏染，使他满耳满腹都是这些话，时间久了，自然安于习惯于照着格言至论去做，其品性就像天生固有的一样，即使有人用别的邪说去惑乱他，他也听不进去。若不及早加以熏陶培养，等到稍大一些，内心产生了私意偏好，外边又有众人用巧辩的语言销蚀着，想让其心性纯而不杂、完而不缺，那是不可能的了。

11.3　《观》之上九曰："观其生，君子无咎。"《象》曰："观其生，志未平也。"传曰：君子虽不在位，然以人观其德，用为仪法，故当自慎省。[①]观其所生，常不失于君子，则人不失所望而化之矣。不可以不在于位故，安然放意无所事也。

——《程氏易传·观传》

［注释］

①此条是对《周易·观卦》上九爻辞的解说。《观》卦之观，是展示与仰观之意。君子要将道义展示于大众，大众必然会瞻仰你。而《观》之上九高居象征君位的九五之外，象征高尚的隐士。君子虽然高蹈隐居，人们还是仰观其生活方式，所以必须言行符合君子之德才不会有灾祸。《象》辞说，人们仰观君子，君子永远追求着理想，其意志未能安宁。仪法：礼仪法度，仪表法式。

［译文］

《观》卦的上九爻辞说："观其生，君子无咎。"《象》辞说："观其生，志未平也。"程颐解释说：君子即使是不在其位时，由于人们仰观着他的德行，作为天下的仪表和法式，所以也应当自慎自省。观察他的生活方式，时常符合君子的标准，那么人们就不会失去他们仰望中的榜样而随之迁化了。不能因为自己不在其位，就放松自己的心志而无所事事啊。

11.4　圣人之道如天，然与众人之识，其殊邈也。①门人弟子既亲炙，而后益知其高远。既若不可以及，则趋望之心怠矣。故圣人之教，常俯而就之。②事上、临丧③，"不敢不勉"，君子之常行。"不困于酒"，尤其近也。而以己处之者，不独使夫资之下者勉思企及，而才之高者亦不敢易乎近矣。④　——《程氏经说》

［注释］

①《论语·子罕》："子曰：出则事公卿，入则事父兄，丧事不敢不勉，不为酒困，何有于我哉?"此条议论就此而发。扬雄《法言·五百》："圣人之言远如天。"吕祖谦说："正恐当时以为圣人之道如天，天不可阶而升，道便于此穷极断绝了。"所以此条加以辩说。②《论语·子罕》："颜渊喟然叹曰：仰之弥高，钻之弥坚，瞻之在前，忽焉在后。夫子循循然善诱人。"《论语·

子张》载子贡曰："夫子之不可及，犹天之不可阶而升也。"俯而就之：根据普通人能够接受的高度以教之。③事上：《论语·子罕》所谓"出则事公卿"。临丧：面对丧事。④今本《程氏经说·论语解》不见此条，见于朱熹纂《论语精义》卷一。

[译文]

孔子的学问就像高远的上天，普通人的见识与之相去太远太远了。他的门人弟子们既然在身边受教，就更了解他学问的高远。但是如果让人感到他的学问高不可及，那么向往之心就会懈怠。所以孔子教人，常常依照所教对象的水平施教。例如他说："出门服事公卿，在家服事父兄，丧事不敢不尽礼。"这都是君子的普通行为。又说"不被酒所困"，更是与普通人切近了。用他自己对待这些事的做法去教导人，不仅使那些天资低下的人努力想去做得到，而那些才智高的人也不敢由于浅近而轻视。

11.5　明道先生曰：忧子弟之轻俊者，只教以经学念书，不得令作文字。[①]子弟凡百玩好皆夺志。[②]至于书札，于儒者事最近，然一向好著，亦自丧志。如王、虞、颜、柳辈，诚为好人则有之，曾见有善书者知道否？[③]平生精力一用于此，非惟徒废时日，于道便有妨处，足知丧志也。　　——《二程遗书》卷一

[注释]

①轻俊：闲逸潇洒，与沉静质实相对。叶采解："志轻才俊者，惮于检束而乐于驰骋，使之习经念书，则心平气定。若令作文字，则得以用其才而长其轻俊矣。"程颢说："性静者可以为学。"见（2.68），可参考。②《论语·子罕》："三军可夺帅也，匹夫不可夺志也。"③书札：书写，这里指学习书法。王、虞、颜、柳：晋代书法家王羲之，唐代书法家虞世南、颜真卿、柳公权，都是中国书法史上代表性的书法家。

[译文]

程颢说：担心自家的子弟才智轻俊而不沉静的，就只教子弟

学经念书，不得让他作诗文等。小孩子一切的爱好都会改变其学道之志。至于说到书法，是和儒者最切近的事，然而一旦爱好了，也会丧失学道之志。像王羲之、虞世南、颜真卿、柳公权这些人，说他们确实是好人则可以，曾见过书法家们哪个深明圣人之道吗？一生的精力全用到这上边，不仅白白浪费时光，对于学道也有妨碍，就此足以明白书法也会使人丧失学道之志。

11.6　胡安定在湖州[①]，置治道斋，学者有欲明治道者，讲之于中，如治民、治兵、水利、算数之类。尝言刘彝[②]善治水利，后累为政，皆兴水利有功。　　——《二程遗书》卷一

[注释]

①胡安定：胡瑗，曾为湖州教授。其教学设数科，每科为一斋，如治道斋、经义斋。②刘彝：字执中，胡瑗门人。神宗熙宁中为都水丞。

[译文]

胡瑗在湖州做教授，专门设置治道斋，学生中有想学习治国之道的人，在治道斋中学习研究，所学内容如治民、治兵、水利、算数之类。他曾说刘彝善长水利，刘彝后来累次从政，都因兴修水利有功。

11.7　凡立言欲涵蓄意思，不使知德者厌、无德者惑。[①]

——《二程遗书》卷一

[注释]

①立言：本指著书立说。《左传》襄公二十四年："大上有立德，其次有立功，其次有立言，虽久不废，此之谓不朽。"孔颖达疏："立言，谓言得其要，理足可传，其身既没，其言尚存。"这里是立论的意思。叶采解："知德者玩其理而不厌，无德者守其说而不惑。"

[译文]

大凡要立说垂世，要得意思涵蓄深厚，不让明白德义的人厌倦，不让不懂德义的人迷惑。

11.8 教人未见意趣，必不乐学。欲且教之歌舞，如古《诗》三百篇，皆古人作之。如《关雎》之类，正家之始，故用之乡人，用之邦国，日使人闻之。[①]此等诗，其言简奥，今人未易晓。别欲作诗，略言教童子洒扫应对事长之节，令朝夕歌之，似当有助。[②]

——《二程遗书》卷二上

[注释]

①《关雎》：《诗经》第一篇。《诗序》说："《关雎》，后妃之德也。风之始，所以风天下而正夫妇也。故用之乡人焉，用之邦国焉。"正义曰："周公制礼作乐，用之乡人焉，令乡大夫以之教其民也；又用之邦国焉，令天下诸侯以之教其臣也。欲使天子至于庶民悉知此诗，皆正夫妇也。"按今人以为《关雎》是一首爱情民歌。②洒扫应对等：为弟子之事，教童子自此始。参考(5.41)。

[译文]

教人时，如果学习者没有感到学习中的意趣，他就一定不会乐于学习。我想将来用歌舞教他们，正如《诗经》三百篇，都是古人做了教人的。如其中《关雎》之类，其作用是夫妻之礼正于家而为风化之始，所以周公把它用到乡人身上以教其民，用到邦国中以教其臣，天天使人听到它。但这样的诗，语言简约深奥，今天的人不容易理解。所以我想另作新诗，大略说明教育童子洒扫、应对、事长的节目，让他们早晚歌唱。似乎对他们的学习应有帮助。

11.9 子厚以礼教学者最善，使学者先有所据守。[①]

——《二程遗书》卷二上

[注释]

①子厚：张载字子厚。《论语·季氏》："不学礼，无以立。"叶采曰："礼以恭敬辞让为本，而有节文度数之详。学者从事乎此，则日用言动之间皆有依据持守之地。"

［译文］

张载用礼来教学生是最好的办法，使学生们先有个守身持心的依据。

11.10　语学者以所见未到之理，不惟所闻不深彻，反将理看低了。[1]

——《二程遗书》卷三

［译文］

对学生们讲他的见识尚未达到还不能够理解的道理，不仅他不能深刻透彻理解，反而会将高深之理也看成浅薄了。

11.11　舞、射便见人诚。[1]古之教人，莫非使之成己[2]。自洒扫应对上，便可到圣人事。[3]

——《二程遗书》卷五

［注释］

①舞与射都是上古的教育内容。《周礼·春官》："乐师掌国学之政，以教国子小舞。凡舞有帗舞，有羽舞，有皇舞，有旄舞，有干舞，有人舞。"江永按："舞射必诚，乃可应命中节。"②成己：养成自己的德行。朱熹解："此节言其理之在是，由是可以至于彼。"③洒扫应对是要诚，由此发展，能诚己便到圣人。参考（1.28）、（6.11）。

［译文］

舞而中节，射而中的，就能看出一个人的诚心。古代圣贤教人，无非使之成就自身德行。从洒扫、应对上，便能培养人的诚意，按此诚意做下去，就能做到圣人所做的事。

11.12　自"幼子常视毋诳"以上，便是教以圣人事。[1]

——《二程遗书》卷六

［注释］

①《礼记·曲礼上》："幼子常视毋诳，童子不衣裘、裳，立必正，方不倾听。"视：同示，意思说平日不可以谎话教示儿童。江永按："小学皆是教

之以诚，诚即圣人事也。”

[译文]

从“平时不可以让孩子看到你在说谎”以上的教育，都是用做圣人之事来教育人。

11.13　先传后倦，君子教人有序。先传以小者近者，而后教以大者远者。非是先传以近小，而后不教以远大也。[①]

——《二程遗书》卷八

[注释]

①《论语·子张》：“子游曰：‘子夏之门人小子，当洒扫应对进退则可矣，抑末也。本之则无，如之何？’子夏闻之，曰：‘噫，言游过矣！君子之道，孰先传焉，孰后倦焉？譬诸草木，区以别矣。君子之道，焉可诬也？有始有卒者，其惟圣人乎？’”倦，困倦。后倦：前人解作后教诲他不倦怠。此条阐发子夏之意。

[译文]

先传授什么后传授什么，君子教人有一定顺序。先传授那些小的近的，而后传授那些重要的远大的。并不是先传授以近的小的，而后不教他远的大的了。

11.14　伊川先生曰：说书[①]必非古意，转使人薄。学者须是潜心积虑，优游[②]涵养，使之自得。今一日说尽，只是教得薄。至如汉时说下帷讲诵，犹未必说书。[③]　——《二程遗书》卷十五

[注释]

①说书：讲说古书。②优游：从容而不急迫，即在从容有余之中体认圣人之意。③《汉书·董仲舒传》：“孝景时为博士，下帷讲诵，弟子传以次相授业，或莫见其面。”

[译文]

程颐说：解说古书肯定不合古意，反倒使人浅薄。学者应该潜

心进去，反复思考，从从容容，游于其间，涵泳持养，至于透彻理解，自己领会。现在却一次说完了，只是把书给教得浅薄了。至于汉时说的董仲舒放下帐子讲诵，也未必是解说古书。

11.15　古者八岁入小学，十五入大学。[①]择其才可教者聚之，不肖者复之农亩。盖士农不易业，既入学则不治农，然后士农判。在学之养，若士大夫之子，则不虑无养；虽庶人[②]之子，既入学则亦必有养。古之士者，自十五入学，至四十方仕[③]，中间自有二十五年学，又无利可趋，则所志可知，须去趋善，便自此成德。[④]后之人自童稚间已有汲汲趋利之意，何由得向善？故古人必使四十而仕，然后志定。只营衣食却无害，惟利禄之诱最害人（本注：人有养便定志于学）。——《二程遗书》卷十五

［注释］

①《汉书·食货志》述周室之制云："八岁入小学，学六甲、五方、书计之事，始知室家长幼之节。十五入大学，学先圣礼乐而知朝廷君臣之义礼。"②庶人：平民，百姓。③《礼记·曲礼上》："四十曰强而仕。"④成德：成就美德。汉王充《论衡·量知》："故夫学者所以反情治性，尽材成德也。"

［译文］

古代八岁入小学，十五入大学。选择那些才质好可教的聚集在大学中教之，那些不成器的让他回到田间务农。古代士和农都是终身职业不能互相变换，已经入学为士就不再从事农业，这样才能把士和农的职业分开。在学校中的供养，如果是士大夫的儿子，则不用担心他没有供养；即使是平民之子，既然入学那就必然有供养。古代的士，从十五入学，到四十方出仕，中间自有二十五年时间学习，又没有利可去追求，那么他的志向可知，应该是去追求善，由此就能成就德业。后代的人从童子时起就有了急急地追求利欲之意，怎么能够向善呢？所以古人一定要使他四十岁才出仕，然后从

善之志才能定。只是去营求衣食却没有什么害处，只有利禄的引诱最害人（本注：人有了供养便能定心于学）。

11.16　天下有多少才！只为道不明于天下，故不得有所成就。且古者“兴于《诗》、立于礼、成于乐”[①]，如今人怎生会得？古人于《诗》，如今人歌曲一般，虽闾巷童稚，皆习闻其说而晓其义，故能兴起于《诗》。后世老师宿儒尚不能晓其义，怎生责得学者？[②]是不得“兴于《诗》”也。古礼既废，人伦不明，以至治家皆无法度，是不得“立于礼”也。古人有歌咏以养其性情，声音以养其耳目，舞蹈以养其血脉，今皆无之，是不得“成于乐”也。古之成材也易，今之成材也难。

——《二程遗书》卷十八

[注释]

①见《论语·泰伯》，意思是：诗篇使之振奋兴起而向学，礼使人能够立身，乐使学业得以成就。②老师宿儒：年老辈尊的经师，修养有素的儒士。韩愈《施先生墓铭》：“故自贤士大夫，老师宿儒，新进小生，闻先生之死，哭泣相吊。”此条可与（4.9）参读。

[译文]

天下有多少人才呀！只因为圣人之道不倡明于天下，所以这些人才不能有所成就。况且古代培养人，“诗篇使之振奋兴起而向学，礼使人能够立身，乐使学业得以成就”，如今的人怎么能够呢？古人对于《诗经》，就如今人口头唱的歌曲一样，即使是街上的无知小童，都熟知其说而明白其义，所以能由诗篇振奋兴起。后世的前辈经师资深大儒尚且不能明白《诗经》之义，怎么能要求学子们通晓呢？这就不能“振奋兴起于《诗》”了。古代的礼制已经废除，君臣、父子、夫妇、朋友等人之大伦不能昭明于天下，以至于人治家都没有了法度，这就不能“学礼而立身”了。古人用歌唱以涵养其性情，用音乐以涵养其耳目，用舞蹈以涵养其血气，今天都没有了，这就不能“成就于乐舞”了。古人成就人才容易，今天造就人才困难。

11.17　孔子教人，“不愤不启，不悱不发”[①]。盖不待愤、悱而发，则知之不固；待愤、悱而后发，则沛然矣[②]。学者须是深思之，思之不得，然后为他说便好。初学者须是且为他说，不然非独他不晓，亦止人好问之心。　　——《二程遗书》卷十八

［注释］

①见《论语·述而》。朱熹解：“愤者，心求通而未能之意，悱者，口欲言而未能之貌。启谓开其意，发谓达其辞。”②沛然：朱熹解：“此正所谓时雨之化。”如种植之物，“正当那时节，欲发生未发生之际，却欠了雨，忽然得些雨来，生意岂可御也？”

［译文］

孔子教人，“不到他要弄通又弄不通的时候不去点透他，不到似乎能说出来又说不出的时候不去引发他”。因为不到这种“愤”、“悱”的状态而去启发他，那么他掌握得就不牢固；等到“愤”、“悱”之时然后启发他，他就会以不可阻挡之势前进。学者应该深思，深思以后不能明白，然后给他说透就好。但初学者应该给他讲，不然不仅他不明白，也会阻碍了他好问之心。

11.18　横渠先生曰：“恭敬、撙节、退让以明礼。”[①]仁之至也，爱道之极也。己不勉明，则人无从倡，道无从弘，教无从成也。[②]　　——张载《正蒙·至当》

［注释］

①见《礼记·曲礼上》。撙节，旧注：撙，犹趋也。撙节：即屈就于节约也。或解撙为裁抑，节即俭约。②江永按：“此张子言以礼教人，当自勉也。教者能恭敬、撙节、退让以明礼，则能率人使成材，是仁之至也；宏道以教

人，是爱道之极。”

［译文］

张载说：以礼去教育人的人，自己能够“对人恭敬、贬抑自己、遇事退让以倡明礼”，这是仁的极致，是爱人之道的极致。自己不首先勉力以明礼，那么众人没有表率，圣人之道不能弘扬，教育也就无法成就。

11.19 《学记》曰：“进而不顾其安，使人不由其诚，教人不尽其材。”[①]人未安之，又进之；未喻之，又告之，徒使人生此节目。不尽材，不顾安，不由诚，皆是施之妄也。教人至难，必尽人之材，乃不误人。观可及处，然后告之。圣人之明，直若庖丁解牛，皆知其隙，刃投余地，无全牛矣。[②]人之才足以有为，但以其不由于诚，则不尽其才。若曰勉率而为之，则岂有由诚哉！[③]

——张载《礼记说》

［注释］

①《礼记·学记》：“今之教者，呻其占毕，多其讯言，及于数。进而不顾其安，使人不由其诚，教人不尽其材，其施之也悖，其求之也佛。”进而不顾其安：进，指学习内容的推进。安，熟习。郑玄解：“务其所诵多，不惟其未晓。”使人不由其诚：使，也是教的意思。由，用。诚，忠诚。孔颖达疏：“使学者诵文而已，为说义，心皆不晓而猛浪，是不用己之忠诚。”②庖丁解牛：见《庄子·养生主》。庖丁对文惠王的话，有：“三年之后，未尝见全牛也。”“彼节者有间，而刀刃者无厚；以无厚入有间，恢恢乎其于游刃必有余地矣。”③江永按：“不顾学者之能受而强进之，人虽勉强为之而无诚意。既无诚意，则亦不能尽其才质。三者相因，皆躐等陵节之弊也。”此条今见《横渠语录》附《语录抄》。以下两条同。

［译文］

《礼记·学记》中说：“做老师的只顾推进进度多多地教给学生而不顾学生是不是已经熟悉，这就使得学习的人不用其忠诚之心对待学习而是欺骗、敷衍老师，教人的人也就不去充分发挥学生的材性。”学生还没有熟悉学过的东西，就又进入新的学习内容；还没有明白已经告诉他的道理，就又告知新的道理。这种方法于教无益，只是教人生出不安、不诚等毛病。不能充分发挥学生的材性，不顾学生是否熟悉，使学生不用其忠诚，这都是胡乱盲目的施教。教育人是最难的事，一定要充分发挥人的才智，才不误人。观察他能达到哪一地步，然后把相应的东西告诉他。圣人就有准确地把握学习者的明睿，简直就像庖丁解牛一样，全都知道其骨节间隙在哪里，投刃于绰绰有余之地，他眼中没有一头完整的牛。人的才能足可有所作为，但因为他不用自己的诚心，就不能充分发挥他的才智。如果说勉强草率地去做，则怎能说是使用了他的诚心了呢？

11.20　古之小儿，便能敬事。长者与之提携，则两手奉长者之手。问之，掩口而对。[1]盖稍不敬事，便不忠信。故教小儿，且先安详恭敬。

——张载《礼记说》

[注释]

①敬事：恭敬奉事，《尚书·立政》：“以敬事上帝，立民长伯。”《礼记·曲礼上》：“长者与之提携，则两手奉长者之手；负剑辟咡而诏之，则掩口而对。”叶采解：“奉手则扶持尊者，掩口而对，习其向尊者屏气。”

[译文]

古时候的小孩子，就能够敬事长者。年长的人和他牵着手走路，他就两手捧住长者的手。问他话，他就掩着口回答。因为稍有一点不敬事，就不是忠信了。所以教小儿，首先要教育他安详恭敬。

11.21　孟子说：“人不足与适也，政不足与间也，唯大人为能格君心之非。”[1]非惟君心，至于朋游学者之际，彼虽议论异同，未欲深校。惟整理其心，使归之正，岂小补哉！②

——张载《孟子说》

[注释]

①见《孟子·离娄上》。适：谪，指责。参考（8.25）注。②茅星来解："朋游以同辈言，学者以后辈言。"朱熹解："不必深为辨较于立论之异同，但当探其本心而整理调理之，使反其不正者而归于正，此即所谓格心之非者也。"

[译文]

孟子说："当政的人不值得去指责，他们的政令也不值得去非议。只有大人才能纠正君主思想上的错误。"不仅君心如此，以至于同学与后学之间，他纵然议论和你不同，也不要深加论辩校正。只有纠正条理其心，使其心中不正确的东西纳入正确的轨道，这对人岂止是小的补益呀！

卷十二　改过及人心疵病

12.1　濂溪先生曰：仲由喜闻过，令名无穷焉。[①]今人有过，不喜人规，如护疾而忌医，宁灭其身而无悟也。噫！

——周敦颐《通书·过》

[注释]

①子路名仲由。《孟子·公孙丑上》："子路，人告之以有过则喜。"南宋陆九渊加以阐发，说："过在所当改，吾自改之，非为人而改也。故其闻过则喜，知过不讳，改过不惮。"（《象山集》卷六《与傅全美书》）。《周易》有《大过》、《小过》两卦，涉及人的大过失和小过失。此处以"过"概指"大过"和"小过"。参考（5.25）。

[译文]

周敦颐说：子路喜欢听到别人指出自己的过错，因而有无穷的美名。今天的人有了过错，不喜欢人来规劝，就像护着身上的病而忌讳医治，宁可灭亡自身也不醒悟。唉！

12.2　伊川先生曰：德善日积，则福禄日臻。德逾于禄，则虽盛而非满。自古隆盛，未有不失道而丧败者也。[①]

——《程氏易传·泰传》

[注释]

①此为对《周易·泰卦》九三爻辞的阐发。物理循环，泰久必否。君子

处泰之时，应该戒惧。《程氏易传》原书上文有“善处泰者其福可长也”一句。

[译文]

程颐说：德与善一天天积累，则福和禄就会一天天自己到来。德行高出了享有的禄位，那么即使所享之禄达到极盛也不称作满。自古以来官隆福盛之家，没有不丧失道义而会败落的呀。

12.3 人之于豫乐，心悦之，故迟迟，遂至于耽恋不能已也。《豫》之六二，以中正自守，其介如石，其去之速，不俟终日。故贞正而吉也。处豫不可安且久也，久则溺矣。如二可谓见几而作者也。盖中正故其守坚，而能辨之早，去之速也。①

——《程氏易传·豫传》

[注释]

①《周易》的《豫》卦，豫为安逸欢乐之意。逸乐之事，容易耽恋而失于正，故《豫》卦诸爻，多不得正，也多凶悔。只有六二这一爻，处下卦之中，又以阴爻处阴位得正，上未有应，为自守之象。当众爻耽于逸乐时，独能孤介中正自守，可谓特立之操。故爻辞曰：“介于石，不终日，贞吉。”介于石，介，孤高。于，如。言其节操如石一样孤高。不终日，言其既知耽于逸乐必凶，故“不终日”而舍去，有明辨，有果断，有迅速。《周易·系辞下》阐释说：“君子见几而作，不俟终日。《易》曰：‘介于石，不终日，贞吉。’介如石焉，宁用终日？断可识矣。”六二《象》辞说：“不终日，贞吉，以中正也。”

[译文]

人对于逸豫安乐，心中喜悦，不肯决然舍去，故迟之又迟，终至于迷恋安乐而不能自已。《豫》卦的六二爻，能以中正自守，其品质高介如石，能够迅速舍弃逸乐而去，不等过完这一天。所以坚贞中正而吉利。人在逸乐中不可安逸又长久，长处安乐之中就会沉湎。像六二爻之明智，可以称得上是看到征兆就迅速行动的了。因为其处中正之位，所以能守身坚定，又能及早辨别逸乐之害，而迅速地舍弃它。

12.4　人君致危亡之道非一，而以豫[1]为多。

——《程氏易传·豫传》

[注释]

①此为《豫》卦六五爻辞的解说。程颐解此爻："六五以阴柔居君位，当豫之时，沉溺于豫，不能自主者也。"所以有本条之论。豫：逸豫，沉湎于逸豫安乐。

[译文]

人君招致危亡的缘由很多，而其中以逸豫安乐为多。

12.5　圣人为戒，必于方盛之时。方其盛而不知戒，故狃安富则骄侈生，乐舒肆则纲纪坏，忘祸乱则衅孽萌，是以浸淫不知乱之至也。[1]

——《程氏易传·临传》

[注释]

①本条提示应于兴盛之时戒备祸患。狃（niǔ）：贪图。孽萌：萌生，发生。孽，滋生。浸（qīn）淫：渐渐。《新唐书·张延赏传》："道路訾谤，浸淫闻于上。"

[译文]

圣人戒备祸患，一定要在正当兴盛之时。当兴盛的时候不知戒惧，因而习惯于安乐富足就会产生骄侈，乐于舒适肆意纲纪就会败坏，忘怀于祸乱事端就会萌动，因此就像水渐积渐多一样，在不知不觉中祸乱就会到来。

12.6　《复》之六三，以阴躁处动之极，复之频数而不能固者也。[1]复贵安固，频复频失，不安于复也。复善而屡失，危之道也。圣人开迁善之道，与其复而危其屡失，故云"厉无咎”，不可以频失而戒其复也，频失则为危，屡复何咎？[②]过在失而不在复也。（本注：刘质夫[③]曰：频失不已，遂至迷复。）

——《程氏易传·复传》

［注释］

①《周易·复卦》，一阳复生于下，有复于善之意。复于善，就是改过。②六三爻辞说：“频复，厉无咎。”按《复》（䷗）之六三爻，以阴爻处阳位，不得正，在下卦之上，不得中，阴性躁，又下卦为震，震为动，在下卦之上，是动之极。所以这一爻的性为躁动不安，复于善而不能固守于善，频频地复，是由于复而又失，失而又复。厉，危险，屡次失误当然危险。而每次失又能复，故虽厉而无咎，没有灾祸。频数：频繁，多次。固：固守。③刘绚，字质夫，二程弟子。

［译文］

《复》卦的六三爻，以阴躁之性又处在下卦震动的极点上，是频繁地复于善却不能固守于善的象征。复善改过贵在安定稳固，频频地复又频频地失，是不能安居于复善呀。复于善又屡次失去，这是危险的呀。圣人向人指明了迁善改过之路，赞扬鼓励人们复于善而又让他们明白屡次失误的危险，所以爻辞说“厉无咎”，又不可以因为屡次改过复于善而又频频失误而阻止他迁善改过啊，频频地失去是危险，屡次改过有什么不对呢？过失在于失误而不在于复善。（本注：刘绚说：频频地失误没有个完，终至迷失而不能复。）

12.7　睽极则咈戾而难合，刚极则躁暴而不详，明极则过察而多疑。[①]《睽》之上九，有六三之正应，实不孤。而其才性如此，自睽孤也。[②]如人虽有亲党，而多自疑猜，妄生乖离，虽处骨肉亲党之间，而常孤独也。

——《程氏易传·睽传》

［注释］

①《周易·睽卦》，睽是违背、乖离之义。其上九爻，居睽卦最上，是睽之极。为阳爻，以阳刚居最上，是刚之极。又《睽》（䷥）卦上卦为离，离为

明，在离卦之上是明之极。此三句描述《睽》上九爻的才性。咈（fū）：违背，抵触。②才性：指上九爻睽极、刚极、明极三种特性。睽孤：见上九爻辞，即孤独、孤立。此处说，它本不孤，其孤立是自己造成的。

［译文］

睽离到了极点，则乖戾而难与人合；刚强到了极点，就暴躁而不安详；明敏到了极点，就过多审察而走向多疑。《睽》卦的上九爻，本来有六三爻与之正应，其实并不孤立。但它的特性乖戾、暴躁、多疑，是自我孤立起来了。这就像人，虽是亲戚族人，但多自猜疑，妄生乖离，即使在至亲骨肉亲族之间，也常常是孤独的。

12.8　《解》之六三曰："负且乘，致寇至，贞吝。"[①]传曰：小人而窃盛位，虽勉为正事，而气质卑下，本非在上之物，终可吝也。若能大正则如何？曰：大正非阴柔所能也。若能之，则是化为君子矣。

——《程氏易传·解传》

［注释］

①《周易·系辞上》解此爻辞说："负也者，小人之事也；乘也者，君子之器也。小人而乘君子之器，盗思夺之矣。"按六三为阴爻，象征小人，却居于下卦之上，是小人而居高位。并且六是阴爻，三是阳位，不得正，德与位不称。如此必然会招致寇盗想夺取这一地位。贞：正也。贞吝：是说他即使行正道，由于本非正人，终至悔吝。

［译文］

《解》卦的六三爻辞说："负且乘，致寇至，贞吝。"程颐解释说：小人而窃居高位，即使他勉力去做正事，但由于气质卑下，原本不是在上位的人，最终也不免于羞。或许有人说：假如他能变成极正派的人，又怎么样呢？回答是：极其正派，不是阴柔之性所能做到的。如果能，那是变化气质而成为君子了。

12.9　《益》之上九曰："莫益之，或击之。"[①]传曰：理者天下之至公，利者众人所同欲。苟公其心，不失其正理，则与众同利，无侵于人，人亦欲与之。若切于好利，蔽于自私，求自益以损于人，则人亦与之力争，故莫肯益之，而有击夺之者矣。

——《程氏易传·益传》

[注释]

①《周易·益卦》之义，“损上益下”。上九以刚爻处《益》卦之极，一方面是求益之心太切，一方面他自处最上，已经无人益之。又由于求益心太切，损人益己，就会有人攻击他。莫：没有人。或：有的人。

[译文]

《益》卦的上九爻辞说：“没有人给他东西，却有人去攻击他。”程颐解释说：理是天下的大公，利是人们共同追求的东西。如果能使自己的心公平，不失于正理，那就会与大众同享利益，不去侵夺别人，别人也就想给他。如果好利心切，心为自私所蔽塞，追求自己得益，而损害别人，那么别人也就与他力争，所以就没有人肯送给他什么，而有人去攻击他并且夺取他的东西了。

12.10　《艮》之九三曰：“艮其限，列其夤，厉熏心。”[①]传曰：夫止道贵乎得宜，行止不能以时，而定于一，其坚强如此，则处世乖戾，与物睽绝，其危甚矣。[②]人之固止一隅，而举世莫与宜者，则艰蹇忿畏，焚挠其中，岂有安裕之理？[③]“厉熏心”，谓不安之势，熏烁其中也。

——《程氏易传·艮传》

[注释]

①《周易·艮卦》之艮，意为止。而九三爻以阳刚之性居下卦之上，成为上下卦的分界，这就是“艮其限”。限：界限，分隔。以之比人，则当人的腰部，九三以刚爻止于腰部，使腰部上下决裂而又不能屈伸。列其夤（yín）：列同裂。夤，是腰部脊背的肉。如此使得上下相离，左右不谐。以此处世，必至上下叛离，左右决裂，当然危险。所以他心中就像被火熏烤似的不安，这就是“厉熏心”。厉：不安。②《艮》之《彖》曰：“时止则止，时行则行，动

静不失其时，其道光明。”当行之时即行，当止之时即止，是得时宜。行止以时则吉，行止不以时，不当止而止，不当行而行，凶。九三为不当止而止。定于一：指胶固于一隅而不通达。③张伯行解：“拘固一隅以为止，而举世之大，至莫与之相宜者，则身之所处，艰而多阻，蹇而多难，有所不平则忿，有所不得则畏。如火之将焚，如木之见挠，交逼于中，岂有安舒宽裕之理？”艰蹇：行走困难不便。挠：搅扰使得烦恼。

[译文]

《艮》卦的九三爻辞说：“它把艮的上下卦分开，割裂了脊骨上的肉，不安之势像火一样熏烤着它的心。”程颐解释说：止之道贵在得宜，行动和静止不能按时，而却定着于一处，这样去处世，就乖戾不合，与他人背离断绝，那是很危险的呀。人固执地胶着在一个角落里，而整个世上没有与他合得来的人，那就会有艰险困迫忿恨畏惧，焚烧着、扰乱着他的心，哪里还有安闲宽裕的道理？“厉熏心”，说的就是不安之势熏烤他的内心呀。

12.11　大率以说而动，安有不失正者？[①]

——《程氏易传·归妹传》

[注释]

①《周易·归妹》(䷵)，兑下震上，兑为少女，震为长男，兑为悦，震为动，男女以悦而动，又以动而悦。程颐以为悦而动，动而悦，则不得其正，因为这不符合夫妻尊卑内外等伦理关系，而有恣情纵欲意。

[译文]

大凡因为喜欢而动的，其动怎么会不失于正理呢？

12.12　男女有尊卑之序，夫妇有唱随之理，此常理也。苟徇情肆欲，唯说是动，男牵欲而失其刚，妇狃说而忘其顺，则凶而无所利矣。[①]

——《程氏易传·归妹传》

[注释]

①《周易·归妹》之《象》说："无攸利，柔乘刚也。"此条是其解说。说：悦。

[译文]

男女之间有男尊女卑的秩序，夫妇间有夫唱妇随的情理，这是恒常不变的道理呀。如果徇情肆欲，为所喜爱的人而动，那么男人被情欲牵引着而失去其刚正，女人习惯于欢爱而忘记了柔顺，那就只有凶而没有什么利了。

12.13 虽舜之圣，且畏巧言令色，说之惑人，易入而可惧也如此。[①] ——《程氏易传·兑传》

[注释]

①《尚书·皋陶谟》：禹说尧舜："能哲而惠，何忧乎驩兜？何迁乎有苗？何畏乎巧言令色孔壬？"这话也许是针对尧舜说的，但无舜畏巧言令色之意。参见（13.5）。说：悦。

[译文]

即使像舜这样的圣人，尚且畏惧那些花言巧语、以媚顺之色讨好人的人，可见取悦的手段迷惑人，是多么容易攻入人心而且可怕呀。

12.14 治水，天下之大任也，非具至公之心，能舍己从人，尽天下之议，则不能成其功，岂方命圮族者所能乎？[①]鲧虽九年而功弗成，然其所治，固非他人所及也。惟其功有叙，故其自任益强，咈戾圮类益甚，公议隔而人心离矣，是其恶益显，而功卒不可成也。[②] ——《程氏经说·书解》

[注释]

①《尚书·尧典》："帝曰：'咨四岳，汤汤洪水方割，荡荡怀山襄陵，浩浩滔天，下民其共咨，有能俾乂？'佥曰：'吁！鲧哉。'帝曰：'吁，咈哉！方

命圮类。’”方，违抗。命，指正理。圮（pǐ），毁灭。类，族类。方命圮类，是说鲧好违背天理行事，毁败善类。②鲧（gǔn）：禹之父，曾奉尧命治水，因筑堤堵水，九年未治平，被舜杀死在羽山。《尚书·洪范》：“我闻在昔，鲧陻洪水。”咈戾（fúlì）：两字都是违背、乖违之意。叶采解：“公议隔而得失莫闻，人心离而事业莫与共之者矣。”其功有叙：依等级论定其功绩为叙功。

［译文］

治水，是天下重大的责任呀，除非具有至公之心，能够舍弃一己之明而听从他人，充分采纳天下人的议论，则不能成其功。这难道是恃一己之能，背理行事，败坏善类的人所能承担的吗？鲧虽然治水九年而没有成功，但他所治理的，自然不是其他人所能赶得上的。正因为他取得了足有可叙之功，所以就更加自信个人的能力，更加严重地情性乖离毁败群类，天下公议听不到了，人也与他离心离德，这样一来，他的恶性就更加暴露，而最终也不可能成功。

12.15 君子敬以直内[①]。微生高所枉虽小，而害直则大。[②]

——《程氏经说·论语解》

［注释］

①敬以直内：见《周易·坤卦·文言》，注见（2.7）、（2.16）、（2.44）等。②《论语·公冶长》：“子曰：孰谓微生高直？或乞醯焉，乞诸其邻而与之。”微生高，或以为即尾生高，《庄子》、《战国策》都记载有他与一女子相约守信的故事。

［译文］

君子以敬诚使内心正直。微生高借醋的事虽是小事，但这做法对人心正直的危害却很大。

12.16 人有欲则无刚，刚则不屈于欲。[①]

——《程氏经说·论语解》

［注释］

①《论语·公冶长》：“子曰：‘吾未见刚者。’或对曰：‘申枨。’子曰：

‘枨也欲，焉得刚？’”

［译文］

人有欲望就没有了刚毅，刚毅的人就不为欲望所屈。

12.17　人之过也，各于其类。[①]君子常失于厚，小人常失于薄；君子过于爱，小人伤于忍。[②]　——《程氏经说·论语解》

［注释］

①《论语·里仁》：“子曰：人之过也，各于其党。观过，斯知仁矣。”

②忍：残忍。

［译文］

人犯什么样的错误，也各自归属于他这一类，同类的人犯同类的错误。君子常常失于过分宽厚，小人常常失于刻薄；君子总是过分地爱人，小人则伤于残忍。

12.18　明道先生曰：富贵骄人，固不善；学问骄人，害亦不细。[①]

——《二程遗书》卷一

［注释］

①骄人：傲视他人；向他人显示骄矜。以学问而傲视他人，有害于修德。

［译文］

程颢说：仗着富贵而对人骄慢，固然不好；仗着有学问而对人骄慢，为害也不小。

12.19　人以料事为明，便浸浸入逆诈亿不信去也。[①]

——《二程遗书》卷一

［注释］

①《论语·宪问》：“不逆诈，不亿不信。”意为：不预先怀疑别人的欺诈，也不臆断别人不老实。料事：预料未来的事。明：名察。

［译文］

人以能预料事情为明察，那就渐渐差不多要到逆诈、亿不信的不良地步了。

12. 20　人于外物奉身者，事事要好，只有自家一个身与心却不要好。[①]苟得外面物好时，却不知道自家身与心却已先不好了也。——《二程遗书》卷一

［注释］

①奉身：奉养身体。外物奉身者：指生活需要之物。茅星来解："外物奉身者，如宫室、饮食、衣服之类皆是。身不好谓身不修，心不好谓心不正。所谓以小害大、贱害贵也。"

［译文］

人对于奉养自身的外物，样样都要好，只有自己这一个身心反倒不要好。假如得到了外面奉身之物都好了的时候，却不知道自己的身心已经先不好了。

12. 21　人于天理昏者，是只为嗜欲乱着他。庄子言"其嗜欲深者，其天机浅。"[①]此言最是。——《二程遗书》卷二上

［注释］

①见《庄子·大宗师》。庄子所谓天机，指人纯正自然的天性。程颢借用，则同于天理。

［译文］

人对于天理昏暗不明，只是因为嗜欲搅乱着他。庄子说："嗜欲深的人，天机就浅。"这话说得非常正确。

12. 22　伊川先生曰：阅机事之久，机心必生。[①]盖方其阅时，心必喜。既喜，则如种下种子。——《二程遗书》卷三

［注释］

①《庄子·天地》："有机械者必有机事，有机事者必有机心。"机事，机巧之事。机心，机变之心。庄子认为，机心机事，破坏心的纯洁虚静。阅机事：经历机巧之事。

［译文］

程颐说：经历机巧之事久了，必然产生机诈之心。因为当人看到机巧之物时，心中一定喜欢。既一喜欢，这机诈就像在心里种下了种子一般。

12.23　疑病者，未有事至时，先有疑端在心；周罗事者，先有周事之端在心。[①]皆病也。——《二程遗书》卷三

［注释］

①叶采解："周罗事，犹言兜揽事。"端：此处指念头。《朱子语类》卷一百十三引此段："问：程先生云：周罗事者，先有周罗之病在心；多疑者，先有疑病在心。"意较明。

［译文］

有疑病的人，没有遇到事时，先有个怀疑的念头装在心里；爱揽事的人，先有个揽事的念头在心里。这都是病。

12.24　较事大小，其弊为枉尺直寻之病。[①]

——《二程遗书》卷三

［注释］

①枉尺直寻：《孟子·滕文公下》："且《志》曰：'枉尺而直寻'，宜若可为。"八尺为寻。人屈一尺而换得伸直一寻，指小有所屈而大有所获。这是先儒所不赞成的。《后汉书·张衡传》："枉尺直寻，议者讥之。盈欲亏志，孰云非羞？"张伯行解："事无大小，唯理是视。"如较量事之大小，枉尺直寻，"谓功利为可徼，谓礼为可弃，其病不可胜言矣"。

[译文]

较量事情大小，只按功利的大小决定事情做与不做，其弊病就是枉尺而直寻。

12.25　小人、小丈夫，不合小了他，本不是恶。[1]

——《二程遗书》卷六

[注释]

①小人、小丈夫：见《孟子·公孙丑下》，说尹士误解了孟子，孟子解释的话中有“予岂若是小丈夫然哉!”小丈夫，指小气，器量狭窄。尹士听到孟子解释的话后，说自己：“士诚小人也。”小人，是小人物。不合小了他：不该把他看小了。

[译文]

小人、小丈夫，不应瞧不起他们，他们本不是恶人。

12.26　虽公天下事，若用私意为之，便是私。

——《二程遗书》卷五

[译文]

即使是天下大公之事，如果用私意去做，就是私。

12.27　做官夺人志。　——《二程遗书》卷十五

[译文]

做官使人丧失志气志向志趣。

12.28　骄是气盈，吝是气歉。人若吝时，于财上亦不足，于事上亦不足，凡百事皆不足，必有歉歉之色也。[1]

——《二程遗书》卷十八

[注释]

①《论语·泰伯》：“子曰：如有周公之才之美，使骄且吝，其余不足观

也。”《二程遗书》此条在于说明骄、吝同病。歉歉：不足的样子。

[译文]

骄横的人是气太满，吝啬的人是气不足。人如果吝啬时，在钱财上也总是显得不足，在做事上也总是显得不足，所有的事情都显得不足，脸上总带着吃不饱饭的样子。

12.29　未知道者如醉人。方其醉时，无所不至[①]；及其醒也，莫不愧耻。人之未知学者，自视以为无缺。及既知学，反思前日所为，则骇且惧矣。——《二程遗书》卷十八

[注释]

①无所不至：如说无所不为，什么事都干得出来。多作贬词。《论语·阳货》：“鄙夫可与事君也欤哉！其未得之也，患得之；既得之，患失之。苟患失之，无所不至矣。”

[译文]

不懂得圣人之道的人就像醉酒的人。当他醉的时候，什么事都能干出来；等到他醒来，无不感到愧恨羞耻。人在不知道学道时，自以为自己什么都懂。等到知道学习以后，回想过去的所作所为，就会感到吃惊并且后怕了。

12.30　邢七云：“一日三检点。”[①]明道先生曰：“可哀也哉！其余时理会[②]甚事？盖仿三省之说错了，可见不曾用功。”又多逐人面上说一般话，明道责之，邢曰：“无可说。”明道曰：“无可说，便不得不说。”——《二程遗书》卷十二

[注释]

①邢七：邢恕，程颢弟子。人品不好，见（7.29）注。《论语·学而》：“曾子曰：吾日三省吾身。”三，表示多。三省，即时时反省。检点：查点，这里是审查之义。②理会：此处是思考、关注等意思。

[译文]

邢恕说："一日三次检点自身。"程颢说："可哀呀！其余的时间考虑什么事？这大约是模仿曾子'吾日三省吾身'之说而搞错了，可见不曾用功学习。"邢恕又常跑到人面前说一种大话，程颢责备他，他说："我没什么可说。"程颢说："既然没有什么可说，就应该把这当说不当说的问题分辨清楚。"

12.31 横渠先生曰：学者舍礼义，则饱食终日，无所猷为，与下民一致，所事不逾衣食之间、燕游之乐尔。①

——张载《正蒙·中正》

[注释]

①舍礼义：舍弃礼义，不从事于礼义。猷：谋划。猷为：作为。下民：《论语·季氏》："困而不学，民斯为下矣。"下民即困而不学的下等人。燕游：有闲游、漫游、宴饮游乐等义。

[译文]

张载说：学道的人如果舍弃礼义不讲，那就是饱食终日，无所作为，与困而不学的下等人一样了，所做的事不过在于谋求衣食，以及燕饮佚游的乐趣。

12.32 郑卫之音悲哀，令人意思留连，又生怠惰之意，从而致骄淫之心。①虽珍玩奇货，其始惑人也，亦不如是切，从而生无限嗜好。故孔子曰：必放之。亦是圣人经历过，但圣人能不为物所移耳。

——张载《礼乐说》

[注释]

①郑卫之音：春秋时郑、卫两地的民间音乐，《诗经》有郑风和卫风。孔子等认为郑卫之音淫靡，说"放郑声，远佞人。郑声淫，佞人殆"（《论语·卫灵公》）。《礼记·乐记》："郑卫之音，乱世之音也，比于慢矣。桑间濮上之音，亡国之音也。"但这样的音乐很动人，《礼记·乐记》载："魏文侯问于

子夏曰：吾端冕而听古乐，则惟恐卧。听郑卫之音，则不知倦。”意思：心意，神情。留连：沉迷难舍。苏轼《骊山》诗：“由来留连多丧国，宴安酖毒因奢惑。”

［译文］

郑卫之地的音乐悲哀，令人听了流连难舍，又产生怠惰之情，从而导致骄奢淫佚之心。即使是珍玩奇物，其最初迷惑人心，也不像这样的深切，从而产生无限的嗜好。所以孔子说：一定要抛弃它。这也是圣人曾经经历过的，只是圣人能不为之所动罢了。

12.33　孟子言反经，特于乡原之后者，以乡原大者不先立，心中初无主，惟是左右看，顺人情，不欲违，一生如此。①

——张载《孟子说》

［注释］

①反经：回归常道。乡原：又作乡愿，今谓之老好好。《孟子·尽心下》说乡原：“非之无所举也，刺之无所刺也，同乎流俗，合乎污世，居之似忠信，行之似廉洁，众皆悦之，自以为是，而不可与入尧舜之道，故曰‘德之贼’也。孔子曰：恶似而非者。恶莠，恐其乱苗也；恶佞，恐其乱义也；恶利口，恐其乱信也；恶郑声，恐其乱乐也；恶紫，恐其乱朱也；恶乡原，恐其乱德也。君子反经而已矣，经正则庶民兴。”《孟子·告子上》：“先立乎大者，则其小者不能夺也。”此处借作首先树立大的原则。

［译文］

孟子论反经（回归常道），特意放在说完乡原之后，是由于乡原不先确立大的是非原则，心中原本没有主见，只是左看看右看看，顺于人情，不想违背任何一个人，一生都是这样。

卷十三　异端之学

13.1　明道先生曰：杨、墨之害，甚于申、韩；佛、老之害，甚于杨、墨。[①]杨氏为我疑[②]于义；墨氏兼爱疑于仁。申、韩则浅陋易见。故孟子只辟[③]杨、墨，为其惑世之甚也。佛、老其言近理，又非杨、墨之比，此所以其惑尤甚。[④]杨、墨之害，亦经孟子辟之，所以廓如也。——《二程遗书》卷十三

［注释］

①杨、墨：即杨朱和墨翟，战国时两位思想家，各自代表一个学派。杨朱主张为我，墨子主张兼爱，互相对立，而又同是儒家的反对派。申、韩：申不害、韩非，两人都是战国时法家代表人物，主张刑名法术，主张君主以权术御下。佛、老：佛教和道家。韩愈排佛，即以佛老为异端，《进学解》："先生之业可谓勤矣，抵排异端，攘斥佛老，补苴罅漏，张皇幽眇。"②疑：疑似，近似。杨、墨之论，接近与仁义，容易惑众，故要力抵。③辟：驳斥。《孟子·滕文公下》："杨墨之道不息，孔子之道不著，是邪说诬民，充塞仁义者也。"因而要"距杨墨，放淫辞"。④叶采解："佛氏言心性，老氏谈道德，皆近于理，又非杨墨之比，故其为人心之害尤甚。"

［译文］

程颢说：杨、墨学说的危害，比申、韩严重；而佛、老的危害，又比杨、墨严重。杨氏主张为我，与义接近；墨氏主张兼爱，又与仁相似。申、韩的学说则浅陋，容易看出其错处。所以孟子只

驳斥杨、墨，因为他们迷惑世人严重。佛、老的言论接近于理，又不是杨、墨的学说所可比的，因此就更为严重地迷惑世人。杨、墨的危害，经过孟子的批驳，所以廓然大明于天下了。

13.2 伊川先生曰：儒者潜心正道，不容有差。其始甚微，其终则不可救。如“师也过，商也不及”①，于圣人中道，师只是过于厚些，商只是不及些。然而厚则渐至于兼爱，不及则便至于为我。其过、不及，同出于儒者，其末遂至杨、墨。②至如杨、墨，亦未至于无父无君，孟子推之便至于此，盖其差必至于是也。③

——《二程遗书》卷十七

[注释]

①《论语·先进》：“师也过，商也不及。”师，颛孙师，即子张。商，卜商，即子夏。又《礼记·仲尼燕居》：“子曰：师尔过，而商也不及。”②旧说杨子之学源于子夏，墨子之学出于子张。此说不确，前人已辨其非。叶采解：“子张才高意广，泛爱兼容，故常过乎中。子夏笃信自守，规模谨密，故常不及乎中。二子于道，亦未远也。然师之过，其流必至于墨氏之兼爱；子夏之不及，其后传……是杨氏为我之学也。”③《孟子·滕文公下》：“杨氏为我，是无君也，墨子兼爱，是无父也。无父无君，是禽兽也。”

[译文]

程颐说：儒者潜心于正道，不允许有所偏差。一有偏差，开始看来偏差极其微小，最终则发展到不可救药。比如说，“子张有些过头，子夏有点不及。”对于圣人的中正之道而言，子张只是过于厚了一点点，子夏只是差一点点还不够。但是厚这一点点就渐渐发展成为兼爱，差那一点点便发展到了为我。其过和不及同是出于儒者，其末流就发展成为杨朱之为我和墨翟之兼爱。进一步说，至于杨、墨，也还不到无父无君的程度，孟子加以推理便到了这地步，那是因为偏差发展下去必然会到这一步。

13.3　明道先生曰：道之外无物，物之外无道，是天地之间，无适而非道也。[①]即父子而父子在所亲，即君臣而君臣在所严，以至为夫妇、为长幼、为朋友，无所为而非道，此道所以不可须臾离也。然则毁人伦、去四大者，其外于道也远矣。[②]故“君子之于天下也，无适也，无莫也，义之与比”。若有适有莫，则于道为有间，非天地之全也。[③]彼释氏之学，于“敬以直内”则有之矣，“义以方外”，则未之有也。[④]故滞固者入于枯槁，疏通者归于恣肆，此佛教之所以为隘也。[⑤]吾道则不然，率性而已，斯理也。圣人于《易》备言之。（本注：又云：佛有一个觉之理，可以“敬以直内”矣，然无“义以方外”，其直内者，要之其本亦不是。）[⑥]

——《二程遗书》卷四

［注释］

①道之外无物：是说天地万物，一切都依道的法则生成，概莫能外。物之外无道：是说所有的物都体现着道，“率性之谓道”，顺应事物的本性便是道，故物之外无道。②即父子：体现在父子关系上。这几句说：释氏之说离道很远。佛家以地、水、风、火为四大，人身也由四大幻化而成，主张寂灭幻根，断除一切。如此一来，不知身由何处而来，是不知有父母，所以说是毁人伦。断除四大，则不知有身，更不知心存何处。所谓道，即存其本心。不知心之所存，所以离道当然太远了。③见《论语·里仁》。佛教认定寂灭为可，是“适”，而处事应物为不可，是“莫”。有适有莫：就不是顺应天地之性，破坏了天地完整自然之性，是“非天地之全”。④《周易·坤·文言》：“君子敬以直内，义以方外。”张伯行解：“就释氏之学论之，习定此心，收敛虚静，亦若吾儒常惺惺之法，与所云‘敬以直内’者相合。然天下事理，各有当然之义。一切扫灭，不求精察，则有体无用，吾儒所云‘义以方外’者，未之有也。既无方外之义，则敬之云者，亦只是一个灵觉”，“其直内之本，亦不是矣”。⑤张伯行解：“一味拘滞固执不化者，则劳筋苦骨，屠肤乞钵，入于枯槁而无人道；其疏旷自恣，矫语通达者，则浮沤世故，超豁顿悟，归于恣肆而侮天地。是皆外物以为道之病。”⑥觉：即觉悟，通过虚静的内心修持，而超

越迷惑的世界，超越生死的烦恼，而悟解佛的妙境。与儒家“敬以直内”有某些相通处。朱熹言，此条“游定夫所编，恐有差误”。

［译文］

程颢说：道之外没有物，物之外也没有道，如此则天地之间，无处不体现着道。就父子说，父子之道在则父子亲，就君臣说，君臣之道在则君臣之分严，以至于为夫妇之道、长幼之道、朋友之道，没有任何一事而不遵循着道的，这就是道一刻也离不了的原因。那么佛教的毁灭人伦、断除四大，就离道远了。所以孔子说：“君子对于天下的事，既不执著于一定要怎么做，也不坚持不怎么做，怎么做合乎义便怎么做。”如果一定要怎样或一定不怎样，那么和道之间就有了差距，破坏了天地之性的自然。他们佛家的学说，在“敬以直内”方面有一些，而“义以方外”则没有。所以那些偏执固守的人就走向苦修行，那些疏旷放达的人就流于恣意放肆，这些都是佛教偏狭的地方。我们儒家之道则没有这些弊病，顺着天地万物的本性做去就是了，这就是理。圣人在《周易》中说得很周详了。（本注：又说：佛教有一个觉悟之理，可用作“敬以直内”了，但是没有“义以方外”，那么其使内心正直的，从根本上说也不对了。）

13.4　释氏本怖死生，为利，岂是公道？[①]唯务上达而无下学，然则其上达处，岂有是也？元不相连属，但有间断，非道也。[②]孟子曰：“尽其心者，知其性也。”彼所谓识心见性是也。若存心养性一段事，则无矣。[③]彼固曰：“出家独善”，便于道体自不足。[④]或曰：释氏地狱之类，皆是为下根之人设此怖，令为善。先生曰：至诚贯天地，人尚有不化，岂有立伪教而人可化乎？

——《二程遗书》卷十三

［注释］

①叶采解：“释氏谓有生必有灭，故有轮回。今求不生不灭之理，可免轮

回之苦，此本出于利己之私意也。”②《论语·宪问》：“下学而上达。”下学，指就人事上学习普通的知识。上达，透悟高深的道理，或上达天命。叶采曰：“绝学而求顿悟，故无下学工夫。”茅星来解：“务上达者，求了悟也。无下学者，屏弃事物也。人之所以事事物物穷究其理者，惟求其有是无非则已。今既扫除一切，而惟求此心之了悟，故曰：‘岂有是也？’”不相连属、有间断，均指下学与上达之间不连属、有间断。张伯行解：“道本是彻上彻下，周流连属。若离下求上，则元不连属，有间断而非道矣，尚可谓上达乎？”③引文见《孟子·尽心上》。茅星来解：“识心即离念，见性即解脱。”朱熹曰：“此恐纪录者有误。盖释氏于心性之间，固不可谓之无所见，但只略见得些心性影子，初未尝仔细向里面体会。其理亦不可谓之不能存养，但只存养得所见影子，非心性之真耳。”④出家独善：是说佛教的出家为僧，如儒家所提倡的独善其身。叶采解：“道本人伦，今日出家，则于道体亏欠大矣。”

[译文]

佛教原本害怕生死轮回，学佛以求免除生死轮回之苦，那是出于利己，哪里是公道？只求悟彻玄深之理而没有就事物上下实学工夫，那么他们要了悟的，哪有正确的道理呢？实学工夫与悟彻事理不能连起来，中间只要有间断，就不是道。孟子说：“充分发扬善的本心，这就显示明白了人的本性。”佛教说的认识本心发展本性说的就是这道理。至于存心养性方面的事，则没有。他们当然会说，“出家独善其身”，只是出家就损伤道体。有人说：佛教地狱之类的说法，都是为根基智质低下的人所设的一种恫吓，使他们因惧怕而为善。程颢说：天下惟有诚心能感化人，圣人至诚之心贯彻天地，人尚且有不为所化者，难道设立一个本无诚心的伪教，人倒可以被感化吗？

13.5　学者于释氏之说，直须如淫声美色以远之，不尔，则骎骎然入其中矣。颜渊问为邦，孔子既告之以二帝三王之事，而复戒以“放郑声，远佞人”。曰：“郑声淫，佞人殆。”[①] 彼佞人者，是他一边佞耳，然而于己则危。只是能使人移，故危也。至于禹之言曰："何畏乎巧言令色?"[②]巧言令色，直消言畏，只是须著如此戒惧，犹恐不免。释氏之学，更不消言常戒，到自家自信后，便不能乱得。——《二程遗书》卷二上

[注释]

①《论语·卫灵公》："颜渊问为邦。子曰：行夏之时，乘殷之辂，服周之冕，乐则《韶》、《舞》。放郑声，远佞人。郑声淫，佞人殆。"殆，危险。②见《尚书·皋陶谟》。参见（12.13）。

[译文]

学者对于佛教的学说，只应像对待淫声美色一样远远地离开，否则，就会急急忙忙地跑到里边去。颜回问如何治国，孔子告诉了他二帝三王之事以后，又告诫他"抛弃郑地的音乐，远离巧牙利舌的小人"，说："郑国的音乐淫荡，奸佞的小人危险。"那些奸佞的小人，就他本身说是能说会道，但对于你来说则是危险。只因为他能使人为之改变，所以危险。至于大禹说的"何畏于巧言令色?"巧言令色，只需要畏惧。只是必须做到如此戒惧谨慎，尚且恐怕不免为之所动。佛教的学说，更不用说是要常常戒备的了，直到自己有了自信以后，它就不能扰乱你了。

13.6 所以谓万物一体者，皆有此理，只为从那里来。"生生之谓易"，生则一时生，皆完此理。[①]人则能推，物则气昏推不得，不可道他物不与有也。[②]人只为自私，将自家躯壳上头起意，故看得道理小了他底。放这身来，都在万物中一例看，大小大[③]快活。释氏以不知此，去他身上起意思，奈何那身不得，故却厌恶，要得去尽根尘[④]。为心源不定，故要得如枯木死灰。然没此理，要有此理，除是死也。释氏其实是爱身，放不得，故说许多。譬如负版之虫，已载不起，犹自更取物在身。[⑤]又如抱石投

河，以其重愈沉，终不道放下石头，惟嫌重也。

——《二程遗书》卷二上

［注释］

①此理：如说“是道”，理学家所谓先天地而生又禀赋于万物的理。《周易·系辞上》：“富有之谓大业，日新之谓盛德，生生之谓易。”生生：孳生不绝，繁衍不已。孔颖达疏：“生生，不绝之辞。阴阳变转，后生次于前生，是万物恒生谓之易也。”②人则能推：《周易·系辞上》：“形而上者谓之道，形而下者谓之器，化而裁之谓之变，推而行之谓之通，举而错之天下之民谓之事业。”推即推而行之，通即会通适变。程颢又说：“理则天下只是一个理，故推至四海而准。须是质诸天地、考诸三王不易之理。”则推有推广、推行、实行、验证等义。又说：“万物皆备于我，不独人尔，物皆然，都自这里出去。只是物不能推，人则能推之。虽能推之，几时添得一分？不能推之，几时减得一分？……几时道尧尽君道，添得些君道多？舜尽子道，添得些孝道多？”如此，“推”之义可明。物不能推，不能说物不有此理。③大小大：宋时俗语，何等、多么之意。江永按：“大小大快活，犹云许多快活也。”④根尘：六根六尘。佛家以耳、目、口、鼻、身、意为六根，以色、声、香、味、触、法为六尘，眼入色、耳入声、鼻入臭、舌入味、身入触、意入法，为六入，认为幻尘灭故幻根亦灭，幻根灭故幻心亦灭。所以要去尽根尘。⑤柳宗元《蝜蝂传》：“蝜蝂者，善负之小虫也。行遇物，辄持取，卬其首负之，负愈重，虽困剧不止也。其背甚涩，物积，因不散，卒踬仆，不能起。人或怜之，为去其负；苟能行，又持取如故。”

［译文］

所以说万物一体的原因，是万物都具备这同一天理，只因为都从这天理中来。《周易》说：“生生不已就是易。”虽然就道说是生生不已变易无穷，物之生则是一时所生，所有的人和物，自其生成，理就完备无缺。人禀气清，则能推扩此理，物则禀气昏而不能推而扩之，但不可说物不与人一样具有此理。只因为人自私，只在自己身体上去思考，所以把这广大无边无处不在的理看得小了。要把这身体放在万物之中，与万物一样看待，大小一切事，都得极大快活。佛教不懂得万物一体、身与万物为一的道理，只就他身上去思考，又拿这身体无可奈何，所以就厌恶躯体，想要去尽六根六尘，而后归于清净。又因为心源不定，所以要使这心如枯木死灰无息无动。然而既有身有心，就决无静定如枯木死灰的道理，要得有此道理，除非是人死去。佛教其实是爱怜自己的身体，放不下，不能忘却物我之别将此身同于万物，所以才说了许多舍弃身躯的话。就像一只蝜蝂，背负的东西已经使它跌倒起不来了，它仍然要再取物放在身上。佛教以躯体的负累，已经压得他受不了了，还是要背负着不肯放下（能理会得万物一体，身与万物为一，忘却物我之分，即忘我就是放下）。又像抱着石头投河，因为石头重就越加向下沉，只嫌这石头太重，却到底也想不到把这石头放下，只嫌躯体为负累（却不懂得要忘我以解除这负累）。

13.7　人有语导气[①]者，问先生曰：君亦有术乎？曰：吾尝夏葛而冬裘[②]，饥食而渴饮，节嗜欲，定心气，如斯而已。

——《二程遗书》卷四

[注释]

①导气：即导引，又作道引，是一种呼吸与动作配合的功法。《庄子·刻意》："吹呴呼吸，吐故纳新，熊经鸟申，为寿而已矣。此道引之士，养形之人，彭祖寿考者之所好也。"是一种养生术。②夏葛而冬裘：夏天穿葛衣冬天穿皮衣，意谓顺天理之自然。

[译文]

有一个谈论导气之术的人，问程颢：您也有养生之术吗？程颢回答说：我常常是夏天穿单葛衣冬天穿皮衣，饥了就吃饭渴了就饮水，节制自己的嗜欲，静定自己的心气，如此而已。

13.8 佛氏不识阴阳、昼夜、死生、古今，安得谓形而上者与圣人同乎？[1]

——《二程遗书》卷十四

[注释]

①叶采解："形而上者，性命也。阴阳、昼夜、死生、古今，乃天命之流行，二气之屈伸。释氏指为轮回、为幻妄，则其所谈性命，亦异乎圣人矣。"《周易·系辞上》："形而上者谓之道。"形而上指尚未形成物的形质而又超乎形质之上的东西，或称道，或称命，或称性。儒家所谈的形而上者，是性、命。佛教讲见性成佛，似乎与儒家形而上者同，程颢加以辩驳，说：既然佛教把儒家认为的是天命流行、二气屈伸所形成的阴阳、昼夜、死生、古今解释成轮回，以为是幻妄，那么他们说的性、命也就不同于儒家所说的性、命。

[译文]

佛家不懂得阴阳、昼夜、死生、古今是怎样形成的，那怎么能说他们说的形而上者与圣人所说的形而上者相同呢？

13.9 释氏之说，若欲穷其说而去取之，则其说未能穷，固已化而为佛矣。只且于迹上考之。[1]其设教如是，则其心果如何？[2]固难为取其心不取其迹，有是心则有是迹。王通言心迹之判，便是乱说。[3]故不若且于迹上断定不与圣人合，其言有合处，则吾道固已有。有不合处，固所不取。如是立定，却甚省易。

——《二程遗书》卷十五

[注释]

①迹：形迹，心的表现，现象性的东西。宋李觏《易论》："事以时变者其迹也，统而论之者其心也。"此指其表现在外的行为、行事等。②江永按："毁弃人伦是其迹之大异者，然则其心皆无父无君也，尚何取于彼哉？"③《中说·问易篇》载，魏征问："圣人有忧乎？"王通答："天下皆忧，吾独得不忧？"问疑，曰："天下皆疑，吾独得不疑？"魏征不同意，对董常说："乐天知命，吾何忧？穷理尽性，吾何疑？"王通说："汝所问者迹也，吾告汝者，心也。心迹之判久矣。"

[译文]

程颐说：佛教的学说，如果想透彻研究而后加以选择吸收，那么你还没能研究透它，自身就已经化为佛徒了。只且就它的行事上考察。他们设教如此（弃人伦，无君臣父子），那么他们的存心到底怎么样呢？固然难以只吸取他的存心而不取他的行事，有这样的存心，就会有这样的行事。王通言心和迹的分别，就是乱说。所以不如先从行事上断定它与圣人不合，那些言论有相合的地方，那么我儒家学说中本来已有。有不相合的地方，固然是不吸取的。这样立定脚跟，却很容易。

13.10　问：神仙之说有诸？曰：若说白日飞升之类则无，若言居山林间保形炼气①以延年益寿则有之。譬如一炉火，置之风中则易过②，置之密室则难过，有此理也。又问：扬子曰："圣人不师仙，厥术异也。"圣人能为此等事否？曰：此是天地间一贼，若非窃造化之机，安能延年？使圣人肯为，周、孔为之久③矣。

——《二程遗书》卷十八

[注释]

①保形：保养形体。炼气：道家之说，指通过吐纳导引等术以求长生的方法。见扬雄《法言·君子篇》。②过：宋元俗语，火熄灭。③底本无"久"字，据《二程遗书》补。

[译文]

有人问：人们说的修炼成仙这种事有没有呢？程颐说：如果说白日飞升之类的事是没有的，如果说居住山林之中保形炼气以延年益寿则是有的。人的生命就像一炉火，把它放在风中就容易熄灭，放在密室之中就难以熄灭，就是这个道理。又问：扬雄说："圣人不学神仙之事，因为所操之术不同。"圣人不肯做这类事，那么圣人能不能做呢？程颐说：求延年益寿的人是天地间一贼，人之寿夭由造物者司掌，他若不是窃取了造物者的权柄，怎么能延年？假如圣人肯做这种盗贼的事，周公、孔子决不是不能做，该是已经做了好久了。

13.11　谢显道历举佛说与吾儒同处问伊川先生，先生曰：恁地同处虽多，只是本领不是，一齐差却。[1]

——《二程外书》卷十二

［注释］

①谢显道：谢良佐字显道，程门四大弟子之一，见（2.77）注。本领：本源，根本，主旨，要领。《朱子语类》卷二十七："本领若是，事事发出来皆是；本领若不是，事事皆不是也。"

［译文］

谢良佐历举佛教之说与儒家相同之处问程颐，程颐说：如此相同的地方虽然多，只是根本与要领不对，一齐全都差了。

13.12　横渠先生曰：释氏妄意天性，而不知范围之用，反以六根之微因缘天地，明不能尽，则诬天地日月为幻妄，蔽其用于一身之小，溺其志于虚空之大，此所以语大语小，流遁失中。[1]其过于大也，尘芥六合；其蔽于小也，梦幻人世。[2]谓之穷理可乎？不知穷理而谓之尽性可乎？谓之无不知可乎？尘芥六合，谓天地为有穷也；梦幻人世，明不能究其所从也。

——张载《正蒙·大心》

［注释］

①佛教认为，心的真如是绝对不变的实体，是真实，而尘世的一切都非真实，而是人心的幻象，因而都是虚妄的。人的眼、耳、鼻、舌、身、意六根产生色、声、香、味、触、法六识，由此形成天地世界，即天地是由人心的因缘发生的。《周易·系辞上》："范围天地之化。"范围之意，是如果将天地造化比作熔炉中的铁汁，则易理就是铸造的模型，造物千变万化，不出其范围。

今人或译作包括，或解为裁成。以上一段，是讲天地生成本体论上理学与佛教的矛盾：理学认为天地由先于天地之理生成，佛教认为天地是人心的幻象。流遁：放逸而失于正道。为一身之小所蔽，而不能认识天地功用的广大无边，这是说佛教只从人身六根去认识天地。人的志趣本应以笃实为贵，佛教却沉迷于对虚空之大的追求。所以佛教所说的小和大，都不切于中正。②佛教认为，一微尘芥子中有无限大千世界。六合即天地四方。佛教又认为人世不是真实的，就如梦幻泡影。

[译文]

张载说：佛家不懂天性而臆断胡说，不懂得天理裁成天地万物的功用，反而以小小的人的感官为生成天地的因缘，他们的聪明不能透彻了解天地日月的来处，就谎说天地日月是幻妄，由一身之小蔽塞着而不知天地功用之大，志趣又沉溺于对虚空之大的追求，因此他们谈论大谈论小，全都流于荒诞而不得其中。其关于大的说法的错误，认为一微尘芥子中有天地四方；其为小所蒙蔽处，认为人世全是心的梦幻。说他们穷究事理行吗？不能穷尽事理却说他们能充分扩充其本善之性行吗？说他们无所不知行吗？说尘芥之中有六合，是认为天地是有穷尽的；以人世为梦幻，说明他们不能推究人世的来处。

13.13　大《易》不言有无。言有无，诸子之陋也。①

——张载《正蒙·大易》

[注释]

①茅星来解："《系辞传》云：'形而上者谓之道，形而下者谓之器。'夫形而上、下者皆谓之形，则其不得以道与器分有形无形明矣。而孔氏正义乃以道为无，以器为有，且曰：'易理备包有无，而易象唯在于有。'盖自王弼祖述老庄而以有无论易，而孔氏专主王注，故其说云然。张子之言，盖为此而发。"孔氏，指唐经学家孔颖达，有《五经正义》。王弼，三国魏玄学家，有《周易注》。张载所以批有无之论，是因言有无就入于老、庄。老子认为"天下万物生

于有，有生于无”。以道为无，以器为有，正同此说。按此语又见《横渠易说·系辞上》。《周易·系辞上》云：“仰以观于天文，俯以察于地理，是故知幽明之故；原始反终，故知死生之说。”张载之解，针对“幽明之故”。此条上文有：“气聚则离明得施而有形，气不聚则离明不得施而无形。方其聚也，安得不谓之有？方其散也，安得遽谓之无？故圣人仰观俯察，但云‘知幽明之故’，不云‘知有无之故’。”张载此语乃针对老庄将“无”“皆归之空虚”而发。

［译文］

大《易》不谈论有无。谈论有无，是诸子的浅陋。

13.14　浮图明鬼，谓有识之死，受生循环，遂厌苦求免，可谓知鬼乎？以人生为妄见，可谓知人乎？天人一物，辄生取舍，可谓知天乎？①孔孟所谓天，彼所谓道。②惑者指“游魂为变”为轮回，未之思也。③大学当先知天德，④知天德，则知圣人、知鬼神。今浮图剧论要归，必谓死生流转，非得道不免，谓之悟道可乎？（本注：悟则有义有命，均死生，一天人，惟知昼夜，通阴阳，体之无二。）⑤自其说炽传中国，儒者未容窥圣学门墙，已为引取，沦胥其间，指为大道。⑥乃其俗达之天下，致善恶、知愚、男女、臧获，人人著信。使英才间气，生则溺耳目恬习之事，长则师世儒崇尚之言，遂冥然被驱，因谓圣人可不修而至，大道可不学而知。⑦故未识圣人心，已谓不必求其迹；未见君子志，已谓不必事其文。此人伦所以不察，庶物所以不明，治所以忽，德所以乱。⑧异言满耳，上无礼以防其伪，下无学以稽其弊。⑨自古诐、淫、邪、遁之辞，翕然并兴，一出于佛氏之门者，千五百年。⑩向非独立不惧，精一自信，有大过人之才，何以正立其间，与之较是非、计得失哉？　——张载《正蒙·乾称》

［注释］

①浮图：又作浮屠，即佛陀。佛，此指佛教。见（9.17）注。明鬼：《墨

子》有《明鬼》篇，说明鬼的存在。这里说，佛教相信鬼的存在。受生循环：指佛家所谓的六道轮回，即认为人死后为鬼，鬼在天道、人道、阿修罗道、畜生道、饿鬼道、地狱道这六道中循环转变，最为痛苦可怕，只有得道成佛到极乐世界，才能免除这种痛苦。张载认为人由气聚而生，气散而死，气散则归于太虚，以其归也，故名为鬼。厌苦：厌烦以为苦事，此指厌烦轮回之苦。妄见：佛教语，佛教认为一切皆非实有，肯定存在都是妄见，和“真如”相对。《楞严经》卷四：“如是三种，颠倒相续，皆是觉明，明了知性，因了发相，从妄见生。”儒家认为天人本为一体，人死自然归天，而佛家却认为只有成佛才能升天，是妄生取舍。②儒家认为，天指太虚，气化流行谓道。道存在于天。而佛教直以天为道。③《周易·系辞上》：“精气为物，游魂为变，是故知鬼神之情状。”韩康伯注：“精气细缊，聚而成物，聚极则散，而游魂为变也。游魂，言其游散也。”游魂，指的是游散之气。信佛者则认为游魂是人死后的鬼魂，而“变”就是六道轮回。④大学：大的学问。茅星来解：“指儒者之学。”天德：茅星来解：“即天道之本然者，如下文所谓死生、天人、昼夜、阳阴之类皆是。”注见（2.34）。⑤剧论：激切论辩，极力要论证的。要归：要旨与归趣，立论之关键。叶采解：“当生而生，当死而死，是则有义有命。生死均安，何所厌苦？天人一致，何所取舍？知昼夜，通阴阳，则知生死之说，何所谓轮回？”按《孟子·告子上》：“舍生而取义。”人的死生都服从于义，义当死则不求生。《论语·颜渊》：“死生有命。”此即有义有命。⑥门墙：师门。《论语·子张》：“夫子之墙数仞，不得其门而入。”沦胥：沦陷、沦丧，陷溺。沦胥其间，指为大道：沉溺其中，认为其教为高明的学说。按佛教自汉明帝时传入中国，经梁武帝，到唐宪宗时大盛。⑦英才间气：如说英雄豪杰。耳目恬习：看得习惯，听得习惯，不以为怪，而可以安。世儒：俗儒。《史记·律书》：“岂与世儒暗于大较，不权轻重，猥云德化……遂执不移等哉！”⑧《孟子·离娄下》：“舜明于庶物，察于人伦。”赵岐注：“舜明庶物之情，察人事之序。”庶物，即普通的事物。忽：政治之混乱。《尚书·益稷》：“予欲闻六律五声八音，在治忽。”蔡沈集传：“在，察也。忽，治之反也。”王引之《经义述闻·尚书上》：忽，乱也。⑨茅星来解：“上无礼则法度不立，故无以防其伪；下无学则不知是非，故无以稽其弊。”上指执政者，下指士。

⑩《孟子·公孙丑上》："诐辞知其所蔽，淫辞知其所陷，邪辞知其所离，遁辞知其所穷。"诐（bì）辞是偏颇不全面的话，淫辞是过分的话，邪辞是不合正道的话，遁辞是躲躲闪闪的话。翕然：兴盛、盛行的样子。

［译文］

佛教谈论鬼，说那些有见识的鬼，在要他投生轮回时，就厌倦轮回之苦，宁可不投生以求免于轮回之苦。能说佛徒们懂得什么是鬼吗？佛教认为人生是幻妄不实的，这能说他们了解人吗？天与人原本是一物，佛教却弃人事而追求升天成佛，这能说他们懂得什么是天吗？孔孟所说的天，他们却称为道。被佛教迷惑的人又把"游魂为变"当做六道轮回，这真是不加思考的乱说。学儒学的人应该先了解天道运行的本然，了解了天道运行的本然，也就懂得了圣人的学说，也就明白了什么是鬼神。现在佛家理论的关键，一定要讲到死生轮回，说除非得道成佛的人不能免于轮回之苦，说他们悟解了道可以吗？（本注：如果悟道，就会懂得死生有义有命决定，同等地看待生和死，把天人看做一体，明白了昼夜、阴阳之理，用昼夜、阴阳之理去体验死生、天人之理，其理原本无二。）自从佛家学说盛传于中国，读书人尚未来得及窥见儒家圣学的师门，已经被佛学引诱而去，沉陷其间，指佛教为高明的学说。佛教之俗风行天下，以至于不论善恶、智愚、男女、奴婢，人人信仰。即使有英雄豪杰，生下来耳濡目染看惯了佛家之事，长大后又学习了无学无识的俗儒崇尚佛教的言论，于是糊里糊涂地被驱赶到佛教那里去了，为佛教顿悟及识心成佛之说（立地成佛，不立文字，教外别传）迷惑，于是就认为不用修养就可成为圣人，不用学习就可悟彻大道。所以还不了解圣人之存心，就说不必推求圣人的行事；还不理解君子的志趣，就说不必去阅读他们的文字。因此而不能体察人事之序，不能明了事物之情，政事因此被忽视，德行因此被搞乱。异端之说灌满耳朵，在上者没有一个法度以防其伪诈，在下的人没有学问不能考出其弊病。自古以来一切诐辞、淫辞、邪辞、遁辞，一下子全都兴盛起来，全都是出于佛教之门，已达一千五百年之久。如果不是能独立不惧，精诚专一坚定自信，有远远超过一般人才识的人，怎么能卓然正身立于其间，而与之较量、辨析是非得失呢？

卷十四　圣贤气象

14.1　明道先生曰：尧、舜更无优劣，及至汤、武便别。孟子言“性之”、“反之”，自古无人如此说，只孟子分别出来，便知得尧、舜是生而知之，汤、武是学而能之。文王之德则似尧、舜，禹之德则似汤、武。[①]要之皆是圣人。

——《二程遗书》卷二上

［注释］

①《孟子·尽心上》：“尧、舜，性之也；汤、武，身之也。”又《尽心下》：“尧、舜，性者也；汤、武，反之也。”性之，是说出于本性之自然，不习而得，不勉而中。反之，是说通过修习恢复其本善之性。

［译文］

程颢说：尧和舜再分不得优劣，及至商汤和周武王，就有了区别。孟子说：“尧、舜的仁德是出于自然的本性”，“汤、武的仁德是恢复了其本然的善性”，自古没有人这么说，只有孟子分别出来，便可知尧、舜是生而知之，汤、武是学而能之。周文王之德则近似于尧、舜，大禹之德则近似于汤、武。总之都是圣人。

14.2　仲尼，元气也；颜子，春生也；孟子并秋杀尽见。[①]仲尼无所不包，颜子示“不违，如愚”之学于后世，有自然之和气，不言而化者也。孟子则露其才，盖亦时焉而已。[②]仲尼，天地也；颜子，和风庆云也；孟子，泰山岩岩之气象也。观其言皆可见之矣。仲尼无迹，颜子微有迹，孟子其迹著。[③]孔子尽是明快人，颜子尽岂弟，孟子尽雄辩。[④] ——《二程遗书》卷五

[注释]

①此条反复形容孔子（仲尼）、颜回（颜子）、孟子气象之不同。张伯行解："夫子阴阳合德，不刚不柔，太和充满，众理渊涵，如一元之气，浑沦溥博，自然而然，无二无间，此圣不可知者也。颜子则亚圣之资，盎若春阳，蔼若春风，万物发荣滋润，到处皆有生意。""孟子亦亚圣之才，而有刚明果毅整齐严肃之意"，"所谓并秋杀尽见者。"元气：古人所谓天地未分前的混沌之气。春生：春天生物气象。秋杀：指秋天萧飒之气。孟子批杨、墨，好辩，厉声色。②《论语·为政》："子曰：吾与回言终日，不违，如愚。退而省其私，亦足以发。回也不愚。"张伯行解："元气贯通四时，则无所不包，此仲尼之道全德备，非一善可名者也。春意发生，则有自然之和气，此颜子之'不违，如愚'，与圣人合德，令后世可以想见，默而成之，不言而信者也。秋爽气清，高旷轩朗，此孟子之英气发越，为露其才，盖亦战国之时，异端滋炽，又无夫子主盟其上，故其卫道之严，距邪之力，不得不然者也。"③气象：指人的气度，气局，风神，景象。宋龚昱《乐庵语录》卷五："如舜孳孳为善，想其气象必是个温良恭顺底人。"近人钱穆《宋代理学三书随劄》之《近思录随劄》有对于气象的解说，可参考。张伯行解："天地无心而成化，虽日发育万物，人莫得窥其迹者也。仲尼一理浑然，泛应曲当，如是焉已。风云变化，虽不知其所以然，而微有迹可见，如颜子为仁之问，喟然之叹，庶乎可以窥测其微也。泰山岩岩，壁立万仞，其中景物，昭布森列，如《孟子》一书，发挥透露，不留余蕴，其迹著明也。"④张伯行解："明者，心无渣滓，人欲尽而天理见也。快者，心无系累，万物一体而因物付物也，所谓气质清明、义理昭著，廓然大公，物来顺应是也。""岂，和乐也。弟，谦逊也。"岂弟：即恺悌，也作恺弟，和乐平易。《左传》僖公十二年："《诗》曰：'恺悌君子，神所劳矣。'"杜预 注："恺，乐也；悌，易也。"

[译文]

孔子含蓄博大，圣不可知，就如天地一元之气；颜回之祥和就如春风春雨之发育生长万物之意；孟子抨击异端邪说之严厉就表现出秋天肃杀之气。孔子道全德备，一切之善无不包含，颜回以“不违背孔子的话，像是迟钝”的学习精神展示给后世，有一种自然和气，使后世之人不言而自化。孟子则显露出自己的才气，那也是时势使他如此的呀。孔子的无不覆无不载，高明博厚就如天地；颜回就如和风庆云一样有一种和气祥光；孟子的刚强峻拔直如泰山壁立的山岩气象。观察他们语言的不同风格就可以明白了。孔子之道与天地浑然一体，无迹可寻，颜回则微露些迹象，孟子则是心迹昭著，发挥透彻。孔子全然是一个明快人，颜回全是谦和，孟子全是雄辩。

14.3 曾子传圣人学，[1]其德后来不可测，安知其不至圣人？如言“吾得正而毙”[2]，且休理会文字，只看他气象极好，被他所见处大。后人虽有好言语，只被气象卑，终不类道。

——《二程遗书》卷十五

[注释]

①《论语》一书，记载孔子弟子一般称字，独曾参、有若二人称“子”，故前人多认为《论语》由他们特别是曾参的学生纂述。又据前人考证，曾子为孔子正传并开以后的思孟学派。《孟子外书》记：“曼丘不择问于孟子曰：‘夫子何学？’孟子曰：‘鲁有圣人曰孔子，曾子学于孔子，子思学于曾子。子思，孔子之孙，伯鱼之子也。子思之子曰子上，轲尝学焉，是以得圣人之传也。’”曾子：曾参。②《礼记·檀弓上》载，曾参病将死，而所铺为大夫才能用的席子，曾参一定要换掉，说：“吾何求哉？吾得正而毙焉斯已矣。”正而毙：规规矩矩合乎礼地死去。

[译文]

曾参传授圣人之学，其德行后来日益上进到不可测量的地步，怎么知道他没有达到圣人的高度呢？如他说“我只求规规矩矩合礼地死去”，且不要推敲文字，只看他气度极好，他所看到的是大处。后人虽然也有些好的言语，只因为气度卑下，到底也不像个有道的人。

14.4 传经为难，如圣人之后才百年，传之已差。[①]圣人之学，若非子思、孟子，则几乎息矣。道何尝息？只是人不由之。“道非亡也，幽、厉不由也。”[②] ——《二程遗书》卷十七

[注释]

①孔子之后，至战国时期，儒家分为八派，按《韩非子·显学》之说，“有子张之儒，有子思之儒，有颜氏之儒，有孟氏之儒，有漆雕氏之儒，有仲良氏之儒，有孙氏（荀子）之儒，有乐正氏之儒”。二程所继承的，是子思、孟子递相传授的思孟学派，此派以外的，在程氏看来，均为“有差”。子思，名孔伋，孔子之孙，相传为曾参的学生，而孟子又学于子思门人。②见董仲舒《对贤良策》。幽、厉：指周幽王、周厉王，周代无道之君。

[译文]

传授圣人的典籍学说是很困难的，如孔子死后才百十年，传授就已经有了偏差。孔子的学说，如果不是子思、孟子的发扬，则几乎要熄灭了。圣人之道何曾熄灭过，只是人们不实行。就如董仲舒说的：“周文王、武王的思想并没有消亡，只是幽王、厉王不实行。”

14.5 荀卿才高，其过多；扬雄才短，其过少。[①]

——《二程遗书》卷十八

[注释]

①荀卿：即荀子，名况，字卿，战国末赵人，思想家。扬雄：又作杨雄，西汉思想家、文学家。叶采解：“荀卿才高，敢为异论，如以人性为恶，以子思、孟子为非，其过多；扬雄才短，如作《太玄》以拟《易》，《法言》以拟《论语》，皆模仿前圣之遗言，其过少。”

[译文]

荀子才识高远，敢为异说，故其过错也较多；扬雄才识短浅，刻意模仿圣贤，故其过错也较少。

14.6　荀子极偏驳，只一句“性恶”，大本已失；扬子虽少过，然已自不识性，更说甚道？[①]　——《二程遗书》卷十九

[注释]

①荀子人性论与孟子对立，主性恶，《荀子·性恶》：“人之性恶，其善者伪也。”扬雄则主人性善恶混，《法言·修身》：“人之性也善恶混。修其善则为善人，修其恶则为恶人。”二程继承孟子的性善论，故批荀、扬之说。

[译文]

荀子的学说极其偏失驳杂，只一句“性恶”，根本就错了；扬雄虽然少有过错，但他既然不懂得性，还谈论什么道？

14.7　董仲舒曰：“正其谊，不谋其利；明其道，不计其功。”此董子所以度越诸子。[①]　——《二程遗书》卷二十五

[注释]

①见《汉书·董仲舒传》。朱熹说，此语是“不论利害，只论是非”。谊：同义，东方朔《非有先生论》：“本仁祖谊，褒有德，禄贤能。”谊，即义。度越：超越。诸子：指孟子之后汉唐诸儒。

[译文]

董仲舒说：“搞正确什么是义与不义，而不去谋求利益；讲明圣人之道而不计较功效。”这就是董仲舒超过诸子的原因所在。

14.8　汉儒如毛苌、董仲舒，最得圣人之意，然见道不甚分明。[①]下此至于扬雄，规模又窄狭矣。[②]　——《二程遗书》卷一

[注释]

①毛苌：或作毛长，汉时人，传《诗经》，为河间献王博士。所谓得圣人

之意，张伯行以为："毛以修身齐家为论治之要，董以正谊明道为格君之本是也。"见道不分明，朱熹以为："如董云性者生之质"，"似不识本然之性"。"毛公诗传，紧要有数处"，"要之亦不多见，只是气象大概好耳"。②扬雄规模窄狭，朱熹解："学老氏将取固与之术，卒为莽大夫，非儒者规模，其窄狭又甚矣。"莽指王莽。王莽篡汉，扬雄校书天禄阁，官至大夫。

[译文]

汉代的儒者如毛苌、董仲舒，最能理解圣人之意，但对圣人之道认识得不够分明。他们之下就挨到了扬雄，其规模就更窄狭了。

14.9　林希①谓扬雄为禄隐。扬雄，后人只为见他著书，便须要做他是，怎生做得是？②　　——《二程遗书》卷十八

[注释]

①林希：宋人，字子中，长乐人。《宋元学案》入《荆公新学案》（卷九十八），王安石婿。又《宋元学案》卷九十六《元祐学案》列入所附"攻元祐之学者"。②张伯行解："扬子云失身事莽，大节已亏，而人犹以为禄隐。禄隐者，道不行而浮沉下位也。子云固如是哉？人但见其所著书奥衍深僻，诧其有才，便要说他是。"其书"亦不知道而作，徒以艰深之词，文浅易之说，怎有是处？"做他是：肯定他。

[译文]

林希说扬雄是食禄的隐士。扬雄这人，后人只看到他写了书，便要肯定他，怎么能够肯定呢？

14.10　孔明有王佐之心，道则未尽。王者如天地之无私心焉，行一不义而得天下，不为。孔明必求有成而取刘璋。圣人宁无成耳，此不可为也。若刘表子琮，将为曹公所并，取而兴刘氏，可也。①　　——《二程遗书》卷二十四

[注释]

①孔明：诸葛亮，字孔明，佐刘备创立蜀汉。《孟子·公孙丑上》："行

一不义，杀一不辜而得天下，皆不为也。”刘璋：字季，益州牧刘焉子，时居蜀。刘备入蜀，围成都，刘璋出降。刘表：字景升，为荆州牧，刘表死，其子刘琮以荆州降曹操。程颢以刘氏为正统，以复兴刘汉天下为王者事，凡不合此，即以为不义。

［译文］

诸葛亮有王佐之心，但对于圣人之道却未完全把握。以仁政治天下的王者，哪怕让他做一件不义的事就能得到天下，他也不做。诸葛亮执著于追求成功而攻取刘璋。圣人宁可不求成功，这种事做不得呀。像刘表之子刘琮，将要被曹操吞并，夺取之而兴刘氏，是可以的。

14.11　诸葛武侯有儒者气象。[①]　——《二程遗书》卷十八

［注释］

①朱熹解："孔明虽尝学申、韩，然资质好，却有正大气象。"诸葛亮封武乡侯。

［译文］

诸葛亮有儒者的气度景象。

14.12　孔明庶几礼乐。[①]　——《二程遗书》卷二十四

［注释］

①王通《中说·王道》："使孔明而无死，礼乐其有兴乎？"此条缘此而发。

［译文］

诸葛亮也许可以兴起礼乐。

14.13　文中子本是一隐君子，世人往往得其议论，附会成书，其间极有格言，荀、扬道不到处。[①]　——《二程遗书》卷十九

[注释]

①文中子：隋代哲学家王通，门人私谥文中子，隐居不仕，居河汾之间讲学，门人记其言行，为《中说》（又名《文中子》）十卷。附会：这里义近拼凑。其《中说》为弟子汇集其语录编纂而成。

[译文]

王通本是一位隐居君子，世人往往记下他的议论，附会而成书，其中很有些精辟的话，为荀子、扬雄所达不到的地方。

14.14 韩愈亦近世豪杰之士，如《原道》中言语虽有病，然自孟子而后，能将许大见识寻求者，才见此人。[1]至如断曰："孟子醇乎醇。"又曰："荀与扬，择焉而不精，语焉而不详。"[2]若不是他见得，岂千余年后，便能断得如此分明？

——《二程遗书》卷一

[注释]

①韩愈：字退之，见（1.35）注。《原道》：韩愈所著，其中提出了与佛、老之道对立的道，及儒家之道由尧而下传承的"统绪"。许大见识：指《原道》中所阐述的一些重要认识，按张伯行所举，有"尧舜禹汤文武周公孔孟为相传之正统"，有"仁义道德之必合而言之"，有"人性有五而情有七"，有"孟子之功不在禹下"，有"排诋佛氏"。②引文分别见韩愈《读荀子》、《原道》。

[译文]

韩愈也是近代的豪杰之士，如《原道》一文中言语虽有些毛病，但自孟子以后，能将这么大的见识探寻出来，仅有他一人。至于判定说："孟子是醇而又醇的儒者。"又说"荀子与扬雄，其学术选择得不够精审，阐释得又不够详明"。如果不是他确有真见，怎能在孟子既死千年之后，判断得如此分明？

14.15 学者本是修德，有德然后有言。[1]退之却倒学了[2]，因学文日求所未至，遂有所得。如曰："轲之死不得其传。"[3]似此言语，非是蹈袭前人，又非凿空撰得出，[4]必有所见。若无所见，不知言所传者何事。

——《二程遗书》卷十八

［注释］

①《论语·宪问》："子曰：有德者必有言，有言者不必有德。"②韩愈字退之。朱熹解："韩文公第一义是去学文字，第二义才是去穷究道理，所以看得不亲切。"在程氏看来，学应该是学道，韩愈却是因学文而学道，所以说他学倒了。③韩愈《原道》："吾所谓道也，非向所谓老与佛之道也。尧以是传之舜，舜以是传之禹，禹以是传之汤，汤以是传之文武周公，文武周公传之孔子，孔子传之孟轲。轲之死，不得其传焉。"以为孟轲死，圣道坠溺。此说为宋理学家称道。④凿空：凭空无据。撰：杜撰。

［译文］

学道原本是修德，有了德行然后就有好的言语表达。韩愈却倒过来学了，他是由于要学写文章，每天追求自己未能达到的东西，于是就于圣人之道有了收获。如他说："孟轲死后圣人之道没有能继续向下传。"像这样的言语，不是蹈袭前人，也不是凭空杜撰得出的，一定要自己有所认识。如果不是自有见地，就不明白他自己说的圣贤所传的是什么东西。

14.16　周茂叔胸中洒落，如光风霁月。[1]其为政精密严恕，务尽道理。[2]

——《宋史·周敦颐传》、潘兴嗣《濂溪先生墓志铭》

［注释］

①黄庭坚《山谷集》卷一《濂溪诗并序》："舂陵周茂叔，人品甚高，胸中洒落，如光风霁月。"此语又载《宋史·周敦颐传》及吴子良《林下偶谈》。光风霁月：雨过天晴时的明净景象，比喻人的胸怀光明磊落。②朱熹《伊洛渊源录》卷一《濂溪先生事状》："先生博学力行，闻道甚早。遇事刚果，有古人风。为政精密严恕，务尽道理。"张伯行解："精详者难于缜密，严毅者

不能宽恕，周子则兼而有之。”

［译文］

周敦颐胸中洒落，就像光风霁月一样晶莹明净。他处理政务精详又缜密，严毅又宽恕，务在穷尽道理。

14.17 伊川先生撰《明道先生行状》曰：先生资禀既异，而充养有道。纯粹如精金，温润如良玉。宽而有制，和而不流。[①]忠诚贯于金石，孝悌通于神明。视其色，其接物也如春阳之温；听其言，其入人也如时雨之润。胸怀洞然，彻视无间；测其蕴，则浩乎若苍溟之无际；极其德，美言盖不足以形容。先生行己[②]，内主于敬，而行之以恕。见善若出诸己，不欲弗施于人。[③]居广居而行大道，言有物而动有常。[④]先生为学，自十五六时，闻汝南周茂叔论道，遂厌科举之业，慨然有求道之志。未知其要，泛滥于诸家，出入于老释者几十年，返求诸六经而后得之。明于庶物，察于人伦。[⑤]知尽性至命，必本于孝弟。[⑥]穷神知化，由通于礼乐。[⑦]辩异端似是之非，开百代未明之惑。秦汉而下，未有臻斯理也。谓孟子没而圣学不传，以兴起斯文为己任。其言曰：道之不明，异端害之也。昔之害近而易知，今之害深而难辨。昔之惑人也乘其迷暗，今之入人也因其高明。[⑧]自谓之穷神知化，而不足以开物成务[⑨]。言为无不周遍，实则外于伦理。[⑩]穷深极微，而不可以入尧舜之道。[⑪]天下之学，非浅陋固滞，则必入于此。自道之不明也，邪诞妖异之说兢起，涂生民之耳目，溺天下于污浊。虽高才明智，胶于见闻，醉生梦死，不自觉也。是皆正路之蓁芜[⑫]，圣门之蔽塞，辟之而后可以入道。先生进将觉斯人，退将明之书。不幸早世，皆未及也。[⑬]其辨析精微，稍见于世者，学者之所传耳。先生之门，学者多矣。先生之言，平易易知，贤愚皆获其益，如群饮于河，各充其量。先生教人，自致知至于知止，诚意至于平天下，洒扫应对至于穷理尽性，循循有序。[14]病世之学者舍近而趋远，处下而窥高，所以轻自大而卒无得也。[15]先生接物，辨而不间[16]，感而能通，教人而人易从，怒人而人不怨。贤愚善恶，咸得其心。狡伪者献其诚，暴慢者致其恭。[17]闻风者诚服，睹德者心醉。[18]虽小人以趋向之异，顾于利害，时见排斥，退而省其私，未有不以先生为君子也。[19]先生为政，治恶以宽，处烦而裕。当法令繁密之际，未尝从众为应文逃责之事。[20]人皆病于拘碍，而先生处之绰然。[21]众忧以为甚难，而先生为之沛然。虽当仓卒，不动声色。方监司[22]竞为严急之时，其待先生率皆宽厚。设施[23]之际，有所赖焉。先生所为纲条法度，人可效而为也。至其导之而从，动之而和，不求物而物应，未施信而民信，则人不可及也。[24]

——《二程文集》卷十一《明道先生行状》

[注释]

①《尚书·周书·君陈》："宽而有制，从容以和。"宽大而不失去约束。和而不流：见《礼记·中庸》，和顺而不至随物流迁。叶采云："以上一节言资禀之粹、充养之厚也。"②行己：处身行事。张伯行解："敬以持身，无妄思妄动；恕以及物，推心如心。"③《后汉书·孔融传》："融闻人之善，若出诸己；言有可采，必演而成之。"《论语·卫灵公》："己所不欲，勿施于人。"④《孟子·滕文公下》："居天下之广居，立天下之正位，行天下之大道。"以上一节言行己之本末也。⑤几：将近。《孟子·离娄下》："舜明于庶物，察于人伦。"明达事物之情，详察人伦之序。庶物，普通事物。物，同事。见（13.14）注。⑥《周易·说卦传》："穷理尽性，以至于命。"见（6.11）注。⑦《周易·系辞下》："穷神知化，德之盛也。"孔颖达疏："穷极微妙之神，晓知变化之道，乃是圣人德之极盛。"《礼记·乐记》："天高地下，万物散殊而礼制行矣。流而不息，合同而化而乐兴焉。通乎礼则知万化散殊之迹，通乎乐则穷万化同流之妙。此言明乎天，实本乎人也。"⑧《二程遗书》卷十八载：

“问：明道先生云：‘昔之惑人也，乘其迷暗；今之入人也，因其高明。’既曰高明，又何惑乎？曰：今之学释氏者，往往皆高明之人。所谓‘知者过之’也。”知者过之，见《礼记·中庸》：“子曰：道之不行也，我知之矣：知者过之，愚者不及也。”过与不及均失于中庸。叶采曰：“昔之害，杨墨申韩是也。今之害，佛老是也。浅近故迷暗者为所惑，深远故高明者反陷其中。”⑨开物成务：见《周易·系辞上》，孔颖达疏：“言能开通万物之志，成就天下之务。”见（3.49）注。叶采言佛教“自谓通达玄妙，实则不可以有为于天下”。⑩周遍：周全。张伯行解：“自认为性周法界，一黍之中呈现三千大千，其言无不周遍，而废三纲五常，把父子君臣天地上下之理殄灭尽了，是外于伦理也。”⑪张伯行解：“又以为穷深极微，超出阴阳之外，为不生不灭之说，而不知无浅非深，无微非显，尧舜以来相传之道，大中至正，其以教易明而事易行也。索隐行怪，便不可入尧舜之道。”⑫蓁芜：杂乱丛生的草木。⑬斯人：即斯民，民众，百姓。张伯行解：“先生为一时人心计，则将以斯道觉斯民；为万世之人心计，则将明之书以示来世。乃进既不大用于时，退而著书未就，不幸享年仅五十四，力皆未及。”世，即没世，逝世。⑭《礼记·大学》：“大学之道，在明明德，在亲民，在止于至善。知止而后有定，定而后能静，静而后能安，安而后能虑，虑而后能得。”所谓“知止”，即“知其所止”，“为人君止于仁，为人臣止于敬，为人子止于孝，为人父止于慈，与国人交止于信”。又“致知在格物，物格而后知至，知至而后意诚，意诚而后心正，心正而后身修，身修而后家齐，家齐而后国治，国治而后天下平”。茅星来引陈醇言：“格物致知，所以求知所止，诚意至于平天下，所以求得所止。”按“致知”到“知止”，是学以求知的开头与终结，是学习知。“诚意”至“平天下”，是学为治民的开头与终结，是学习行。都是从最初步到最高言。洒扫应对，为学之始；穷理尽性，为学之终。张伯行解此三句：“如教人以求知也，则自学问思辨，实尽致知之事，以至于真知所当止之地，中间理一分殊，不希顿悟。其教人以力行也，则自好恶慎独，实尽诚意之事，以至于举而措之平天下之大，中间功效次第，知所先后。凡以约之于下学之中，使人从洒扫应对工夫做起，自然渐渐向上去，至于穷理尽性而止。”穷理，穷究事物之理。尽性，充分发挥人的本善之性。参考（1.28）、（6.11）。⑮叶采云：“此一节言教人之道，本末备具，而循序渐进，惟恐学者厌卑近而务高远，轻自肆而无实得也。”⑯辨而不间：明辨其恶但不拒绝人。⑰狡伪：狡诈奸伪。暴慢：凶暴傲慢。⑱心醉：佩服，倾倒。《庄子·应帝王》：“列子见之而心醉，归以告壶子，曰：‘始吾以夫子之道为至矣，则又有至焉者矣。’”叶采解：“教人各因其资而平易明白，故易从。怒所当怒，心平气和，故不怨。爱而公，故咸得其心。待人尽其诚，而人不忍欺之。待人尽其礼，而人不忍以非礼加之。”⑲叶采云：“以上一节，言接物之道。”⑳法令繁密之际：指王安石推行新法之时。参见（10.3）及注。应文逃责：应付着法令条文行事以免于责备。㉑拘碍：束缚阻碍难行。绰然：即绰有余裕。《孟子·公孙丑下》：“我无官守，我无言责也，则吾进退岂不绰绰然有余裕哉?”后以“绰有余裕”形容态度从容、不慌不忙。绰然义同。㉒监司：指诸路转运使、提点刑狱公事、提点常平等官，有监察各州县官吏之责。见（10.41）及注。程颢曾知扶沟县。㉓设施：措置，筹划。《淮南子·兵略训》：“昼则多旌，夜则多火，暝冥多鼓，此善为设施者也。”此处指处置行政事务。㉔叶采解：“以上一节言为政之道。”

［译文］

程颐为程颢所作《明道先生行状》说：先生他天资禀赋既已不同常人，而他扩充善性持养身心又得法。他的品行，纯粹得就如精金，温润又如美玉。他的性情，宽大而有节制，和顺但不随波逐流。他忠诚之志可贯透金石，敬父爱兄之意可上达于神明。看他的容颜，其待人接物就像春天的太阳那样温和；听他的言语，其深入人心就如时雨一样滋润万物。心胸光明如重门洞开，透彻而无间隔隐蔽；而要测其学识的蕴蓄，则又浩浩然如沧海之无边无际；想说清楚他的美德，他却众善皆备再好的言语也不足以形容。他推行自己的思想，首先自身主于谨敬，然后再推广自我之心以及人。见到别人有善行就像自己的善行一样珍视和赞扬，自己所不想接受的决不施加于人。心胸之宽就如住在广大的居室中，行为端方正大就如走在正直的大路上，发言必定切实不作空言，行动必有常规而不肆意。他的学习，从十五六时听到周敦颐谈论圣人之道，于是就厌倦世人争相追逐的科举之业，慨然有探求圣道的志向。起初不得要领，漫无边际地杂学各家，出入于老庄佛释将近十年，又回到六经上才得其真谛。他明达事物之情，详察人伦之序。他懂得，尽性知命的高深必本于孝亲敬长之实。又明白，穷神知化的认识天道原与明礼知乐的人事相通。辨析异端之学的似是而非，揭明千万年未能弄明的迷惑。自秦汉以后，没有人能认识到这些道理。他认为孟子死后圣学没有往下传，他以重兴礼乐教化作为自己的责任。他曾说：大道之所以不能明于天下，是由于异端之学妨害了它。过去危害圣学的杨墨申韩之类学说粗浅而容易看出其荒谬，今日害道的佛老之学深远而难以明辨。过去的异端之学迷惑人是利用人的迷暗，今天的异说侵入人心却是利用人的高明。佛家自称能通达天地的玄妙，而其实不能有为于天下。佛家称他们的学说包括一切无不周详，其实他们是丢弃了人类伦常之理。佛家自认为其穷尽深奥之理、探极幽微之处，而玄怪深僻恰恰不能达于尧舜坦荡平易的大道。天下的学问，若不是浅陋而不通达，就必然跑到佛教那里去。自从圣人之道不得明于天下，邪诞妖异之说竞相兴起，堵塞了人民的耳目，把天下沉陷在污泥浊水之中。即使有高明才智之士，局限于耳目的见闻，生如沉醉，死如梦寐，而不自觉其不明理的迷惑。这些都是正路上的荒草秽木，堵塞圣学之门的障碍，必须开辟出路径才能进入大道。先生他进身为官是为要唤醒今世的人民，退身隐居要著书明理以垂后世。不幸早逝，进退之事都未及做成。他辨析精微之论，多少有一些为世人所见到的，是他的学生们传播的呀。先生他的门下，学生多了。他的言语，平易易知，不论贤明的愚笨的，听了都能受益，就像一群人在大河里喝水，虽然各自所需不同，但各自都得到了完全的满足。他的教人，从寻求明识开始一直到知其所止，从内心诚意开始一直学到平治天下，从童子初学的洒扫应对开始直到入圣人之域的穷理尽性，整个过程都循循而有序。

他批评世俗的学者舍弃浅近的而务求高远，身处于下却窥望高处，导致自己的轻浮自大而到底也学无所得。先生他对待人，明辨其恶但也不拒绝他，以意感人人必能应，教导人人能轻松地听从，怒责人人也不会怨恨。不论贤愚善恶，各种各样的人，他都能得其心。狡猾的人在他面前也会奉献真诚，暴戾傲慢的人在他面前也表现出谦恭。听说他的风范的人就诚服，看到他的德行的人佩服得心醉神迷。纵然是小人与他追求不同，考虑利害相妨，时时加以排斥，但他们退处而自我思考时，没有不认为先生他是正人君子的。先生的治理政事，用宽大去治理恶人导其向善，处于烦琐的事务中却宽闲优裕。当朝廷法令繁苛峻密之时，他也从未学着众人去做虚应形式逃避职责的事。人人都认为法令不当束缚妨碍着没法做事，而他却能在这种法令下处理得绰有余地。众人担心很难做的事，而他做得却很兴盛。即使在仓促遇变之时，也不动声色。当监司们竞相严密紧急地伺察州县官时，他们对待做州县官的程颢先生全都很宽厚。处置事务时，还有依赖先生处。先生他制定的纲纪条文法度，人们可以效法着去做。至于他引导人民，人民就会跟从，以诚动人而人自然和顺，不求外物应己而外物自应之，未曾以自己的诚信施于人时人民已先相信了，这些则是人们没法赶得上的。

14.18　明道先生曰：周茂叔窗前草不除去，问之，云："与自家意思一般。"①（本注：子厚观驴鸣，亦谓如此。②）

——《二程遗书》卷三

[注释]

①茅星来解："指生意周流无间而言。"②茅星来解："盖取其有自得之意也。"

[译文]

程颢说：周敦颐窗前的草不除去，问他，他说："草上表现出的生意与我的心意一样。”（本注：张载看驴叫，也是这么说。）

14.19　张子厚闻皇子生，喜甚；见饿莩者，食便不美。[①]

——《二程遗书》卷三

［注释］

①饿莩：即饿殍，饿死的人或饿得快死的人。《后汉书·仲长统传》：“及至一方有警，一面被灾，未逮三年，校计骞短，坐视战士之蔬食，立望饿殍之满道。”此为已饿死的人。白居易《辨水旱之灾明存救之术策》：“凶歉之年，则贱粜以活饿殍。”此为饿得将死的人。

［译文］

张载听说皇子出生了，就非常高兴；见到有饿死的和饿得奄奄一息的人，吃饭就不香甜。

14.20　伯淳尝与子厚在兴国寺讲论终日，而曰：不知旧日曾有甚人于此处讲此事。[①]

——《二程遗书》卷一

［注释］

①伯淳：程颢。子厚：张载。兴国寺：即开封相国寺。张伯行解：“千载上下，皆此心此理，则旧日合有如此人，讲论亦合有如此事。”

［译文］

程颢曾和张载在相国寺谈论了一整天，又说：不知道过去曾经有什么人在此处谈论这样的事。

14.21　谢显道云：明道先生坐如泥塑人，接人则浑是一团和气。

——《二程外书》卷十二

［译文］

谢良佐说：程颢先生坐着安详稳静就像一个泥塑的人，与人相处则全然是一团和气。

14.22　侯师圣云：朱公掞见明道于汝，归，谓人曰："光庭在春风中坐了一个月。"[①]游、杨初见伊川，伊川瞑目而坐，二子侯立。[②]既觉，顾谓曰："贤辈尚在此乎？日既晚，且休矣。"及出门，门外之雪深一尺。[③]　　——《二程外书》卷十二

［注释］

①侯仲良，字师圣；朱光庭，字公掞。均程颢门人。汝：即汝州，时程颢监汝州酒税。成语"如坐春风"即出此。②游为游酢，杨为杨时，为程门四弟子中二人。程颢死，两人复从程颐学，初见非初次相见，是初次从师。③叶采曰："明道接人和粹，伊川师道尊严，皆盛德所形，但气质成就有不同耳。明道似颜子，伊川似孟子。"此即"程门立雪"故事成语出处。

［译文］

侯师圣说：朱光庭到汝州去见程颢，回来后告诉人说："我朱光庭在春风中坐了一个月。"游酢、杨时初次去见程颐拜师，程颐瞑目而坐，两人站着等候。程颐醒后，看着他俩说："你们还在这里呀？天已经晚了，算了吧。"及至出门，门外积雪深一尺。

14.23　刘安礼云：明道先生德性充完，粹和之气，盎于面背，乐易多恕，终日怡悦。[①]立之从先生三十年，未尝见其忿厉之容。　　——《二程遗书》附录《门人朋友叙述》

［注释］

①刘立之，字宗礼，二程门人。此作安礼，误，见（10.58）注。粹和之气，盎于面背：《孟子·尽心上》："君子所性，仁义礼智根于心。其生色也，睟然见于面，盎于背，施于四体，四体不言而喻。"乐易：和乐平易，《荀子·荣辱》："安利者常乐易，危害者常忧险；乐易者常寿长，忧险者常夭折。"

［译文］

刘立之说：程颢先生德性充实完美，粹和之气，漾溢前前后后，和乐平易宽大，一天到晚都是喜悦的。我跟从先生三十年，从未见过他有忿愤严厉的脸色。

14.24　吕与叔撰《明道先生哀词》云[①]：先生负特立之才，知大学之要；博文强识，躬行力究；察伦明物，极其所止；涣然心释，洞见道体。[②]其造于约也，虽事变之感不一，知应以是心而不穷；虽天下之理至众，知反之吾身而自足。[③]其致于一也，异端并立而不能移，圣人复起而不与易。[④]其养之成也，和气充浃，见于声容，然望之崇深，不可慢也；遇事优为，从容不迫，然诚心恳恻，弗之措也。[⑤]其自任之重也，宁学圣人而未至，不欲以一善[⑥]成名；宁以一物不被泽为己病，不欲以一时之利为己功。其自信之笃也，吾志可行，不苟洁其去就；吾义所安，虽小官有所不屑。[⑦]

——《二程遗书》附录

［注释］

①吕与叔：吕大临，二程弟子。《明道先生哀词》，此文又载《伊洛渊源录》卷三。②特立：独出于众人之上，无人可及之意。大学之要：理学家认为，洒扫应对是小学事，尽性至命，成就天德是大学事。《大学》所论也即大学之事。大学之要，在理学家看来，不是治国平天下，而是正心诚意。明王守仁《大学古本序》所论符合程颢之意："大学之要，诚意而已矣；诚意之功，格物而已矣；诚意之极，止至善而已矣；止至善之则，致知而已矣。正心，复其体也；修身，著其用也。以言乎己，谓之明德；以言乎人，谓之亲民；以言乎天地之间，则备矣。"博文强识：博览古代文献而又有很强的记忆。《论语·雍也》："君子博学于文，约之以礼。"后以"博文"指通晓古代文献。察伦明物：即察于人伦，明于物理。见（13.14）注⑧、（14.17）注⑤。道体：道的本体，道的主旨。《淮南子·人间训》："或明礼义、推道体而不行，或解构妄言而反当。"③此一节言其学虽博而能达于约。《孟子·离娄下》："博学而详说之，将以反说约也。"约，简要，要领。达于约即返于约，掌握要领统领其博。达于约，其心即能应万事无穷之感，以物付物而各得其当；天下之理无穷，而万理归于一理，此一理则可返求之吾身而得之，不假外求而自足。叶采解："应感无穷，而实本乎吾心；物理散殊，而皆备乎吾身。言其学虽博而

有要也。”④叶采解：“致一者，见之明而守之定。故邪说不能移，百世以俟圣人而不惑也。”⑤充浃：充盈浃洽。崇深：高藏深隐，崇高而又渊深。慢：轻慢，轻视。恳恻：诚恳痛切。汉蔡邕《上封事陈政要七事》：“又元和故事，复申先典，前后制书，推心恳恻。”弗之措：不弃置，不放弃。《礼记·中庸》：“有弗学，学之弗能，弗措也。”孔颖达疏：“措，置也。言学不至于能，不措置休废，必待能之乃已也。”这一节说他做事从容不迫，但从不懈怠，从不放弃。⑥一善：一种善行，一种美德。《礼记·中庸》：“得一善，则拳拳服膺而弗失之矣。”⑦这一节言其出处去就，都以能否行其志、安于义为准的。

［译文］

吕大临作《明道先生哀词》说：先生他负有特立独出之才能，明于高深学问的要领；博学于文献而强记之，亲身践行努力探讨；详察人伦明知事理，透彻地掌握了人之所当止；心中如涣然冰释，透彻理解了大道的本体。他的学问由博而返于约，掌握的要领就在自己一心一身。虽然外事作用于我者变化不一，他明白心是应物之主，以一心随感而应也没有穷尽；天下之理虽然众多，他明白万理皆备于我身，反求于我身则一切理都可自足。他的修养达到了精诚致一的地步，异端之学并兴也不能改变他的自信之心，圣人再生也不会修改他的学说。他的德行养成了，太和之气充盈透彻，表现于声音容貌，使人望见其崇高渊深，无法轻慢；遇事当为而为，从容不迫，然而其至诚之心诚恳深切，做不好决不放弃。他对自己的希望和要求远大，宁可学圣人而未能达到，也不凭借一种善行美德成就名声；宁可把天下有一物不受圣人恩泽看做自己的过错，追求使自己的君主成为尧舜一样的圣君，不把一时的有利于人作为追求的事功。他自信笃厚，只要我的志向能够推行，就不故作高洁而去其位；只要是依义而行我心得安，虽有小官也有所不屑于做。

14.25　吕与叔撰《横渠先生行状》云：康定用兵时，先生年十八，慨然以功名自许，上书谒范文正公。[①]公知其远器，欲成就之，乃责之曰："儒者自有名教[②]，何事于兵？"因劝读《中庸》。先生读其书，虽爱之，犹以为未足，于是又访诸释老之书累年，尽究其说，知无所得，反而求之六经。嘉祐初，见程伯淳、正叔于京师，共语道学之要。先生涣然自信曰："吾道自足，何事旁求！"于是尽弃异学，淳如也。（本注：尹彦明云：横渠昔在京师，坐虎皮，说《周易》，听从甚众。一夕，二程先生至，论《易》。次日，横渠撤去虎皮，曰：吾平日为诸公说者，皆乱道。有二程近到，深明《易》道，吾所弗及，汝辈可师之。）[③]晚自崇文移疾，西归横渠，终日危坐一室，左右简编，俯而读，仰而思，有得则识之。[④]或中夜起坐，取烛以书。其志道精思，未始须臾息，亦未尝须臾忘也。学者有问，多告以知礼成性、变化气质之道，学必如圣人而后已。[⑤]闻者莫不动心有进。尝谓门人："吾学既得于心，则修其辞；命辞无差，然后断事；断事无失，吾乃沛然。精义入神[⑥]者，豫而已矣。"先生气质刚毅，德盛貌严。然与人居，久而日亲。其治家接物，大要正己以感人。人未之信，反躬自治，不以语人。虽有未喻，安行而无悔。故识与不识，闻风而畏，非其义也，不敢以一毫及之。

——《张子全书》卷十五

[注释]

①此条摘录吕大临撰张载行状而成。宋仁宗康定元年，西夏攻宋。时范仲淹为陕西招讨副使。张载上书谒见。②名教：指儒家进行教化的名分、名目、名节、功名，此处泛指儒家学说。③尹彦明：即尹焞。此说极不可信。《二程外书》卷十一载程颐就吕大临所作行状中"尽弃其所学而学焉"（此本作"尽弃异学"，较当）一语说："表叔平生议论，谓颐兄弟有同处则可；若谓学于颐兄弟，则无是事。顷年属与叔删去，不谓尚存斯言，几于无忌惮。"张载与二程关系，就年岁说长程颢十二岁，长程颐十三岁，就辈分说为二程表叔，与二程关系密切，学术上互相影响。④宋神宗熙宁二年，张载被召入对，

除崇文院校书，因与王安石政见不合，次年移病西归，居横渠镇。崇文院为藏书馆名。简编：指书籍。知礼成性和变化气质是张载学术的突出特点。⑤知礼成性：出张载《经学理窟》，懂得了礼并用以守持形成本性。参见本书（2.86）及注。变化气质：改变其气质之性而恢复其天然本善之性。参见本书（2.101）及注。⑥精义入神：出《周易·系辞下》，参见本书（2.79）及注。

［译文］

吕大临作《横渠先生行状》说：仁宗康定年间同西夏打仗时，张载先生十八岁，当时慨然以立功边疆自许，上书拜见范仲淹。范仲淹看出他是远大之器，想要成就他，就责备他说："读书人自有读书人的学问，干什么要从事于军事？"于是劝他读《中庸》。张载先生读《中庸》，虽然喜欢，但仍感到不满足，于是又访求佛教、道家之书，读了多年，透彻地了解了佛、道的学问，知道没有什么收获，又回过头来读六经。嘉祐初年，与程颢、程颐兄弟相见于京师，一同探讨道学之大要。先生他胸中的疑问涣然消释，自信地说："我们儒学的理论自身十分充足，干什么要寻求别家之说？"于是尽弃异端之学，成为淳正的儒者。（本注：尹焞说：张载过去在京师，坐虎皮，讲《周易》，听的人很多。一天晚上，二程到来，谈论《周易》。第二天，张载撤去虎皮，对学生们说：我平日给诸位所讲的，都是乱说。有二程近日来到，深明《周易》的学问，是我所赶不上的，你们可以去向他们学习。）晚年从崇文院因病去职西归回到横渠镇，一天到晚恭恭敬敬坐在一间房子里，左右放的都是书，俯首而读，仰首而思，有所得就记下来。有时半夜坐起来，点上灯烛去写。他对圣人之道的追求与精深思考，从未有片刻停息，也从未有一刻的忘记。学生有所问，多告诉他们学礼并用礼去持养本性，和学问变化气质的方法，要求学生学习一定要达到圣人的地步才可以。听到他这些话的人无不触动于心而有所进步。他曾经对门人说："我治学心中有所领悟时，就选取恰当的言辞把它表述出来；表述得没有差失，然后用来判断事务；判断事务没有差失，我就感到胸中充盛了。精熟义理，达到神妙的境界，就要在事情没有出现时，先要熟知有关这事的道理，如此而已。”先生他气质刚毅，德性充盛，容貌严肃。但和人相处，时间久了就一天天亲近。他的治家与在外接交，大致说是正己以感人。人未能信从他，他就回过头来修养自身，而不告诉给人。虽然有的人始终也不明白他的用心，他照样安心而行并不后悔。所以认识他的与不认识他的人，闻其风而畏服，不合义的事，不敢以一丝一毫加到他身上。

14.26　横渠先生曰：二程从十四五时，便锐然欲学圣人。①

——张载《横渠语录》

[注释]

①《经学理窟·学大原上》："学者不可谓年少，自缓便是四十五十。二程从十四岁时便锐然欲学圣人，今尽及四十未能及颜、闵之徒。小程可如颜子，然恐未如颜子无我。"《论语·先进》载，孔子评价其主要弟子们各自长处："德行：颜渊、闵子骞、冉伯牛、仲弓。言语：宰我、子贡。政事：冉有、季路；文学：子游、子夏。"

[译文]

张载说：程颢、程颐兄弟二人，从十四五岁时，就立志锐意要学圣人。

附　录

一　序跋

朱熹原序

淳熙乙未之夏，东莱吕伯恭来自东阳，过予寒泉精舍，留止旬日，相与读周子、程子、张子之书，叹其广大宏博，若无津涯，而惧夫初学者不知所入也，因共掇取其关于大体而切于日用者，以为此编，总六百二十二条，分十四卷，盖凡学者所以求端用力、处己治人，与夫所以辨异端、观圣贤之大略，皆粗见其梗概，以为穷乡晚进，有志于学，而无明师良友以先后之者，诚得此而玩心焉，亦足以得其门而入矣。如此然后求诸四君子之全书，沉潜反复，优柔厌饫，以致其博而反诸约焉，则其宗庙之美、百官之富，庶乎其有以尽得之。若惮烦劳、安简便，以为取足于此而可，则非今日所以纂集此书之意也。五月五日，朱熹谨识。

吕祖谦原序

《近思录》既成，或疑首卷阴阳变化性命之说，大抵非始学者之事。祖谦窃尝与闻次缉之意，后出晚进，于义理之本原，虽未容骤语，苟茫然不识其梗概，则亦何所底止？列之篇端，特使知其名义，有所向望而已。至于余卷所载讲学之方、日用躬行之实，具有科级。循是而进，自卑升高，自近及远，庶几不失纂集之旨。若乃厌卑近而骛高远，躐等陵节，流于空疏，迄无所依据，则岂所谓“近思”者耶？览者宜详之。淳熙三年四月四日，东莱吕祖谦谨书。

叶采《近思录集解序》

皇宋受命，列圣传德，跨唐越汉，上接三代统纪。而天僖、明道间，仁深泽厚，儒术兴行。天相斯文，是生濂溪周子，抽关发蒙，启千载无传之学。既而洛二程子，关中张子，缵承羽翼，阐而大之。圣学淹而复明，道统绝而复续，猗欤盛哉！中兴再造，崇儒务学，遹遵祖武，是以巨儒辈出，沿溯大原，考合诸论。时则朱子与吕成公，采四先生之书，条分类别，凡十四卷，名曰《近思录》，规模之大而进修有序，纲领之要而节目详明，体用兼备，本末殚举。至于辟邪说，明正宗，罔不精核洞尽，是则我宋之一经，将与四子并列，诏后学而垂无穷也。尝闻朱子曰：“四子，六经之阶梯；《近思录》，四子之阶梯。”盖时有远近，言有详约不同，学者必自近而详者，推求远且约者，斯可矣。采年在志学，受读是书，字求其训，句探其旨，研思积久，因成《集解》。其诸纲要，悉本朱子旧注，参以升堂纪闻，乃诸儒辩论，择其精纯，刊除繁复，以次编入。有阙略者，乃出臆说。朝删暮辑，逾三十年，义稍明备，以授家庭训习。或者谓寒乡晚出，有志苦学，而旁无师友，苟得是集观之，亦可创通大义，然后以类而推，以观四先生之大全，亦“近思”之意云。淳祐戊申长至日，建安叶采谨序。

江永《朱子原订近思录集注序》

道在天下，亘古长存。自孟子后，一线弗坠。有宋大儒，起而昌之，所谓“为天地立心，为生民立命，为去圣继绝学，为万世开太平”，其功伟矣！其书广大精微，学者所当博观而约取，玩索而服膺者也。昔朱子与吕东莱先生，晤于寒泉精舍，读周子、程子、张子之书，叹其闳博无涯，恐始学不得其门，因公掇其关于大体、切于日用者，为《近思录》十四卷，凡义理根原，圣学体用，皆在此编。其于学者身心疵病，应接乖违，言之尤详，箴之极切。概自孔、曾、思、孟而后，仅见此书。朱子尝谓：“四子，六经之阶梯；《近思录》，四子之阶梯。”又谓：“《近思录》所言，无不切人身、救人病者。”则此书直亚于《论》、《孟》、《学》、《庸》，岂寻常之编录哉！其间义旨渊微，非注不显。考朱子朝夕与门人讲论，多及此书。或解析文义，或阐发奥理，或辨别同异，或指摘瑕疵，又或因他事及之，与此相发，散见《文集》、《或问》、《语类》诸书，前人未有为之荟萃者。宋淳祐间，平岩叶氏采，进《近思录集解》，采朱子语甚略。近世有周公恕者，因叶氏注，以己意别立条目，移置篇章，破析句段。细校原文，或增或复，且复脱漏讹舛，大非寒泉纂集之旧。后来刻本相仍，几不可读。永自早岁，先人授以朱子遗书原本，沉潜反复有年。今已垂暮，所学无成，日置是书案头，默自省察，以当严师。窃病近本既行，原书破碎。朱子精言，复多刊落。因仍旧本次第，裒辑朱子之言有关此录者，悉采入注。朱子说未备，乃采平岩及他氏说补之，间亦窃附鄙说，尽其余蕴。盖欲昭晰，不厌详备。由是寻绎本文，弥觉义旨深远。研之愈出，味之无穷。窃谓此录既为四子之阶梯，则此注又当为此录之牡钥，开扃发鐍，祛疑释蔽，于读者不无小补。晚学幸生朱子之乡，取其遗编，辑而释之，或亦儒先之志。既以自勖，且公诸同好，共相与砥砺焉。乾隆壬戌九月丁巳朔，婺源后学江永序。

先福《重刻近思录序》

卜子云：“切问而近思。”近思云者，将以收其放心也。操之则存其固有之良，舍之则亡其本来之善。圣狂殊途，只争克念与否耳。朱子《近思录》一编，为学者切要之橐钥，所当朝夕循诵以发深省也。省厓使者视学江西，顷语余云："江右为人文之薮，代有英贤。輶轩所及，课士命题，类多博通淹雅，斐然可观。若再勖以先儒心性经术之精，修己治人之要，其所进当不止是。"因嘱刊《近思录》，遍布学宫，俾知证向。爰与方伯、廉使、观察诸公，共商剞劂。梓成，因弁其端，并敬告以勖多士。嘉庆十九年岁在甲戌春二月初吉，长白先福谨序。

王鼎《朱子原订近思录序》

学术与治术，一以贯之者也。古之圣贤，戒慎恐惧，主敬存诚，默察乎天命民彝之本，体验于躬行实践之余，而天地之所以裁成，民物之所以发育，经曲之所以灿陈，与夫一切制度文为之淆列，而与时损益以各适其宜者，悉于是乎出。推之人心而同，放之天下而准。故学为有本之学，而治为可久之治。况夫学术醇则风尚端，胶庠稽古之士，范身名教，而乡里薰其德而善良者，效可立睹。又为裨益政教之急务乎！欧阳子曰："教学之法，本于人性。磨揉迁革，使趋于善。至于礼让兴行，而风俗醇美，然后为学之成。"诚哉是言也！国家以经义育才，自太学以迄郡、州、县，莫不立之学而设之官。教之之法，则使人日诵习五经四子书，以讲求义理之精，为升选登进之阶。海内之士，争自濯磨，学术画然一出于正，以应朝廷之选者，盖百七十余年矣。窃尝思之，人受天地之中以生，而治以协天地之大同。道者所由适于治之路也。尧舜禹汤文武周公之治，集于孔子；孔子之道，著于孟子。秦火以后，汉之江都，隋之河汾，唐之昌黎，皆能阐发道义，力任正学。然或见其本而倚于偏，或窥其广大而未及乎精微。其他纷纭舛错，解经而不得圣人之用心者，指不胜屈。于异端害道，又何责焉？宋周、程、张、朱诸大贤出，剖晰于理欲之微，并进乎知行之功，密动静之交养，见内外之合一，由小学以及大学，由治己而推之治世，巨细精粗，本末始终，莫不同条而共贯，体立而用行，然后千古之道统治法，灿然以明，而后世得有所取法。今科场功令命题，一本五经四子书。其援引传说，必以朱子为断。诚以朱子之道，孔孟之道也。夫圣人之道，高矣美矣。而朱子引之以近圣人，尽其性推而行之，以尽人物之情，极于赞化育，参天地。而朱子则教学者慎之于思。昔吕东莱先生过于寒泉精舍，朱子留与阅周、程、张四家之书，择其切实粹精，裨于性情心术之正，人生日用之恒，经世宰物之宜者，得六百二十二条，分为十四卷，名曰《近思录》，其后往复商榷，久而始定，以此为下学切要工夫，且曰："《近思录》，四子书之阶梯；四子书，五经之阶梯也。"然则士生圣教昌明之会，诵圣贤之书，志圣贤之志，学圣贤之学，以仰体圣人之化育者，舍是书其何以为阶哉！嘉庆壬申冬，余奉命视学江右。抵任后，循例按试各郡。恭绎先皇"饬士习，厚风俗，正人心"之喻，兢兢与士子相勖以实学，爰取《近思录》为入德门户。士之颖异者，翕然知所尊尚，而潜心研究之子，亦时能陈其意蕴。顾其所读本，率皆近世汪氏、施氏之编，且坊刻歧误甚多，非复朱子之旧矣。忆予廿年前，得婺源江氏慎修集注，极为完善，十年前又得大兴朱文正公与徽人之宦京师者新刻江氏本，合而校之，藏诸箧中。因出以商诸中丞芝圃先公，重为刊刻，遍示学宫弟子。公曰："善。"遂与方伯柏田袁公、廉访孟岩盛公暨僚属等输赀发刊，起癸酉冬十一月，越次年夏五月告成，按学分大小而周布之，盖人人得善本焉。夫是书自朱子手订后，淳祐中，叶氏采《集解》，一遵原本。其后周公恕分标细目，移动本文，破碎纠纷，不免漏落妄增之讥。新安朱氏本，或节去本文，或以本文讹入分注，又或讹叶注为本文，谬伪滋甚，大率沿周氏本而益误也。汪氏、施氏，又取朱子语附益其中，复引后儒之说发明之，均失原编之义。兹刻江氏集注，标名曰《朱子原订近思录》，从其朔也。

余惟古昔教育人才之法，莫重于学。而学宫之制，我朝更详备于古。学所以求道也，道成己而成物者也。士君子穷经致用，思圣天子振兴文治，广励师儒之意，原欲使经正民兴，俾乡有善俗，国有真才也。其服习必于仁义，而所学必求衷诸正，不矜博览章句之能，尽捐富贵利达之见。一志虑之专，以戒夫浮薄之失；殚切磋之益，而致力夫道德之精。以之持己，则诚而明；以之式俗，则顺而祥；以之处家国天下之事，无所施而不当。则必于《近思录》基之。体认既熟，于以读四子书，始恍然于义理之悦我心。由四子书而研穷诸经，益恍然于唐虞三代之学与治。运用天理，而合乎人情者，亘万古而不易，然后博稽史传，考制作之得失，验人心之邪正，自釐然以辨，而不蔽以偏私。由是取以公卿大夫百职事之选，才皆预定，而设施亦皆素所习闻。即偶处乡曲，而训俗型方，亦已立立人己达达人事也，岂不休哉！若夫拘守是书而不复旁通，徒事口耳而不求心得，甚或摭拾腐说，支离傅会，而一毫无裨于实用，反使记诵之学嗤其陋，词章之学哂其拙，此则蹈嘉定以来末学谈理之流弊，非今日刊刻之意矣。读者幸鉴余之苦心也夫。嘉庆十有九年岁次甲戌夏五月，关中王鼎序并书。

茅星来《近思录集注序》

子朱子纂辑周、程、张四先生之书以为《近思录》，盖古圣贤穷理正心修己治人之要，实具于此，而与《大学》一书相发明者也。故其书篇目，要不外三纲领、八条目之间，而子朱子亦往往以《小学》并称，意可见矣。先君子默存先生尝手录是书，俾不肖星来受而卒业，谓曰："此圣道阶梯也。"星来反复寻绎，久而稍觉有得，颇思博求注解以资参讨，顾今坊间所行者，惟建安叶氏《集解》而已，杨氏泳斋《衍注》，则藏书家仅有存者，星来尝取读之，粗率肤浅，于是书了无发明，又都解所不必解，其有稍费拟议处则阙焉。至于中间彼此错乱，字句舛讹。以二子亲承朱子绪论，而其为书乃如此，其他又何论乎？然则彼穷乡晚进，无明师良友以先后之者，虽使有志于学，得是书而玩心焉，亦恐终无以得其门而入矣。星来用是，不揣固陋，辄购取四先生全书及宋元来《近思录》本，为之校正其异同得失，其先后次第，悉仍其旧。旧本舛错，仿朱氏《论》、《孟》重出错简之例，注明其下，不敢擅自更易也。本既定，然后乃敢会萃众说，参以愚见，支分节解，不留疑窦。其名物训诂，虽非是书所重，亦必详其本末，庶几为学者多识之一助。又仿朱氏《论》、《孟》附《史记》世家、列传例，取《伊洛渊源录》中四先生事状，删其繁复，为之注释，以附简端。盖是二书相为表里，且以见录中所言，实可见诸施行，四先生固已小用之而小效也。其与朱子未尽合处，亦以愚见斟酌从违，使会归于一也。盖星来悉心探讨，随得随记，亦已有年。期于是书粗有所补，弆之箧衍，以为后之有志于学者取焉。康熙辛丑七月七日，归安茅星来序。

茅星来《近思录集注后序》

《近思录集注》既成，或疑名物训诂非是书所重，胡考订援据之不惮烦为？曰：此正愚注之所以作也。自《宋史》分道学、儒林为二，而后之言程朱之学者，往往但求之身心性命之间，而不复以通经学古为事，于是彼稍稍知究心古学者，辄用是为诟病，以谓道学之说兴而经学寝微。噫！何言之甚欤？夫道者所以为儒之具也，而学也者，所以治其具也。故人不学则不知道，不知道则不可以为儒，而不通知古今则不可以言学。夫经，其本也。不通经，则虽欲博观今古，亦泛滥而无所归也。《宋史》离而二之，过矣。伊川分学者为三，曰文章，曰训诂，曰儒者。夫六经皆文章也，其异同疑似，为之博考而详辨之，即训诂也。子曰："有德者必有言。"非儒者之文章乎？孟子曰："不以文害辞，不以辞害志。以意逆志，是为得之。"非儒者之训诂乎？然则文章也，训诂也，而儒者之所以为儒者，要未始不存乎其间。然而伊川且必欲别儒于文章、训诂之外者，何也？盖欲求儒者之道于文章、训诂中则可，而欲以文章、训诂尽儒者之道则不可。其本末先后之间，固有辨也。奈之何进训诂、章句之学于儒林，而反别道学于儒之外？其无识可谓甚也。夫道学与政术判为二事，横渠犹病之，况离道学与儒而二之耶？甚矣其蔽也！盖尝窃论之：马、郑、贾、孔之说经，譬则百货之所聚也。程、朱诸先生之说经，譬则操权度以平百货之长短轻重也。微权度则货之长短轻重不见，而非百货所聚，则虽有权度亦无所用之矣。故愚尝以谓：欲求程、朱之学者，其必自马、郑诸传疏始。愚故于是编，备著汉唐诸家之说，以见程朱诸先生之有本，俾彼空疏寡学者，无得以藉口焉。乾隆元年正月之望，归安后学茅星来谨识。

张伯行《近思录集解序》

集群圣之成者，孔子也。删定往训，垂为六经，而道统治法备焉。集诸儒之成者，朱子也。采摭遗书，作《近思录》，而性功王事该焉。夫以尧舜禹汤文武周公之圣，使不得孔子继起而绍述之，则《诗》、《书》、《礼》、《乐》，虽识大识小之有人，而残缺裂灭之余，谁为阐圣言于来祀？以周子、程子、张子诸儒之贤，使不得朱子会萃而表章之，微文大义，所与及门授受而讲贯者，即未尽泯没于庐山之阜，伊洛之滨，关中之所传贻，然而斯人徒与，寥落几何？一脉绵延，安恃不堕？况其时又有介甫之坚僻，杨、刘之纤巧，佛老之寂灭虚无，浸淫渐染，卒难铲除，其势皆足为吾道敌。惟子朱子承先启后，崇正辟邪，振寰宇之心思，开一时之聋聩，亟取周子、二程子、张子各书，采其关于大体、切于日用者，辑为是录，俾学者寻绎玩味，心解力行，庶几自近及远，自卑升高，而诐、淫、邪、遁不能淆，训诂、词章不得而汩没焉。此则许鲁斋所称入圣之基，而朱子亦谓“四子，六经之阶梯；《近思录》，四子之阶梯”者也。噫！尧舜禹汤文武周公虽圣，得孔子而益彰；周子、二程子、张子虽贤，不亦得朱子而益著哉！我皇上德迈唐虞，学配孔孟，性功与王猷并懋，道统偕治法兼隆。故六经四子而外，每于濂洛关闽四氏之书，加意振兴，以宏教育。近复特颁盛典，俎豆宫墙，跻朱子于十哲之次，诚以集群圣之成者孔子，用是师表于万世；集诸儒之成者朱子，故能启佑乎后人也。伯行束发受书，垂五十余年，兢兢焉以周程张朱为标准，而于朱子是录，尤服膺弗失。间尝纂集诸说，谬为疏解，极知浅陋无当，然藉是以与天下之有志者，端厥趋向，淬厉濯磨，毋厌卑近而骛高远，毋觊凌躐而遁虚无，然后优柔厌饫，有先后次序，所谓江海之浸，膏泽之润，涣然冰释，怡然理顺，以不负先儒谆复诲诱之心也，于是乎士希贤而贤希圣，其以维持道脉，光辅圣朝，斯文之盛未艾矣。爰命李生丹桂、史生大范校梓，而书此以康熙四十九年庚寅仲夏谷旦，仪封后学张伯行题于姑苏之正谊堂。

尹会一《张伯行近思录集解序》

子朱子有言：“修身大法，《小学》书备矣；义理精微，《近思录》详之。”诚以二书固圣道之阶梯，学者所宜亟尽心也。自人骛词章，此二书或罕寓目。欲以入道，难矣。余备官淮海，以商士请，因安定故祠辟书院，延余同年友王罕皆太史为师。既进诸生，屡申《小学》，尤欲以《近思录》与讲明而切究焉。仪封张先生《集解》，致为晓畅，惜版已漫灭，乃与太史商重锓之。盖太史故尝讲学于先生之门，而余亦获交嗣君西铭宪副，窃闻庭训，得藉手兹编，广先生教泽，余二人实厚幸焉。按《集解》旧节四十余条，先生当自有意，顾念后出晚进，未睹朱子原编，兹悉为增列。采宋叶平岩先生辑注参补之，欲学者得尽见此书之全也。谨序。乾隆元年丙辰夏五，博陵后学尹会一书于维扬使院。

赵氏《近思录跋》

朱子、吕子相与讲明伊洛之学，取其言之简而要者，集为是书，要使学者知所趣向，譬如洛居天下之中，行者四面而至，苟不惑其涂路，则千里虽远，行无不至矣。然其间亦有平居师友相问答之际，尽意倾吐，义已切至，而语不暇择者，学者得其意、玩其辞可也，不然，徒高远其言，诡异其行，俾世之人咸共指目曰："道学云云者。"则甚非朱、吕所以为书之意也（《文献通考·经籍考》三十七）。

李承端《近思录集注跋》

前秋谒相国石君师，出《近思录集注》抄本语端曰："江先生辑朱子之语，以注朱子之书，至为精切。虽非时儒所好，然使是书得行，必将有读之而兴起者。用裨益于世道人心不浅。夫人必能体程朱之心，然后能为程朱之学。躬行实践，岂在多言？以江先生之发挥汉学，著述等身，考据家莫不宗仰。至其深入奥窔，研悦而羽翼之，则知者鲜矣。"端受书退，因与锐斋汪君互相校雠，订其讹舛，请正于师，醵资授梓。今校成，不幸师不及见，未得一序言为可惜也。然其表章正学以迪后进之盛心，于兹刻盖三致意云。

嘉庆十二年丁卯春正月，婺源后学李承端谨识。

二　江永集注本辑朱熹论《近思录》

朱子答吕伯恭曰：《近思录》向时嫌其太高，去却数段，如太极及明道论性之类者。今看得似不可无。如以颜子论为首，却非专论道体，自合入第二卷，作第三段。又事亲居家，直在第九卷，亦似太缓，今欲别作一卷，令在"出处"之前，乃得其序。卷中添却数段，不知于尊意如何？此书若欲行之，须更得老兄数字，附于目录之后，致丁宁之意为佳。千万勿吝也。

又曰：《近思录》数段已补入逐篇之末，今以上呈。恐有未安，却望见教。所欲移第六卷者，可否？亦望早垂喻也。

答汪易直曰：《近思录》，此间书坊别刊得一本，卷尾有所增，已附入卷中矣。

答宋泽之曰：《近思录》比旧本增多数条，如“买椟还珠”之论，尤可以警今日学者用心之谬。家仪乡仪，亦有补于风教。幸勿以为空言而轻读之也。

答宋深之曰：熹自十四五时得河南程先生、横渠张先生两家之书读之，至今四十余年，但觉其义之深，指之远。而近世纷纷所谓文章议论者，殆不足复过眼，信乎孟氏以来，一人而已。然非用力之深者，亦无以信其必然也。旧尝择其言之近者，别为一书，名曰《近思录》，幸细读之。

答李子能曰：程先生说“涵养须是敬，进学则在致知”。若只于此用力，自然此心常存，众理自著，日用应接，各有条理矣。《近思录》前三四卷，专说此事。

答窦文卿曰：知日诵四书，时时省察，此意甚善。《近思录》说得近世学问规模病痛亲切，更能兼看亦佳。

答或人曰：《近思录》本为学者不能遍观诸先生之书，故掇其要切者，使有入道之渐。若已看得浃洽通晓，自当推类旁通，以致其博。若看得未熟，只此数卷之书，尚不能晓会，何暇尽案头边所载之书，而悉观之乎？

修身大法，《小学》备矣；义理精微，《近思录》详之。

《近思录》好看。四子，六经之阶梯；《近思录》，四子之阶梯。

《近思录》逐篇纲目：一道体；二为学大要；三格物穷理；四存养；五改过迁善，克己复礼；六齐家之道；七出处进退辞受之义；八治国平天下之道；九制度；十君子处事之方；十一教学之道；十二改过及人心疵病；十三异端之学；十四圣贤气象。

《近思录》大率所录杂，逐卷不可以一事名，如第十卷，亦不可以处事目之，以其有“人教小童”一段在。

《近思录》一书，无不切人身、救人病者。

或言《近思录》中语，甚有切身处。曰：圣贤说得语言平，如《中庸》、《大学》、《论语》、《孟子》，皆平易。《近思录》是近来人语，便较切。

且熟看《大学》了，即读《语》、《孟》，《近思录》又难看。

《近思录》首卷难看，某所以与伯恭商量，教他做数语以载于后，正为此也。若只读此，则道理孤单，如顿兵坚城之下，却不如《语》《孟》只是平铺说去，可以游心。

看《近思录》若于第一卷未晓得，且从第二卷第三卷看起，久久后看第一卷，则渐晓得。

问：蜚卿《近思录》看得如何？曰：所疑甚多。曰：今猝乍看这文字也是难，有时前面恁地说，后面又不是恁地；这里说得如此，那里又却不如此。子细看来看去，却自中间有个路陌。推寻通得四五十条后，却又只是一个道理。伊川云：“穷理岂是一日穷得尽。”穷得多后，道理自然通彻。

因论《近思录》，曰：“不当编《易传》所载。”问：“如何？”曰：“公须自见。”意谓《易传》已自成书。

东见录中明道曰：“学者须先识仁。仁者浑然与物同体，义、礼、智、信皆仁也。”云云，极好，当添入《近思录》。

《遗书·晁氏客语》卷中，张思叔记程先生语云：“思欲格物，则已近道”一段甚好，当收入《近思录》。

横渠语录，用关陕方言，甚者皆不可晓。《近思录》所载皆易晓者。

因论《近思续录》，曰：如今书已尽多了，更有，却看不辩。

三 叶采集解本各卷小序

卷一道体：此卷论性之本原，道之体统，盖学问之纲领也。

卷二为学：此卷总论为学之要。盖尊德性矣，必道问学。明乎道体，知所指归，斯可究为学之大凡矣。

卷三致知：此卷论致知。知之至而后有以行之。自首段至二十二段，总论致知之方。然致知莫大于读书，二十三段至三十三段总论读书之法，三十四段以后，乃分论读书之法，而以书之先后为序。始于《大学》，使知为学之规模次序；而后继之以《论》、《孟》、《诗》、《书》；义理充足于中，则可探大本一原之妙，故继之以《中庸》；达乎本原，则可以穷神知化，故继之以《易》；理之明，义之精，而达乎造化之蕴，则可以识圣人之大用，故继之以《春秋》，明乎《春秋》之用，则可推以观史，而辨其是非得失之致矣。《横渠易说》以下，则仍语录之序，而《周官》之义，因以具焉。

卷四存养：此卷论存养。盖穷格之虽至，而涵养之不足，则其知将日昏，而亦何以为力行之地哉！故存养之功，实贯乎知行，而此卷之编，列乎二者之间也。

卷五克治：此卷论力行。盖穷理既明，涵养既厚，及推于行己之间，尤当尽其克治之功也。

卷六家道：此卷论齐家。盖克己之功既至，则施之家而家可齐矣。

卷七出处：此卷论出处。盖身既修，家既齐，则可以仕矣。然去就取舍，惟义之从，所当审处也。

卷八治体：此卷论治道。盖明乎出处之义，则于治道之纲领，不可不求讲明之。一旦得时行道，则举而措之矣。

卷九治法：此卷论治法。盖治本虽立，而治具不容缺，礼乐刑政有一之未备，未足以成极治之功也。

卷十政事：此卷论临政处事。盖明乎治道而通乎治法，则施于有政矣。凡居官任职，事上抚下，待同列，选贤才，处世之道具焉。

卷十一教学：此卷论教人之道。盖君子进则推斯道以觉天下，退则明斯道以淑其徒，所谓得英才而教育之，即新民之事也。

卷十二警戒：此卷论戒谨之道。修己治人，常存警省之意。不然则私欲易萌，善日消而恶日积矣。

卷十三辨异端：此卷辨异端。盖君子之学虽已至，然异端之辨，尤不可不明。苟于此有毫厘之未辨，则贻害于人心者甚矣。

卷十四观圣贤：此卷论圣贤相传之统，而诸子附焉。断自唐尧虞舜禹汤文武周公，道统相传，至于孔子，孔子传之颜曾，曾子传之子思，子思传之孟子，遂无传焉。楚有荀卿，汉有毛苌、董仲舒、扬雄、诸葛亮，隋有王通，唐有韩愈，虽未能传斯道之统，然其立言立事，有补于世教。皆所当考也。迨于宋朝，人文再辟，则周子唱之，二程子、张子推广之，而圣学复明，道统复续。故备著之。

四　茅星来《附说》辑评

朱子曰：修身大法，《小学》备矣。义理精微，则《近思录》详之。

又曰：《近思录》好看。四子，六经之阶梯；《近思录》，四子之阶梯。

又曰：圣贤说得语言平。如《大学》、《中庸》、《语》、《孟》皆平易。《近思录》是近人说话，便较切。

又曰：《近思录》一书，无不切人身、救人病者。

又曰：《近思录》比旧本增多数条，如“买椟还珠”之论，尤可以警今日学者用心之谬。

又曰：《近思录》文字，猝乍看也是难，有时前面恁地说，后面又不是恁地。这里说得如此，那里又却不如此。仔细看来看去，却自中间有个路脉。推寻通得四五十条，又却只是一个道理。

又曰：向编《近思录》，欲入数段说科举坏人心术处，而伯恭不肯。今日乃知此个病根从彼时已栽种培养得在心田里了，令人痛恨。

又曰：《易传》自是成书，伯恭都摭来作阃范，今亦载在《近思录》。某本不喜他如此。然细点检来，段段皆日用切近功夫而不可缺者，于学者甚有益。

又曰：程子所以有功于后学者，最是敬之一字有力。

薛氏曰：《近思录》宜熟读，其间有与朱子不同者须参考。

胡氏曰：学者当就《小学》、《近思录》熟读体验，有所得方可博观今古。

张氏曰：学者能读《近思录》，方可以治经。

又曰：予年二十五六时，求《近思录》不可得，适贾人持至，因得读之，然后稍知为学之门。

姚氏曰：予丁卯馆锦村，有出《近思录》宋刻相示，录中凡先圣贤与诸先生必空一字，想朱子原本式也。五卷末较他本多一条。后于友人处得杨泳斋《衍注》阅之，注甚约而精要亦少。其书实宋刻，但嫌其中多载章句、集注语。盖此时章句、集注未行世，而门人只以师说示学者故也。但与前所见本又有不尽同者。杨名伯岩，字彦瞻，朱子门人。

五 《四库全书总目》各本《近思录》提要

叶采集解本提要：按《年谱》，是书成于淳熙二年，朱子年四十六矣。书前有朱子题词，曰："淳熙乙未之夏，东莱吕伯恭来自东阳，过余寒泉精舍，留止旬日，相与读周子、程子、张子之书，叹其广大宏博，若无津涯，而惧夫初学者不知所入也，因共掇取其关于大体而切于日用者，以为此编"云云。是其书与吕祖谦同定，朱子固自著之，且并载祖谦题词。又《晦庵集》中有乙未八月与祖谦一书，又有丙申与祖谦一书，戊戌与祖谦一书，皆商榷改定《近思录》，灼然可证。《宋史・艺文志》尚并题朱熹、吕祖谦类编。后来讲学家力争门户，务黜众说而定一尊，遂没祖谦之名，但称朱子《近思录》，非其实也。书凡六百二十二条，分十四门，实为后来性理诸书之祖。然朱子之学，大旨主于格物穷理，由博反约，根株六经，而参观百氏，原未暖暖姝姝守一先生之言，故题词有曰："穷乡晚进，有志于学，诚得此而玩心焉，亦足以得其门而入矣。然后求诸四君子之全书，以致其博而反诸约焉，庶乎其有以尽得之。若惮烦劳，安简便，以为取足于此而止，则非纂集此书之意。"然则四子之言，且不以此十四卷为限，亦岂教人株守是编，而一切圣经贤传束之高阁哉？又吕祖谦题词，论首列阴阳性命之故曰："后出晚进，于义理之本原，虽未容骤语，苟茫然不识其梗概，则亦何所底？列之篇端，特使知其名义，有所向往而已。至于余卷所载讲学之方，日用躬行之实，自有科级。循是而进，自卑升高，自近及远，庶不失纂集之旨。若乃厌卑近而骛高远，躐等凌节，流于空虚，迄无所依据，则岂所谓'近思'者耶？"其言著明深切，尤足药连篇累牍，动谈未有天地之前者矣。其《集解》则朱子没后叶采所补作。淳熙十二年，采官朝奉郎，监登闻鼓院，兼景献府教授，时尝赍进于朝，前有进表及自序。采字仲圭，号平岩，建安人。其自序谓悉本朱子旧注，参以升堂纪闻及诸儒辨论，有阙略者，乃出臆说。又举其大旨，著于各卷之下，凡阅三十年而后成云。

又：《近思录》十四卷，宋朱子与吕祖谦所共辑。盖周张二程之书，宏深奥衍。承学之士，莫由得其涯涘。朱子虑其不知所择，因与祖谦分类缉纂，以成是书。独取《太极图说》、《易通》、《西铭》、《正蒙》、《经学理窟》、《二程遗书》、《易传》，而于邵子之书则从姑舍，盖其慎也。书以《近思》名，盖取"切问近思"之义，俾学者致力于日用之实，而不使骛于高远。论者谓为五经之阶梯，信不诬欤！宋明诸儒，若何氏基、薛氏瑄、罗氏钦顺，莫不服膺是书。其后因有续而广之者，亦堪辅翼，而权舆之精，无过是编云（前为载于《总目》者，此为载于《四库全书》中《近思录》卷首者）。

茅星来集注本提要：星来字岂宿，乌程人，康熙间诸生。按朱子《近思录》，宋以来注者数家，惟叶采《集解》至今盛行，星来病其粗率肤浅，解所不必解，而稍费拟议者则阙。又多彼此错乱，字句讹舛。因取周张二程全书，及宋元《近思录》刊本，参校同异。凡近刻舛错者，悉从朱子考正错简之例，各注本条之下。又荟萃众说，参以己见，为之支分节解。于名物训诂，考证尤详。更以《伊洛渊源录》所载四子事迹，具为笺释，冠于简端，谓之《附说》。书成于康熙辛丑，有星来自序。又有后序一篇，作于乾隆丙辰，去书成时十五年，盖殚一生之精力为之也。其后序有曰："自《宋史》分道学、儒林为二，而言程朱之学者，但求之身心性命之间，不复通经学古为事。盖尝窃论之：马、郑、贾、孔之说经，譬则百货之所聚也。程朱诸先生之说经，譬则操权度以平百货之轻重长短者也。微权度，则货之轻重长短不见；而非百货所聚，则虽有权度亦无所用之。故欲求程朱之学者，其必自马、郑诸传疏始。愚于是编，备著汉唐诸家之说，以见程、朱诸先生学之有本，俾彼空疏寡学者无得以藉口”云云。其持论光明洞达，无党同伐异，争名求胜之私，可谓能正其心术矣。

江永集注本提要：案《朱子年谱》，《近思录》成于淳熙二年，其后又数经删补。然各卷之中，惟以所引之书为先后，而不及标立篇名。至淳祐间，叶采纂为《集解》，表进于朝。虽阐发不免少略，尚无所窜乱于其间。明代有周公恕者，始妄加分析，各立细目，移置篇章。或漏落正文，或淆混注语，谬误几不可读。永以其贻误后学，因仍原本次第为之集注。凡朱子《文集》、《或问》、《语类》中其言有相发明者，悉行采入分注。或朱子说有未备，始取叶采及他家之说以补之，间亦附以己意。引据颇为详洽。盖永邃于经学，究心古义，穿穴于典籍者深，虽以余力为此书，亦具有实征，与讲学之家空谈尊朱者异也。

李文炤集解本提要：是编取朱子之说散见各书者，附于《近思录》各条之下。其未备者，则益以诸家之说，间亦附己意。前有纲领数条，末附《感应诗》解一卷，《训子诗》解一卷。《感应诗》见《朱子大全集》，《训子诗》称传自黄幹，而无可证据，其诗浅俗，决非朱子所为也。